CANTO DE RAINHAS

LEONARDO BRUNO

CANTO DE RAINHAS

O PODER DAS MULHERES QUE ESCREVERAM A HISTÓRIA DO SAMBA

ILUSTRAÇÕES
VANESSA FERREIRA - PRETA ILUSTRA

PREFÁCIO
FLÁVIA OLIVEIRA

Copyright © 2021 by Leonardo Bruno
Copyright das ilustrações © 2021 by Vanessa Ferreira

Direitos de edição da obra em língua portuguesa no Brasil adquiridos pela Agir, selo da Editora Nova Fronteira Participações S.A. Todos os direitos reservados. Nenhuma parte desta obra pode ser apropriada e estocada em sistema de banco de dados ou processo similar, em qualquer forma ou meio, seja eletrônico, de fotocópia, gravação etc., sem a permissão do detentor do copirraite.

Editora Nova Fronteira Participações S.A.
Rua Candelária, 60 — 7.º andar — Centro — 20091-020
Rio de Janeiro — RJ — Brasil
Tel.: (21) 3882-8200

Imagens de capa:
Alcione - Marcos Hermes
Beth Carvalho - Washington Possato
Clara Nunes - Wilton Montenegro
Dona Ivone Lara - Marco André Pinto
Elza Soares - Pedro Loureiro

Dados Internacionais de Catalogação na Publicação (CIP)
(Câmara Brasileira do Livro, SP, Brasil)

Bruno, Leonardo
   Canto de rainhas: O poder das mulheres que escreveram a história do samba / Leonardo Bruno. – 1. ed. – Rio de Janeiro: Agir, 2021.
   416 p.

   ISBN 978-65-5837-027-7

   1. Cantoras – Brasil – Biografia 2. Compositoras – Brasil – Biografia 3. Música 4. Música popular brasileira – História I. Título.

21-57549   CDD-782.0092

Índices para catálogo sistemático:
1. Cantoras brasileiras: Vida e obra   782.0092
Aline Graziele Benitez – Bibliotecária - CRB-1/3129

CANTO DE RAINHAS

O poder das mulheres que escreveram a história do samba

SUMÁRIO

Prefácio: Três livros em um	9
Introdução	13
1. O encontro	17
2. Música, substantivo feminino	27
3. Eu vim de lá pequenininha	51
4. Alcione	65
5. Beth Carvalho	107
6. Clara Nunes	149
7. Dona Ivone Lara	191
8. Elza Soares	235
9. Elas e o samba	277
10. Outras rainhas	297
11. Novas rainhas	345
Epílogo: Um homem escrevendo sobre mulheres	379
Agradecimentos	391
Lista de entrevistados	393
Bibliografia	395
Índice onomástico	403

PREFÁCIO: TRÊS LIVROS EM UM

Por Flávia Oliveira*

João Guimarães Rosa em *Grande sertão: veredas* traduziu a vida: "esquenta e esfria, aperta e daí afrouxa, sossega e depois desinquieta." À sequência de verbos, humildemente, recorro para tratar do *Canto de rainhas*. O abecedário de Leonardo Bruno aproxima e afasta, mergulha e emerge, limita e amplia. Ora o livro mira do alto o ambiente e identifica semelhanças na trajetória das cinco vozes femininas que encantaram, encantam e, por eternas, encantarão seres vivos do Brasil a Marte. Ora se achega e penetra na biografia de Alcione, Beth, Clara, Dona Ivone, Elza.

O tempo todo o autor brinca com o ABCDE formado pelas iniciais das biografadas — da série coincidências que nada têm de coincidências. Mas o livro vai mesmo é de A a Z. O que surgiu três anos atrás como homenagem a cinco vozes femininas do samba, a começar por Dona Ivone Lara, morta em 2018, a quatro anos do centenário de nascimento, tornou-se passeio pela história de mulheres brasileiras na música. Visita o passado, acena ao futuro. De quebra, referencia a publicação com robusta bibliografia, incluindo a teoria crítica de algumas das mais brilhantes intelectuais negras de nossos tempos. Estão na obra bell hooks, Patricia Hill Collins, Jurema Werneck, Djamila Ribeiro.

É provável que o leitor tenha chegado ao *Canto de rainhas* por interesse ou admiração pelo quinteto estampado na capa. Há muito sobre cada artista nos capítulos a elas dedicados. Alcione, a maranhense negra que, empurrada, brilha como sambista e se esparrama na música romântica em primeira pessoa. Beth Carvalho, a jovem branca da Zona Sul que

---

* Flávia Oliveira é jornalista.

catapultou talentos do subúrbio carioca, do Grupo Fundo de Quintal a Zeca Pagodinho, ao cruzar o túnel para frequentar as rodas do Cacique de Ramos. Clara Nunes, a primeira cantora brasileira a alcançar 400 mil cópias vendidas de um álbum. "Alvorecer", música título, foi composta por Dona Ivone Lara, que só conseguiu mergulhar inteiramente na própria arte depois de se aposentar, criar os filhos, enviuvar. Elza Soares, a mulher sinônimo de superação, outra que partiu do samba e abarcou o planeta. Apetite.

Há mais. Leo Bruno é jornalista forjado e curtido nas entranhas do carnaval carioca, *habitué* de rodas de samba, roteirista e organizador de cerimônias de premiação aos protagonistas da festa. É autor de livros sobre Acadêmicos do Salgueiro e Unidos de Vila Isabel; coautor de uma biografia de Zeca Pagodinho. Pôs essa experiência a serviço das grandes vozes femininas do gênero. Resultado de encorpada pesquisa e cuidadosa apuração jornalística, *Canto de rainhas* contém três livros em um, belamente ilustrado pela talentosa Vanessa Ferreira, a @pretailustra.

Uma obra detalha a trajetória de Alcione, Beth, Clara, Dona Ivone, Elza, uma após outra. Estão lá as tragédias que as marcaram e as lágrimas que derramaram, o acolhimento que receberam, as redes de apoio a que recorreram, as vitórias que as motivaram, a resiliência que exibiram. Cinco mulheres que se provaram talentosas, relevantes, corajosas, independentes, ainda que inseridas num mercado profissional machista, racista, elitista — em alguns casos, tudo isso junto.

Outro livro começa no capítulo robusto que esquadrinha a saga das pioneiras, entre elas, Chiquinha Gonzaga, Tia Ciata e Marília Batista, e aponta as barreiras estruturais que limitam o protagonismo feminino também na cultura. Ao longo da carreira, todas foram invisibilizadas e/ou estigmatizadas, bem ao gosto do machismo brasileiro, que não poupa nem instituições nem vertentes musicais. No bloco final, o autor se dedica a outro time de cantoras igualmente dignas do título de nobreza. Enfileira Leci Brandão, Clementina de Jesus, Elizeth Cardoso, Nara Leão, Cristina Buarque, Áurea Martins, Eliana de Lima, Jovelina Pérola Negra, Elaine Machado, Dorina. E prova que o Brasil é mesmo a nação das mais belas vozes femininas.

Na sequência, Leo Bruno corajosamente aponta as herdeiras. Elenca cantoras, compositoras e instrumentistas que, nascidas no terço final do século XX, estão credenciadas aos anéis de bamba, de Teresa Cristina a Fabiana Cozza e Marisa Monte, de Nilze Carvalho a Mariene de Castro e Mart'nália, de Marina Iris a Manu da Cuíca e Fabíola Machado. Nesse trecho salta aos olhos a sororidade. As sambistas de agora, em larga medida, desembarcaram da rivalidade que marcou várias gerações de cantoras. Visíveis também são arranjos de formação de grupos, a incorporação de mulheres instrumentistas e produtoras. No capítulo sobre Beth Carvalho, o autor contou 65 homens na ficha técnica do LP *No pagode*, um dos mais importantes da carreira da cantora. Lançado em 2020, o EP do Moça Prosa, que tem Fabíola Machado como vocalista, foi produzido por Nilze Carvalho e é atravessado por mulheres. Novos tempos.

Leo Bruno também nos presenteia com um pequeno manual sobre seu próprio papel. Ele generosa e prudentemente discorre sobre a experiência de ser o homem branco a contar histórias de mulheres, algumas negras, em tempos de cobrança crescente das minorias por representatividade. Teve a ideia, currículo não lhe falta. Ainda assim, escancara dúvidas e temores. Surpreende e se legitima ao revelar que consultou cada uma das entrevistadas sobre o assunto; verdadeiro, elenca as respostas que ouviu. Dentro de dois livros, um terceiro.

Canto de rainhas é, por isso, literatura em bordado. A pena de Leo Bruno é agulha a puxar fios e demarcar tramas. Por biográfica, quase acadêmica, é não ficção. Mas a fantasia não escapa. Um ousado capítulo inaugural arrebata. O autor estruturou com frases recolhidas de entrevistas das cinco homenageadas uma conversa que, na vida real, nunca aconteceu. Alcione, Beth, Clara, Dona Ivone e Elza jamais se reuniram num mesmo ambiente. *Canto de rainhas* promove o bate-papo ficcionado. Sozinho, já valeria o livro.

INTRODUÇÃO

Uma nordestina que migra para o Rio de Janeiro com a determinação de vencer na vida. Uma garota-classe-média-Zona-Sul que atravessa o túnel para descobrir as riquezas do subúrbio. Uma moça do interior que vence o concurso de talentos e ganha um contrato na "cidade grande". Uma menina que fica órfã muito cedo e tem que trabalhar para se sustentar, deixando a vocação artística em segundo plano. Uma filha da favela que passa fome e luta a vida toda pela sobrevivência.

Cinco histórias únicas, mas que, reunidas, ajudam a compor o retrato de um país. Carregadas de brasilidade, as trajetórias de Alcione, Beth Carvalho, Clara Nunes, Dona Ivone Lara e Elza Soares representam o percurso enfrentado por tantas e tantas mulheres que nos cercam. Vistas assim do alto, elas são o Brasil todinho.

Com origens diversas e trilhando caminhos tão diferentes, elas chegaram ao mesmo lugar: o topo do gênero mais identificado com a cultura nacional. Em épocas e circunstâncias distintas, foram coroadas rainhas do samba. E, cada uma à sua maneira, enfrentaram as questões de serem mulheres num país, num gênero musical e num tempo em que o machismo era (é?) regra.

Mais do que se prender a suas histórias individuais, observá-las em conjunto nos ajuda a entender o trajeto percorrido pelo feminino na sociedade, através do olhar do samba. De que forma o fato de serem mulheres — e se depararem cotidianamente com o machismo estrutural que as cerca — afetou suas trajetórias pessoais e profissionais? Esta é a pergunta deste livro. Como Dona Ivone Lara nasceu em 1922, e Alcione e Elza Soares continuam produzindo ativamente em 2021, é possível atravessar quase um século, detectando avanços e retrocessos nessa questão por meio da vivência dessas grandes representantes da nossa música.

Alcione.

Beth.

Clara.

Dona Ivone.

Elza.

É partindo desse ABCDE que pretendemos contar essa história. É esse o alfabeto que norteia nossa narrativa. Mas sem esquecer o L de Leci Brandão, o J de Jovelina Pérola Negra, o T de Teresa Cristina. Sem perder de vista que o E de Elza poderia ser o de Elizeth, ou que o C de Clara estaria bem representado por Clementina, Chiquinha Gonzaga, Carmen Miranda, Cristina Buarque... São tantas as mulheres fundamentais na história do samba que um livro só não daria conta. A escolha de cinco biografias para serem analisadas mais a fundo se baseia meramente num abecedário afetivo. A partir destas trajetórias, homenageamos todas as sambistas. E, através delas, reverenciamos as mulheres brasileiras de forma geral. Alcione, Beth, Clara, Dona Ivone e Elza são as expoentes de um alfabeto infinito de amor pela música. Vistas sob um ângulo muito particular. Aumentem o volume. Nossas cinco protagonistas vão se reunir.

1. O ENCONTRO

Dona Ivone Lara é a primeira a chegar. Vem de mansinho, vestido longo brilhoso, pisando devagarinho, até se sentar numa das cinco cadeiras reunidas no meio da sala. Em seguida, vem Alcione. Pede que alguém abra a porta para ela, porque suas longas unhas pintadas de verde e rosa não a deixam girar a maçaneta. A camisa branca traz retratos gigantes das quatro amigas. A próxima a aparecer é Clara Nunes. Entra girando, balançando o vestido rendado e chacoalhando os balangandãs. Seu sorriso farto ilumina o ambiente. Beth Carvalho surge logo depois. Já vem batendo na palma da mão, pulando e querendo improvisar uma roda de samba ali mesmo, com as companheiras. Dona Ivone cantarola algumas melodias, Beth registra tudo num gravador que trazia no bolso, enquanto Clara e Alcione debatem os preparativos de Portela e Mangueira para o próximo carnaval. As quatro já se impacientavam à espera da quinta integrante, quando ouvem um som indefinível do lado de fora. Depois do sobressalto geral, a porta se abre e surge Elza Soares, saia vários dedos acima do joelho, com seu inconfundível *scat*, a sonoridade roufenha-gutural-armstronguiana que a caracteriza: "My name is nooooow!" As outras quatro divas aplaudem e abrem espaço para Elza, que se senta ao lado das demais. A Marrom não perde tempo e abre os trabalhos.

ALCIONE — Então, minhas colegas, vamos começar logo com isso. Que tal a gente falar das nossas histórias? De quando a gente era criança miúda?

ELZA — Ih, então vai começar barra pesada... Aos cinco anos de idade, conversei com São Jorge e ele disse: "Você vai apanhar muito na vida." Lá onde eu vivia, em Água Santa, nos trinta dias do mês eu comia o pão que o diabo amassava com os pés. E, aos 14 anos, eu já era mãe. Mas no morro não tinha colher de chá, a gente precisava trabalhar de verdade. Quando eu queria ficar descansada, a turma gritava: "Vai trabalhar, crioula!" E lá ia eu, morro abaixo e morro acima, carregando a lata d'água e as trouxas de roupa para entregar nas casas das madames. O morro, minha gente, só tem poesia em samba.

CLARA — Eu também passei por tempos difíceis... Nem tanto em Minas, de lá eu guardo boas recordações. Meu pai era violeiro, organizava Folias de Reis em Paraopeba, e desde garota eu gostava de cantar. Em Belo Horizonte, com 14 anos, comecei a trabalhar como operária têxtil. Ali vi como é importante a mulher ter uma profissão, aprendi a ser independente financeiramente e a lutar pelas minhas coisas. Mas mudar pro Rio foi complicado. Vim na cara e na coragem, pra tentar a carreira, mas passei sufoco. Dividia quarto com outras quatro moças. Duas eram prostitutas. Foi uma delas, inclusive, que me levou pra conhecer um centro de umbanda pela primeira vez. Eu cantava na noite, como *crooner*.

ALCIONE — Meu começo aqui no Rio também foi como *crooner*. Artista da noite, cantava em todas as línguas, tinha que encarar o que aparecesse. Só depois entendi que o disco era o documento do artista. Eu não tinha nada gravado. E nunca fui mosca de padaria, de ficar nos corredores das gravadoras. Encarei a noite numa não tão boa. Boates: Barroco, Bacarat, Little Club, Holiday, Bolero. A noite é barra pesada para uma mulher que só quer cantar. Eu nunca "fiz mesa". Recebia propostas, mas nunca fez meu gênero. A infância lá no Maranhão foi difícil, mas a gente se virava. Fome mesmo não pintou, mas um regime forçado, isso eu fiz muitas vezes. Éramos nove irmãos, todos do mesmo pai, morando na mesma casa. Mas ao todo eram 18 irmãos, porque meu pai também teve filhos com outras senhoras. Minha mãe, Dona Felipa, chegou a amamentar alguns desses filhos, quando a mulher não tinha leite. Ela era meu exemplo de mulher emancipada: lavava roupa pra fora pra botar dinheiro dentro de casa.

DONA IVONE — Eu perdi meus pais muito cedo e fui criada num colégio interno. E foi esse estudo que me permitiu ter uma profissão, uma boa formação. Sou descendente de angolanos e de moçambicanos. Quando estive em Angola, com aquela comitiva que tinha Chico Buarque, Martinho da

Vila, Dorival Caymmi, João Nogueira e tantos outros, senti até uma coisa diferente, espiritual. Um aconchego. Parecia que eu conhecia aquela gente toda. Clara estava lá, né?

CLARA — Ah, aquilo foi uma maravilha! Foi lá que eu disse ao Chico que queria botar uma música dele no meu disco. Ele me olhou com aquele olho muito verde, falou que faria uma música para mim. Voltamos pro Brasil, comecei a gravar o LP *Brasil mestiço* e dei um telefonema lembrando da música. Já estava quase pronta. Quando li o título "Morena de Angola", era tudo que eu queria.

DONA IVONE — O mais engraçado de Angola é que eles já me conheciam, por causa do programa da Globo *Alerta geral*, que passava por lá. Eles me viam ao lado da Alcione na TV e diziam que eu era mãe dela. Até hoje eles teimam comigo que eu sou a mãe de Alcione!

ALCIONE — Quem me dera, minha comadre! Só se for agora!

BETH — Dona Ivone é a mãe de todas nós, a deusa do samba, uma das mulheres mais importantes deste país e dona dos "lararás" mais bonitos da MPB!

DONA IVONE — Obrigada, minha amiga. Você é uma das cantoras que mais gravaram minhas músicas. Nem tenho como te agradecer!

CLARA — E eu ganhei meu primeiro disco de ouro com o LP *Alvorecer*, que é uma música de Dona Ivone com Délcio Carvalho. Quebrei um recorde ali, porque cantora não vendia disco, havia um preconceito, diziam que quem comprava disco no Brasil era mulher, e mulher não ia comprar disco de outra mulher… Uma loucura!

ELZA — Eu lembro que gravei Dona Ivone em 1976, antes de ela lançar o primeiro disco. A música era "Samba, minha raiz". Na época fiz até um jantar pra ela na minha casa, celebrando a gravação. Minha filha cozinhou uma carne seca com abóbora pra gente!

ALCIONE — Olha que me deu até uma fome! Mas é difícil barrar o meu arroz de cuxá com farofa de Neston, hein! Meu prato preferido, típico do

Maranhão, minha terra! Mas também vou num feijãozinho com toucinho, um quiabinho, um ensopadinho, um vatapazinho... E já fui magra de assustar. De frente, o povo pensava que eu estava de perfil; de perfil, eles pensavam que eu já tinha ido embora! Aprendi isso com meu pai: quando eu era pequena e dizia que não gostava de macarrão, ele sabiamente respondia que filho de pobre não tem opção!

ELZA — E não tem opção mesmo! Olha, eu, como mulher negra, que veio de onde eu vim, só posso dizer "obrigada, meu Deus" por ter chegado até aqui. Eu não gosto de dizer que sofri, porque essa palavra é horrível. Tudo é ensinamento, tudo é uma escola. Não diga que está sofrendo, diga que está aprendendo. A vida me bateu muito, mas eu revidei. Eu apanho, mas também bato muito. Por isso sou uma pessoa alegre, porque sei revidar a pancada.

BETH — A minha infância foi numa casa de classe média, sempre com muita música. Meu pai conhecia Aracy de Almeida e Sílvio Caldas. Certa vez, o "titio" Sílvio Caldas faltou a um show para ir a um aniversário meu e do meu pai, porque a gente comemorava no mesmo dia! Imagina que maravilha! Aos 6 anos, eu cantei em público pela primeira vez, no programa *Trem da alegria*, de Heber de Bôscoli, Iara Sales e Lamartine Babo. Eu adorava ir aos auditórios, e uma vez perguntaram quem queria cantar. Eu era fanzoca da Marlene. Cantei "Lata d'água na cabeça" e ganhei o prêmio.

ELZA (*cantando*) — "Lata d'água na cabeeeeça... Lá vai Elzinha, lá vai Elzinha..." Vocês sabiam que eu aprendi a cantar com lata na cabeça? Eu carregava a lata d'água e fazia esse barulho com a garganta. Meu pai tinha um verdadeiro pavor: *"Você vai ficar rouca, vai perder essa voz, para com isso!"*

BETH — Meu pai era um homem de esquerda. Sempre nos informou sobre a posição dele, e eu segui. Papai tinha o retrato e o busto do Getúlio Vargas, falava muito do Leonel Brizola, do Prestes... Foi cassado porque pensava dessa maneira, e passamos um sufoco por causa disso. Mas ele pegou o número do processo, jogou no bicho e vivemos um ano com esse dinheiro! Meu pai jogava no bicho sempre!

CLARA — Meu pai trabalhava numa serraria da fábrica de tecidos da minha terra. Foi ele quem me deu esse amor pela arte. E essa força de trabalhar, de vencer as tristezas, de passar por cima de tudo que aconteceu de ruim na minha vida. Tudo isso veio do Mané Serrador!

ALCIONE — Também foi meu pai quem me passou o amor pela música. Mas ele não queria que eu viesse pro Sul de jeito nenhum. Tinha uma vizinha que dizia: "*Seu João, não deixe essa menina ir pro Rio. Ela vai chegar lá e vai ter que dormir com o diretor da televisão!*"

ELZA — Nem me diga isso porque eu me lembro que, quando comecei a cantar na noite, saía de casa e ouvia as janelas da vizinhança batendo. Eram as vizinhas fechando as janelas, porque não queriam que os maridos me vissem passar.

DONA IVONE — Cantar na noite pra mim era muito cansativo, porque eu acumulava com os empregos de enfermeira e assistente social. Eu levantava cedo para cuidar da casa, da roupa e da comida, antes de sair para o trabalho. Quando tinha shows, saía do trabalho para o teatro. Quando não tinha, voltava para casa. E com todos dormindo, eu ainda ficava a passar roupa. Acho que é por isso que até hoje eu não consigo ficar parada. Tenho que trabalhar, senão eu "piro".

BETH — Eu cansei de pegar meu carro de madrugada e sair do Joá para o Cacique de Ramos. Atravessava a cidade, não tinha tanta violência. Quando eu cheguei no Cacique, era a única mulher no meio de um monte de homens. Mas foi menos pesado porque eu já era "a" Beth Carvalho, não era uma qualquer. Eles me aceitaram muitíssimo bem, porque tinham interesse que eu gravasse alguma coisa. Apresentei aquela rapaziada pro mundo. Mas se esse fosse um país sério, não haveria necessidade de "madrinha" para um Zeca Pagodinho, um Jorge Aragão. Isso não é papel de artista, mas sim das gravadoras. Só que não existe um mínimo de visão, de bom gosto. Vivemos um processo artístico defasado. Acaba que minha função virou assistencialista, que é tudo que eu detesto. Essa coisa de que "quem não tem padrinho, morre pagão" é horrível. Eu tenho a consciência de que, se eu não tivesse gravado Zeca Pagodinho e Jorge Aragão, talvez eles não existissem como artistas. E isso é assustador.

ALCIONE — Elza falou que poesia em morro é só no samba, e me lembrei de Candeia. Uma vez ele veio conversar comigo, dizendo que tinha gente preocupada com a casa nova dele, com medo de que ele perdesse a autenticidade. Essa gente confunde autenticidade com pobreza. Só porque faz samba tem de viver no morro, de camisa rasgada, passar fome? Não pode vestir uma roupa boa, tocar num lugar de categoria? Gozado, vem gente de fora enrolada em roupa de cobra, não é de nada e todo mundo acha ótimo. Mas porque é o samba tem que ser miserável, andar de qualquer jeito e passar necessidade?

BETH — Quando fui pro samba, muita gente debochava. Eles diziam: "*O barraco do cara caiu e ele ainda faz graça...*" A graça é uma forma fantástica de se falar da dor. Alegria é resistência, não alienação. Eu sempre senti o samba como algo revolucionário.

DONA IVONE — O samba tá no sangue, né? De maneira que, desde pequenos, eu já levava meus filhos pro terreiro: aonde eu ia, levava eles atrás. Me lembro do carnaval de 1959, meus meninos tinham 8, 9 anos e fizeram uma grande peraltice no desfile. Eles eram encarregados de segurar a cauda de uma grande destaque de luxo do Império Serrano, Dona Ester. Estavam lá na concentração, muito cerimoniosos, até que a bateria começou a tocar. Então, eles saíram correndo e se meteram no meio das alas de passistas. Dona Ester, nada! Eles queriam é sambar. Ela ficou lá atrás, toda enrolada na cauda da fantasia. É de família. Bateu samba, ferveu!

CLARA — É a música, Ivone... A música tem um poder muito grande. É a única coisa que pode ligar todos os povos, todas as raças, não precisa de idioma, a pessoa entende pelo sentimento. Tem o poder de unir, é a coisa mais forte que existe na Terra. Eu sinto que tenho a missão de cantar. Todas as pessoas têm uma missão no mundo, ninguém tá aqui passando férias, estamos aqui assumindo compromisso de outras vidas. A minha é essa.

ELZA — Quando eu senti que esse era o meu destino, fui cantar na noite. Mas e minha mãe? Lembro o sorriso incrédulo dela quando eu dizia: *"Vou pra cidade cantar."* Depois dei pra minha mãe uma casa grande e confortável lá no coração da "cidade" em que ela não acreditava. Eu podia contar com um dinheiro todo mês, salário bom, o melhor que eu já tinha recebido na minha vida. Mesmo assim, eu vivia em conflito com a família. Tirei minha família da miséria e eles ainda me olhavam como se eu fosse uma prostituta.

ALCIONE — Eu gasto quase metade do que ganho com meus parentes. Todos estão bem de vida. Eu não conseguiria ter um carro com chofer e um excelente apartamento, as finanças em dia, sabendo que os que me ajudaram estão numa pior. Tudo que eu posso devo a minha família. Fomos pobres juntos. Estaremos bem igualmente juntos.

DONA IVONE — Mas é como a Elza diz, nem sempre a família apoia a gente... Eu, por exemplo, demorei a entrar na carreira artística. Fui criada por uma tia que gostava de jongo, mas não de samba. Era coisa pra homem. E eu, moça que pretendia fazer curso superior, não devia me misturar com a gente da escola de samba. Ela não queria que eu tocasse cavaquinho, tinha que tocar escondida. Quando me casei com Oscar, que era filho do presidente da Prazer da Serrinha, achei que ia ter liberdade para cair no samba. Qual nada! Minha vida só mudou quando morreram meu marido e minha tia.

BETH — A mulher no Brasil sempre foi discriminada. Natural, porque o machismo é muito grande, nós somos ainda uma colônia, subdesenvolvidos. Em qualquer profissão, a mulher sofre discriminação, mas até acho que no meio da música isso acontece menos, as pessoas têm uma cabeça mais arejada.

DONA IVONE — Me lembro quando a Leci Brandão concorreu com um ótimo samba sobre o Chico Buarque para o enredo da Mangueira, anos atrás. O samba do Moacyr Luz também era muito bom. Mas acabou ganhando um pessoal de São Paulo. Se era difícil pro Moacyr, imagina pra

Leci, uma bela compositora... mas mulher. Ela nunca ganhou samba-enredo na Mangueira!

CLARA — Ainda bem que tivemos Elizeth Cardoso antes de nós, para nos inspirar, né? Foi uma grande influência pra mim, sempre me espelhei na carreira dela. Eu sonhava com isso: será que um dia eu vou ser igual à Elizeth Cardoso? Aquela coisa bonita, mulher chique, uma voz, uma presença... Elizeth é fora de série!

BETH — Conheci Elizeth ainda pequena, através do meu pai. Mais tarde, dediquei meu segundo disco de samba a ela, em 1974. Eu ficava ouvindo aquelas mulheres maravilhosas pela Rádio Nacional: Elizeth, Dalva de Oliveira, Ângela Maria, Emilinha Borba... E tinha uma pequena predileção pelos graves da Nora Ney.

ALCIONE — Foi Elizeth Cardoso quem me ensinou a comer uma cebola com sal antes de gravar, pra limpar a voz. Você mastiga bem a cebola e depois lava a boca com leite. Segredos de Elizeth Cardoso! Eu ouvia muito a Elizeth, a Dalva de Oliveira, a Ângela Maria. Elas carregam a emoção do Brasil na garganta, no peito. Eu queria passar essa mesma emoção que elas passavam. Mas no começo da carreira quem eu imitava era a Núbia Lafayette, queria cantar igualzinho a ela!

CLARA — Emilinha Borba foi a primeira cantora que vi na vida, num cinema de Sete Lagoas. Lembro que fui vestida de tule rosa, com a minha irmã. Eu tinha 8 anos e fiquei roendo as unhas quando ela chegou. Foi maravilhoso, Emilinha estava fantástica! E olha que eram dez horas da manhã!

ELZA — Mulheres incríveis, né, meus amores! Quando eu era criança, eu pensava que não era possível que Deus não fosse mulher. Sempre me incomodei com aquela coisa de "Em nome do Pai, do Filho e do Espírito Santo". Por que não Espírita Santa? Deus é uma mulher preta guerreira!

ALCIONE — Arrasou, minha colega! E não deixe o samba morrer!

BETH — Ainda é tempo pra viver feliz, gente!

CLARA — Eparrei, Iansã!

DONA IVONE — Óia lá, oxá!

ELZA — Me deixem cantar até o fim! Me deixem cantaaarrr...

★ ★ ★

Essa conversa nunca aconteceu. Mas poderia ter acontecido. Todas as frases acima foram ditas por elas em algum momento de suas carreiras, em entrevistas para jornais, livros ou programas de TV. E agora foram reunidas aqui, em um novo contexto, simulando esse bate-papo fabulístico — ou que existiu de verdade, quem há de saber? Muitos lugares poderiam ter sediado esse encontro, já que foram frequentados pelas cinco na mesma época: as Noitadas de Samba do Teatro Opinião, o Cacique de Ramos, o Clube do Samba, a Marquês de Sapucaí, programas de televisão como o *Alerta geral*, entre outros. Mas não há registros de que Alcione, Beth Carvalho, Clara Nunes, Dona Ivone Lara e Elza Soares tenham estado numa roda de conversa desse tipo, relembrando suas trajetórias. Como elas têm tantas questões em comum e sempre estiveram juntas no imaginário do público brasileiro, não custa fantasiar como teria sido essa reuniãozinha informal — que aqui serve como uma espécie de "esquenta" para a narrativa que começa no próximo capítulo. Um sonho meu, que foi buscar quem mora longe pra matar essa saudade.

2. MÚSICA, SUBSTANTIVO FEMININO

A maioria dos estudos feitos sobre samba até hoje parte de um ponto em comum: o quintal de Tia Ciata. Ao mesmo tempo, a quase unanimidade das pesquisas sobre a música popular brasileira traz como primeiro representante de destaque a maestrina Chiquinha Gonzaga. Se, nos primórdios do samba e da música nacional, o pioneirismo aparece associado a figuras femininas, como ao longo das décadas seguintes podemos observar uma hegemonia masculina tão marcante?

Podemos partir de duas explicações iniciais para o fenômeno: a invisibilidade das mulheres nos registros históricos e a dificuldade de acesso delas ao meio musical estruturado. Alcione, Beth, Clara, Dona Ivone e Elza são exemplos de mulheres — todas nascidas na primeira metade do século 20 — que conseguiram quebrar essas barreiras ao se inserir de forma consistente no mercado e ter reconhecimento social como artistas ligadas à música, em especial ao samba. Mas há em suas trajetórias inúmeros momentos em que o fato de serem mulheres se revelou um entrave concreto para que se estabelecessem profissionalmente ou exercessem sua veia artística. Vamos analisar essas cinco histórias detalhadamente. Mas antes é preciso voltar um pouco no tempo, para entender de forma mais ampla o contexto da mulher brasileira na sociedade e, em particular, no samba.

A difusão da música popular brasileira tem como marco inicial o surgimento da primeira gravadora, que permitiu que as músicas fossem registradas em disco. Isso aconteceu em 1902, com a fundação da Casa Edison. Nesse período, o nome mais relevante na historiografia musical é o de Chiquinha Gonzaga. Pianista, maestrina e compositora, Francisca Edwiges Neves Gonzaga foi precursora em tantos aspectos que é difícil resumir sua trajetória em poucas linhas. Filha de um rico militar branco com uma mulher negra pobre, foi criada entre esses dois mundos e conseguiu expressar essa mistura em sua arte, unindo as matrizes africanas e europeias de sua formação. Sua obra retrata as influências de origens distantes, misturando traços de lundu e de modinha, notas de piano com o tempero de um som percussivo, fazendo sucesso (não à toa) tanto nas ruas quanto nos salões. Sua marcha-rancho "Ó abre-alas" entrou para a história como a primeira música de Carnaval a extrapolar os limites da festa de Momo e, mais de um século depois, continua entre as mais executadas no período.

Autora de mais de duas mil canções, Chiquinha não foi pioneira apenas no âmbito musical. Sua vida é cheia de episódios de contestação ao *script* preestabelecido para as mulheres da época. Separou-se dos dois primeiros maridos e, por conta disso, foi impedida de criar três dos quatro filhos. Viu várias portas se fecharem socialmente, e até mesmo o próprio pai a considerava "morta". Aos 52 anos, se apaixonou por um rapaz de 16 e morou com ele até o fim da vida, aos 87 anos — dizia que era um filho adotivo para evitar mais problemas. Chiquinha lutou pela abolição, pela República e pela regulamentação dos direitos autorais. Sua importância na origem do cancioneiro nacional é tão grande que o Dia da Música Popular Brasileira é oficialmente comemorado em 17 de outubro, data de seu nascimento.

Apesar de sua figura artística ser valorizada, chama a atenção o processo de embranquecimento histórico por que passou a imagem de Chiquinha Gonzaga. Foram atrizes brancas, como Regina Duarte, Gabriela Duarte, Malu Galli, Bete Mendes e Rosamaria Murtinho, que a representaram no teatro, no cinema e na televisão. Nas poucas fotografias existentes, não se identificam seus traços negros. Esse branqueamento racial, que no início do século passado foi política de Estado no Brasil, fez com que diversas figuras de destaque tivessem a cor da pele mascarada nos registros para as gerações futuras. O caso do maior escritor brasileiro, Machado de Assis, contemporâneo de Chiquinha, é o exemplo mais conhecido.

Esse embranquecimento não aconteceu com a imagem de Tia Ciata, desde sempre associada à negritude. Em primeiro lugar, porque sua história parte da emigração negra da Bahia para o Rio de Janeiro, na segunda metade do século 19. Hilária Batista de Almeida nasceu em Santo Amaro da Purificação e se estabeleceu no Rio como cozinheira e doceira, com banca de quitutes montada na rua da Alfândega. Além disso, diferentemente de Chiquinha Gonzaga, o perfil de Tia Ciata estava "enquadrado" dentro dos estereótipos atribuídos às mulheres negras da época: seu ofício era ligado ao fazer doméstico/manual, era praticante do candomblé e sua participação nos primórdios do samba limitava-se a prover a estrutura (local, comida, bebida) para que os homens efetivamente fizessem as rodas musicais.

Se Chiquinha teve sua negritude apagada da história, a invisibilidade em Ciata parece ter se deslocado para outro aspecto. Apesar da escassez de relatos consistentes, é muito provável que houvesse a participação das mulheres na criação e na execução do gênero musical que estava surgindo na região central da cidade do Rio de Janeiro, nos primeiros anos do século 20. Há inúmeros indícios de que o prestígio e a fama de Tia Ciata na Pequena África que se formou no entorno da praça Onze não se deviam apenas à sua condição de liderança e à influência que exercia em certas instâncias do poder constituído. Ciata também tinha dotes musicais, e isso é descrito explicitamente em alguns registros da época, apesar de ser assunto pouco valorizado pela história que se repete sobre as origens do samba.

Tia Ciata se tornou um símbolo tão grande daquele momento histórico que foi citada em textos de escritores como Manuel Bandeira, José Murilo de Carvalho, Mário de Andrade, Lira Neto, Vagalume, Almirante, Roberto Moura e Jota Efegê, entre tantos outros. Em alguns deles, fica claro que as habilidades da matriarca iam muito além do posto de anfitriã dos pagodes locais.

Mário de Andrade menciona a baiana em sua obra-prima, *Macunaíma*, escrita depois de longa pesquisa do autor sobre as peculiaridades da cultura nacional, uma espécie de compêndio folclórico brasileiro. Em suas viagens, o precursor do Modernismo teria visitado o famoso quintal da "tia baiana". Pois na narrativa, o protagonista Macunaíma aparece na casa de Tia Ciata, em uma de suas peripécias pelo país. Ali, o texto diz que ela é uma "*mãe-de-santo famanada e cantadeira ao violão*".[1] Por tratar-se de uma obra ficcional, pode-se alegar que o autor tinha a liberdade poética de lidar com os fatos a seu bel-prazer. É verdade. Mas o próprio Mário de

---

1. ANDRADE, Mário de. *Macunaíma*. Barueri: Editora Novo Século, 2017, p. 58.

Andrade escreveu em seu *Música de feitiçaria no Brasil*, desta vez uma não ficção, sobre os dotes de Ciata como compositora e instrumentista: "*Passava os dias de violão no colo inventando melodias maxixadas, e falam mesmo as más línguas que muito maxixe que correu no Brasil com nome de outros compositores negros era dela, apropriações mais ou menos descaradas.*"[2] Roberto Moura também descreve, em sua obra seminal *Tia Ciata e a Pequena África no Rio de Janeiro*, um perfil dela e de seu entorno, que a baiana era "*partideira, cantava com autoridade, respondendo os refrões nas festas que se desdobravam por dias*".[3]

Outro indício aparece na célebre polêmica em torno da autoria de "Pelo telefone", registrado por Donga, em 1916. A versão mais recorrente é de que a música teria sido composta em criação coletiva no quintal de Ciata pelos participantes da roda: Hilário Jovino, Germano, João da Mata, Sinhô, Mauro de Almeida, Donga e a própria anfitriã, entre outros. Almirante, em *No tempo de Noel Rosa*, bate o martelo acerca dessa versão. Lira Neto, em *Uma história do samba — As origens*, traz este e outros pontos de vista. Essa disputa pela autoria aparece em dezenas de publicações, com diferentes enfoques. O fato é que era perfeitamente aceitável pelos frequentadores da roda que Tia Ciata fosse uma das compositoras da canção. Uma paródia de "Pelo telefone" feita à época, abordando esse entrevero, reafirma a suspeita. Em provocação a Donga, que teria se apropriado da canção sem compartilhar a autoria com os colegas, os gaiatos cantavam:

"*Ó que caradura
De dizer nas rodas
Que esse arranjo é teu!
É do bom Hilário
E da velha Ciata
Que o Sinhô escreveu (...)*

---

2. GOMES, Rodrigo Cantos Savelli. "'Pelo telefone mandaram avisar que se questione essa tal história onde mulher não tá': A atuação de mulheres musicistas na constituição do samba da Pequena África do Rio de Janeiro no início do século XX". In: *Per Musi*, Belo Horizonte, n. 28, 2013, p. 181.

3. MOURA, Roberto. *Tia Ciata e a Pequena África no Rio de Janeiro*. Rio de Janeiro: Secretaria Municipal de Cultura, 1995, p. 101.

Tomara que tu apanhes
Para não tornar a fazer isso
Escrever o que é dos outros
Sem olhar o compromisso"[4]

A invisibilidade de Tia Ciata como "fazedora de samba" pode ser estendida a outras mulheres de seu tempo, como se percebe na fala de um de seus netos, Marinho Jumbeba, em entrevista publicada no livro de Nei Lopes, *Partido-alto: Samba de bamba*. Nei pergunta: "*As mulheres faziam partido-alto?*" Ao que Jumbeba responde: "*Fazia! Ah! Era a Mariquita, Sinhá Velha... Maria Adamastor era uma grande sambista, que fazia uns grandes sambas, compreendeu? A minha tia, por exemplo, a Mariquita, tocava muito pandeiro, compreendeu? Ela às vezes em casa, só brincando, fazia um grande partido-alto. Só com um pandeiro e os cantos. Mas tinha muita senhora que naquele tempo... por exemplo, a minha tia Pequena, por exemplo, era grande. Sinhá Velha, que era minha tia também. E tinha as moças, em casa, inclusive a minha irmã Lili. Tinha a afilhada da minha tia, a Cincinha; tinha a Ziza, que era filha da... era minha prima; e era essa gente toda, minha família era muito grande.*"[5]

Mariquita, Sinhá Velha, Pequena, Cincinha, Ziza... Nenhuma delas entrou para a história como sambista. A citada Maria Adamastor, uma das "tias baianas" mais famosas da Pequena África, foi fundadora de vários ranchos, como o Sempre-Vivas, o Rei de Ouros e o Flor da Romã, mas seus dotes artísticos de partideira e percussionista, relatados por Jumbeba, ficaram em segundo plano. Assim como Carmem do Ximbuca, Gracinda e Bebiana, outros nomes relevantes no entorno da praça Onze. Todas entraram para a história representando o mesmo papel: as tias que recebiam os sambistas em seus quintais. Como se, durante a roda, as atividades principais fossem masculinas, e as mulheres assumissem uma posição passiva — no máximo, elas eram mencionadas na dança e no coro de vozes, meras espectadoras, enquanto eles "criavam" o samba.

---

4. ALMIRANTE. *No tempo de Noel Rosa*. Rio de Janeiro: Sonora Editora, 2013, p. 45.
5. LOPES, Nei. *Partido alto: Samba de bamba*. Rio de Janeiro: Pallas, 2005, p. 195.

Outra característica dos registros sobre boa parte destas personagens é o destaque à função de "mãe". Enquanto Donga e João da Baiana formaram com Pixinguinha o que se chamava de "Santíssima Trindade do Samba", os nomes de Amélia e Perciliana (suas mães) em geral aparecem nos livros somente relacionados aos filhos famosos. É raro encontrar referências a sua atuação artística — consta que Amélia, por exemplo, teria sido uma grande cantora, e não apenas "mãe de Donga". O caso de Perciliana é notável. Seu filho, João da Baiana, entrou para a história como o introdutor do pandeiro e do prato-e-faca no samba. O que pouca gente diz é que ele teria aprendido a tocar os instrumentos com a mãe, como registra o documento "A força feminina do samba", produzido pelo Centro Cultural Cartola: *"Perciliana (...) ensinou ao filho a batida característica do pandeiro que tanto o diferenciava de outros músicos. (...) Perciliana foi a grande responsável pela introdução do instrumento no samba, em 1889. Todos os seus filhos se envolveram com música. O movimento das mãos de Perciliana transmitido a João da Baiana era único. Não é à toa que, aos 15 anos, o jovem sambista era atração nas festas pela sua habilidade como pandeirista. Perciliana também foi a primeira a ser vista raspando a faca no prato, um instrumento de ritmo inusitado."*[6]

As referências às mulheres na historiografia do samba como produtoras do gênero musical são escassas. É de se supor que, na sociedade patriarcal da época, elas tenham tido pouco destaque nos espaços de encontros coletivos, dominados pelos rapazes — mesmo que tivessem talento para algumas atividades, como vimos nos exemplos mencionados. Mas isso não explica totalmente essa invisibilidade. Boa parte da "história do samba", escrita nos livros e registrada para a posteridade, foi contada pelos homens. E, sob a ótica masculina, a presença feminina acabou confinada aos lugares tradicionalmente ocupados por elas — ou aos que se desejava que elas ocupassem.

Márcia Tiburi resume esta questão em *Feminismo em comum*: "Uma das maiores injustiças do patriarcado — ou injustiça originária, aquela que se repete todo dia — é não tornar possível a presença das mulheres na história

---

6. MACEDO, Gisele. *A força feminina do samba*. Rio de Janeiro: Centro Cultural Cartola, 2007, p. 18.

nem permitir que elas ocupem algum espaço de expressão na sociedade. Cada espaço é conquistado com dificuldade e somente com muita luta. O fato de as mulheres não fazerem parte da vida pública não se explica apenas por elas terem sido afastadas desse espaço em momentos diversos. Mas porque elas não contaram a sua própria história."[7]

Dentro desse contexto, alguns lugares foram reservados às mulheres nos relatos sobre as formas de organização social, partindo sempre da noção de "valor de uso" associada ao corpo feminino. A mulher, sob o olhar machista, é medida pelo que pode produzir por intermédio do seu corpo. Neste aspecto, destacam-se: 1) a maternidade; 2) a função de alimentar a prole; 3) o cuidado com os afazeres domésticos; 4) a satisfação do prazer alheio. Não é coincidência detectar que as referências ao papel das "tias" no cenário do surgimento do samba costumam se limitar exatamente aos mesmos temas: 1) eram as mães dos bambas mais importantes; 2) faziam os quitutes consumidos nas festas; 3) preparavam todo o quintal para receber os convidados; 4) podiam se tornar as "musas inspiradoras" das canções. As mulheres valiam por aquilo que seus corpos podiam produzir. As atividades relativas ao trabalho "intelectual", como compor e tocar instrumentos, eram todas atribuídas aos homens.

Apesar da invisibilização da mulher nestas funções, é preciso ressaltar que há uma valorização do feminino na origem do samba (com o lugar bem demarcado e fundamental das "tias baianas") que não é vista em outras expressões artísticas. Isso decorre da relação direta do gênero musical com a herança afro-brasileira, em especial com as religiões de matriz africana. A base fundadora do samba foi a cultura de terreiro, de onde se originam muitas de suas tradições. E aqui é importante entender o papel que a força feminina tem na cultura e história negras.

Em boa parte dos cultos africanos, a mulher é o elo entre o sagrado e a vida biológica e espiritual, a responsável pela guarda e pela transmissão das tradições religiosas e culturais dentro de seu núcleo. Elas têm lugar de destaque nos rituais comunitários, diferentemente do que ocorre na tradi-

---

7. TIBURI, Márcia. *Feminismo em comum: Para todas, todes e todos*. Rio de Janeiro. Rosa dos Tempos, 2019, p. 92.

ção judaico-cristã, transformando seus corpos em verdadeiros altares vivos para reproduzir as energias ancestrais.[8]

Além dessa força advinda dos conceitos religiosos, uma questão de ordem prática colocou a mulher no centro dos agrupamentos familiares negros na virada do século 19 para o 20. No período pós-abolição, nos primeiros momentos de "liberdade" dos escravizados no Brasil, foram elas as responsáveis por manter as famílias, como provedoras das necessidades básicas. Os homens negros, lançados sem formação a um mercado de trabalho totalmente hostil, tinham dificuldade para arrumar emprego. E a mulher negra foi à luta, assumindo afazeres semelhantes aos que já tinha nos tempos da escravidão, constituindo, por exemplo, o trabalho doméstico, com reflexos que perduram até hoje. Ou seja, a mulher era a líder espiritual e ainda sustentava a família.

Uma música composta por João da Baiana e lançada por Clementina de Jesus na Bienal do Samba de 1968 ilustra bem este momento histórico: *"Quando a polícia vier e souber / Quem paga casa pra homem é mulher / No tempo que ele podia / Me tratava muito bem / Hoje está desempregado / Não me dá porque não tem / Quando eu estava mal de vida / Ele foi meu camarada / Hoje dou casa e comida / Dinheiro e roupa lavada."*

O filósofo Silvio Almeida ressalta o papel feminino no período pós-escravidão e o impacto que isso teve nas décadas seguintes. *"As mulheres negras desenvolveram ao longo de sua trajetória diversas tecnologias de resistência e formas de manutenção da vida — inclusive as dos homens negros, que tiveram suas vidas destroçadas por uma série de circunstâncias históricas, como a escravidão. Elas sempre foram o sustentáculo da vida social e política, conseguindo se manter graças às formas de organização que criaram. Por isso as mulheres lideram o Movimento Negro, até sob o ponto de vista intelectual. E têm tido papel fundamental nos movimentos raciais ao redor do mundo, não só no Brasil. A fundação do movimento 'Black lives matter', por exemplo, foi obra de mulheres negras. Não se pode falar em luta*

---

8. Estas e outras questões são abordadas com profundidade no livro *Mito e espiritualidade: Mulheres negras*, de Helena Theodoro.

antirracista sem que também haja uma luta pela igualdade de gênero."⁹ O protagonismo feminino colocou a mulher no centro da vida das comunidades negras e, consequentemente, deu a ela papel de destaque nos terreiros onde floresceu o samba.

Nesse sentido, o gênero se diferencia de outras manifestações artísticas, cuja presença feminina era praticamente ignorada. No samba, as "tias baianas" são reverenciadas por seu papel fundador, e até hoje os desfiles das escolas na Marquês de Sapucaí trazem uma ala dedicada a elas, que é aplaudida efusivamente. Mas, como vimos, essa valorização fica restrita ao território do acolhimento e das panelas. O esquecimento histórico das sambistas como produtoras de conteúdo artístico se deu de forma semelhante ao que acontecia em outras artes. São episódicas, por exemplo, as referências a mulheres escritoras, dramaturgas, artistas plásticas, escultoras ou pintoras nesse período. Extrapolando o mundo das artes, também há um sem-número de profissões associadas apenas à masculinidade, seja pelo uso da força física ou pela elaboração intelectual.

A mítica Pequena África não era um exemplo isolado de abafamento das habilidades femininas, que também ocorria nos demais agrupamentos de samba da cidade. Com o crescimento do município do Rio em outras direções, em especial as zonas Norte e Oeste, num êxodo que teve como marco as reformas do Centro comandadas pelo prefeito Pereira Passos, diversos núcleos comunitários se formaram, muitos com forte tradição musical, dando origem às primeiras escolas de samba. Nas histórias destes locais, também há referências a inúmeras mulheres importantes, verdadeiras líderes em seus territórios. Na Mangueira, Tia Fé, Maria Coador, Tia Tomásia e Maria Rainha. Em Oswaldo Cruz, Dona Martinha, Dona Neném e Dona Ester. No Estácio, Atanásia e Mãe Rita. Assim como suas contemporâneas da praça Onze, todas elas ocupam na história apenas o lugar da "tia baiana".

A esta altura, não é surpresa encontrar sobre estas senhoras referências a uma atuação efetiva na criação musical. No livro *Fala, Mangueira*, Marília Trindade Barboza e Arthur Oliveira Filho contam que *"Maria Coador adorava uma roda de jongo. Além de dançar e cantar, com aquela*

---

9. Entrevista com Silvio Almeida. *Roda viva*. São Paulo: TV Cultura, 22 jun. 2020. Programa de TV.

voz poderosa que Deus lhe deu, sabia bater atabaques como ninguém. Também pra encourar um tambor de jongo, nem mestre Waldomiro ganhava dela."[10] No livro de Nei Lopes sobre partido-alto citado anteriormente, Clementina de Jesus fala sobre as matriarcas da Portela: *"Vicentina era uma grande partideira. Quer ver?... Doroteia! (...) Ah, a Ester, a Ester era a mulher... a partideira... a casa dela, o partido-alto saía mais bonito na casa dela. De lá é que foi feita a Portela."*

Além de referendar os dotes musicais de muitas das tias, a declaração de Clementina de Jesus nos leva a outra questão: se na casa de Dona Ester "foi feita a Portela", por que ela não é considerada uma das criadoras da azul e branco? Paulo da Portela, Antônio Caetano e Antônio Rufino são sempre citados na origem da agremiação, em 1923, mas Dona Ester, não. Outro caso emblemático é o dos Acadêmicos do Salgueiro. Na ata de fundação, de 1953, há os nomes de 18 homens. Mas não aparecem mulheres consideradas fundamentais para o surgimento da escola, como Maria Romana e Neném do Buzunga. No Império Serrano, a situação é ainda mais eloquente, já que a casa de Tia Eulália, que existe até hoje no morro da Serrinha, é cultuada como o local de fundação da verde e branco de Madureira, em 1947. Mas Eulália não aparece no documento que consagra o surgimento da escola — assim como Vovó Maria Joana, outra mulher importante nos primeiros anos do Império. Em *Serra, Serrinha, Serrano*, Rachel Valença e Suetônio Valença listam os 31 homens considerados fundadores e observam que, entre eles, estão dois nomes pouco atuantes na comunidade: José do Nascimento Filho e Pedro Francisco Monteiro Júnior. Não por coincidência, eles são os maridos de Eulália e Maria Joana. *"É como se a mulher precisasse ser representada por seu cônjuge, já que, sem o beneplácito dele, qualquer participação estaria vetada"*[11], explicam Rachel e Suetônio.

---

10. SILVEIRA, Leandro Manhães. *Nas trilhas de sambistas e 'povos de santo': memórias, cultura e territórios negros no Rio de Janeiro (1905-1950)*. 2012. 184f. Dissertação (Mestrado em História Social) – Programa de Pós-Graduação em História, Universidade Federal Fluminense, Niterói, 2012, p. 140.

11. VALENÇA, Rachel; VALENÇA, Suetônio. *Serra, Serrinha, Serrano: O império do samba*. Rio de Janeiro: Record, 2017, p. 77.

Apagadas dos marcos de fundação das escolas de samba, as sambistas também tiveram seu raio de atuação limitado no dia a dia das agremiações, em tudo que podia representar um transbordamento da figura da "tia baiana". Nas quadras de ensaio, só tinham a primazia da dança: as mulheres dançavam com as crianças, e até os anos 60 era raro ver um homem "sapateando" por lá. Nesse caso, elas ocupavam uma posição de objeto do olhar masculino, de exposição estética/sexualizada, seja como passista ou como porta-bandeira.

Outra tarefa importante desempenhada pelas mulheres era a de pastora, cantora que fazia parte dos coros nas quadras. É unânime a atribuição de grande importância a essa função, já que elas seriam as responsáveis por escolher as canções que fariam sucesso na quadra — "se não agradou as pastoras, seu samba não emplaca", costumavam dizer os mais velhos. Mas, apesar de valorizadas pela relevância da atividade, as sambistas só tinham existência em grupo. "As pastoras" eram um organismo coletivo, sem individualidades. Enquanto os homens exerciam o papel de solistas (assinavam suas composições, cantavam seus sambas, tinham "nome próprio"), as mulheres faziam parte de um grupo, não eram autorizadas a ter destaque individual — afinal, o bom corista é aquele que não se sobressai em relação aos demais.

As atuações individuais de mulheres nos primórdios das escolas de samba eram tão raras que entraram para a história. Dagmar da Portela, por exemplo, é uma figura muito lembrada por ter sido a primeira ritmista a tocar numa bateria, no Carnaval de 1938, empunhando seu surdo. Ela era esposa de Nozinho, irmão de Natal da Portela — o que pressupõe uma intermediação masculina para a mulher ocupar espaços antes interditados.

Voltando ao mercado fonográfico, o início da indústria da música no Brasil é marcado por um ambiente quase exclusivamente masculino. Mas, desde o começo, há registros de gravações feitas por mulheres. A função de cantora foi a primeira a ser exercida por elas, por motivos óbvios: era a única na qual os homens não as podiam substituir, já que a voz feminina tem características próprias, em geral mais aguda. Nas duas primeiras décadas do século passado, elas já gravavam, mas não havia cantoras populares de sucesso.

Em 1920, aconteceu a primeira gravação de samba feita por uma mulher: Izaltina cantou em dupla com Baiano a canção "Quem vem atrás fecha a porta" (Caninha). Mas a primeira grande estrela da música popular brasileira foi mesmo Aracy Cortes, outra com origens negras. Vinda do teatro musical, seu nome de batismo era Zilda de Carvalho Espíndola, e não é difícil imaginar porque uma "senhorita" daquela época precisou usar um pseudônimo para se dedicar à carreira artística, que no imaginário da sociedade era equiparada à prostituição.

A partir daí, surgiram outras cantoras de destaque, como Aracy de Almeida, Marília Batista, Isaura Garcia, Linda e Dircinha Batista, Odete Amaral, Ademilde Fonseca, Carmen Costa, Emilinha Borba, Marlene e Dalva de Oliveira, entre outras. Mas, sem dúvida, a de maior projeção na primeira metade do século 20 foi Carmen Miranda. Maria do Carmo Miranda da Cunha nasceu em Portugal, em 1909, mas chegou ao Brasil com menos de um ano de idade. Estreou no mercado fonográfico aos 20 anos, gravando samba, e teve a carreira catapultada pela marcha "Pra você gostar de mim (Taí)" (Joubert de Carvalho), que vendeu 35 mil cópias em 1930, um número altíssimo numa época em que mil discos já eram uma venda de relativo sucesso.

Carmen logo foi considerada a maior cantora do Brasil, se tornando a primeira artista a ter contrato de exclusividade com uma rádio e ganhando salários similares aos dos cantores homens do primeiro escalão. Na década de 30, nenhuma cantora gravou tanto quanto ela: foram quase 300 canções, a maioria sambas ou marchas. Emplacou muitos sucessos e foi a responsável por jogar luz em compositores como Dorival Caymmi e Assis Valente.

Além do êxito profissional, a figura de Carmen foi importante para a representatividade feminina. Era considerada "avançada", falando palavrões, contando piadas, usando maiô e reforçando a imagem da mulher independente. Foi a única mulher com quem Pixinguinha compôs em toda a carreira, na música "Os home implica comigo": *Eles gosta da gente, eu já sei por que é / É porque eles não pode vivê sem muié (...) / Eles pensa que eu sou dessas garotas de arengação / Mas estão muito enganado: 'Comigo não, violão!'"*

Na virada dos anos 30 para os 40, Carmen foi para os Estados Unidos, onde estabeleceu sólida carreira em Hollywood, chegando a ser a mulher mais bem paga do *show business* norte-americano em 1945. Fez mais de uma dezena de filmes e lançou diversas canções por lá. Mas a importância de sua figura não se resume a essa trajetória particular: a projeção da "Pequena Notável" consolidou o samba como sinônimo de "brasilidade", exportando para o mundo a batucada como produto de excelência da cultura nacional. Ruy Castro, biógrafo da cantora, chega a afirmar que *"nenhuma mulher brasileira foi tão popular quanto Carmen Miranda, no Brasil ou em qualquer outro lugar"*.[12]

A esta altura, o papel das mulheres como cantoras já estava relativamente consolidado. Elas não faziam tanto sucesso quanto os homens (Carmen era exceção), mas já ocupavam uma fatia do mercado. Por outro lado, era difícil se expandir para funções além do microfone. Eram raras as compositoras, instrumentistas, arranjadoras, produtoras, etc. Dentre essas funções, uma se destaca por ter grande impacto na construção do imaginário coletivo: a de compositor. Afinal, o autor da música detém a narrativa do que será contado, do que será cantado, do discurso que vai ser deixado para as próximas gerações. O ponto de vista masculino era predominante nas letras ouvidas nas rádios, nos discos e nos shows das primeiras décadas daquele século.

Isso não quer dizer que não havia mulheres compositoras — indica apenas que elas não conseguiam emplacar suas músicas nos repertórios dos cantores e cantoras de então. Bidu Reis, Dora Lopes, Dilu Melo, Lina Pesce, Almira Castilho, Babi de Oliveira e Zica Bérgami são os nomes de algumas autoras da época, que acabaram relegadas à antessala da história da música popular brasileira por falta de visibilidade.

Havia outra questão: para muitas das que se arriscavam no papel-e--caneta, não era socialmente aceitável ter seu nome associado a canções populares. Por isso, várias músicas com autoras eram anunciadas como "de domínio público" ou "folclóricas". Em sua pesquisa "Mulheres composito-

---

12. MARGOLIS, Mac. "Icon: We Still Have Bananas". In: *Newsweek*, 16 set. 2020. Disponível em: <www.newsweek.com/icon-we-still-have-bananas-108415>. Acesso em: 22 jun. 2020. (Tradução livre do autor)

ras do Brasil nos séculos 19 e 20", Ana Carolina Arruda de Toledo Murgel encontrou diversas letras assinadas com alcunhas como "uma jovem fluminense" ou "uma amadora".

Afirmar-se como compositora não era difícil apenas para as amadoras ou anônimas. Uma das maiores artistas de seu tempo, Marília Batista entrou para a história como grande intérprete das canções de Noel Rosa. Por sua voz grave e sua performance cheia de ritmo, ganhou o título de "Princesinha do Samba". Integrou o elenco da Rádio Nacional desde o início e chegou a fazer shows no exterior. Mas pouca gente se lembra de que ela foi autora de grandes canções, como "Menina fricote". Perguntada sobre sua profissão em entrevista para o *Jornal do Brasil* em 1967, ela respondeu: *"Sambista; mais compositora que intérprete, por favor."*[13] No mesmo ano, em outra reportagem do *JB*, voltou ao assunto: *"Deixei comercialmente o que era meu para cantar (o repertório de) Noel. Mas sempre fiz músicas. O negócio é que ninguém me aceitava cantando o que era meu."*[14]

Em seu depoimento para o Museu da Imagem e do Som do Rio de Janeiro, em 1967, Marília Batista precisou ressaltar seus atributos artísticos, depois que os entrevistadores insistiam em lhe fazer perguntas sobre Noel Rosa: *"Eu preciso situar bem minha posição diante da música popular brasileira, para que não se cometa nenhum engano a respeito. Eu, além de intérprete de Noel Rosa, sou compositora, sou autora de música popular. Antes de conhecer Noel Rosa, eu já cantava minhas músicas em todos os lugares que ia, e o próprio Noel me conheceu cantando as minhas músicas (...). É o que eu sou na realidade. Além de professora de música — formada pela Escola Nacional de Música —, além de sambista e intérprete, além de intérprete de Noel Rosa, além de intérprete de outros autores, eu sou acima de tudo compositora de samba. É o que eu sou e não quero ser nada mais do que isso."*[15]

---

13. "Um perfil de sambista". *Jornal do Brasil*, Rio de Janeiro, 17 set. 1967. Revista de Domingo, p. 8.

14. "Marilia canta mais alto". *Jornal do Brasil*, Rio de Janeiro, 17 dez. 1967. Caderno B, p. 8.

15. GOMES, Rodrigo Cantos Savelli. *Samba no feminino: Transformações das relações de gênero no samba carioca nas três primeiras décadas do século XX*. 2011. 157f. Dissertação (Mestrado em Música) – Programa de Pós-Graduação em Música, Universidade do Estado de Santa Catarina, Florianópolis, 2011, p. 131.

Embora o olhar externo a reduzisse ao que era esperado para a época — o posto de cantora —, Marília Batista se via mesmo era como compositora. Também era uma exímia violonista, tanto clássica quanto popular. Sua relevância como instrumentista se revela, entre outros registros, numa clássica foto sua à frente de seis rapazes, que ilustra a capa do livro *A canção no tempo: 85 anos de músicas brasileiras — Volume 1*, de Jairo Severiano e Zuza Homem de Mello. A imagem é fartamente republicada em livros e reportagens sobre a história da canção brasileira, porque um dos moços é Noel Rosa (os outros são Mário Moraes, Ciro de Souza, Henrique Batista, Fernando Pereira e Renato Batista). O que chama a atenção na foto é que Marília Batista está em primeiro plano, tocando violão e cantando, enquanto os seis homens estão atrás, apenas a observando tocar. Cena raríssima para os anos 30.

Outra característica incomum da artista é que era uma excelente versadora. Ficaram famosos seus duelos de improviso com Noel no programa de Ademar Casé na Rádio Philips. A dupla cantava o refrão do samba "De babado" (*"De babado sim / Meu amor ideal / Sem babado não"*) e em seguida emendava em estrofes improvisadas, em cima da melodia da canção. O quadro do programa, que se assemelhava às atuais batalhas de rimas do rap ou do partido-alto, às vezes chegava a durar dez minutos.

Compositora, violonista e versadora, Marília Batista entrou para a história apenas como uma das grandes intérpretes da música brasileira. Não é pouco, mas ela foi muito mais.

Outro detalhe na biografia de Marília amplia a percepção sobre o contexto feminino do período. Em 1945, ela se casou com um médico e, como consequência, teve que abandonar a carreira. A cantora ficou longe dos palcos e dos estúdios por seis anos. Era comum que as artistas largassem a profissão ao subirem no altar. A carreira musical parecia incompatível com o casamento e, para muitos maridos, era inaceitável ver as esposas cantando nos palcos "para outros homens". Esse filme se repetiu com outras cantoras, como Aurora Miranda, Celly Campello e Wanda Sá, todas em momentos produtivos de suas carreiras.

O ambiente musical não era hostil para as mulheres apenas em relação a seus projetos profissionais. Uma análise das músicas que eram gravadas à época mostra letras repletas de discursos machistas. Os exemplos são inúmeros, como "Mulher de malandro", de Heitor dos Prazeres:

"Mulher de malandro sabe ser
Carinhosa de verdade
Ela vive com tanto prazer
Quanto mais apanha
A ele tem amizade
Longe dele tem saudade"

Esta canção de Ary Barroso se chamava "Dá nela" e ganhou o primeiro lugar no concurso das músicas de Carnaval de 1930:

"Esta mulher há tanto tempo me provoca
Dá nela, dá nela
É perigosa, fala mais que pata choca
Dá nela, dá nela"

"Amor de malandro", de Ismael Silva e Francisco Alves, trazia os seguintes versos:

"O amor é o de malandro, ó, meu bem
Melhor do que ele ninguém
Se ele te bate é porque gosta de ti
Pois bater-se em quem não se gosta eu nunca vi"

E a obra "Mulher indigesta", escrita por Noel Rosa, dizia assim:

"Mas que mulher indigesta, indigesta!
Merece um tijolo na testa
(...) E quando se manifesta
O que merece é entrar no açoite
Ela é mais indigesta do que prato
De salada de pepino à meia-noite"

Sem esquecer o sucesso "Na subida do morro", de Geraldo Pereira, Ribeiro Cunha e Moreira da Silva. Nesta letra, o malandro mostra toda a sua "ética": não se pode bater em uma mulher que não é sua.

"Na subida do morro me contaram
Que você bateu na minha nêga
Isso não é direito
Bater numa mulher que não é sua
Deixou a nêga quase nua (...)
Você mesmo sabe
Que eu já fui um malandro malvado (...)
Dei até no dono do morro
Mas nunca abusei de uma mulher
Que fosse de um amigo
Agora me zanguei consigo"

Este livro poderia gastar muito mais tinta e papel para falar sobre a tradição de sambas machistas, mas estes exemplos parecem suficientes para demonstrar como o meio musical refletia as características sexistas da sociedade da época. As mulheres eram retratadas usualmente de duas formas pelas letras do cancioneiro: como a que atendia aos desejos do homem (a "Amélia" sem a menor vaidade, a "Emília" que sabe lavar e cozinhar) ou seu oposto, aquela que não merecia o menor respeito por fugir desse papel (a "leviana", a "pecadora"). Em qualquer um desses casos, os abusos físicos e verbais eram vistos com normalidade.

Como as compositoras eram raras (ou por serem descreditadas ou porque não tinham chances de emplacar suas músicas), os próprios homens escreviam sob uma "ótica feminina", para que as mulheres interpretassem canções em primeira pessoa. O expediente de incorporar uma personagem não impedia os autores de usar sua visão particular sobre elas. Em "Mulato de qualidade", gravada por Carmen Miranda, o compositor André Filho (o mesmo de "Cidade maravilhosa") exalta os atributos do homem e diz que a mulher está feliz porque dele recebe tudo, até pancada.

*"Eu lá no morro, só de fato, só respeito o meu mulato
Porque ele é mesmo bamba e é bom no samba
Qualquer parada, ele topa com vontade
É respeitado, quer no morro ou na cidade
E eu gosto dele, porque é um mulato de qualidade
Vivo feliz no meu canto sossegada
Tenho amô, tenho carinho, oi!
Tenho tudo e até pancada!"*

Carmen não é o único exemplo de cantora que gravou letras machistas. Ângela Maria, no começo da carreira, registrou esta "pérola" de Cyro Monteiro e Dias da Cruz, com o sugestivo título de "Meu dono, meu rei":

*"Você só me bate, pretinho
Não faz um carinho pra me consolar
E eu que sou tão boazinha
Tão direitinha, sei lhe respeitar (...)
Você só me bate, pretinho
Não faz um carinho e eu choro de dor
Eu choro, mas não sou covarde
Pois sei que não arde pancada de amor"*

No livro *História sexual da MPB*, Rodrigo Faour faz um levantamento com diversos outros exemplos do "cancioneiro de pancadaria", em músicas com assinaturas pesadas, como as de Cartola, Wilson Batista, Nássara, Moreira da Silva, Cyro de Souza, Ismael Silva, Pedro Caetano, Zé da Zilda, Sinhô e Geraldo Pereira. Elas foram interpretadas por homens, mas também por mulheres.

À primeira vista, pode causar estranheza ver estas palavras nas bocas de cantoras, mas é um equívoco acreditar que a perpetuação do pensamento machista se revela apenas nos homens. Mulheres também foram criadas e cresceram numa sociedade que reforça comportamentos sexistas. Portanto, elas eventualmente podem repetir estes discursos, sem refletir sobre este "senso comum". Parece contraditório ver cantoras que lutaram para ocupar um espaço interditado para as mulheres, como o do palco, entoando letras que, aos olhos de hoje, são inaceitáveis. Mas isso nos ajuda a enxergar a questão feminista como algo que vai além de uma falsa oposição "homem x mulher". Assim como homens podem apoiar o feminismo, mulheres podem reproduzir falas e atitudes machistas — ou agirem reforçando esse comportamento. O machismo é institucionalizado, estrutural, e afeta a todos de alguma forma.

Uma aceitação implícita da realidade machista não é a única explicação para o fato de tantas mulheres terem gravado músicas com esse tom. O mercado fonográfico brasileiro abrigou inúmeras cantoras entre os anos 20 e 60, mas quem vendia discos em quantidade eram os cantores. Eles é que davam as cartas nas gravadoras, e as mulheres não tinham muito poder de barganha para impor o repertório que queriam. As canções eram escolhidas por produtores e executivos, invariavelmente homens. Às cantoras, cabia basicamente gravá-las, sem muitas possibilidades de contestação.

A mulher era uma espécie de ventríloqua, apenas vocalizando as palavras de outra pessoa, como pontua Maria Áurea Santa Cruz em *Musa sem máscara: A imagem da mulher na música popular brasileira*. As cantoras soltavam a voz nos microfones — mas essa voz era apenas simbólica. Elas eram metaforicamente emudecidas, na medida em que não podiam expressar suas ideias através das letras. A ordem estabelecida era clara: a mulher até podia falar, desde que fossem palavras escritas por um homem.

Essa realidade de opressão e submissão aos poucos ganhou novos capítulos. Em 1935, Aracy de Almeida protagonizou um fato marcante. Já uma cantora de relativo sucesso, ela foi convidada para fazer uma participação no filme *Alô, alô, Carnaval*, comédia musical da Cinédia, dirigida por Adhemar Gonzaga. Sua cena seria cantando "Palpite infeliz", de Noel Rosa, enquanto estendia roupa num varal, vestida com trajes humildes e um pano na cabeça, num quintal simples. Aracy se recusou a filmar, mesmo com o cenário já pronto, por entender que a cena reforçaria estereótipos relacionados à mulher, em especial às mulheres negras. Francisco Alves ainda tentou demovê-la da ideia, e Noel Rosa se mostrou bastante chateado com Aracy, já que a sugestão da cena teria partido dele. Mas a Dama do Encantado se manteve firme, e "Palpite infeliz" acabou ficando fora do filme.

Noel chegou a declarar ao jornal *Correio da Noite* que deixaria de compor canções para Aracy, mas felizmente mudou de ideia em seguida. Pouco tempo depois, ele diria que ela era a intérprete que melhor cantava suas letras. Aracy de Almeida teve papel de destaque na linha do tempo das cantoras de samba. Negra, suburbana e de família evangélica, não foi simples para ela decidir entrar no meio musical. As primeiras batalhas foram travadas com os pais, que lhe davam uma educação rígida, mas ela fugia de casa para cantar nos blocos da região. Depois, teve que deixar definitivamente o lar paterno para seguir a carreira de cantora. Foi especialmente bem-sucedida entre os anos 30 e 50, cantando não apenas Noel, mas também Ary Barroso, Assis Valente e Antônio Maria.

Seu comportamento provocava reações à época. O ambiente em que se sentia mais à vontade era na boemia, bebendo cerveja nos bares da cidade, locais em geral pouco frequentados pelas mulheres. Transitava com a mesma desenvoltura nas mesas dos pés-sujos da Lapa e nos palcos das boates chiques da Zona Sul. Encarnou uma figura rara no imaginário carioca: a "malandra". A ponto de a mãe de Noel Rosa, Dona Martha, exclamar surpresa, depois de uma visita da amiga do filho: *"Nunca vi uma mulher dizer tanto nome feio!"*[16]

Por conta do envolvimento com o mundo masculino, Aracy ouvia diversos questionamentos sobre sua sexualidade, num período em que esse tema era um tabu inimaginável, especialmente para as mulheres. Questionada sobre a fama de "machona", respondeu: *"Amo qualquer um, homem, mulher, bicho, coisa. Dura um dia, um mês. Dura quanto durar."*[17] Mais do que uma artista excepcional, Aracy foi uma grande mulher de

---

16. OLIVEIRA, Vitor Hugo de. *Aracy de Almeida: Samba e malandragem no Brasil dos anos 1930 e 1940.* 2018. 81f. Dissertação. (Mestrado Profissional em Tecnologias, Comunicação e Educação) – Programa de Pós-graduação em Tecnologias, Comunicação e Educação, Universidade Federal de Uberlândia, Uberlândia, 2018, p. 20.

17. CARVALHO, Hermínio Bello de. *Taberna da Glória e outras glórias: Mil vidas entre os heróis da música brasileira.* Rio de Janeiro: Edições de Janeiro, 2015. p. 47.

seu tempo, hábil em contornar as dificuldades para deixar em primeiro plano aquilo que melhor sabia fazer: cantar.

Os costumes mudavam, e a sociedade ia tentando acompanhar, embora a passos lentos. Em 1932, a mulher brasileira ganhou o direito de votar nas eleições, mas apenas as casadas com autorização dos maridos, as viúvas e as solteiras com renda individual. Só em 1946 o voto feminino se tornou obrigatório, sem restrições, assim como o dos homens. Havia avanços na questão de gênero, mas em ritmo vagaroso. Na MPB, a situação era semelhante. Até que duas mulheres romperam as barreiras do mercado e conseguiram ter voz própria no cenário musical dos anos 50: Dolores Duran e Maysa.

Elas são as primeiras representantes de peso das compositoras que escrevem sob a ótica feminina, surgidas na segunda metade dos anos 50. O momento era de grandes transformações: socialmente, as mulheres começavam a trabalhar e a se emancipar de forma gradual, o que resultaria nos movimentos feministas da década seguinte; musicalmente, o país ouvia os primeiros acordes da bossa nova e conhecia um estilo de interpretação mais suave, abandonando aos poucos a voz impostada dos cantores do rádio.

É nessa época que Dolores e Maysa surgem, com suas canções sentimentais, sofridas, uma dor de cotovelo latente e crises existenciais profundas. Tudo isso sem recorrer à ótica masculina. Todo o sofrimento, a forma de ver a vida, era feminina, algo inédito na música brasileira. Solidão, abandono e amores mal resolvidos eram temas frequentes. A tristeza imperava, mas às vezes havia saída: *"Se meu mundo caiu, eu que aprenda a levantar,"* escreveu Maysa, em sua obra mais famosa.

As duas mulheres que ousaram desafiar o *status quo* refletiam abertamente em seus versos a angústia que sentiam. E essa angústia não era só amorosa, como seria simples supor. Não era fácil ser mulher-cantora-compositora no fim dos anos 50. Muitos dos estudiosos de suas obras atribuem parte desse desconsolo ao próprio fato de serem mulheres buscando uma independência numa época em que esse não era o padrão. O dia a dia de uma mente libertária não era fácil nos anos 50. E as sofridas canções de Dolores e Maysa deixam transparecer isso.

Maysa iniciou a carreira de forma totalmente incomum: as oito canções de seu disco de estreia, *Convite para ouvir Maysa*, são de sua autoria. Apesar dessa "ousadia", um fato revela que nem tudo era permitido a uma artista naquele ano de 1956. Por exigência do marido, André Matarazzo, o disco não podia ser ilustrado com uma foto dela. A solução foi produzir a capa do LP usando apenas a foto de um buquê de orquídeas.

Já Dolores Duran foi outra cantora a escolher um pseudônimo para seguir a carreira musical: seu nome de batismo era Adileia Silva da Rocha. Negra, nascida no entorno da Pequena África em 1930 e criada no subúrbio carioca, resolveu se dedicar ao cancioneiro popular porque aquele parecia ser o lugar reservado a ela na sociedade. Sua intenção inicial era seguir o canto lírico, mas, aos 16 anos, desistiu: *"Não vou mais nessa aula de canto, não. Já viu Desdêmona preta? A gente não vê preto em ópera. Acho que isso é bobagem, meu negócio é música popular."*, disse à irmã.[18]

Dolores e Maysa abriram a porteira para uma geração inteira de compositoras que floresceu nos anos 60 e 70. As mulheres chegaram de caneta em punho dispostas a colocar seus sentimentos e suas inquietações nas letras das canções, de uma forma inédita na música brasileira. É o momento em que surgem Rita Lee, com sua genialidade cheia de picardia; Vanusa, questionando o papel da mulher nas relações; Joyce, negando o estereótipo de "bonequinha"; Fátima Guedes, com seus temas libertários; além de Baby Consuelo, Elizabeth, Sueli Costa, Isolda, Angela RoRo, Marina, Rosinha de Valença e tantas outras. A MPB também queimou seus sutiãs, e as mulheres passaram a ser donas de suas próprias narrativas nas canções. Era um outro tempo para a questão feminina no cenário musical — um pouco menos hostil, sem dúvida, mas ainda repleto de dificuldades. E as estrelas deste livro têm tudo a ver com isso. Dona Ivone Lara é uma das compositoras que põem a cara no sol nessa época. Clara Nunes estraçalha o dogma de que mulher não

---

18. WERNECK, Jurema. "Macacas de auditório? Mulheres negras, racismo e participação na música popular brasileira". In: *Prêmio Mulheres negras contam a sua história*. Brasília: Presidência da República, Secretaria de Políticas para as Mulheres, 2013, p. 13.

vendia disco. Beth Carvalho invade rodas de samba 100% masculinas e revoluciona a batucada. Elza Soares conquista lugar de destaque reafirmando sua negritude. E Alcione canta o poder de sedução feminino com ousadia surpreendente. Chegou a hora de conhecer mais a fundo as histórias dessas cinco mulheres.

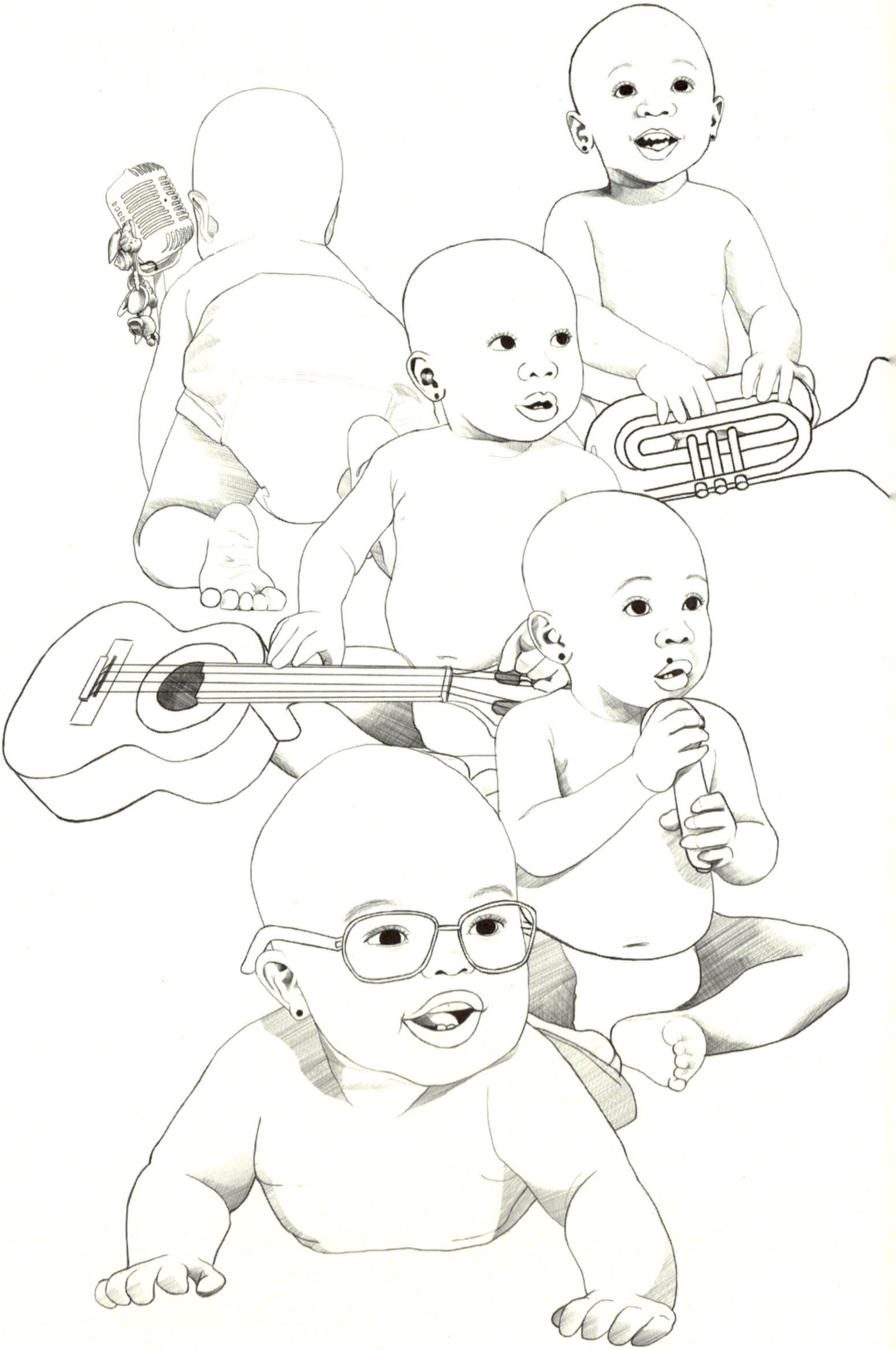

3. EU VIM DE LÁ PEQUENININHA

A estrada para uma mulher entrar no mundo da música na segunda metade do século 20 não era fácil. Mas já havia avanços em relação à primeira metade, quando poucas delas conseguiram furar esse bloqueio e consolidar uma carreira. As mulheres começaram a experimentar uma maior liberdade na sociedade, mas nem por isso pode-se dizer que Alcione, Beth Carvalho, Clara Nunes, Dona Ivone Lara e Elza Soares navegaram por águas tranquilas ao se aproximar do meio artístico. Todas iniciaram suas trajetórias entre os anos 50 e 60, quando rádios e gravadoras já contratavam cantoras para seus *castings*, a fama dos nomes mais conhecidos servia de exemplo de que era possível chegar lá e o país lentamente se abria para a liberdade feminina.

Mas havia uma questão de fundo que afetava praticamente todas as mulheres da época: quando crianças, elas não foram criadas para serem artistas. Ao contrário! As famílias davam uma educação rígida para as filhas, estimuladas a conseguirem um "bom casamento" e a se dedicarem a tarefas manuais. A socialização da prole passava por uma visão sexista dos gêneros, com tarefas bem definidas para garotos e garotas. A ideia de que "meninos vestem azul e meninas vestem rosa" parece anacrônica em nosso tempo, mas era o que vigorava no Brasil de outrora. O fato de as mães serem as responsáveis diretas e quase exclusivas pela criação dos rebentos já indicava à próxima geração que aquele era seu papel social. Enquanto isso, aos pais restava o privilégio de serem aplaudidos por pequenos atos, como trocar uma fralda ou dar um banho — um "herói" que trabalhava e ainda "ajudava a mulher". Criadas nesse contexto, era difícil para as crianças projetarem uma realidade diferente.

Existem diversas nuances nessa relação histórica entre os gêneros, que não pode se resumir a uma dicotomia simplista "homens x mulheres". É uma interpretação reducionista, por exemplo, acreditar que aos filhos homens cabiam somente as regalias, ou que os pais eram os "vilões" que oprimiam mulheres e filhas. Os meninos também eram alvo de agressões morais e até físicas dentro de casa quando seu comportamento não correspondia às noções construídas de masculinidade — fossem eles gays ou não. Cabia a eles provar o tempo inteiro que eram "machos", a um custo emocional incalculável. Da mesma forma, não se pode dizer que somente os pais eram responsáveis pela diferenciação na educação dos filhos de acordo com o gênero. As mães também estavam imersas na cultura sexista, e muitas vezes reproduziam o que aprenderam a vida inteira sobre os papéis sociais de cada um. Por isso, não se pode supor, por exemplo, que uma mulher que criava os filhos sozinha, sem o pai dentro de casa, fosse construir um lar naturalmente matriarcal. Muitas vezes, culpada pela ausência da figura masculina, ela podia até exagerar na transmissão dos valores tradicionais sexistas, especialmente para os meninos.

Nesse mundo azul e rosa, cabiam vários tons intermediários, resultantes da aquarela patriarcal em que todos estavam inseridos. Por isso, há um esforço da maioria das teorias modernas sobre o sexismo para não se transformarem num mero confronto entre as partes. É preciso olhar o panorama completo que forma a sociedade patriarcal: há um caldo de cultura que reproduz o chamado "machismo estrutural". Ele afeta o dia a dia de mulheres e homens (em graus diferentes, é claro) ao hierarquizar os gêneros, atribuindo mais qualidades às características ditas masculinas do que às femininas. O saldo final é negativo para todo mundo, embora os homens sejam os mais beneficiados por essa construção social e os que mais resistem a mudá-la.

O fato é que Alcione, Beth, Clara, Dona Ivone e Elza, pela natureza do período histórico em que nasceram, foram criadas em ambientes machistas, independentemente das particularidades de cada núcleo familiar. E as experiências que as cinco viveram na infância e adolescência tiveram reflexo decisivo na forma como elas se enxergavam no mundo e em suas trajetórias até chegar ao estrelato. Este capítulo trata desses primeiros contatos com as barreiras impostas a estas mulheres, desde muito cedo.

Dentre as cinco, Dona Ivone Lara é a que conheceu uma sociedade mais distante no tempo. Nascida em 1922, sua infância e adolescência remontam aos anos 1920 e 1930. Quase não teve contato com o pai, o mecânico de bicicletas João da Silva Lara, que morreu quando a menina tinha apenas 3 anos. Foi criada pela mãe, a costureira Emerentina Bento da Silva, e pelo padrasto, Venino José da Silva, até os 10 anos, quando foi matriculada num colégio interno, o Orsina da Fonseca, na mesma Tijuca onde passou a infância, na Zona Norte do Rio.

O internato público municipal recebia cerca de trezentas meninas, com educação rígida e bons professores. Um dos responsáveis pelo projeto pedagógico do colégio era o educador Aprígio Gonzaga, que dizia que *"a escola tem de encarar a mulher sob duas faces: a mulher casada e a mulher solteira,"* formando a aluna como *"mãe de família, esposa e, quando necessário for, trabalhadora ao lado do homem, para se manter, sem dependências ou humilhações"*.[19] Ao verificar algumas das disciplinas oferecidas pelo colégio, podemos concluir o que se esperava que uma menina aprendesse nos anos 30: modelagem, desenho, pintura, gravura, litografia, fotografia, escrituração mercantil, datilografia, estenografia, tipografia, brochura e encadernação, telegrafia, costura, rendas e bordados à mão e à máquina, cortes, flores e suas aplicações, chapéus, coletes para senhoras e... gravatas!

Ivone também estudou outras disciplinas, como Língua Portuguesa, Química, Geometria e Canto Orfeônico, e sempre atribuiu ao Orsina da Fonseca a boa formação que seria fundamental em sua vida futura. O colégio, em sua avaliação, foi o responsável por lhe permitir uma trajetória tão diferente das meninas à sua volta. A irmã Elza Lara, por exemplo,

---

19. BURNS, Mila. *Nasci pra sonhar e cantar – Dona Ivone Lara: a mulher no samba*. Rio de Janeiro: Record, 2009, p. 48.

depositou todas as esperanças no marido, casou e se tornou empregada doméstica. "*Muitas das pessoas com quem convivi viraram donas de casa. Minha irmã, minhas amigas. E não tenho nada contra isso,*" ressaltou Ivone. "*Mas era uma ideia de que a mulher pobre e negra tinha que casar cedo, cuidar do marido e da casa, se não poderia acontecer o pior e ela ficar solteira, sem nada. Mas é a gente mesmo que faz as coisas acontecerem na nossa vida, ué! Não entendo essa ideia, acho que ela impede a pessoa de ter uma vida melhor, entende?*"[20]

Ivone sempre teve o estudo como prioridade. Tirava boas notas na escola, era aplicada e, mais tarde, quando prestou concurso para a Escola de Enfermagem, ficou entre as primeiras colocadas, ganhando uma bolsa de estudos. O exemplo, fundamental para toda criança, estava por perto: a prima Maria de Lurdes da Silva, alguns anos mais velha. Ela era sua maior amiga e confidente, e lhe ensinou a importância de conquistar a própria independência, principalmente a financeira. Ivone seguiu o conselho e também a profissão da prima, que era enfermeira.

Mas seus primeiros passos não foram apenas dedicados aos estudos. No Carnaval, ia do largo da Segunda-Feira até a praça Saens Peña nos bloquinhos de sujo comandados pelos primos mais velhos. Com uma fantasia de cigana improvisada, Ivone dançava e sapateava, com seu gingado infantil, e encantava os passantes, que contribuíam com alguns trocados no pires que era passado pelos moleques. Quem via Ivone serelepe na folia podia imaginar que tinha carta branca da família para frequentar o samba. Nada mais distante da verdade. A menina até se arriscava a subir o morro do Salgueiro, perto de casa, para ver as rodas que rolavam no Terreiro Grande. Mas, na volta, caía nas mãos de Dona Emerentina e era surra na certa. Mesmo quando conseguia ir ao samba escondida, sem a mãe saber, Ivone acabava traída pela veia musical. Distraída, começava a cantarolar em casa as canções que ouvia lá em cima. Emerentina percebia: "*Onde foi que você aprendeu isso?!*" Resultado: nova surra.

---

20. BURNS, Mila. *Nasci pra sonhar e cantar – Dona Ivone Lara: a mulher no samba*. Rio de Janeiro: Record, 2009, p. 98.

Por volta dos 10 anos, criada num caldeirão sonoro que misturava os confetes do Carnaval, os batuques do Salgueiro e os acordes que ouvia em sua casa musical, Ivone Lara começou a improvisar seus primeiros versos. Mas foi logo censurada pela família, por abordar temas "inadequados" para uma garota. O ditado popular diz que "é de pequenino que se torce o pepino", e as mulheres sabem muito bem o que isso significa: elas são ensinadas desde cedo até onde podem ir — e normalmente não é muito longe. *"Menina, não fala essas coisas de amor, coisas de paixão. Esqueça isso!"*, disseram à pequena Ivone, cortando pela raiz seus primeiros lampejos de criatividade.

A solução foi recorrer a outras paixões que movessem a inspiração. Entrou para a história como primeira composição de Dona Ivone Lara o samba "Tiê", um dos maiores sucessos de toda a sua carreira, feito para um pássaro tiê-sangue que ela ganhou do primo. Mas, antes de escrever "Tiê", a menina já havia improvisado outro sambinha, também para uma ave, um juriti: *"Quando eu ouço falar da juriti / Eu fico triste a pensar / O meu pobre passarinho voou / E não sei onde ele pousou."* Impedida de falar de amor, a moça atacou com passarinhos. E voou longe.

Mas Ivone não teve sossego para desenvolver seu talento. Ainda adolescente, perdeu a mãe e passou a receber os cuidados da tia, Maria Tereza. Se as surras de Emerentina viraram apenas uma memória dolorida, a irmã de sua mãe assumiu a missão de deixar a sobrinha longe da música: *"Desde criança eu tinha loucura para ser artista. Mas minha tia era cheia de preconceito, achava que artista não prestava. Ela me criava e nunca deixou eu me enfiar com artista."*[21]

Para as famílias da época, era uma vergonha absoluta imaginar que uma filha iria para o caminho da música, especialmente do samba, ambiente associado à masculinidade e à malandragem. Que o diga Elza Soares, criada nas décadas de 30 e 40 em uma casa onde os pais tinham horror só de pensar que a menina poderia seguir nessa direção. Seu Ave-

---

21. CHRYSÓSTOMO, Antonio. "Dona Ivone Lara, compondo e cantando à beira do fogão". *O Globo*, Rio de Janeiro, 12 out. 1979, p. 41.

lino, que se virava bem no violão e no trompete, tinha um orgulho danado de ver que a filha herdara seu dom pra música: *"Ela tem o meu sangue!"*, dizia, peito inflado, ouvidos satisfeitos. Mas a admiração tinha prazo de validade e só durou enquanto Elza se limitava a soltar a voz dentro de casa. Quando ela resolveu cantar fora dos domínios familiares, o pai ficou revoltado e tentou cortar suas asinhas.

As irmãs mais velhas de Elza também tinham vocação artística. Tidinha, a primogênita, dançava bem à beça. Mas nunca em público. Já Malvina cantava como uma profissional, a ponto de merecer o apelido de "soprano". Mas, para sossego dos pais, nunca se arriscou na carreira de cantora lírica, e só emitia seus agudos mesmo diante da família. Com Tidinha e Malvina, portanto, o orgulho familiar continuou intacto.

A juventude de Elza Soares poderia ter sido como a de tantas meninas de classe baixa do Rio de Janeiro, entre traquinagens e os esforços para sobreviver, mas um episódio mudou os rumos dessa história. A preocupação com questões sexuais já era uma realidade dentro de casa. Às vezes, por motivos plenamente justificáveis. Dona Rosária perdeu a conta de quantas vezes viu a filha ser alvo de tarados nos trens da Central do Brasil, que ejaculavam na menina e em outras passageiras no trajeto de Água Santa ao Centro do Rio. A mãe então distribuiu um alfinete para cada filha com uma instrução clara: *"Se algum homem tentar chegar perto de vocês, sai furando ele."*[22]

Em outra situação, o perigo chegou perto. Elza tinha apenas 7 anos quando descobriu que uma unidade do Exército nas redondezas distribuía comida. Foi até lá, na intenção de conseguir algo que aplacasse a fome e ajudasse a mãe na tarefa de alimentar a prole. Mas as coisas não aconteceram como ela imaginou. Ao chegar à Vila Militar, foi recebida por três soldados, que a levaram para uma sala, onde estavam os sacos de mantimentos. Mas não entregaram a comida. Tiraram a roupa da menina. Quando iam consumar o estupro, apareceu um sargento e a livrou do pior.

---

22. CAMARGO, Zeca. *Elza*. Rio de Janeiro: LeYa, 2018, p. 43.

A solução não era simples, e os pais estavam alertas para proteger as filhas dos males do mundo. Mas, às vezes, o que podia parecer uma atitude de cuidado era simplesmente uma demonstração explícita de machismo. Elza viu a vida transformada por um caso desses, originado por um fantasma que assolava as famílias do século passado: a filha ficar "mal falada" na vizinhança. A "defesa da honra" era um imperativo para os pais da época, que criavam as meninas para o casamento, tendo a virgindade como valor inegociável. Aos 12 anos, Elza passou por uma situação que despertou os instintos mais primitivos de seu Avelino. Certo dia, ao caminhar por dentro do mato para levar o café do pai no trabalho, foi atacada por trás por um garoto do bairro. Ela não sabe precisar se Alaordes queria sexo e a estava violentando, mas reagiu com força, e os dois caíram no chão em luta corporal. Quando o pai viu a cena, não teve dúvidas de que a filha havia sido "deflorada" pelo rapaz — impressão reforçada pelo vestido rasgado. O protocolo "anos 40" para aqueles casos era rígido: os dois teriam que se casar.

Elza foi emancipada para consumar o casamento, realizado no civil e no religioso. Meses depois, nascia o primeiro filho, Carlinhos. Os demais vieram em sequência: Raimundo; um que morreu no parto e não chegou a ser batizado; Gérson; Dilma; e Gilson. Casada com um homem que não amava e com uma penca de filhos para criar antes de completar 20 anos, a menina cheia de sonhos foi atropelada pela decisão do pai por supostamente ter feito sexo com um rapaz. E isso a marcaria para sempre.

A "defesa da honra" também sublinharia de forma indelével a trajetória de Clara Nunes. Ela não foi obrigada pelo pai a se casar, como Elza, mas também enfrentou um episódio em que os homens da família perderam a cabeça ao serem confrontados com a sexualidade da filha. Clara tinha 15 anos quando um namoradinho espalhou em rodinhas de amigos que estava tendo "intimidades" com ela e que até pulara sua janela para os encontros amorosos. Foi demais para o orgulho de Zé Chilau, irmão mais velho de Clara, de 27 anos. Ele foi tirar satisfações com o atrevido, Adilson, de 17. No meio da discussão, sacou uma faca de pescaria da cintura e enfiou três vezes no corpo do boquirroto. Adilson morreu na hora. Chilau fugiu. E a pequena cidade de Caetanópolis, no interior de Minas Gerais, não perdoou Clara, que foi insultada a ponto de não poder mais sair na rua. A solução encontrada pela menina foi se mudar para Belo Horizonte, onde moravam seus tios, deixando os fantasmas do passado para trás, em decisão que acabou se revelando crucial para o início de sua carreira.

O caso foi uma das revelações da biografia *Clara Nunes: Guerreira da utopia*, escrita por Vagner Fernandes. O livro traz detalhes que mostram como o olhar machista estava impregnado na conservadora cidadezinha: as autoridades ficaram ao lado de Zé Chilau no episódio do assassinato, como se ele tivesse motivos compreensíveis. O relatório sobre o delito diz que o acusado é um *"moço honesto, trabalhador; vive em companhia de suas irmãs e vem procurando manter a conduta das mesmas"* e que *"o crime foi cometido no momento de ímpeto, por causa da honra da irmã do acusado"*. Em seu julgamento, anos depois, teve a pena reduzida por agir "sob violenta emoção". Em um segundo julgamento, foi absolvido e solto, tendo ficado apenas um ano e sete meses na prisão. Já a vítima do crime, Adilson, 18 dias antes de ser assassinado, tinha sido denunciado na delegacia por ter espancado a ex-namorada, que o flagrou conversando com outra.

Os casos de Elza e Clara se encontram na medida em que decisões extremadas da família (um casamento forçado, uma briga seguida de assassinato) foram tomadas para "proteger a pureza" das mulheres da casa — revelando o ambiente extremamente patriarcal em que viviam. Clara foi defendida pelo irmão, Zé Chilau, que àquela altura agia como uma figura paterna. É que a caçula ficou órfã de pai e mãe com apenas 6 anos, e coube aos irmãos mais velhos, Chilau e Mariquita, cuidar dos menores.

Na cidade, houve pressão para que a criançada fosse entregue a um orfanato. Mas os mais velhos assumiram para si o papel de "chefes da casa" e criaram Clara e cia. com mãos de ferro. No desenvolvimento dos dotes artísticos da menina, sempre houve liberdade. Ela era estimulada a cantar na escola, a participar de serenatas e a tentar a sorte nos concursos de calouros da praça central. Mas, na vida afetiva, a rédea era curta. Os irmãos ficavam de olho nos namoros da caçula e marcavam duro ao ver qualquer movimento estranho. Num ambiente machista, a mulher nunca é dona do próprio corpo: ele primeiro está sob os cuidados do pai, que em seguida, no casamento, o repassa ao marido. Talvez por isso a reação de Chilau tenha sido tão exaltada no trágico episódio com Adilson.

Se Clara recebia incentivos em casa para cantar, o mesmo não se pode dizer de Beth Carvalho. Mas não porque os pais tivessem qualquer coisa contra a carreira artística, e sim porque sua irmã, Vânia, parecia ter mais talento para o microfone. Sete anos mais velha do que Beth, Vânia era a "artista da casa". *"Ela era melhor do que eu! Cantava bem à beça, tinha uma voz maior. Eu era só a acompanhante dela nas festas"*[23], admite Beth. Vânia era enturmada, frequentava os encontros musicais na casa de Nara Leão, tinha um estilo de cantar samba-canção que encantava a todos. Tanto que em 1959 conseguiu fazer um teste na gravadora Festa — o mesmo selo que havia lançado o álbum *Canção do amor demais*, de Elizeth Cardoso, marco inaugural da bossa nova.

Vânia não foi aprovada no teste, mas admite que esse não foi o único motivo de sua carreira ter estagnado. Havia também um noivo controlador, daqueles que acham que "lugar-de-mulher-é-em-casa". Como tantas mulheres, ela apostou no relacionamento em detrimento da carreira e largou o sonho de virar cantora pra trás. *"Ele cortou muito do ânimo da Vânia"*[24], admite Beth. Ou seja, a família podia ser liberal em relação às atividades artísticas, mas quando a vida real se apresentava, o machismo dava as caras, levando a primogênita a deixar a carreira de lado porque o noivo não admitia que sua futura esposa fosse cantora.

Embora estimulassem os dotes das filhas, colocando ambas nas aulas de violão e piano, os pais João e Maria Nair sempre fizeram questão de que elas cursassem uma faculdade, com medo da insegurança do meio

---

23. Entrevista ao autor.

24. BAHIANA, Ana Maria. "Os Carvalho abrem a roda de samba". *O Globo*, Rio de Janeiro, 28 nov. 78, p. 35.

artístico. Vânia se dedicou à publicidade, construindo carreira sólida em vendas. Já Beth demorou a optar por uma atividade paralela. Recém-saída do colégio, estava decidida a apostar na música como forma de sobrevivência. Mas ouviu uma frase da mãe que calou fundo: *"Nem sua irmã, que sabe cantar, se mete nesse negócio de ser cantora. Vai estudar, menina!"* Beth então se matriculou no curso de Relações Internacionais, para atender aos desejos familiares de ter um "plano B" para a carreira artística. E carregou a vida toda o medo de não conseguir se sustentar com sua arte.

A história de Beth nos faz avançar um pouco mais na compreensão de como o machismo se materializa. Seus pais tinham uma postura libertária e foram grandes incentivadores da carreira da cantora. Enxergavam a arte com bons olhos e viam na filha a vocação genuína para a música, além de um talento incontestável. Mesmo assim, houve momentos em que a cultura sexista se manifestou, até entre aqueles que de alguma forma lutavam contra ela. É difícil se contrapor a algo tão arraigado socialmente, até porque ninguém vive numa bolha, resultado apenas de suas convicções e de sua compreensão da vida. Somos fruto de nossas interações com o mundo exterior, e aí aparecem as ambiguidades, reforçando a ideia de que a construção de uma cultura diferente é um trabalho constante, lento e cheio de idas e vindas.

Exemplo cristalino disso é a infância de Alcione, em São Luís do Maranhão. Nascida numa família de músicos, respirando "dó-ré-mi-fás" noite e dia, sua criação foi cheia de sinais trocados, fazendo a menina crer, em alguns momentos, que seus pais apoiavam sua carreira, e em outros, que a queriam longe dos palcos. Alcione descobriu o beabá da música dentro de casa — todos os seus oito irmãos tocavam instrumentos. Foi com o próprio pai, o maestro da banda da Polícia Militar João Carlos, que ela aprendeu a ler música e a tocar clarineta, aos 8 anos, para desespero da mãe: *"Isso vai deixar a menina fraca do peito, vai pegar uma tuberculose..."*[25], lamentava Dona Felipa, preocupada com o excesso de ensaios no instrumento de sopro.

---

25. BÔSCOLI, Ronaldo. "Alcione – A marrom glacê". *Manchete*, Rio de Janeiro, 11 ago. 79, p. 100.

Na criação dos filhos, em casa, seu João Carlos e Dona Felipa eram tradicionalistas, diferenciando meninos e meninas à moda antiga. A mãe botava as filhas para cozinhar e fazer as tarefas domésticas. *"Eu não vou pagar empregada com esse bando de filha em casa..."*[26], dizia Dona Felipa. As meninas lavavam a louça, arrumavam a casa e iam para o fogão; enquanto os meninos saíam para comprar leite, pão, etc. Seu João Carlos explicava a diferença de tratamento: *"Eu não quero ver filha minha em botequim..."*[27] Mas havia momentos em que o casal ia na contramão do machismo, como na insistência para que os rapazes respeitassem as figuras femininas. *"Uma vez, meu irmão bateu na mulher. Meu pai deu uma surra nele que deu até pena. Nunca mais encostou nela,"*[28] conta Alcione.

O caminho da música parecia traçado, mas o pai tinha outros sonhos para a filha. Ao mesmo tempo em que se orgulhava de seu talento, dizia que queria vê-la professora, casada com um sargento e lhe dando seis netos. O futuro idealizado para a Marrom (casada e com filhos) contrastava com o discurso emancipatório que muitas vezes João Carlos destilava: *"Trabalhe para não ser sustentada por marido. Nunca deixe um homem te mandar embora, mande ele embora primeiro,"*[29] repetia.

Criada nesse ambiente com as contradições típicas de um mundo em transição, Alcione escolheu o caminho do meio para seguir sua jornada profissional: *"O velho levava a pipa de barbante curto. Ele sabia que eu era da música, mas queria que eu fosse professora. Fiz a vontade dele até onde deu. Cumpri o curso até o terceiro normal e cheguei a lecionar (primário) música e português. (...) Cantar ou estudar ou os dois? Levei o barco dos dois enquanto deu. Mas o funil foi apertando e tive que saltar do Maranhão. Mas numa boa. Levando um papo com seu João Carlos. Lá tudo era muito difícil. Namorados, pra você tirar a medida, eu tive dois. E conversa*

---

26. Museu da Imagem e do Som RJ. *Depoimentos para a Posteridade: Alcione (28/03/2012).*

27. Museu da Imagem e do Som RJ. *Depoimentos para a Posteridade: Alcione (28/03/2012).*

28. LICHOTE, Leonardo. "A vivência me dá mais força na interpretação". *O Globo*, Rio de Janeiro, 15 dez. 2017. Segundo Caderno, p. 3.

29. Museu da Imagem e do Som RJ. *Depoimentos para a Posteridade: Alcione (28/03/2012).*

de portão. Todo mundo de 'mutuca' em cima. Meu velho era muito temido. Mas aceitava um papo. Cantar mesmo só em festinhas ou aniversários. Não dá, né, seu João Carlos? Ele compreendeu."[30] E assim Alcione pôde trilhar seu caminho, depois de uma criação em que conviviam exemplos de extremo machismo com outros de uma liberdade avançada para a época. Atendeu ao pedido do pai e foi lecionar, para só então se entregar de vez à música. Nessa corda bamba, a Marrom se equilibrou e chegou do outro lado. O do sucesso.

A infância e a adolescência de Alcione, Beth, Clara, Dona Ivone e Elza foram bem distintas, com particularidades que singularizam suas histórias. Mas todas, em determinado momento, foram apresentadas a situações que poderiam tê-las afastado do caminho da música. E aqui não se trata das agruras naturais da vida, os percalços que todos enfrentamos, como perdas familiares, condição econômica difícil ou desilusões afetivas. São questões que diziam respeito unicamente ao fato de serem mulheres, a quem não era reservado o direito de escolher alguns caminhos.

Dona Ivone foi desencorajada de ser artista e não podia nem escrever seus primeiros versinhos de amor, porque não "pegava bem para uma menina". Elza teve seu futuro comprometido ao ser obrigada a se casar aos 13 anos, tendo cinco filhos em sequência, já que seu pai acreditou que ela havia sido "deflorada" por um rapaz. Clara foi praticamente expulsa da cidade em que nasceu e se afastou da família após seu irmão ter assassinado um homem em "defesa de sua honra". Beth testemunhou dentro de casa a irmã talentosa desistir da carreira artística para se dedicar ao noivo. E Alcione teve que atender aos desejos do pai de ser professora antes de desenvolver sua aptidão para a música, embora todos à volta percebessem sua vocação. Histórias de mulheres fortes, que superaram as adversidades, deram uma rasteira no mundo e viraram estrelas. Mas quantas outras não ficaram pelo caminho, derrotadas por um mundo exterior tão hostil a seus desejos?

---

30. BÔSCOLI, Ronaldo. "Alcione, a marrom glacê". *Manchete*, Rio de Janeiro, 11 ago. 1979, pp. 98-101.

Temos aqui cinco trajetórias de mulheres que "chegaram lá", mas é ilusório pensar que, ao consolidarem suas carreiras, elas foram blindadas de qualquer barreira criada pelo machismo estrutural. A partir do próximo capítulo, vamos contar individualmente as histórias de Alcione, Beth Carvalho, Clara Nunes, Dona Ivone Lara e Elza Soares, para entender através desse ABCDE como essa é uma questão que não deixa de se impor em momento algum na vida das mulheres brasileiras.

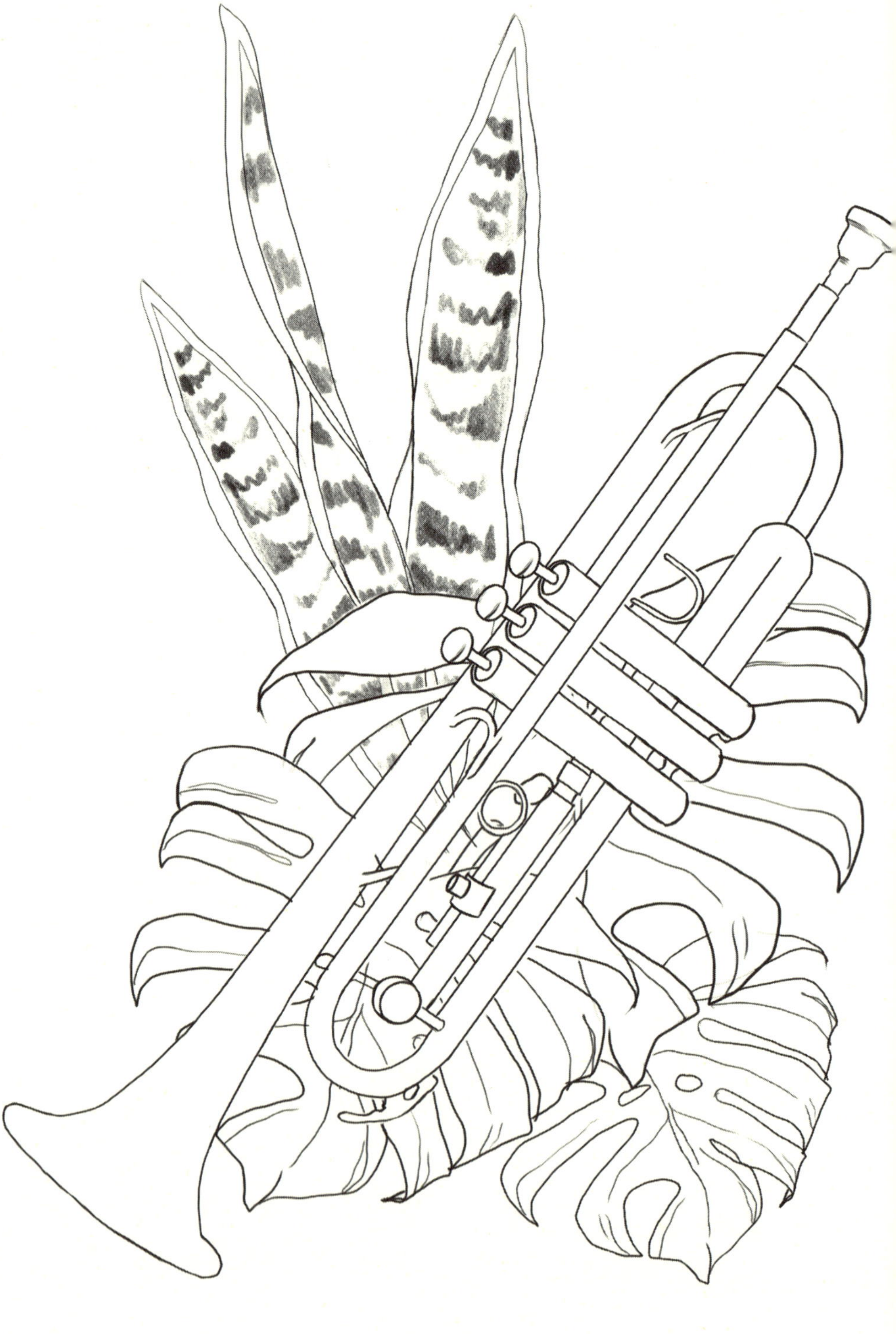

4. ALCIONE

Vamos combinar: o Brasil não é preto nem branco. É marrom. Aos trancos e barrancos, em paz ou de forma violenta, misturamos gente de todas as partes do mundo e adquirimos tez própria — resultando em mais de uma centena de expressões de raça declaradas nas pesquisas do IBGE. São tantas as cores da nossa gente que, na paleta pantone das nações, estamos ali no amarronzado, passando por todas as variações cromáticas possíveis, do bege claro ao castanho escuro, chegando ao ocre, ao couro e ao rútilo. Se numa folha qualquer eu desenho um sol amarelo, coloque pontinhos marrons lá embaixo diante de um marzão azul e pronto: ali você tem a brasilidade em estado puro, com toda a sua potência e singularidade.

Se marrom é a cor do Brasil, os tons coloridos que chegam aos nossos ouvidos através de sua voz não enganam: Alcione é a cantora que carrega a aquarela verde e amarela em suas cordas vocais, a que melhor canta esta maravilha de cenário, rimando como nunca o belo matiz com os requebros febris. Quando solta o vozeirão, não é fria como as suíças, respeitosa como as japonesas nem cool feito as americanas — ela é brasileira da gema, expansiva, estrondosa, cheia de ginga, sem papas na língua, chega chegando, bagunçando a zorra toda.

Alcione é da linhagem das intérpretes que cantam com o coração, e por isso tocam nosso lado esquerdo do peito com tanta facilidade. Em sua plateia, não há aplausos protocolares nem gritos tímidos de "bravo", como nas óperas. Seus fãs se descabelam à beira do palco, encenam os sentimentos narrados nas letras, acompanham as músicas de olhos fechados como se estivessem nos momentos de intimidade com o grande amor. Sua voz tem esse poder: o de nos transportar para onde ela quer, do Rio Antigo à cama da loba, da Sapucaí aos braços do garoto maroto. Grita a paixão sem pudor, sem rubor. Quando *canta comendo os versos, engolindo as sílabas, com seu jeito único, faz um pacto de intimidade com o público: para bom entendedor das coisas do amor, meia palavra basta.*

Essa "maranhoca" uniu Rio e São Luís, porta-bandeira e bumba meu boi, feijoada e arroz de cuxá, água de coco e guaraná Jesus. Seu jogo de cintura é tamanho que sobe as ladeiras do morro de Mangueira com a mesma facilidade com que frequenta restaurantes chiques de São Paulo — e, em qualquer dos casos, você poderia jurar que ela anda por ali desde criancinha. Alcione entoa um "Ne me quitte pas" e daqui a dois minutos emenda com "Não posso dar mole senão você créu" — e não há quem erga a sobrancelha estranhando a mudança de estação. Ela é brasileira até nessa mistura: em seus shows, madames e tchutchucas cantam a uma só voz. Não importa o tamanho da conta bancária, todas sentem vontade em algum momento de rasgar o peito e gritar: "Não posso mais alimentar a esse amor tão louco, que sufoco!"

Com quase duas dezenas de irmãos, se acostumou às multidões desde cedo. Como tantos nordestinos, pegou um Ita no Norte para desembarcar na Cidade Maravilhosa, mal sabendo que era ela quem traria pro Sul seus encantos mil. Cantou na noite e, quando não se fez ouvir, sacou um trompete e ganhou moral. Mas o trompete voltou logo para o armário — foi com sua voz que botou banca. E até hoje o país está entorpecido pelo gostoso veneno que brota de seus discos. Vamos combinar: o Brasil é Marrom.

★ ★ ★

João Carlos Dias Nazareth nasceu em 1911, no município maranhense de Cururupu, a mais de 450 quilômetros da capital, São Luís. A infância foi dura: por duas vezes, teve a casa destruída pelo fogo. De ascendência indígena, virou arrimo de família muito cedo, aos 12 anos, quando ficou órfão de pai e teve que trabalhar para ajudar no sustento. Foi ferreiro, cuidou de cavalos e labutou na lavoura. Aos domingos, caminhava alguns quilômetros para ter aulas de música — mas seriam elas que tornariam suas andanças menos tortuosas.

Certo dia, pediu ao patrão um adiantamento para comprar um trompete.[31] O dono da lavoura lhe entregou um machado: *"Isso aqui é o seu trompete. Pode voltar ao trabalho!"* Já em São Luís, trabalhando como leiteiro, conseguiu juntar 100 mil réis para adquirir um instrumento de segunda mão. Montou uma bandinha com trompete, clarineta, bombardino, tarol e maraca — e a música começou a lhe render um dinheirinho. Em 1935, entrou na Polícia Militar como aprendiz de músico e passou a tocar nas bandas da instituição.

Em 1938, se casou com Dona Felipa (filha de um branco português com uma mulher negra), que engravidou 17 vezes. Nasceram 11 crianças, das quais duas morreram ainda pequenas. *"Mas meu pai era muito sociável, então teve mais alguns filhos com uma porção de gente por aí..."*[32], revela Maria Helena, uma das filhas de Felipa. Fora de casa, seu João Carlos teve outros nove filhos. *"Então, na verdade, somos 18 irmãos"*, conta Alcione: *"Me dou bem com todos. A mais velha, Mercedes, foi a primeira que conheci. Minha mãe foi quem amamentou essa moça. Descobriu que tinha uma mulher tendo um filho do meu pai e foi ao hospital. Lá, Dona Cotinha disse que não tinha leite e pediu que minha mãe amamentasse Mercedes, e ela amamentou. É uma história linda, porque Dona Cotinha disse pro meu pai: 'Nunca mais quero nada com você. Uma mulher que amamenta a minha filha eu tenho que respeitar.'"*[33]

Alcione Dias Nazareth foi a quarta filha de Felipa e João Carlos, nascida em 21 de novembro de 1947, em São Luís. Seu nome foi escolhido em homenagem à protagonista do romance *Renúncia*, obra espírita psicografada por Chico Xavier. João Carlos tinha uma certeza a respeito dos filhos: *"Posso não deixar pra eles uma herança, mas vou deixar uma profissão."* E é por isso que todos eles aprenderam a tocar algum instrumento: na ordem em que nasceram, Ubiratan, o mais velho, aprendeu

---

31. Na história de Alcione, o trompete tem importância fundamental. O instrumento também é chamado de piston (ou pistão). Em suas declarações, a cantora alterna as duas formas, trompete e piston. Neste livro, vamos padronizar o uso apenas como "trompete", para facilitar a compreensão.

32. Entrevista. *Marrom 70*. São Luís, MA: TV Mirante, 25 nov. 2017. Programa de TV.

33. Museu da Imagem e do Som RJ. *Depoimentos para a Posteridade: Alcione (28/03/2012)*.

trompete; Wilson era percussionista; Ribamar também foi de trompete; Alcione tocava três instrumentos de sopro (trompete, clarinete e sax alto); Ivone começou na corneta e depois foi para a bateria; Joãozinho se arriscava no trombone; Jofel foi para o clarinete; Maria Helena era outra do trompete; e Solange também preferiu o clarinete.

Não era só dentro de casa que os acordes ressoavam sem parar. São Luís sempre foi uma cidade com muitas referências musicais, com manifestações culturais como o Bumba Meu Boi, o Tambor de Crioula, a Festa do Divino, os rituais da Casa das Minas e escolas de samba como a Turma do Quinto. O caldeirão sonoro era tão grande que, mais tarde, o município ainda se transformaria na capital brasileira do reggae. Foi nessa mistura de batucadas que Alcione foi criada.

A casa onde a família morava era pequena, só com sala, quarto, cozinha e banheiro. A mãe não gostava que os filhos brincassem na rua, então, para distrair tantas crianças naquele espaço exíguo, usava a criatividade: *"Vamos fazer um show!"*, dizia Dona Felipa. E lá ia a criançada pegar os instrumentos e montar sua algazarra. A vizinhança gostava, aplaudia o desempenho dos moleques. Aos poucos, Alcione começou a soltar a voz, além de tocar. O vizinho da casa de trás, seu Fernando, pedia para ela cantar "Ai, Mouraria", fado famoso na voz de Amália Rodrigues: *"Ai, Mouraria / Da velha rua da Palma / Onde eu um dia / Deixei presa a minha alma."* O português sempre se emocionava.

A proximidade dos irmãos não era causada só pelo espaço pequeno. Os pais fizeram questão de que o sentimento fraternal entre as nove crianças fosse cultivado. Certo dia, quando alguns deles estavam brigando, seu João chamou a atenção dos pequenos e pegou um cabo de vassoura. Levantou com as duas mãos, bateu sobre a perna dobrada e o quebrou. *"Viram como foi fácil quebrar esse pedaço de madeira? Agora olha o que acontece se eu juntar dois cabos de vassoura."* Pegou os dois pedaços e bateu de novo sobre a perna. Eles não quebraram. *"É muito mais difícil quebrar os cabos de vassoura quando eles estão juntos. Estejam sempre unidos, vocês vieram ao mundo assim. Se vocês ficarem juntos, nada vai conseguir quebrar vocês."*[34]

---

34. Entrevista. *Marrom 70*. São Luís, MA: TV Mirante, 25 nov. 2017. Programa de TV.

Essa cena aparentemente banal da infância ilustra a forte relação que Alcione estabeleceu com sua família — ela cresceu cercada pelos Nazareth, e assim se manteve por toda a vida.

Seu João Carlos era extremamente rígido com a família, impondo regras claras, obedecidas por todos. O único que tinha a chave de casa era o patriarca. Na definição dos horários, os rapazes tinham privilégios: podiam chegar em casa até as dez da noite, enquanto as meninas não podiam passar das 18h. Ao transmitir aos filhos os ensinamentos de música, o pai era bravo, muitas vezes gritando com a petizada. Dona Felipa conseguia se fazer respeitar. Gostava de cantar em casa, estendendo a roupa no varal, lembrando canções de Anísio Silva, Dalva de Oliveira e Orlando Silva. Certa vez, o marido se empolgou com a voz da mulher e resolveu que ela também deveria aprender música. No primeiro grito que ele deu com ela, durante a aula, Felipa se rebelou: *"Eu não vou mais aprender porra nenhuma!"* Seu João nunca mais insistiu.

A família se mantinha com dificuldade, mas sem perder a alegria. A mãe lavava e engomava para fora, colocando um dinheirinho dentro de casa. Também vendia peixe frito e botava a molecada para entregar aos clientes em domicílio. O pai era maestro da banda da Polícia Militar de São Luís, além de comandar a orquestra Jazz Guarani, que se apresentava em eventos. Como sua especialidade eram os sopros, costumava dizer pros filhos: *"Criei todos vocês com o bico."* Em casa, dava aulas de música e trabalhava nos arranjos que escrevia para suas bandas. Os filhos ficavam encantados com o ritual do patriarca, molhando a pena no tinteiro, depois secando com o mata-borrão. Alcione era a mais curiosa, com os olhos brilhando só de ver aquela caligrafia bonita no papel. Percebendo o interesse da filha, o pai perguntou se ela não queria ajudá-lo a copiar as partituras — uma brincadeira que pareceu divertidíssima para a menina.

Foi ali que Alcione começou a desenvolver seus conhecimentos musicais. Logo não estava mais apenas copiando o que o pai fazia, mas aprendendo a ler música, através do método Paschoal Bona. *"Eu comecei fazendo as cabeças das notas (musicais), e elas acabaram fazendo a minha cabeça"*[35],

---

35. BÔSCOLI, Ronaldo. "Alcione, a marrom glacê". *Manchete*, Rio de Janeiro, 11 ago. 1979, pp. 98-101.

resume a Marrom. A dedicação foi tanta que o pai não resistiu: passou a ensiná-la a tocar clarinete, saxofone e trompete — para desgosto da mãe, que queria que a filha aprendesse acordeom ou piano, algo mais comum para as moças daquela idade.

Além de tocar, Alcione gostava de soltar a voz e, aos 9 anos, com longas tranças e meias três quartos brancas, tomou coragem para se arriscar no microfone da Rádio Difusora de São Luís, no quadro "Hora dos calouros". Foi um desastre, que quase abreviou sua carreira. *"Eu era muito tímida, mesmo. A primeira vez que cantei num auditório, com cem pessoas, fui gongada, não consegui cantar direito. A música era 'Sábiá' (não era o do Tom, não). Quase caí no chão, vergonha pura. Passei oito anos sem cantar, sem dar uma nota. Nem no banheiro eu cantava mais"*[36], relembra.

Ela pode ter ficado inibida, mas continuou estudando música. Aprendeu teoria musical e solfejo com o pai. Na escola, chegou a substituir a professora de música quando ela não podia dar aulas. Entre as colegas de classe, fazia sucesso ajudando a decorar as lições de história e geografia com as canções que criava para os temas estudados. Mais tarde, quando foi fazer a Escola Normal, de formação de professores, montou uma pequena banda, onde tocava trompete. As irmãs a acompanhavam: Ivone vinha na bateria, Maria Helena no pandeiro e Solange na maraca. O violão ficava a cargo de uma amiga de turma, Roseana Sarney, filha do futuro presidente da República José Sarney — que mais tarde seria governadora do Maranhão por quatro mandatos, de 1995 a 2002 e de 2009 a 2014. *"Era um conjunto bem paroquial. Me lembro de todas nós com um vestidinho rodado e quadriculado, uma gravatinha... E Alcione era a grande líder de todas nós. Tinha um vozeirão e tocava vários instrumentos"*,[37] conta Roseana.

A vida da Marrom virou realmente de cabeça para baixo quando ela tinha 17 anos, numa noite no Grêmio Lítero Recreativo Português, tradicional clube de São Luís. No palco, responsável pelo som dançante de uma festa de debutantes, estava a orquestra Jazz Guarani, comandada por João Carlos Nazareth. O *crooner* era Arnoldo, parente da família, que dava con-

---

36. Declarações dadas à revista *Manchete*, edições de 11/8/79, p. 100, e 19/9/81, p. 51.

37. Entrevista. *Marrom 70*. São Luís, MA: TV Mirante, 25 nov. 2017. Programa de TV.

ta do recado direitinho. Mas, naquela ocasião, ele ficou rouco e não pôde comparecer. Seu João não cogitava deixar o contratante na mão, tinha que cumprir suas responsabilidades. Ubiratan, o irmão mais velho, deu a deixa: *"Alcione sabe cantar, bota ela!"*

O maestro sabia do talento da menina, mas relutou: ela ainda era muito nova e não podia ser jogada às feras. Mas a Marrom chamou a responsabilidade: *"Chefe, deixa eu cantar"*, disse ela, usando o apelido com que chamava o pai. Pegou o microfone e mandou: *"Ao ver passar no céu / As andorinhas / Eu sinto saudades do meu bem / Porque eu sei que me espera / E talvez desespera..."* A música, sucesso nas vozes de Ângela Maria e Altemar Dutra, prendeu a atenção do público presente à festa. Em geral, nas apresentações da Jazz Guarani, a banda tocava e as pessoas dançavam no salão. Mas, nesse dia, o baile virou show: ninguém dançou, ficaram todos virados para o palco assistindo à moça cantar.

Alcione ganhou fama na região, porque não era comum uma mulher como *crooner* de orquestra, ainda mais com aquele talento. Os novos contratantes da Jazz Guarani passaram a exigir a presença dela, para desespero de seu João Carlos, que não queria que a nova atividade atrapalhasse os estudos da filha. Mas, a partir daquele momento, ela sentiu que era esse o caminho que queria seguir. Em meados dos anos 60, em São Luís do Maranhão, uma mulher resolver virar cantora? O que o pai achava disso? Mesmo apaixonado pela música, seu João Carlos não estava de acordo. Naquela época, todos tinham destino certo: os rapazes iam ser militares, as moças viravam professoras. Depois, eles se juntavam e formavam uma família. Por isso, na cabeça do maestro, o futuro era claro: Alcione iria dar aulas e se casar com um sargento. Teriam muitos filhos e viveriam felizes para sempre. Tudo como manda o figurino.

Mas, ao final do curso Normal, formada professora primária, Alcione resolveu conversar com o pai. Expôs seus desejos, disse que gostaria de tentar a vida na música. Ele percebia que a filha tinha o dom para a coisa, mas exigiu que ela lecionasse por pelo menos dois anos. Alcione acatou. Ao mesmo tempo em que tinha o impulso libertário de driblar o *script* que havia sido planejado para si, usava a inteligência para ceder quando era preciso. E lá foi ela dar aulas na Escola São Luís.

Mas seu lugar era no palco. Se estava em outro ambiente, dava um jeito de transformar o chão que pisava em ribalta. Como professora, já tinha esse jeitão divertido e espirituoso tão conhecido dos fãs. Certo dia, ao ver os alunos agitados dentro de sala, prometeu que, se eles se comportassem, levaria o trompete para tocar. A garotada, claro, obedeceu. No dia seguinte, Alcione entrou na sala, encostou uma cadeira bloqueando a porta, subiu na mesa e soprou o instrumento. Tocou lindamente. Os alunos deliraram. Dentre todos os metais, o trompete é o que emite o som mais agudo — e dá para imaginar como esse som potente ecoou pelos corredores da escola. Não houve quem não escutasse o show particular que a mestra estava dando aos alunos do primário.

O diretor da escola, Luís Rêgo, que até gostava da professora, ficou furioso: *"Dona Alcione, isso aqui não é um teatro. A senhora está demitida!"* Os pais nem brigaram com ela — pelo contrário, seu João Carlos até sentiu uma ponta de orgulho por ver a filha tão ligada ao trompete. Eles perceberam que o caminho da música era mais forte, ficaria difícil mantê-la no rumo idealizado pela família. Alcione já participava de programas de TV locais e fazia pequenas apresentações. Mas sentiu que, para seguir a carreira de cantora, era preciso ir para o Rio de Janeiro. Mais do que chegar à vitrine artística do Brasil, migrar para o Sul representava sair de baixo das asas dos pais. Ela sabia que João nunca a deixaria cantar na noite em São Luís. Precisava deixar o lar para dar início a sua jornada.

Apesar de tudo, seu João Carlos sempre foi um incentivador da veia musical de Alcione. Quando ela decidiu que queria ir para o Rio de Janeiro, a família toda foi contra, porque a "vida de artista" era muito malvista. Mas o pai bancou a ideia e conseguiu a passagem de avião com um político amigo da família. O irmão mais velho já estava na Cidade Maravilhosa e poderia dar uma ajuda inicial. A recomendação foi a de um pai legitimamente preocupado com a filha: *"Se a coisa apertar, você volta. Pra passar fome, vem passar em casa mesmo."*

Marrom desembarcou no Rio em 1967 e foi para a casa do irmão, que morava em Parada de Lucas com uma tia. Ela conseguiu um emprego na cantina do Ministério da Fazenda, mas a aventura durou pouco, porque o irmão lhe arrumou coisa melhor: balconista da loja Império do Disco, na rua Marechal Floriano, no Centro do Rio. Na época, ganhou muita comissão vendendo LPs de Roberto Carlos, Lafayette e Agnaldo Timóteo.

Os primeiros tempos no Rio não foram fáceis, se virando para sobreviver. Era preciso abraçar todas as chances que podiam dar impulso à carreira de cantora. Uma dessas oportunidades surgiu no convite de uma trupe que fazia relativo sucesso na televisão. Luiz Jacinto da Silva e Irandir Peres da Costa viviam a dupla humorística Coronel Ludugero e Otrope no programa *Alô, Brasil, aquele abraço*, da TV Globo. Eles iam partir em viagem para o Nordeste, para pequenas apresentações, e convidaram Alcione para cantar e tocar trompete. O dinheiro era bom e ela topou, se integrando ao grupo, que foi até Feira de Santana... de Kombi!

A viagem, claro, gerou uma proximidade entre os artistas. Um dos integrantes da caravana sentia muitas saudades da mulher, que tinha ficado no Rio. O apelido dela: Marrom. Ele então pedia que Alcione cantasse músicas românticas, para lembrar da amada. A cantora soltava o vozeirão com o repertório de Núbia Lafayette, enquanto a Kombi seguia viagem: *"Devolvi / O cordão e a medalha de ouro / E tudo que ele me presenteou..."* O rapaz delirava de saudades da esposa: *"Ah, minha Marrom! Ah, minha Marrom!"* No fim da viagem, já estava todo mundo pedindo: *"Marrom, canta uma música aí pra Marrom! Vai, Marrom!"* Pronto, Alcione tinha ganhado o apelido que ia acompanhá-la pelo resto da vida.

No Rio, se mantinha atenta às oportunidades ligadas à música. Certo dia, viu na TV Excelsior um programa de calouros chamado *Sendas do sucesso* e comentou com os amigos que ganharia fácil da candidata vencedora daquela edição. A turma zombou: *"Isso aqui não é o Maranhão, não, hein..."* Ela resolveu se inscrever e pegou um ônibus em direção à emissora. No mesmo ponto, subiu um homem simpático e boa-pinta, que não tirou os olhos da maranhense. Ela ficou ressabiada. Quando chegou ao destino, desceu do ônibus, e o rapaz veio atrás. Alcione ficou tensa e entrou rapidamente na sede da TV Excelsior. Ele fez a mesma coisa, atravessou a porta e procurou o lugar para inscrição no programa. Também era calouro. Seu nome? Roberto Ribeiro.

No dia da apresentação, a banda atacou sob o comando do maestro Peter Thomas. Alcione cantou "Eu e a brisa" (Johnny Alf), usando um vestido roxo, camisa branca e gravatinha. No júri, além de nomes como Herivelto Martins, Aizita Nascimento e Edith Veiga, estava outra cantora iniciante, Clara Nunes. Clara deu nota 10 para a candidata, sem saber que mais tarde elas seriam grandes amigas. Alcione voltou no domingo seguinte, com "Travessia" (Fernando Brant/Milton Nascimento). Além de cantar, tocou vários instrumentos e conquistou a plateia, sendo contratada pela Excelsior, pelas mãos do diretor Maurício Sherman. Ficou por lá durante quatro meses, participando da programação pelo menos três vezes por semana. A situação financeira melhorou e ela pôde ir morar em Copacabana, numa vaga de apartamento.

Com a visibilidade obtida na TV, recebeu um convite para ir a Buenos Aires, ao lado de cantores como Gasolina e Dalila. A viagem durou mais de três meses e foi um sucesso, mas quando Alcione voltou, estava sem perspectivas. Os programas de calouros eram uma boa porta de entrada para a carreira musical, e dessa vez ela foi tentar a sorte na *Grande chance*, de Flávio Cavalcanti, na TV Tupi. O programa também rendeu bons frutos, além de algum dinheirinho. E, indiretamente, salvou sua vida.

Explico: nesse começo dos anos 70, os amigos Luiz Jacinto da Silva e Irandir Peres da Costa (os mesmos da viagem de Kombi para Feira de Santana, onde surgiu o apelido "Marrom") apareceram com outro bom convite. Tinham fechado mais uma viagem do grupo para o Nordeste, mas as condições dessa vez eram melhores: eles iriam de avião, e Alcione ainda poderia visitar sua família, já que um dos destinos da turnê era o Maranhão. A proposta era tentadora, mas ela não pôde aceitar, porque estava no meio da disputa da *Grande chance*. Já tinha se comprometido com as apresentações dos domingos e não poderia acompanhar a turma daquela vez.

A viagem aconteceu, mas não terminou bem. No dia 14 de março de 1970, o avião em que estava toda a equipe caiu, no trajeto entre São Luís e Belém. Das 36 pessoas que viajavam na aeronave, 34 morreram. Os únicos dois sobreviventes no acidente aéreo foram o rádio-operador do voo e a vedete Nédia Montel, uma das Certinhas do Lalau, que teve a perna amputada. Alcione relembra a história: *"Eu teria morrido como eles. Não tive qualquer pressentimento. Foi coisa do destino mesmo. Acabei ganhando a minha 'grande chance'. Estou viva! A verdade é que, a partir desse programa, tudo começou a clarear pro meu lado."*[38]

Os anos 70 realmente seriam definitivos para a trajetória de Alcione. Mas, antes de estourar nas paradas musicais, ela ralou muito na noite do Rio, cantando em casas noturnas e eventos pequenos. Na primeira vez que foi ao Beco das Garrafas pedir uma chance, com o trompete a tiracolo, entrou na boate e viu um senhor ensaiando um grupo de bailarinas. Marrom se assustou com a quantidade de palavrões que ele dirigia às moças. Ela ficou desconfortável: "*Se me insultar desse jeito, eu taco esse trompete na cara dele...*", pensou.

O homem perguntou se ela tocava e cantava. Alcione confirmou e subiu no palco para fazer seu teste. Escolheu "Do you know the way to San Jose" (Burt Bacharach/Hal David), porque sabia que cantar em outro idioma impressionava os contratantes. Dito e feito: saiu dali empregada, embora seu inglês fosse "de ouvido", já que não tinha nenhuma afinidade com a língua. O segredo, ela conta, era o trompete. "*Ninguém acreditava que eu era cantora, porque era muito magrinha. Resolvi então levar o trompete, pra tocar um pouquinho e chamar atenção. Uma mulher tocando era diferente. Se não fosse ele, eu não teria conseguido meus empregos. Devo muito a esse instrumento!*"[39]

O trompete de Alcione fazia tanto sucesso que, aos poucos, ela precisou ir tirando o instrumento de suas apresentações, já que queria ficar conhecida como cantora, e não como musicista. "*No começo, o trompete me ajudou, mas depois embolou meu meio de campo. Eu era analisada assim como uma coisa circense. Uma mulher que toca trompete e canta. Poucos reparavam no que eu cantava. 'Cadê o trompete?', perguntava o dono da boate. Aí comecei a entender que teria de encarar a barra sem ele.*"[40]

Aos poucos, a Marrom foi conseguindo posições fixas em outras casas, como Little Club, Holliday, Porão 73, Bolero, Bacarat, Preto 22 e Alaska, o que estabilizou sua vida financeira. Neste circuito das casas noturnas,

---

38. BÔSCOLI, Ronaldo. "Alcione, a marrom glacê". *Manchete*, Rio de Janeiro, 11 ago. 1979, pp. 98-101.

39. Entrevista. *Jornal Hoje*. Rio de Janeiro: TV Globo, 24 ago. 1979. Programa de TV.

40. BÔSCOLI, Ronaldo. "Alcione, a marrom glacê". *Manchete*, Rio de Janeiro, 11 ago. 1979, pp. 98-101.

cultivou amizades com figuras que se tornariam estrelas da música brasileira nas décadas seguintes, como Emílio Santiago, Djavan, Áurea Martins e Benito Di Paula. Um desses cantores da noite era o roqueiro Serguei, com quem Marrom viveu uma história curiosa.

Certa noite, caminhando pela orla de Copacabana, os dois encontraram a cantora americana Janis Joplin, que estava no Brasil em tratamento contra o vício em bebida e drogas. Serguei levou Janis para a boate Porão 73, onde ela deu uma canja, levando a plateia à loucura — e também encheu a cara de vodca, deixando pra trás a abstinência que a havia trazido à América do Sul. Alcione não gostou muito do que ouviu, disse que ela gritava demais. Serguei retrucou: *"Mas essa é Janis Joplin, a rainha do underground!"* A Marrom respondeu: *"E eu sei lá o que é underground!"*[41] Só depois Alcione foi entender a importância da rainha do rock psicodélico no cenário musical da época.

A orla mais famosa do Brasil também foi testemunha da pancadaria entre Alcione e uma senhora, que cismou que a cantora estava dando em cima do marido dela. *"Tirei a peruca da cabeça e o trompete da mão e peguei a mulher firme. Em plena avenida Atlântica! Ela começou a gritar que eu era sapatão. Que nenhuma mulher tinha a minha força. Bicho, a noite tem lua, mas tem lacraias também..."*[42], relembra a Marrom.

A fama de "sapatão" acompanhou Alcione em sua chegada ao Rio. Essa é outra face constante do machismo, associando mulheres com perfil mais assertivo à homossexualidade. *"Eu fui criada no meio dos meus irmãos, praticamente sem diferença entre nós. A gente jogava bola, bolinha de gude. Todo mundo apanhava igual do seu João Carlos. Quando eu cheguei ao Rio, tinha gente que dizia que eu era homossexual, porque sempre tive um jeito impositivo de ser, definitivo. Achavam que eu era autoritária, mas é diferente: eu tenho autoridade. Meu pai criou a gente pra ser forte. Ele dizia: 'Minha filha, um homem que te olha de cara feia, no segundo dia ele te empurra, no terceiro dia ele te bate. Não permita nunca isso. Você tem que ter a sua*

---

41. PIMENTEL, João. "Palco de luxo para a sambista do mundo". *O Globo*, Rio de Janeiro, 16 nov. 2006. Segundo Caderno, p. 2.

42. BÔSCOLI, Ronaldo. "Alcione, a marrom glacê". *Manchete*, Rio de Janeiro, 11 ago. 1979, pp. 98-101.

própria casa, pra ele nunca te mandar sair. Quem tem que sair é ele'. Foram ensinamentos do meu pai. Ele tinha essa doutrina conosco, e minha mãe estava de acordo, porque ela também nunca se curvou a ele"[43], explica Alcione.

Houve uma madrugada em que esse jeitão forte de Alcione foi testado até (quase) as últimas consequências. A cantora tinha trabalhado a noite toda nas boates da Zona Sul e esperava o ônibus de volta para casa. Apareceu um policial e, apontando para a sacola de supermercado onde estava o trompete, perguntou: *"Que é que tu tá levando aí nessa sacola, ô neguinha?"* Alcione, que não era de aceitar desaforo, retrucou: *"Neguinha é seu passado!"* O PM então a colocou no camburão e a levou para a 12ª DP, na rua Hilário de Gouveia, em Copacabana. Ao entrar no carro da polícia, encontrou duas moças que também trabalhavam na noite, não exatamente como cantoras: eram profissionais do sexo. *"Nova nas bocas, benzinho?"*, perguntaram para a Marrom.

Na delegacia, o policial resolveu autuá-la por vadiagem, até que passou outro inspetor do distrito e reconheceu a maranhense. Jacaré era um senhor que frequentava a noite carioca e já tinha visto a Marrom cantar. *"Ela trabalha no Beco das Garrafas e toca trompete mesmo. Deixa ir embora que é gente fina, trabalhadora"*, disse o camarada. O policial resolveu liberá-la, desde que ela tocasse um pouco para eles. Alcione atacou de "St. Louis Blues" (W. C. Handy) e pôde ir para casa.

As histórias da noite se sucediam, e a maior preocupação de Alcione era que informações truncadas não chegassem aos ouvidos da família, no Maranhão. Ela sabia que ser cantora no Rio trazia péssima reputação em sua terra natal — questionamentos de ordem moral, que raramente afetam os homens, mas que perseguem a maioria das mulheres. A vizinhança enchia os ouvidos de seu João Carlos e Dona Felipa. Inventavam que a moça estava fazendo shows em boates de segunda categoria, em inferninhos; até *striptease* Alcione foi "acusada" de fazer. Na conservadora São Luís, não era difícil destruir a reputação de uma mulher. O pai mandou a filha voltar para casa, disse que viria ao Rio buscá-la. Pediu que o irmão investigasse onde ela estava trabalhando. Não foi fácil lidar com a pressão familiar, mas

---

43. Entrevista ao autor.

Alcione resistiu. Manteve seu João Carlos sob controle e continuou sua batalha por um lugar ao sol no mundo da música.

Nessa época, surgiu uma viagem importante para o exterior, que fez Alcione ficar quase dois anos fora do Brasil. Ela foi convidada pelo grupo Samba 4 e pelo percussionista Paulinho Costa para acompanhá-los na turnê que passaria por países como Portugal, Itália e Irã. A justificativa para escolherem a Marrom foi a de que ela era uma cantora "comportada". Isso mostra que o julgamento da mulher a partir do ponto de vista moral é uma constante, em diferentes contextos — seja no Maranhão, onde era repreendida por "fazer *striptease*", ou na classe artística do Rio de Janeiro, onde ganhou um trabalho pela fama de "bons modos". Com base numa análise sobre a moralidade, elas são mais ou menos valorizadas em seus círculos pessoais e profissionais — o escrutínio sobre a "honra" feminina, a partir de seu comportamento público, está sempre em jogo.

O fato é que a "comportada" Alcione partiu para a Europa e a Ásia animada para descobrir novas culturas e ganhar algum dinheiro. E passou por experiências inesquecíveis. Na Itália, chegou a cantar na boate San Carlino acompanhada por Romano Mussolini (pianista de jazz, filho de Benito Mussolini) e conheceu estrelas como Gina Lollobrigida, Ugo Tognazzi, Silvana Mangano e Alberto Sordi. Já no Irã, a situação não foi tão amigável. Num lugar cheio de restrições para as mulheres, ela foi aconselhada a não sair do hotel em hipótese alguma. Marrom perguntou à organizadora da viagem o motivo. "*Porque não pode*", respondeu, secamente, a empresária. A cantora ficou atravessada com a justificativa e resolveu sair mesmo assim. Ela e Inês, outra integrante do *casting*, deram um dinheiro para o porteiro dos fundos do hotel e conseguiram um táxi, que as levou para um restaurante chique, onde jantaram. Mas elas perceberam que o tempo todo eram seguidas por um carro branco. Quando voltaram ao hotel, descobriram que era um carro da polícia, que enquadrou o dono e o gerente do hotel por deixarem as duas "senhoritas" circularem sozinhas pela cidade.

No retorno ao Brasil, bons ventos esperavam Alcione. Ela voltou a cantar na noite, mas passou a ser observada com mais interesse. Jair Rodrigues foi fundamental nesse sentido. Na época, ele já era uma estrela da música brasileira — nos anos 60, venceu o II Festival da MPB com "Disparada"

(Geraldo Vandré/Theo de Barros) e apresentou o programa *O fino da bossa* com Elis Regina. Jair viu Alcione cantando na boate Blow Up, em São Paulo, acompanhada da pianista Tânia Maria, e recomendou o nome dela para sua gravadora, a Polygram. O presidente da companhia, André Midani, também foi aconselhado por outro amigo, o cineasta Jean Gabriel Albicocco, a assistir a uma "moça bonita, que cantava impecavelmente em francês, com voz privilegiada", na boate Black Horse, em Copacabana.

Ao mesmo tempo, Roberto Menescal, que era o diretor artístico da gravadora, já estava com as antenas ligadas. Nome fundamental da bossa nova e autor de clássicos como "O barquinho", Menescal à época se dedicava ao cargo de executivo da indústria fonográfica, dando um tempo em sua carreira de cantor e compositor. A Polygram tinha grandes nomes em sua prateleira, como Maria Bethânia, Elis Regina e Chico Buarque. Mas faltava explorar de forma mais efetiva um mercado que estava em ascensão: o do samba, que atingia boas vendagens com nomes como Clara Nunes e Martinho da Vila.

Quando Jair Rodrigues comentou com Menescal sobre a moça de voz marcante, o executivo logo perguntou: *"É sambista?"* Jair respondeu: *"Não, mas canta bem e toca trompete."* Menescal foi vê-la na Galeria Alaska, também em Copacabana, e ouviu Alcione cantar *standards* americanos, num clima meio jazzístico. Mas ele sabia muito bem o que queria: uma sambista negra, para ocupar um espaço ainda inexplorado e concorrer com Clara Nunes e Beth Carvalho. Ao fim do show, foi procurar a maranhense.

— *Oi, eu sou de uma gravadora.*

— *O que você quer?* — perguntou Alcione, desconfiada, já escolada com as figuras do arco da velha que apareciam na noite.

— *Gostei muito de ver você cantando. Queria gravar uma fita demo, pode ser que a gravadora se interesse pelo seu trabalho. Eu quero lançar uma sambista.*

— *Não sou do samba, não, cara. Não sou sambista* — disse aquela que em pouco tempo seria uma das grandes estrelas do gênero.

— *Mas não é exatamente samba...* — desconversou Menescal, para não perder a viagem — *Eu tenho uma música ótima do Reginaldo Bessa que gostaria que você gravasse...*

A canção era "Figa de guiné", parceria de Bessa com Nei Lopes, compositor marcante na discografia de Alcione, presente em quase todos os seus discos. *"A gravação de 'Figa de guiné' marcou minha estreia como compositor profissional. Meu parceiro Reginaldo Bessa, que já era do meio artístico, foi quem cuidou de tudo. Por isso eu só vim conhecer a Alcione pessoalmente bem depois"*[44], conta Nei Lopes.

De uma tacada só, a música brasileira testemunhava duas estreias: a de Alcione como cantora e a de Nei Lopes como compositor. Mas, verdade seja dita, pouca gente testemunhou pra valer esse acontecimento, já que o compacto praticamente não foi ouvido — no lado B, ele trazia "O sonho acabou", de Gilberto Gil, que registraria a música no mesmo ano, em seu LP *Expresso 2222*. Mas a gravadora continuou apostando na cantora, tanto que no ano seguinte lançou novo compacto, com "Tem dendê" (da mesma dupla Reginaldo Bessa e Nei Lopes) e "Pinta de sabido" (Capoeira/Rubens). Em 1975, a Marrom gravou um compacto duplo com os melhores sambas-enredo do Carnaval daquele ano: "Festa do Círio de Nazaré" (Unidos de São Carlos), "O mundo fantástico do Uirapuru" (Mocidade), "Imagens poéticas de Jorge de Lima" (Mangueira) e o campeão "O segredo das minas do Rei Salomão" (Salgueiro).

Era chegada uma hora definitiva na carreira de Alcione. Com dois compactos simples e um duplo, já há três anos sendo testada, ou a gravadora apostava de vez naquele novo talento ou encerrava seu contrato e a mandava de volta para a noite. Mas a decisão acabou sendo atropelada pela conjuntura internacional, que não estava favorável. A crise do petróleo ocorrida entre 1973 e 1974 arruinou empresas mundo afora, trazendo grande incerteza econômica. Uma das empresas que sofreram um baque foi a Polygram, matriz da gravadora que tinha atuação no Brasil. Para enxugar os custos, a sede pediu à filial brasileira que cortasse gastos com o *casting*. Roberto Menescal era quem deveria executar a intervenção na folha de pagamento: *"Tínhamos oitenta artistas na época, e eles queriam reduzir pela metade. Então, fui enxugando custos do estúdio, de músicos, das despesas diárias. E chegamos a um meio termo: sessenta artistas. Mesmo assim, a Al-*

---

44. Entrevista ao autor.

cione era uma das que seriam cortadas, porque ainda não tinha acontecido. Chamei ela pra uma reunião, pra avisar que ela seria desligada. Os artistas sabiam que esses cortes estavam acontecendo. Ela entrou na minha sala já imaginando que estava fora. Mas naquele dia me deu um negócio diferente, mudei de ideia ali na hora. Falei: 'Te chamei pra avisar que nós vamos gravar seu LP'. Ela ficou toda emocionada. Eu banquei o disco dela. E aconteceu."[45]

"Aconteceu" é força de expressão — o LP foi um estouro no Brasil inteiro. O título do disco, *A voz do samba*, já deixava claro que aquele era o trabalho de uma sambista, ocupando o nicho de mercado desejado por Menescal, tentando agradar aos mesmos fãs que corriam às lojas para comprar os álbuns de Clara, Martinho, Paulinho e Beth. Mas a estreia da Marrom demorou a emplacar. A música de trabalho escolhida pela gravadora, "O surdo" (Paulinho Rezende/Totonho), até teve boa recepção, mas não chegou a explodir. A estratégia seguinte foi trabalhar a canção que abria o lado B: "Não deixe o samba morrer" (Edson Conceição/Aloísio Silva). No início de 1976, ela entrou nas paradas de sucesso, se mantendo nas primeiras posições por mais de vinte semanas. Aos 28 anos, a maranhense que foi para o Rio tentar a vida de cantora tinha chegado ao topo.

Apesar de só ter conhecido o sucesso quase dez anos depois de ter ido para o Rio de Janeiro, dando muito duro na noite carioca, Alcione diz que esse processo foi fundamental para chegar mais tranquila ao estrelato. *"Se eu tivesse que começar de novo, começaria pela noite mesmo, porque ela é muito importante para o artista, até emocionalmente. O artista tem que sofrer um pouco para atingir o sucesso com maturidade. Todo mundo diz que está preparado, mas quando o sucesso chega é que percebe que tem que se preparar. É um outro trabalho que tem que ser feito para aguentar a fama."*[46]

"Não deixe o samba morrer", a canção que tirou Alcione do anonimato, tem história curiosa. Diferentemente do que costuma acontecer, a música não foi sugestão da gravadora, nem chegou às mãos da cantora enviada pelos compositores. Ela ouviu o samba ser declamado na noite, ainda com

---

45. Entrevista ao autor.

46. PENTEADO, Léa. "Nas mãos e na voz de Alcione, o comando do 'Alerta geral'". *O Globo*, Rio de Janeiro, 09 mar. 1979, p. 33.

o nome de "Anel de bamba", e percebeu seu potencial. *"Um dia, eu estava cantando na boate Black Horse e chegou uma menina de São Paulo, que cantava conosco. Ela começou a declamar 'Não deixe o samba morrer'. Eu ouvi os versos, gostei e perguntei: 'Você já gravou essa música?' Ela disse: 'Não, o meu produtor disse que não tem apelo comercial.' Eu fiquei calada, decorei a letra, levei o samba pra minha companhia e apresentei a Roberto Menescal. Ficamos em primeiro lugar e essa foi a música que marcou minha carreira, é meu cartão de visitas"*[47], relembra a Marrom, ressaltando que a obra já foi gravada em diversas línguas, como japonês, italiano e hebraico.

O disco seguinte, *Morte de um poeta*, também teve bom resultado. O repertório trazia três canções dos mesmos autores de "O surdo", Paulinho Rezende e Totonho: a música-título, "Canto do mar" e "Lá vem você". Outra curiosidade é a gravação de "Tiê", que Dona Ivone Lara compôs com Tio Hélio e Fuleiro — a essa altura, Ivone ainda não tinha gravado seu primeiro disco solo. Mas a música que mais emocionava Alcione era "Cajueiro velho". A canção foi composta por seu pai, João Carlos, relembrando a infância dele em Curupuru, onde havia um cajueiro na porta de sua casa. João se sentia envelhecendo junto com a árvore, e transformou os sentimentos em versos:

"Cajueiro velho, vergado e sem folhas
Sem frutos, sem flores, sem vida, afinal
Eu que te vi florido e viçoso
Com frutos tão doces que não tinha igual
Não posso deixar de sentir uma tristeza
Pois vejo que o tempo tornou-te assim
Infelizmente também a certeza
Que ele fará o mesmo de mim"

É nessa época que Alcione chega à Mangueira. A maranhense já admirava o verde e rosa da escola desde pequena, com uma lembrança marcante das fotos da ala das baianas na revista *O Cruzeiro*. A menina ficava tão en-

---

47. Entrevista ao autor.

cantada com as imagens que pedia à mãe para comprar vestidos daquelas cores para ela. Chegando ao Rio ainda nos anos 60, demorou para encontrar a agremiação, o que só aconteceu em 1976. Eram os preparativos para o Carnaval de 1977, quando a Mangueira desfilou com o enredo "Panapanã, o segredo do amor".

Na concentração, um destaque faltou em cima da hora, o que fez Alcione ter que subir na alegoria para atravessar a pista da avenida Presidente Vargas, no último ano antes de a disputa se transferir para a Marquês de Sapucaí. Na Passarela, o timaço mangueirense estava em ação: Jamelão no microfone; Xangô da Mangueira na direção de harmonia; Tantinho e Jajá como autores do samba; a lendária porta-bandeira Neide defendendo o pavilhão. Na comissão de frente, vinham as estrelas: Cartola, Nelson Cavaquinho (desfilando pela primeira vez em escola de samba), Babaú e Carlos Cachaça, entre outros bambas. Mas o júri foi implacável com a verde e rosa, que terminou o Carnaval na sétima posição, sua pior colocação até então. Isso não abalou a paixão de Alcione, e hoje ela é a maior personalidade de divulgação da imagem da Estação Primeira pelo Brasil.

Com o disco de 1977, *Pra que chorar*, a artista novamente teve boas vendagens. Ela repetiu a aposta na dupla Paulinho Rezende e Totonho, mas desta vez com uma canção autobiográfica, "Solo de piston". A letra remete à infância da cantora:

"*Eu às vezes paro numa esquina do tempo*
E deixo o pensamento ir visitar o passado
Volto a caminhar nas ruas de São Luís
Ah, meu Deus, aquilo sim era ser feliz
Corro novamente pelas ruas descalça
Ouço antigas valsas das serestas de então
(...)
Passo pela praça e minha turma me espera
Mas minha quimera dura pouco como tudo o que é bom
Então eu volto outra vez à realidade
E pra matar minha saudade
Eu faço um solo de piston"

Outra música importante desse disco foi "Pandeiro é meu nome", de autoria de Chico da Silva e Venâncio. Roberto Menescal conheceu Chico um pouco depois de ter lançado Alcione, procurando reforçar o time de sambistas da Polygram. O compositor era lavador de carros, e quando Menescal chegou ao estacionamento em que ele trabalhava em São Paulo, o ouviu cantar um samba. O diretor da gravadora perguntou de quem era aquela música. "*É minha*," disse Chico da Silva. "*Tua? E você tem outras assim?*" "*Tenho sim.*" "*Então me procura amanhã nesse endereço. Quero gravar um disco com você.*"

Menescal tomou duas providências depois que fechou contrato com Chico da Silva: comprou roupas novas para "embalar" melhor o sambista e procurou uma música para incluir no repertório de Alcione. Os dois tiros foram certeiros. Chico lançou seu primeiro LP ainda em 1977 e teve uma carreira razoável dali em diante. E a música escolhida para o disco da Marrom, "Pandeiro é meu nome", teve relativo sucesso. Mas o melhor viria no ano seguinte. Outra canção de Chico abriu o disco de 1978 de Alcione e foi um estouro nacional: "Sufoco."

Esse hit elevou ainda mais o patamar de vendas da cantora. Se os três primeiros discos já tinham ido bem comercialmente, o LP *Alerta geral* a fez ultrapassar as 400 mil cópias, puxadas pela execução massiva de "Sufoco" — Chico da Silva, anos depois, emplacaria outro sucesso nacional, "Vermelho", na voz de Fafá de Belém. O ano de 1978 ainda reservava mais uma alegria para a maranhense, que foi convidada para participar do disco de Maria Bethânia, gravando com a baiana a canção "O meu amor" (Chico Buarque). A música teve boa execução, e o LP *Álibi* entrou para a história como o primeiro álbum de uma cantora brasileira a superar a marca de 1 milhão de cópias vendidas.

A imagem de Alcione ficou tão conhecida pelo Brasil que ela foi escolhida para apresentar um programa na TV Globo. A primeira ideia da equipe que concebeu a atração — que tinha Adelzon Alves, Paulinho Tapajós, Ronaldo Bôscoli, Augusto César Vanucci e Ricardo Cravo Albin, sob o comando de Boni — era ter quatro apresentadoras, numa espécie de show de mulheres, com diversos quadros. Tônia Carrero e Clara Nunes chegaram a ser cogitadas. Depois, o perfil do programa mudou, virando uma atração somente musical, e o nome de Alcione despontou como única apresentadora — ela era tida como a sambista "do momento", com penetração em todas as classes sociais e enorme popularidade. A moral da Marrom era tanta que o nome do programa repetiu o título de seu LP, *Alerta geral*.

Apesar de tantos predicados, o convite pegou Alcione de surpresa. *"Quando me chamaram para fazer o programa, fiquei meio cabreira. Pensei: 'Meu Deus, eu nunca vi cantor de samba apresentar programa, e logo na TV Globo?! O que será que eles querem comigo? Vale a pena investigar...'"* Seu maior temor era não ser espontânea em cena, se distanciando da imagem que consolidara junto ao público. *"Eu tinha um grande medo, não queria chegar no programa e dizer: 'Senhoras e senhores, é com imenso prazer que apresento esse grande compositor brasileiro, o magnífico Cartola...' Sempre quis ser na televisão o que sou ao vivo, e o programa me dá a chance de ser eu mesma. Quando chega um convidado, ele mesmo se apresenta, faz suas denúncias, canta suas músicas. É um programa informal, tem muito calor humano."*[48]

Alerta geral estreou em 9 de março de 1979, ocupando a tela da Globo na primeira sexta-feira de cada mês. A ideia do programa era ter números musicais, mas também ser um lugar de defesa da música brasileira, que enfrentava forte concorrência da discoteca. No ano anterior, no rastro da novela *Dancin' days*, o som "disco" invadiu o Brasil e tomou boa parte das boates e casas de shows, desempregando músicos e cantores. Algumas reações surgiram no final da década de 70, como o Clube do Samba, fundado por João Nogueira como centro de resistência à hegemonia estrangeira. O *Alerta geral* nascia com o intuito de promover o trabalho dos artistas e provocá-los sobre o cenário musical. Alcione seria a voz que ecoaria todas essas reivindicações.

Ainda em março de 1979, a cantora teve a oportunidade de levar suas reivindicações para a instância máxima do poder do país, a Presidência da República. Alcione foi uma das convidadas a participar do baile de posse do general João Figueiredo, em Brasília. *"Antes de começar o babado, ele fez questão de ir falar conosco. Protocolarmente, estendi minha mão para um*

---

[48]. PENTEADO, Léa. "Nas mãos e na voz de Alcione, o comando do 'Alerta geral'". *O Globo*, Rio de Janeiro, 09 mar. 1979, p. 33.

cumprimento formal. Ele perguntou: 'Como é, não vai me dar um beijo?' Aí eu tasquei-lhe o 'maxfactor' na bochecha. Ele riu. Insinuei que precisava de uma audiência para falar dos problemas de nossa classe e ele disse que marcaria o encontro."[49]

Na TV, o *Alerta geral* ficou marcado mais pelo alto-astral e pela qualidade musical do que pelas tais reivindicações dos artistas. O programa fez sucesso e elevou ainda mais o prestígio de Alcione. Para se ter uma ideia, ela recebeu uma proposta alta para mudar de gravadora: dez milhões de cruzeiros para trocar a Polygram pela Ariola, selo estrangeiro que estava se lançando no mercado brasileiro. A cantora recusou.

Em 1979, lançou novo trabalho. Depois da repercussão do disco *Alerta geral*, parecia difícil ir além. Mas Alcione conseguiu, gravando um dos melhores álbuns de sua carreira. O "pé de coelho" Nei Lopes (com Wilson Moreira) rendeu a faixa-título e grande sucesso do ano, "Gostoso veneno", mas o álbum ainda tinha outras pérolas: "Rio antigo" (Nonato Buzar/Chico Anysio), "Dia de graça" (Candeia) e "Quero sim" (Darcy da Mangueira/Leci Brandão).

Num dos shows de lançamento do LP *Gostoso veneno*, Alcione passou por uma situação curiosa. Ela estava no camarim aguardando a hora de subir ao palco, quando alguém da produção avisou que havia um moço do lado de fora, insistindo para entrar, mesmo sabendo que o teatro estava lotado. A cantora foi até a porta ver quem era, porque poderia ser algum amigo. Mas, surpresa!, o insistente era ninguém menos do que o policial que havia lhe colocado no camburão e levado para a 12ª DP, para autuá-la por vadiagem, anos antes.

— *Oi, Marrom!* — disse ele, cheio de intimidade.

A maranhense não gostou do que viu nem do que ouviu: *"Naquela noite na rua eu era neguinha... Agora sou Marrom... Já estou clareando pra esse safado. Ano que vem ele chega me chamando de Bo Derek!"*[50], pensou ela, com cara de poucos amigos.

---

49. BÔSCOLI, Ronaldo. "Alcione, a marrom glacê". Manchete, Rio de Janeiro, 11 ago. 1979, pp. 98-101.

50. Atriz norte-americana de sucesso na época, branca, loura e de olhos claros, conhecida pelo filme *Mulher Nota 10*.

— *Essa aqui é minha mãe* — disse ele, com a senhora ao lado. — *Será que não dava pra arranjar um lugarzinho pra gente?*

— *Ah, então você tem mãe?* — perguntou a cantora. — *Olha, eu já fiz um show pra você, há muito tempo, de graça. Agora vai ter de pagar, direitinho, pra não ouvir "St. Louis Blues", e em outro dia, que hoje não tem mais lugar nem pro Onassis. Mas sua mãe pode entrar, porque foi em quem eu mais pensei naquela noite!*[51]

O policial foi embora, cabisbaixo. Alcione entrou plena em cena, segura em sua convicção de não deixar caírem no esquecimento episódios de racismo. Pouco depois, em setembro de 1981, ela deu um depoimento forte para a revista *Manchete* em que falava sobre o assunto. "*Na televisão, eles fazem um negócio instigando a rapaziada a se alistar: você vê um rapaz mestiço saindo de uma aldeia, atravessando o rio de barco, vê o criulinho largando o trabalho, sem um dente aqui na frente, se alistando. Mas não aparece nunca um garotão de Ipanema deixando a prancha de surfe de lado pra ir se alistar. O que eu posso aconselhar ao povo da minha raça é que não fique apenas lamentando esses fatos discriminatórios. A gente tem que ir à luta. É muito cômodo ficar naquela de 'eu sou um pobre criulo' e tal. Vamos estudar, vamos trabalhar! Educação no Brasil é uma transa meio difícil, eu sei. Mas tem de encarar. Minha irmã, por exemplo, está dirigindo minha Mercedes, o cara passa do lado e diz: 'A patroa está gostando da viagem?' Ela morre de rir. Já quando sou eu, o mesmo cara me festeja: 'Como é que é, Marrom?' Quando esse tipo de coisa acontecia comigo eu não sofria, porque acho isso tudo uma bobagem tão grande que me sinto superior. E já sofri muita discriminação por não ser loura de olhos azuis. Exatamente por isso, hoje é mais cômodo para mim*"[52], disse ela.

Foi no LP *Gostoso veneno* que a cantora fez suas primeiras incursões pelo repertório da turma do Cacique de Ramos, que tinha sido revelada no ano anterior por Beth Carvalho. A Marrom gravou "Primeira escola"

---

51. SÉRGIO, Renato. "O charme e o veneno gostoso de Alcione". *Manchete*, Rio de Janeiro, 19 set. 1981, pp. 48-51.

52. SÉRGIO, Renato. "O charme e o veneno gostoso de Alcione". *Manchete*, Rio de Janeiro, 19 set. 1981, pp. 48-51.

(Dida/Neoci/Jorge Aragão) e "Amantes da noite" (Dida/Dedé da Portela), mas lembra que demorou a se aproximar dessa turma de bambas, como fez a colega mangueirense. *"Beth sempre esteve no mundo do samba, até mais enfronhada com os sambistas do que eu, que cheguei do Maranhão. Eu tinha outro tipo de comportamento. Por exemplo, me intimidava chegar no Cacique de Ramos. Claro que, depois que conheci os meninos, comecei a frequentar, mas Beth sempre conviveu com eles, sempre gostou de botequim, dessas coisas que unificam os sambistas. E eu, no Maranhão, pra meu pai deixar eu ir num lugar tinha que esperar duas semanas. Eu não tinha essa liberdade, só fui ter depois que cheguei ao Rio. E aí foi que conheci Beth, Clara, Elza, João Nogueira, Candeia. Aí fui pra Mangueira, conheci Dona Neuma, Dona Zica, Carlos Cachaça, Nelson Sargento, toda essa galera. Aí, sim, graças a Deus, eles abriram passagem pra mim."*[53]

Por falar na Mangueira, o LP de Alcione de 1980, *E vamos à luta*, traz a histórica última gravação de Cartola, que morreria poucos meses depois de entrar em estúdio para uma participação na faixa "Eu sei". No show de lançamento do álbum, no Canecão, dirigido por Ronaldo Bôscoli e Miele, uma cena gerou repercussão. Depois de cantar seus sucessos e receber a convidada Rosinha de Valença em "Canto de Ossanha", Alcione trocou o vestido de brilhos por um visual afro e, à frente da plateia, no centro do palco, tirou a peruca e deixou à mostra longos cabelos trançados. Era a reafirmação de sua negritude, em momento impactante. *"Alcione tirou a peruca emocionalmente e profissionalmente"*[54], disse Bôscoli.

A relação de Alcione com a africanidade foi fortalecida depois de uma visita a Angola, para onde houve uma forte confluência de artistas brasileiros no começo dos anos 80. A cantora voltou comovida de uma turnê que fez pela capital Luanda com sua banda. *"Eu olhava para aqueles neguinhos e dizia: 'é o povo lá de casa.' Ou então meu pai andou dando umas voltinhas por aqui. É um pessoal muito parecido com a gente. Um povo forte, sabe? (...)*

---

53. SANCHES Pedro Alexandre. "Alcione 1: não deixe o jazz morrer, não deixe o blues acabar...". *Farofafá*, 2 ago. 2011. Disponível em: <https://farofafa.cartacapital.com.br/2011/08/02/alcione-1-nao-deixe-o-jazz-morrer-nao-deixe-o-blues-acabar/1747/>. Acesso em: ??/??/??.

54. *Jornal Hoje*. Rio de Janeiro: TV Globo, 09 jan. 1981. Programa de TV.

E a música? O samba saiu dali mesmo. Nossa música tem tudo a ver com aquele povo. E a comida, a roupa, o jeito de ser, o molho, o suingue, da cintura pra baixo parece cópia xerox, papel-carbono de nós."[55] Para reafirmar seus laços com aquele povo, criou a cena da peruca no show, que marcou aquele ano. Nos discos seguintes, a influência ainda se fez presente: em 1981, no LP *Alcione*, trouxe "Nzambi" (Liceu Vieira Dias) e "Muadiakime" (Bonga/Landa); em 1983, no álbum *Almas e corações*, gravou "Regresso" (Amílcar Cabral/José Agostinho) e, para a capa, escolheu uma foto que destacava suas tranças afro.

Os maranhenses também tinham lugar cativo nos álbuns da Marrom. Ela fazia questão de gravar sempre uma música sobre a cultura de São Luís, em obras de compositores como João Bigodinho, Zé do Maranhão, João do Vale e Nonato Buzar, entre outros. A paixão pela terra natal, vista em sua obra, também está em sua casa, que é conhecida no Rio de Janeiro como "a embaixada do Maranhão". Os amigos que a visitam encontram por todos os cantos lembranças do estado, como réplicas de bumba meu boi, farinha d'água, redes, chapéu de fita e muitas fotos de São Luís. Tudo para que Alcione não perca o vínculo com seu lugar.

Mas o grande manancial de músicas para o repertório da Marrom nesse começo de anos 80 é mesmo o Cacique de Ramos. Nestes dois discos e em *Vamos arrepiar*, de 1982 (o primeiro pela nova gravadora, a RCA), são inúmeras as canções de compositores como Arlindo Cruz, Jorge Aragão, Dida, Sereno, Almir Guineto, Jotabê, Dedé da Portela, Rixxa, Sombrinha, Zeca Pagodinho e outros bambas que faziam música à sombra da tamarineira da rua Uranos. A esta altura da carreira, Alcione já estava totalmente enturmada com os sambistas cariocas: tinha livre acesso a todos os lugares, era bem-recebida por onde andava. Além de frequentar o Cacique, se integrara a movimentos importantes, como o Clube do Samba (foi uma das fundadoras, ao lado do líder João Nogueira) e a Quilombo (tinha uma ala na escola de samba comandada por Candeia).

---

55. SÉRGIO, Renato. "O charme e o veneno gostoso de Alcione". *Manchete*, Rio de Janeiro, 19 set. 1981, pp. 48-51.

Também já conquistara grandes amigos na música. Uma das pessoas mais próximas nessa época era Clara Nunes. As duas haviam se esbarrado no programa de calouros *Sendas do sucesso*, quando a mineira deu nota 10 para a novata maranhense. Mas só estabeleceram uma amizade nos bastidores do *Globo de ouro*, parada de sucessos da TV Globo. Um dia, Clara telefonou: "Marrom, a Dindinha tá aqui fazendo uma galinha cabidela, vem pra cá comer." Alcione foi, depois retribuiu o convite com um almoço maranhense em sua casa, e elas começaram a se frequentar, ali na virada dos anos 70 para os 80. Dividiam o mesmo maquiador, Guilherme Pereira, e iam para a Marquês de Sapucaí juntas, uma de azul e branco, a outra de verde e rosa.

Alcione admirava demais o talento da amiga e a tinha como espelho a ser seguido, já que Clara foi pioneira entre as cantoras na venda de discos. Uma de suas canções preferidas na voz da Guerreira era "Sem companhia" (Ivor Lancellotti/Paulo César Pinheiro): "*Tudo o que esperei / De um grande amor / Era só juramento / Que o primeiro vento carregou.*" Alcione brincava: "*Quando eu um dia casar na igreja, com aquele véu grande lá na porta, você canta essa música pra mim?*" Clara Nunes concordava: "*Claro, Marrom! É só você arrumar a igreja, o véu e o marido que eu canto pra você!*" A Marrom, aliás, sempre foi discreta em relação à vida afetiva, mas chegou a ser casada três vezes, com maridos de nacionalidades diferentes: um francês, um italiano e um brasileiro. O relacionamento de maior duração foi com o napolitano Gino, com quem ficou por 13 anos.

Em março de 1983, Alcione foi convidada pela TV Globo a participar do programa *O som dos grandes encontros*. O diretor Walter Lacet pediu a ela que escolhesse uma cantora para dividir um número. Alcione escolheu Clara. Mas não deu tempo de avisar a amiga. A Guerreira entrou em coma depois de uma malsucedida cirurgia de varizes. Foram 28 dias de agonia na Clínica São Vicente, aonde Alcione foi várias vezes, em busca de notícias. Numa das visitas, revelou que tinha feito uma promessa para a Santa Anastácia: se Clara se recuperasse, Alcione passaria um dia inteiro pedindo esmolas em frente à imagem da santa.

Clara morreu em 2 de abril de 1983. Alcione então fez uma homenagem à amiga, gravando "Um ser de luz" (João Nogueira/Mauro Duarte/

Paulo César Pinheiro) na abertura de seu disco *Almas e corações*, do mesmo ano. A música também foi cantada por Alcione no esquenta da Portela no Carnaval seguinte, em que a escola desfilou com o enredo "Contos de areia", que falava de Clara Nunes, Natal e Paulo da Portela. A seu lado, no carro de som da azul e branco, microfone na mão para celebrar a colega, estavam João Nogueira e Beth Carvalho. Mas o tributo definitivo viria anos depois, em 1999, com o CD *Claridade*, em que Alcione passeou por 16 músicas do repertório de Clara — o álbum foi sucesso de crítica e de público, sendo indicado ao Grammy Latino.

Mais segura com o sucesso de seus LPs e shows, com prestígio crescente no meio artístico e tendo mais poder de decisão frente às gravadoras, em 1984 e 1985 Alcione lançou os discos *Da cor do Brasil* e *Fogo da vida*, em que se arriscou por outros caminhos, tentando fugir do rótulo de sambista imposto pelo mercado. Ela queria mais do que isso: ser a "voz do samba", como anunciava seu disco de estreia, era pouco para a Marrom. Isso ficou claro com as participações incluídas nesses dois álbuns: nomes associados a outras sonoridades, como Maria Bethânia, Gonzaguinha e Luiz Gonzaga. Alcione ampliava seu campo de atuação, dialogava com gêneros musicais diferentes, atingia novos públicos. A mudança também foi estética. Ela começou a botar mais pimenta nos figurinos dos shows, deixando marcado em sua persona artística o fato de só subir ao palco esbanjando glamour: bem maquiada, cabelo produzido, roupa cheia de personalidade, saltão, Chanel no pescoço, unhas vistosas.

A capa do disco de 1981 já começava a revelar essa ousadia. A foto trazia a artista de ombros à mostra e com o colo nu no limite dos seios. A concepção da capa, como em toda a trajetória da Marrom, partiu dela e de sua irmã, Solange (que atua como sua empresária): *"Sempre tive a pele boa, aquela era a hora de botar a pele de fora!"*[56], brinca Alcione. Mais do que aproveitar a boa forma da artista, a imagem retratava um momento em que as cantoras estavam se expondo mais, tanto nos repertórios quanto no visual que apresentavam em público. Se na década de 70 as mulheres começaram a vender discos em grandes quantidades e a se afirmar como

---

56. Entrevista ao autor.

compositoras, no início dos anos 80, elas já estavam seguras para exibir sua sexualidade sem que isso as prejudicasse profissionalmente.

Gal Costa e Perla já tinham posado provocantes para capas de discos dos anos 70. Mas, no começo da década seguinte, uma enormidade de cantoras começou a ousar na forma como estampavam seus álbuns. Segundo a *História sexual da MPB*, de Rodrigo Faour, o filão ombro-nu-e-seio-quase-à-mostra foi inaugurado por Alcione, neste LP de 1981. Em seguida, o mesmo visual foi adotado nos discos de 1982 de Rita Lee, Joanna, Gal Costa, Simone e Fafá de Belém; e, no ano seguinte, por Rosemary, Tânia Alves e Zizi Possi. A própria Alcione repetiu o formato em todos os seus discos da década de 80, sempre com ombros à mostra e fotos em close — ao contrário dos seus LPs dos anos 70, que traziam fotos distantes e com bastante roupa.

Para Alcione, a sensualidade exposta nas fotos das capas tinha um significado a mais. Ela descobriu que podia cantar o amor em seus discos, como faziam suas referências artísticas: Ângela Maria, Lana Bittencourt e Núbia Lafayette. Mas, para entrar no mercado artístico, foi necessário se dedicar ao samba. Perguntada se sonhava ser uma cantora de samba, Alcione não nega as origens: *"Eu queria era estar nos discos, queria gravar. E foi o samba que me abriu essa porta."*[57] Mas, aos poucos, portas já escancaradas para seu talento, ela pôde colocar pra fora suas outras facetas. E o melhor: descobriu que o público também queria ouvi-la cantando um repertório que falava das coisas do coração.

A primeira vez que teve essa resposta positiva dos fãs foi em 1978, quando gravou "Pode esperar" (Roberto Côrrea/Sylvio Son). Para se ter uma ideia de como a gravadora não apostava na música, ela foi a última faixa do lado B do álbum. Mas virou trilha sonora da novela *Pai herói* e caiu na boca do povo: *"Nada como um dia atrás do outro / Tenho essa virtude de esperar..."* Alcione percebeu que esse estilo dava liga com o público que também curtia sua batucada, mas ainda estava precisando consolidar a carreira de sambista. Voltou à carga em 1983, com "Qualquer dia desses" (Reginaldo Bessa), outra música romântica que foi cantada a plenos pulmões por seus fãs. Com esses dois casos de sucesso, pôde se impor aos produtores e

---

57. Museu da Imagem e do Som RJ. *Depoimentos para a Posteridade: Alcione (28/03/2012).*

começou a rechear os repertórios de seus álbuns com canções nessa linha — e a gravadora, atenta à movimentação do mercado, passou a trabalhar melhor essas faixas nas rádios e TVs.

O resultado foi uma sequência de sucessos românticos de tirar o fôlego: "Garoto maroto" (Franco/Marcos Paiva), "Meu vício é você" (Carlos Colla/Chico Roque), "Ou ela ou eu" (Flávio Augusto/Carlos Rocha), "Estranha loucura" e "Nem morta" (ambas de Michael Sullivan/Paulo Massadas). Todas essas canções foram lançadas entre 1985 e 1987, no período em que o pagode carioca estava no auge, com vendagens gigantes de Zeca Pagodinho, Almir Guineto, Jovelina Pérola Negra e outros representantes do Cacique de Ramos. Quando seus colegas do samba aumentaram a voltagem da batucada — e tiveram grande resposta do público —, Alcione se sustentou falando de amor, com menos pandeiro e mais cordas, os teclados disputando espaço com o cavaquinho.

A estratégia de Alcione foi entrar no mercado cantando o que lhe era pedido (samba), para em seguida conseguir imprimir sua marca. Foi aí que seus discos ganharam variedade de repertório, trazendo, além do samba, o tambor de crioula, o forró, o bolero, a toada, o xaxado, as canções românticas. Nos shows, chamava a atenção a formação instrumental da Banda do Sol, sua companheira fiel na estrada: carregada nos sopros, muitos músicos em cena, com arranjos jazzísticos em alguns números, algo pouco comum entre os sambistas — herança, claro, das orquestras do pai e das influências de Ella Fitzgerald e Sarah Vaughan, que sempre tocaram na vitrola da Marrom.

Essa soma de referências fez com que Alcione se tornasse uma cantora de samba diferente das outras. Uma artista que grava os sambas-enredo da Mangueira e lança um disco só de boleros; uma voz que se encaixa nas canções do Cacique de Ramos e também nos *standards* franceses. Um perfil único na música popular brasileira. *"Eu queria que meu som fosse parecido comigo, com as minhas raízes, com o que eu sou. Na noite eu sempre cantei de tudo: bolero, jazz, samba. E nunca me deixei patrulhar, nem pela crítica nem pelas opiniões de amigos"*[58]

---

58. Entrevista ao autor.

A frase de Alcione deixa antever uma relação nem sempre amistosa com a crítica. Não que ela tenha tido problemas com o que diziam de seu trabalho. Mas os críticos, em geral, foram rígidos ao analisar a trajetória da cantora que, surgida como sambista, nunca se furtou a cantar o amor de forma despudorada. Um texto publicado no jornal *O Globo* analisando o disco *Uma nova paixão* (2005) é um bom exemplo disso, o que fica claro logo no título: "Uma cantora que na verdade é duas — Com grandes sambas e canções dispensáveis, Alcione celebra mais uma vez sua dupla personalidade artística."

O autor, Hugo Suckman, constrói o texto em cima dessa dualidade: *"Não pode ser a mesma cantora a que abre um disco com o samba-balada 'Uma nova paixão', primor de convencionalismo em melodia e letra, e logo na faixa seguinte vai de 'O samba vai balançar', samba de gafieira inventivo que pode nunca tocar na rádio, mas conquista na primeira audição. (...) Mas essa cantora é a mesma sim, aliás, uma das melhores do país: Alcione. E seu novo CD, como grande parte de seus discos, reflete de forma exemplar sua esquizofrenia artística. É uma dupla personalidade na qual convivem um prestígio artístico que se mantém intocável mesmo com todas as músicas ditas românticas e em série que grava, com uma popularidade que resiste mesmo à sofisticação de parte de seu repertório e de muitas de suas interpretações cheias de suingue e improvisos."*[59]

A versatilidade de Alcione, ressaltada pelo texto, é herança direta de sua vivência como cantora da noite. Uma *crooner* não pode ter uma personalidade musical encerrada em si própria, ela existe para agradar ao inconstante público das casas em que trabalha — e deve mudar a cada ambiente novo em que pisa. Essa foi a formação da maranhense, que teve extensa carreira nas boates de Copacabana antes de chegar ao mercado fonográfico. Ao mesmo tempo, o texto chama a atenção para outra característica singular de Alcione, que dificulta seu encaixe nos rótulos tradicionais do mercado: consegue aliar prestígio e popularidade, gravando músicas sofisticadas

---

59. SUKMAN, Hugo. "Uma cantora que na verdade é duas". *O Globo*, Rio de Janeiro: 26 jul. 2005. Segundo Caderno, p. 2.

e canções "mela-cueca" sem se abalar. Não é fácil definir Alcione — e talvez essa seja sua grandeza artística.

Alcione ousava em seu repertório, em suas capas e em seu discurso, apresentando ao Brasil a imagem de uma mulher vitoriosa, à frente de seu tempo e dona da situação. Mas isso não significa que tenha ficado imune a situações explícitas de machismo — às vezes, tendo que recuar em sua postura de enfrentamento. Um dos exemplos foi na Mangueira do Amanhã, escola mirim criada em 12 de agosto de 1987, como projeto social da escola-mãe, tendo como integrantes crianças e adolescentes com idades entre 7 e 17 anos. Alcione foi fundadora da agremiação e uma de suas iniciativas pioneiras foi tentar criar a bateria feminina da Mangueira do Amanhã, um espaço para as meninas do morro exercitarem seus dotes de percussão.

Mas a ideia não foi bem recebida. Alcione foi chamada para uma reunião tensa com a Velha Guarda da Mangueira. Os "cabeças brancas" explicaram que, na verde e rosa, mulher não podia sair na bateria adulta — portanto, não fazia sentido criar essa expectativa entre as meninas mais jovens. Para se ter uma ideia do conservadorismo da verde e rosa, sua bateria foi formada exclusivamente por homens por 75 anos. Somente em 2007 as primeiras ritmistas foram aceitas no grupo, sendo a última escola do Carnaval carioca a quebrar esse tabu.

Em 1987, a ideia de Alcione de criar a bateria mirim feminina foi rechaçada sem direito a argumentação. *"Eu não podia deixar de obedecer a essa determinação da Velha Guarda, porque foram eles que construíram a Mangueira. Mas, de lá pra cá, eles mudaram de opinião, já tem mulher na bateria da Mangueira. Elas hoje exercem a função de músico, de ritmista, até de presidente de escola, não são apenas passistas e rainhas de bateria. O mundo vai mudando, tudo vai evoluindo. Mas na época eu não quis enfrentar a posição deles. Eles disseram que não era bom fazer a bateria feminina, porque a Mangueira não estava acostumada. Eu tinha que respeitar a tradição, como eu fazia com meu pai em casa. Aos poucos, as coisas mudaram. E hoje já temos até uma mestra de bateria na Mangueira do Amanhã"*[60], festeja a Marrom, que atualmente é presidente de honra da escola mirim.

---

60. Entrevista ao autor.

Tudo muda, até a preferência musical do público. No início dos anos 90, o samba vivia um período de baixa popularidade, com o estouro dos sertanejos e do pagode paulista. Mas a Marrom já tinha sucessos suficientes para enfrentar a época de vacas magras. E, ao contrário de alguns colegas, como Beth Carvalho, que deram declarações pouco amistosas em relação aos novatos do chamado "samba mauricinho", Alcione se aproximou deles. Viu que a temática romântica dos grupos que estavam surgindo era uma praia semelhante à sua, e se aliou à rapaziada. Em 1994, por exemplo, foi a primeira artista de peso a participar de um LP do Só Pra Contrariar, cantando sambas da Mangueira com Alexandre Pires. Também gravou faixas em CDs de Belo, Grupo Raça, Chocolate Sensual e Art Popular.

Em 1997, lançou o disco *Valeu*, dedicado ao repertório que emergia desses grupos, com o subtítulo "Uma homenagem à nova geração do samba". Entre as canções gravadas, sucessos como "Valeu demais" e "Telegrama" (ambas de Leandro Lehart), "Timidez" (Délcio Luiz/Prateado) e "Essa tal liberdade" (Chico Roque/Paulo Sérgio Valle). A parceria era boa para todo mundo: Alcione avalizava com seu prestígio os novos artistas, que ganhavam uma chancela importante; e eles emprestavam seu enorme público e seu poder de penetração nas rádios e TVs. O disco de Alcione teve vendas expressivas. Logo na sequência, Leci Brandão traçaria o mesmo caminho de aproximação com essa geração, gravando canções de Leandro Lehart (incluindo "Valeu demais") e convidando para participar de seu disco Péricles e os grupos Art Popular, Sensação e Os Morenos.

Com os discos *Valeu* e *Claridade* (a homenagem a Clara Nunes lançada em 1999), Alcione experimentaria boas vendagens, mas nada parecido com o que viria com os álbuns *Ao vivo* (2002) e *Ao vivo 2* (2003), gravados pela Indie Records. O mercado fonográfico assistia a um *boom* de projetos ao vivo, e a Marrom foi uma das artistas mais bem-sucedidas nessa linha. Este período foi também o canto do cisne das gravadoras, que, a partir da segunda metade dos anos 2000, viram os fonogramas se tornarem produtos digitais e as vendas dos álbuns físicos despencarem.

Nestes discos ao vivo, Alcione fez uma retrospectiva de seu repertório e pôde apresentar a uma nova geração uma penca de sucessos que voltaram a tocar nas rádios. Muitos deles eram românticos e traziam uma perspectiva feminina, apesar de a maioria dos autores ser homem. Como os álbuns fazem um apanhado de toda a carreira da Marrom, a análise dessas canções é uma oportunidade de observar como as mulheres foram retratadas nessas letras ao longo de três décadas. Este diagnóstico é importante porque Alcione formou boa parte de seu público através de músicas carregadas de "feminilidade", com grande toque de sensualidade, falando de um tipo de amor nada platônico: o carnal, que leva pra cama e exala desejo. Com esse tipo de repertório, gerou identificação imediata com as plateias.

A primeira coisa que chama a atenção é o fato de termos dois "personagens" bem definidos na maioria das canções de Alcione: a mulher submissa, sujeita aos caprichos do homem, que cede às vontades dele em troca de seu amor; e a dona de seu nariz, que não aceita desaforo e dá o troco quando preciso. O primeiro tipo (a submissa) aparece com mais força no repertório antigo, dos anos 80; enquanto à beira dos anos 2000 começaram a crescer as narrativas que retratam a mulher forte e decidida — é a obra da Marrom refletindo o seu tempo.

Depois das duas músicas românticas que atiçaram o gosto do público, "Pode esperar" e "Qualquer dia desses", veio o primeiro arrasa-quarteirão de Alcione nesse estilo: "Nem morta", que ficou meses nas paradas de sucesso em 1985, retratando uma esposa "à moda antiga", num tipo de relação que hoje não parece ser mais desejada pelas mulheres:

"Eu só fico em teus braços porque não tenho forças pra tentar ir à luta
Eu só sigo os teus passos, pois não sei te deixar e essa ideia me assusta
Eu só faço o que mandas pelo amor que é cego, que me castra e domina
Eu só digo o que dizes, foi assim que aprendi a ser tua menina
(...)
Eu só deito contigo porque quando me abraças
Nada disso me importa, coração abre a porta
Sempre que eu me pergunto quando vou te deixar
Me respondo: 'Nem morta!'"

Logo depois, Alcione gravou outra música dos mesmos autores, Michael Sullivan e Paulo Massadas, que foi fundo na submissão feminina, com versos como *"Te dar sempre razão / E assumir o papel de culpada bandida"* e *"Ver você me humilhar / E eu num canto qualquer dependente total do teu jeito de ser."* É o hit "Estranha loucura", que é cantado a plenos pulmões pelos fãs em todos os shows.

> *"Minha estranha loucura*
> *É correr pros teus braços quando acaba uma briga*
> *Te dar sempre razão*
> *E assumir o papel de culpada bandida*
> *Ver você me humilhar*
> *E eu num canto qualquer dependente total do teu jeito de ser*
> *Minha estranha loucura*
> *É tentar descobrir que o melhor é você*
> *Eu acho que paguei o preço por te amar demais*
> *Enquanto pra você foi tanto fez ou tanto faz*
> *Magoando pouco a pouco, me perdendo sem saber*
> *E quando eu for embora, o que será que vai fazer?*
> *Vai sentir falta de mim"*

Esse ponto de vista sobre a mulher ainda aparece em outras letras, como "Ou ela ou eu" (Flávio Augusto/Carlos Rocha), "Você me vira a cabeça" (Chico Roque/Paulo Sérgio Valle), "Menino sem juízo" (Paulinho Rezende/Chico Roque), "Quando você quiser" (Chico Roque/Sérgio Caetano) e "Pior é que eu gosto" (Isolda).

Mas a mulher moderna, aquela que é dona do próprio corpo, que tem autoestima elevada e entra de igual pra igual numa relação, também surge no repertório. O exemplo mais clássico é "A loba" (Paulinho Rezende/Julinho Peralva), talvez o maior sucesso dos dois discos ao vivo. Essa mulher não aceita ser traída (*"Se pular a cerca eu detono / Comigo não rola"*) e encara de forma natural o sexo casual (*"Sou mulher de te deixar / Se você me trair / E arranjar um novo amor / Só pra me distrair"*).

> *"Adoro sua mão atrevida*
> *Seu toque, seu simples olhar já me deixa despida*

Mas saiba que eu não sou boba
Debaixo da pele de gata eu escondo uma loba
Quando estou amando eu sou mulher de um homem só
Desço do meu salto, faço o que te der prazer
Mas, oh, meu rei, a minha lei você tem que saber
Sou mulher de te deixar se você me trair
E arranjar um novo amor só pra me distrair"

Na época do lançamento da música, Alcione já sinalizava que "A loba" refletia uma mudança de comportamento: *"Há quarenta anos eu não podia dizer essas letras. Mas, agora, a mulher não quer só ser caçada. Quer ser caçadora também."*[61] Outras canções do repertório também trazem essa versão da mulher mais "século 21", como "Faz uma loucura por mim" (Chico Roque/Sérgio Caetano) e "Mulher ideal" (Michael Sullivan/ Paulo Massadas).

Mas, mesmo em canções aparentemente "libertadoras", como "A loba", há uma situação de aprisionamento às relações afetivas com a figura masculina. A pesquisadora Jurema Werneck, ativista dos direitos das mulheres e atual diretora da Anistia Internacional no Brasil, comenta a letra desta canção em sua tese de doutorado *O samba e as ialodês: Mulheres negras e a cultura midiática*: *"Apesar de descrita como lutadora e potente, atributos presentes na imagem da loba, a mulher nesta música parece não deslocar seu olhar para fora da relação homem e mulher, nem contesta seus privilégios. Apenas reivindica um bom tratamento. Ao reduzir a capacidade de ação da mulher às questões de administração de suas relações sexuais e afetivas sem ameaçar as sobredeterminações que têm impacto sobre elas, esta canção se coloca em forte contradição com as ideias feministas em vigor."*[62]

---

61. VIANNA, Luiz Fernando. "Brega e chique". *O Globo*, Rio de Janeiro, 15 out. 2011. Segundo Caderno, p. 4.

62. WERNECK, Jurema. *O samba segundo as ialodês: Mulheres negras e a cultura midiática*. 2007. 310f. Tese (Doutorado em Comunicação) – Programa de Pós-Graduação em Comunicação e Cultura, Universidade Federal do Rio de Janeiro, Rio de Janeiro, 2007, p. 261.

Alcione justifica o repertório que apresenta visões tão diferentes sobre a figura feminina (a submissa e a dona de si) dizendo que ele apenas retrata a realidade, ou seja, existem comportamentos de ambos os tipos na sociedade. As letras simplesmente reproduzem o que se vê nas ruas: *"A gente não inventa essas histórias, elas existem, acontecem em todos os lugares. E é por isso que as pessoas se identificam tanto com essas músicas, porque elas mostram a verdade das relações amorosas."*[63]

Mas às vezes é difícil conciliar essas realidades. Um exemplo de como algumas letras do passado têm dificuldade para refletir a mulher do presente se deu na estreia do show *Tijolo por tijolo*, em agosto de 2020, na casa de shows carioca Vivo Rio. Uma das músicas cantadas por Alcione foi "O surdo", sucesso de seu primeiro disco, lançado há 45 anos. A letra da canção diz: *"Eu bato forte em você / E aqui dentro do peito / Uma dor me destrói / Mas você me entende / E diz que pancada de amor não dói."* Ao terminar de cantar, a Marrom sentiu a necessidade de fazer uma fala "retificadora" para seu público: *"Pancada de amor dói, sim. Vamos parar com isso, gente. Vamos dialogar mais!"*

O tema da violência doméstica, aliás, foi tratado em várias canções da Marrom. Em 1978, a canção "Pode esperar" explorava subliminarmente o assunto: *"Sou mulher que encara um desacato / Se eu não devolver no ato / Amanhã pode esperar."* O assunto voltou ao repertório em 1992, na canção "Nossa rainha" (Nei Lopes), que mostra uma posição contrária à violência, mas ainda trata o fato como algo cotidiano: *"Depois diz pro teu cumpadre / Que com jeitinho e com mais cautela / Mulher nunca foi pandeiro / Pra batuqueiro batucar nela / Manda ele tomar tenência / E juízo naquela cara larga / Mulher é igual a mandioca / Se bater nela, ela fica amarga."*

Em 2007, as agressões enfim apareceram no repertório como caso de polícia. A música "Maria da Penha" (Paulinho Rezende/Evandro Lima) foi encomendada por Alcione aos compositores para falar explicitamente sobre esse tema, pegando carona na Lei Maria da Penha, contra a violência doméstica, aprovada no ano anterior.

---

63. Entrevista ao autor.

"Comigo não, violão
Na cara que mamãe beijou
Zé Ruela nenhum bota a mão
Se tentar me bater vai se arrepender
Eu tenho cabelo na venta
E o que venta lá, venta cá
Sou brasileira, guerreira
Não tô de bobeira, não pague pra ver
Porque vai ficar quente a chapa
Você não vai ter sossego na vida, seu moço
Se me der um tapa, da Dona 'Maria da Penha' você não escapa"

Embora se possa discutir a forma como as letras tratavam a situação da mulher perante o homem, o fato é que Alcione sempre colocou suas fãs para cantarem o prazer e o desejo sem pudores, sendo uma voz importante num contexto de liberação feminina. Em 2005, o CD *Uma nova paixão* lançou um novo exemplar de música sensual que conquistou o Brasil: "Meu ébano" (Paulinho Rezende/Néneo) aliava a temática romântica das canções da Marrom com a batucada e a picardia do samba, numa conjunção perfeita para fazer sucesso com todos os públicos.

Apesar de parecer talhada para cair na boca do povo, à época a canção enfrentou vozes contrárias na gravadora. O motivo era o verso "Não posso dar mole senão você créu". *"Quando mostrei essa música ao meu diretor artístico, ele disse: 'Você não pode cantar uma música dessas, você não vai dizer 'créu.' 'Por que não?' 'Não faz parte do seu perfil.' 'E você sabe qual é o meu perfil? Você sabe se eu gosto de um créu bem dado?' Ele riu muito, deixou eu gravar, e a música é sucesso até hoje"*[64], relembra Alcione. A letra é ousada ao trazer a mulher chamando abertamente o homem de "gostoso", sem esconder seu desejo sexual.

---

64. SANCHES Pedro Alexandre. "Alcione 1: não deixe o jazz morrer, não deixe o blues acabar..." *Farofafá*, 2 ago. 2011. Disponível em: <https://farofafa.cartacapital.com.br/2011/08/02/alcione-1-nao-deixe--o-jazz-morrer-nao-deixe-o-blues-acabar/1747/>. Acesso em: ??/??/??.

> "Moleque levado, sabor de pecado, menino danado
> Fiquei balançada, confesso quase perco a fala
> Com seu jeito de me cortejar que nem mestre-sala
> Meu preto retinto, malandro distinto, será que é instinto?
> Mas quando te vejo enfeito meu beijo, retoco o batom
> A sensualidade da raça é um dom
> É você, meu ébano, é tudo de bom"

O estouro do "créu" foi tão grande que, três anos depois, deu origem ao funk "Dança do créu" e até batizou o funkeiro que lançou a música, o MC Créu. Em 2009, depois da eleição do presidente americano Barack Obama, cujo slogan era "Yes, we can", Alcione usou uma camisa com a inscrição "Yes, we créu!". Em 2011, na gravação de seu DVD ao vivo na quadra da Mangueira, ela convidou MV Bill para participar dessa música. O rapper improvisou versos sobre a cantora, que dão uma ideia de sua imagem junto ao público: a mulher forte (*"Se fiz algo de errado, te peço desculpa"*, diz ele), lutadora (*"Primeiro você teve que resistir, na moral, sem sair do tom"*) e que com seu jeito próprio canta os desejos das mulheres (*"Embalando o sentimento feminino com doçura"*):

> "É, você é uma negona de tirar a lupa, se fiz algo de errado te peço desculpa
> Mas a diva do ébano é você que canta, encanta e não deixa o samba morrer
> Eu tô aqui, vim pra te aplaudir, do Maranhão pro mundo inteiro
> Primeiro você teve que resistir, na moral, sem sair do tom
> Pele preta, um sorriso largo com o apelido de Marrom
> Que vira loba quando o assunto é Mangueira
> Muita glória aos quarenta de carreira, embalando o sentimento feminino com doçura
> Está nos versos de 'Estranha loucura', que faz tremer, balançar
> Não tem quem não se emocione, eu disse a você: meu cigarro é você, Alcione
> Tua história vale mais do que troféu e pra você eu tiro o meu chapéu"

Esse show ao vivo gravado na quadra da Mangueira fez parte de um projeto bastante simbólico na trajetória de Alcione. Festejando seus quarenta anos de carreira, a cantora lançou dois DVDs chamados *Duas faces*, pela gravadora Biscoito Fino, que eram um resumo de sua vida profissional. Se a crítica muitas vezes foi dura ao lidar com a dualidade da artista (sambista ou romântica? popularesca ou refinada?), Alcione tratou essa característica como trunfo e expôs isso ao gravar simultaneamente dois trabalhos totalmente diferentes, com o mesmo nome. *Duas faces — Jam session* foi um registro feito em sua casa, recebendo amigos e cantando obras que fazem parte de sua memória afetiva, mas que não tinham espaço em seus discos de carreira. Com Maria Bethânia, gravou "Sem mais adeus" (Vinicius de Moraes/Francis Hime). Já Áurea Martins foi convidada para dividir "Pela rua" (Dolores Duran e J. Ribamar). Emílio Santiago, Djavan, Lenine e Martinho da Vila são as outras participações do álbum, que tem no repertório canções como *"Comme ils disent"*, de Charles Aznavour, os clássicos italianos *"Passione eterna"* e *"Estate"*, além do bolero em língua espanhola *"Todavia"*.

Duas faces: Ao vivo na Mangueira, por sua vez, era composto pelo já citado show na quadra da verde e rosa, com participações de Jorge Aragão, Diogo Nogueira, MV Bill e Leci Brandão. No DVD, brilhava a Marrom do povo, do samba rasgado e de peito aberto, falando de amor sem limites e levando a plateia à loucura. No repertório, além do samba-enredo da escola no Carnaval 2011, em homenagem a Nelson Cavaquinho, apareciam clássicos de João Nogueira ("Poder da criação") e Cartola ("Basta de clamares inocência"), muitas canções de compositores que lhe deram sucessos, como Nei Lopes e Altay Veloso, além das certeiras "A loba", "Nem morta", "Faz uma loucura por mim" e "Você me vira a cabeça".

Apenas a música que dava nome ao projeto, "Duas faces" (Altay Veloso), fez parte dos dois DVDs. Ela é uma reafirmação de como Alcione se enxerga artisticamente: se pode ser várias, por que se contentar em ser uma só? No começo da carreira, se entregou ao samba como forma de entrar no mercado, deixando em repouso seu outro lado. Aos poucos, foi revelando a cantora romântica que morava dentro de si, testando a receptividade que teria do público e das gravadoras. Mas, depois de décadas de estrada, pôde declarar de peito aberto sua amplitude musical: é uma cantora de duas faces. Ou melhor, de várias! O texto de divulgação do projeto deixa isso claro: *"Seja cantando samba, bolero, chanson francesa, samba-canção, jazz, samba de roda, blues, canção napolitana, bossa nova, toada, forró, embolada ou morna cabo-verdiana, Alcione está sempre em casa."* A letra de Altay Veloso na canção "Duas faces" trata do tema na metáfora mais apropriada para a Marrom, o terreno do amor.

> *"Deus me fez assim com duas faces*
> *Uma da noite, outra do dia*
> *E minhas faces se amam*
> *Como se fossem rainhas*
> *Uma reza pra você ter um bom dia*
> *E quando a noite vem*
> *Minha outra face satisfaz tua fantasia"*

Os anos 2010 foram de grande produtividade para Alcione, que lançou discos quase anualmente, uma raridade para cantores de qualquer gênero no Brasil: *Acesa: Ao vivo no Maranhão* (2010), *Duas faces: Jam session* (2011), *Duas faces: Ao vivo na Mangueira* (2012), *Eterna alegria* (2013), *Eterna alegria: Ao vivo* (2014), a compilação *Alcione ao vivo em grandes encontros* (2015) e *Boleros ao vivo* (2017). Em 2020, voltou a gravar inéditas, em *Tijolo por tijolo*. A Marrom também se tornou uma das artistas mais premiadas do país. No Prêmio da Música Brasileira, por exemplo, só perde em número de troféus para Maria Bethânia: ganhou 21 vezes, nas categorias Melhor Cantora de Samba, Melhor Cantora de Canção Popular e Melhor Álbum de Canção Popular.

Nesta década, Alcione também conseguiu estreitar ainda mais sua relação com as novas gerações da música, aproveitando para renovar seu público. No samba, um dos "apadrinhados" foi Ferrugem, cantor carioca que começou a carreira em São Paulo e que contou com a participação da Marrom logo em seu primeiro álbum, *Climatizar*, lançado em 2015. Em 2019, Alcione foi convidada para um dueto com a jovem Malía, de apenas 20 anos, em uma releitura do seu sucesso "Faz uma loucura por mim".

Mas o ano ficou marcado por outra parceria da Marrom. A cantora subiu ao palco Sunset do Rock in Rio para uma participação no show de Iza, uma das grandes revelações do pop nacional. As duas cantaram juntas, entre outras canções, "Você me vira a cabeça" e *"Chain of fools"*, clássico de Aretha Franklin. O público, com idade média em torno dos 20 anos, foi ao delírio com a performance de Iza. Mas não ficou atrás em empolgação ao reverenciar e cantar as músicas de Alcione. Aos 71 anos, ela mostrou que é mesmo uma "diva" da música brasileira ao contagiar a plateia do maior festival jovem do país.

Ali, Alcione parecia colher aquilo que plantou ao longo de toda a sua carreira: a obsessão por colocar o público em primeiro lugar, aprendizado que veio desde os tempos de *crooner* da noite e que foi seguido à risca pelas décadas seguintes. Em meados dos anos 70, se era samba o que o povo queria, foi samba que Alcione entregou, estourando com "Não deixe o samba morrer" e se tornando a voz do gênero à frente do *Alerta geral*. Na década seguinte, percebeu que seus fãs queriam falar de amor, viu que as mulheres estavam sedentas para mostrar seus sentimentos de coração aberto, e deu a elas de bandeja uma penca de sucessos românticos. Em seguida, ao ver que a submissão feminina deu lugar ao empoderamento, se transformou numa loba e mostrou que é dona do seu "créu". Quando o povo abraçou o pagode "mauricinho", lá estava ela, referendando Alexandre Pires e cia. Frequentou o pop de Iza e Malía sem nunca deixar de pisar nas folhas secas de Mangueira. Alcione são várias, mas, ao mesmo tempo, é única: a cantora que vai aonde seu público está. E essa, sem dúvida, é a maior qualidade que um artista popular pode ter.

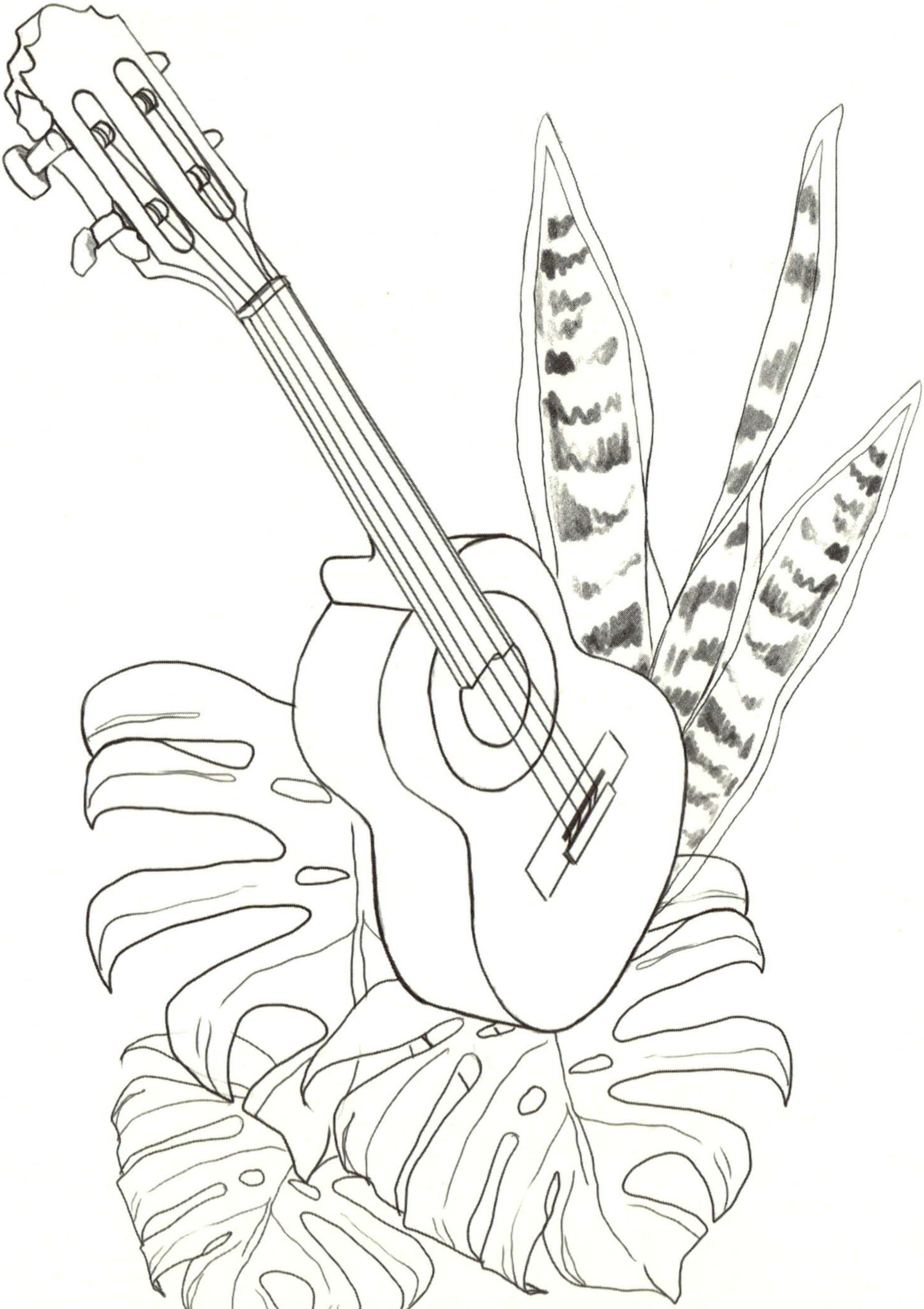

5. BETH CARVALHO

O samba, esse menino centenário, que nasceu nos quintais da praça Onze sob as saias de Tia Ciata, só conseguiu tanta longevidade por ter se reinventado de tempos em tempos. E foi sob as saias de outra mulher poderosa que ele floresceu para a segunda metade de sua história, em meados dos anos 70: Beth Carvalho redescobriu os quintais do subúrbio e espalhou aquela batucada original por todo o Brasil. Se Tia Ciata foi a mãe, Beth se consagrou a Madrinha do Samba — e não reza o dito popular que madrinha é aquela que cuida do rebento na ausência da matriarca?

O núcleo do Cacique de Ramos, que ganhou visibilidade pelas mãos de Beth, dominou o samba pelas quatro décadas seguintes, saindo dali os nomes que mais se destacaram nas paradas de sucesso: Zeca Pagodinho, Arlindo Cruz, Fundo de Quintal, Almir Guineto, Jovelina Pérola Negra, Luiz Carlos da Vila, Jorge Aragão e tantos outros. Beth Carvalho abriu a cortina do passado, tirou a mãe preta do cerrado e descobriu o lugar onde o Brasil era mais brasileiro, lindo e trigueiro, ao som do tantã, do banjo e do repique de mão. Ouro puro, coisa nossa, ritmo que se somou à genialidade dos compositores curtidos à base de rodas de samba quase diárias e temperados com cerveja gelada.

Beth ganhou a vida com a voz marcante, mas foi através do olhar atento e do ouvido apurado que escreveu seu nome na história, caçando letras inteligentes e melodias inesquecíveis onde quer que elas estivessem. Como um garimpeiro que procura a nova Serra Pelada da música brasileira, ela caminhou pelo Brasil atrás das pedras preciosas da canção: deixou a Zona Sul, viu uma luz no fim do túnel (Rebouças) e foi ao subúrbio; andou por Madureira; subiu a Mangueira e o Salgueiro; invadiu o Cacique de Ramos; atravessou São Paulo e Bahia. Beth foi a bandeirante das batucadas, uma desbravadora do paticumbum, explorando novas terras e compartilhando as riquezas com o país inteiro.

Uma mulher que recebe na certidão de nascimento o carimbo de "carvalho" já parece predestinada a reflorestar o mundo com frutos musicais. Inspirada pela árvore milenar que carrega no sobrenome, foi se encontrar logo no gênero dos batuques ancestrais, o samba. Depois, conheceu a mangueira, maior árvore frutífera do mundo, e se lambuzou com seu sumo verde e rosa — "Dessa fruta eu como até o caroço!", parecia dizer após cada desfile. Em seguida, deitou à sombra da tamarineira cheia de axé do Cacique de Ramos. A tamarineira é uma árvore que espalha seus numerosos galhos ao longe, ao mesmo tempo em que finca raízes profundas no solo; assim como Beth, que projetou os talentos caciqueanos pelo mundo, ao mesmo tempo em que mantinha firmes os pés no chão da tradição, modernizando o gênero com um olho no passado e outro no futuro. Beth é tamarineira, é mangueira, é carvalho. Em sua mata, os sons não são de pássaros, grilos e rios, mas de cavacos, repiques e pandeiros. Se a Amazônia é o pulmão do mundo, a floresta que Beth construiu é o pulmão do samba.

★ ★ ★

Elizabeth Santos Leal de Carvalho se orgulhava de ter nascido na Gamboa, região portuária do Rio, pertinho do morro da Saúde, local inscrito nos primeiros relatos da história do samba por abrigar rodas de batuque e de candomblé. Mas essa ligação primitiva de Beth com o samba, desde o nascimento, em 5 de maio de 1946, era apenas simbólica, já que sua família sempre morou na Zona Sul, área nobre do Rio de Janeiro, e o carimbo Gamboa na certidão foi circunstancial, apenas porque a maternidade Pró-Matre ficava lá.

A infância e a adolescência da menina Elizabeth foram recheadas de referências de mulheres fortes, com habilidades artísticas evidentes. Beth vem de uma família de classe média alta e viveu em bairros nobres, como Ipanema, Botafogo, Laranjeiras e Leblon, sustentada pelo bom salário do pai, advogado e alto funcionário do Ministério da Fazenda. A mãe chegou a trabalhar na Casa da Moeda, mas só no período de solteira; depois, se dedicou ao lar. A música sempre ecoou na residência dos Carvalho. O pai,

João Francisco, além de soltar a voz cantando "João Valentão" para as filhas, ainda era amigo de Sílvio Caldas, que frequentava as festinhas das meninas. A mãe, Maria Nair, arranhava o piano e cantarolava "Celeste Aída" e "La Bohème" como se fosse uma profissional da ópera.

Mas a grande artista da família era Dona Maria da Ressurreição, a Ressu, avó paterna, que foi uma pioneira em Teresina, no Piauí do século 19. Aos 14 anos, já tocava bandolim em saraus, quando o máximo que as outras meninas da época se permitiam era se arriscar no piano. Montava peças musicais com as filhas e incentivava os talentos surgidos dentro de casa. Entre eles estava sua filha Vavá, que deixou o Piauí aos 17 anos rumo a São Paulo, cidade que desbravou pilotando uma motocicleta. Vavá era dona dos imóveis que abrigavam casas como Casablanca, Night and Day e Cassino da Urca, no Rio de Janeiro, e tinha uma vida noturna agitadíssima. Por entre as cortinas do Casablanca, sua sobrinha Elizabeth assistiu a seus primeiros shows na vida, com apenas 7 anos, aplaudindo nomes como Grande Otelo, Renata Fronzi, Anilza Leone e Nélia Paula.

Ressu e Vavá inspiraram os dotes artísticos de Beth Carvalho, mas ela já mostrava suas aptidões desde cedo. Se dedicou ao balé, chegou a primeira bailarina da academia e dançou numa apresentação de *Copélia* no Theatro Municipal. Mas foi quando o pai chegou em casa com um disco de João Gilberto que ela se encantou pelo ofício de fazer soar poesia através das cordas de violão — como praticamente toda a sua geração. A irmã, Vânia, também era apaixonada por música, e as duas foram matriculadas pelos pais em um curso de violão. Beth era disciplinada, enquanto Vânia, a mais velha, preferia aproveitar o horário das aulas para namorar. Resultado: Beth assistia às aulas dela e às da irmã, e em casa treinava o maior tempo possível, tocando e cantando no banheiro.

A família sempre deixou a porta aberta para a arte, como relata essa reportagem do *Globo* de 1978: "*A maior parte das famílias tem das profissões artísticas verdadeiro horror. Tudo, menos um filho ou neto ou sobrinho ator, cantor, compositor. A maior parte das famílias, sim: menos algumas. A família Carvalho, por exemplo. A avó já montava peças musicais em Teresina, com as filhas; e hoje, plenamente lúcida aos 89 anos, é uma das maiores incentivadoras da carreira de sua neta-estrela, Beth. Mas isso seria pouco.*

'Na nossa família', Beth explica, 'ninguém se espanta ou dá o contra quando se trata de transar com arte, principalmente com música. Todo mundo, pelo contrário, dá força, quer mais é que vá adiante.'"[65]

Outro ponto importante na criação de Beth foi a abertura para todas as classes sociais. A família tinha boa situação financeira, mas sempre circulou por outros mundos. "*Morava na rua Redentor, em Ipanema, no tempo da bossa, mas minha formação familiar tem esse aspecto não comodista, musicalmente falando. Eu vou além da esquina, sempre fui. Desde pequena, minha mãe me levava para o subúrbio: Padre Miguel, Cascadura, Marechal Hermes, Vicente de Carvalho, onde ela tinha amigas. E como ela era amiga tanto das madames do edifício quanto do borracheiro da rua, isso foi uma influência benéfica para mim, nunca tive qualquer preconceito social, racial muito menos. Com sete anos eu sabia sambar. E que garota daquela geração, daquela idade, sabia? Nenhuma.*"[66] Isso ajuda a explicar como uma filha da elite carioca se tornou uma das cantoras mais identificadas com o povo brasileiro.

Em 1964, seu João foi cassado pela ditadura militar, e a situação em casa apertou financeiramente. Vânia se dedicou ao trabalho na publicidade, e segurou a barra da família por um bom tempo. Beth foi dar aulas de violão, para garantir um dinheirinho. Das cantorias em festinhas e nas casas de amigos até tentar a sorte no programa *Um instante, maestro!*, de Flávio Cavalcanti, foi um pulo — os concursos de calouros eram uma febre na época. Lá, cantou a inédita "Por quem morreu de amor" (Roberto Menescal/Ronaldo Bôscoli) e foi convidada a lançar a canção em um compacto pela RCA.

Beth frequentava as reuniões da turma da bossa nova para acompanhar ao violão a irmã, Vânia, que era quem cantava. Sua geração era a pós-bossa nova, que começou a fazer uma toada moderna, incluindo elementos do baião, com nomes como Arthur Verocai, Paulinho Tapajós e Edmundo Souto. Aos poucos foi também soltando a voz, e participou do Movimento

---

65. BAHIANA, Ana Maria. "Os Carvalho abrem a roda de samba". *O Globo*, Rio de Janeiro, 28 nov. 1978, p. 35.

66. SÉRGIO, Renato. "Beth Carvalho: 'Cantar é um ato político'". *Manchete*, Rio de Janeiro, 01 jan. 1983, pp. 116-117.

Música Nossa, ao lado de Paulo Sérgio Valle e Tibério Gaspar, entre outros, liderados por Roberto Menescal. Frequentou o Movimento Artístico Universitário (MAU) e fez parte de dois grupos: 3-D, com o qual chegou a lançar um LP, e As Meninas.

Mas o canal para ganhar popularidade e se estabelecer definitivamente no mercado musical brasileiro foram os festivais. Beth era considerada pé-quente, pois conseguia obter bons resultados nas disputas. Até que, no III Festival Internacional da Canção, defendeu "Andança" (Edmundo Souto/ Paulinho Tapajós/Danilo Caymmi), acompanhada dos Golden Boys. Beth tinha outra música concorrendo no festival como compositora, chamada "Guerra de um poeta", escrita por ela e Tapajós. Mas deu sua própria canção para Sonia Lemos defender, preferindo atuar como intérprete em "Andança". A estratégia foi acertada: a música ficou em terceiro lugar e conseguiu se destacar mesmo numa competição tão polarizada, opondo "Sabiá" (Tom Jobim/Chico Buarque), que ganhou o concurso, e "Pra não dizer que não falei das flores" (Geraldo Vandré), a vice-campeã.

Seu desempenho a fez ser convidada para representar o Brasil nas Olimpíadas da Canção, na Grécia, onde defendeu "Rumo sul" (Edmundo Souto/ Paulinho Tapajós), ficando em sexto lugar. E ainda gerou outro convite mais interessante: gravar seu primeiro LP na Odeon. O repertório do primeiro volume da discografia de Beth Carvalho combinava com a menina dos festivais, mas tem pouco a ver com a imagem que ficou imortalizada na memória dos brasileiros décadas depois. Tem Vinicius de Moraes e Baden Powell ("Um amor em cada coração"), Baden e Paulo César Pinheiro ("Samba do perdão"), as já citadas "Rumo sul" e "Andança" (e Tapajós ainda emplacou uma terceira canção, "Maria Aninha"), Lupicínio Rodrigues ("Nunca") e um sucesso do repertório de Dalva de Oliveira ("Estrela do mar"). Além disso, tem "Sentinela" (de Milton Nascimento e Fernando Brant, com direito ao próprio Milton tocando violão na faixa) e "Maria da Favela" (dos irmãos Valle). "Carnaval" é faixa que ilustra a transição que seria feita por Beth: é parceria de Nelson Lins e Barros, compositor associado à bossa nova, com Carlos Elias, compositor da Portela. Na contracapa do LP *Andança*, Paulo Sérgio Valle, parceiro de Beth nas reuniões da turma bossanovista, arrisca um acróstico (poesia em que as primeiras letras de cada verso formam um nome) para apresentar a cantora. Entre as referências utilizadas para descrevê-la estão associações comumente feitas com o "feminino", como "erotismo" e peças do vestuário ("vestido rosado" e "minissaia").

> "**B**eth Carvalho
> **E**rotizaram a pureza
> **T**anto, que só cabe num LP
> **H**ontem, com 'H' só ontem, o 'H' ficou para hoje, para Beth
> **C**anto — Cantiga — Cantora
> **AR**tista — Alienada da alienação
> **V**estido rosado — Minissaia
> **A**ndança
> **L**ogo vi que era a rotação. A Beth nunca desafina
> **H**ei! Psiu, silêncio. Quero ouvir o disco
> **O**deon"

As vendas do LP *Andança* não foram significativas, mas colocaram os dois pés de Beth Carvalho no circuito musical. Agora ela já tinha um disco, começava a construir seu repertório e podia fazer shows por aí. Sua carreira em festivais estava em alta: no V Festival Internacional da Canção, em 1970, ganhou o prêmio de Melhor Intérprete Feminina da fase nacional, com "Velha porta" (Edmundo Souto/Paulinho Tapajós/Beth Carvalho).

Mas o samba começava a lhe chamar. Em meados dos anos 60, Beth já tinha experimentado uma sensação diferente ao ver Clementina de Jesus, de mãos unidas para o alto, cantando "Benguelê" no show "Rosa de Ouro". Aquilo mexeu com a menina, que ainda estava buscando sua personalidade artística. No início dos anos 70, estreitou a relação com o gênero, frequentando as Noitadas de Samba do Teatro Opinião e gravando um compacto com o samba-protesto "Só quero ver" (Edmundo Souto/Paulinho Tapajós). Em 1971, se aventurou pela seara dos sambas-enredo. O escolhido foi "Rio Grande do Sul na festa do preto forro" (Nilo Mendes/Dário Marciano), que a Unidos de São Carlos apresentaria no desfile de 1972. A canção fez sucesso no pré-Carnaval, e Beth foi convidada a sair na escola, que ganhou o Estandarte de Ouro de Melhor Samba-Enredo daquele ano.

Foi a estreia de Beth Carvalho na Avenida — só no ano seguinte ela chegaria à Mangueira. Aliás, antes da verde e rosa, Beth teve experiências com outras agremiações. A primeira escola que frequentou, na infância e adolescência, foi o Salgueiro, escola da irmã, Vânia, onde chegou a beijar bandeira e tudo. E os primeiros sambistas com quem manteve contato mais estreito eram da Portela: foi com o Trio ABC (formado por Noca, Picolino e Colombo) que Beth fez seu primeiro show de samba, na arena do Teatro Jovem. Mas não teve para São Carlos, Salgueiro ou Portela. Beth começou a desfilar na Mangueira em 1973 e nunca mais deixou sua paixão verde e rosa de lado, embalada pela memória afetiva da infância, dos tempos em que via os desfiles em cima de um caixote ao lado da mãe e as baianas mangueirenses deslizavam diante de seus olhos.

Foi no começo dos anos 70 que Beth Carvalho decidiu gravar um repertório de samba em disco. Mas esbarrou num problema com sua gravadora, a Odeon, que em 1971 lançara um LP de sambas de Clara Nunes e estava satisfeita com o resultado. Duas sambistas no mesmo *casting* era demais, e Beth Carvalho teve que deixar a multinacional para assinar com a Tapecar, gravadora pequenina que tinha uma sede na avenida Brasil e pouca experiência no mercado fonográfico.

Mas valeu a pena arriscar. *Canto para um novo dia*, disco de estreia na Tapecar, marcou a virada na carreira de Beth Carvalho, que a partir daí se impôs como uma cantora de samba com rigor máximo no repertório. Não à toa o álbum foi dedicado a Clementina de Jesus, sua inspiração primeira nas coisas do batuque. O texto do encarte era assinado pelo jornalista Sérgio Cabral e enaltecia as qualidades da sambista:

"*Se eu tivesse que inventar uma cantora, ela haveria (naturalmente) de ter uma voz muito bonita. Depois, eu a treinaria bastante para cantar bem, aprendendo os segredos da colocação da voz, das divisões, da respiração, da empostação, da naturalidade, essas coisas que se aprende na escola.*

Mais tarde, diria a ela que isso tudo não basta. Uma cantora não é um instrumento musical. É uma pessoa, um ser humano, e é fundamental que isso fique claro quando canta. As emoções, a tristeza, a alegria, a depressão, a angústia, tudo isso que uma música popular propõe tem que ser transmitido na hora de cantar. Depende muito dela que a música não seja raspada de suas sensações quando é transmitida.

E diria finalmente para cantar as coisas que vêm do povo. As músicas feitas pelos gênios do povo, impregnadas de talento e limpas das ambições comerciais e da neurose da novidade, tão próprias dos compositores de classe média. Sugeriria que ela servisse de ponte entre a cultura popular e o consumo, não deixando que o objetivo prejudicasse a origem. Teria que ser, portanto, uma cantora de muito talento.

Beth Carvalho me poupou este trabalho. Ela já existe."

Na capa de *Canto por um novo dia*, Beth surge com uma imagem bem diferente da dos discos anteriores. O visual da "cantora de festival" tinha longos cabelos lisos e violão na mão. Agora, as madeixas estão crespas e o instrumento é o cavaquinho, uma postura recheada de significados. "*Os sambistas já foram presos porque tocavam violão. O cavaquinho, então, era mais marginalizado ainda. Então eu faço dele um emblema. Toco cavaquinho porque eu gosto, mas também para colocá-lo no salão*".[67]

A escolha de repertório desse LP, lançado em 1973, dá uma ideia do que seria a trajetória de Beth a partir dali. Tem Mano Décio da Viola, João Nogueira, Darcy da Mangueira, Garoto da Portela e Paulo César Pinheiro. Traz Martinho da Vila assinando "Fim de reinado" e tocando pandeiro na gravação. E inclui canções-tributo a seus dois maiores ídolos: a já citada Clementina, em música composta por Gisa Nogueira; e "Homenagem a Nelson Cavaquinho", de Carlos Elias.

Nelson Cavaquinho, além de homenageado, é o único compositor que assina duas obras no LP, "São Jorge, meu protetor" e "Folhas secas". E acabou protagonista de uma das grandes polêmicas da música brasileira: a disputa pela primazia de lançar a inédita "Folhas secas", opondo Beth Carvalho e Elis Regina. A essa altura, Elis era considerada a maior cantora do país, já tinha vencido festivais, feito shows no exterior e apresentado programas de TV. Por outro lado, Beth era praticamente uma iniciante, com apenas um disco lançado, quatro anos antes.

---

67. TV Cultura. Conexão Roberto D'Ávila. Programa exibido em 2000. Acesso em www.youtube.com/watch?v=cljD5Y0tYeM

No epicentro do terremoto estava César Camargo Mariano, amigo que Beth havia convidado para fazer o arranjo do compacto *Só quero ver*, em 1971, e que chamou novamente para a produção de *Canto para um novo dia*. Na seleção de repertório para o novo LP, Beth escolheu a canção de Nelson Cavaquinho e mostrou a César. O que Beth não sabia era que ele estava namorando Elis Regina. Pouco tempo depois, Beth descobriu que o disco *Elis*, que seria lançado pela Philips, traria "Folhas secas". A sambista ficou furiosa. Apressou sua gravação da canção e pediu à Tapecar que colocasse no mercado um compacto simples com o registro, o que foi feito com velocidade razoável.

Mas as "Folhas secas" de Elis chegaram primeiro às rádios, com formação de jazz (piano-baixo-bateria) e uma percussão suave, numa interpretação mais lenta. As de Beth vieram logo depois, com a instrumentação mais tradicional de samba, abertura com direito a "laralaiá", andamento mais pra frente e acompanhamento do Conjunto Nosso Samba. Ambos os arranjos são de César Camargo Mariano.

As duas versões fizeram sucesso radiofônico. Mas a que entrou para a história foi mesmo a gravação de Beth Carvalho, até por ter na faixa o violão de Nelson Cavaquinho, em seu estilo peculiar, tocado com apenas dois dedos. O curioso é que Nelson também lançou um disco no mesmo ano de 1973, considerado o melhor de sua carreira, e resolveu incluir "Folhas secas" — que, no fim das contas, teve três registros memoráveis num espaço de poucos meses.

Mas, afinal, como a música escolhida por Beth foi parar no disco de Elis? Há algumas versões para a história, e um consenso de que a ligação de César Camargo Mariano com Elis foi o caminho para que a fita chegasse aos ouvidos da Pimentinha. Sérgio Cabral relata o caso em *Antônio Carlos Jobim: Uma biografia*. Segundo ele, César Camargo ouvia a fita em casa, com a voz de Nelson Cavaquinho, tentando elaborar o arranjo para o disco de Beth. Elis escutou e não pensou duas vezes: "*Que Beth Carvalho, que nada! Este samba vai para o meu disco.*"[68]

---

68. CABRAL, Sérgio. *Antonio Carlos Jobim – Uma biografia*. São Paulo: Lazuli Editora; Companhia Editora Nacional, 2008, p. 276.

Cabral conta que Elis Regina fez a mesma coisa com Tom Jobim no ano seguinte. Os dois estavam em Los Angeles para a produção do antológico LP *Elis & Tom* e, certo dia, o maestro resolveu mostrar ao piano uma música do repertório de Carmen Miranda, "Na batucada da vida" (Ary Barroso/Luís Peixoto). Elis não escondeu seu entusiasmo pela canção, mas Tom pediu que ela não gravasse, já que ele planejava um disco só com composições de Ary Barroso. Na volta ao Brasil, Elis entrou em estúdio para registrar a canção, que foi lançada no mesmo ano de 1974, abrindo seu novo LP. O projeto de Tom cantando Ary Barroso não saiu do papel, e o maestro só gravou a música três anos depois, no trabalho que fez com Miúcha.

Sobre "Folhas secas", Danilo Casaletti acrescenta outros detalhes no livro *1973 — O ano que reinventou a MPB*: César teria mostrado para Elis, ao piano, em casa, a canção em que estava trabalhando para o disco de Beth. Elis ficou apaixonada e correu para pedir a música a Nelson Cavaquinho. O compositor, mesmo já tendo prometido a faixa a Beth, foi incapaz de dizer "não" ao pedido — pesava o fato de Elis ser de uma gravadora maior.

A versão de Beth Carvalho é que ela adorava o trabalho de César Camargo e achou natural convidá-lo para fazer os arranjos e a regência do novo disco. Escolheu o repertório e mandou para ele numa fita de rolo. Tempos depois, ouviu o boato de que Elis Regina teria gravado "Folhas secas" e telefonou para o músico, que negou. Mas o zum-zum-zum foi aumentando. Nesse meio tempo, encontrou César no trânsito, emparelhados num sinal. Abriu a janela e perguntou: "*Ô, César, qual é o nome da música do Nelson Cavaquinho que a Elis vai gravar?*" Ele disse que não se lembrava.

Uma semana depois, uma jornalista prima de Beth, que entrevistara Elis, tirou a dúvida: a Pimentinha havia gravado "Folhas secas". "*Elis não me deu nenhuma satisfação por isso. Fiquei muito chateada, nunca mais falei com ela*"[69], contou Beth. O rompimento com César Camargo também durou mais de uma década.

---

69. CARDOSO, Tom. "'Não queria ser mais uma garotinha de Ipanema', disse Beth Carvalho". *Valor*, Rio de Janeiro, 30 abr. 2019. Disponível em: <https://valor.globo.com/eu-e/noticia/2019/04/30/nao-queria-ser-mais-uma-garotinha-de-ipanema-disse-beth-carvalho.ghtml>. Acesso em: 30 set. 2020.

Beth Carvalho deixou evidente seu desagrado com o episódio quando foi lançar o disco no *Sambão*, da TV Record, programa apresentado por Elizeth Cardoso, uma das "rivais" de Elis. Ao ser anunciada para cantar "Folhas secas", Beth entrou no palco, pegou o microfone e, já com a banda dando a introdução da música, aproveitou para dar uma alfinetada: *"Antes eu quero dar uma palavrinha. Essa música que eu vou cantar é de um compositor que eu adoro, Nelson Cavaquinho, em parceira com Guilherme de Brito. Mas antes de eu gravar, eu cantei essa música num teatro, e Elizeth Cardoso estava presente. Eu soube que ela adorou a música e queria gravar também. Mas quando ela descobriu que eu ia gravar, ela disse: 'Não, então se a Beth já vai gravar, mais tarde eu gravo.' Por isso é que ela é a Divina Elizeth Cardoso!"*[70]

Em entrevista para este livro, Roberto Menescal dá uma nova versão, assumindo a responsabilidade pelo entrevero e de certa forma absolvendo César e Elis. Menescal, autor da primeira música gravada por Beth, "Por quem morreu de amor", a esta altura era produtor de Elis Regina, e muito amigo do casal Elis-César Camargo. Além disso, atuava como diretor artístico da gravadora. *"Eu fiz uma 'baianada' com a Beth. César era casado com a Elis e estava produzindo o LP da Beth Carvalho. Ele fez um arranjo da música 'Folhas secas', do Nelson Cavaquinho, e me mostrou. Eu disse: 'Eu vou gravar essa música.' O César falou: 'Não, Menescal, eu não posso fazer isso com a Beth.' Respondi: 'Fala que fui eu que peguei a música.' Fizemos um arranjo pra Elis e estouramos. Beth nunca me falou nada, mas deve ter ficado mordida. César ficou mal com a situação. Elis não sabia de nada. Depois eu mandei um recado pra Beth Carvalho: 'Beth, me desculpe, mas pelo meu artista eu faço qualquer coisa.'"*

Roberto Menescal conta que aquela não foi a primeira vez que "capturou" uma música para Elis Regina. O alvo do ano anterior havia sido... Tom Jobim (de novo!): *"Estava procurando repertório pro disco da Elis de 1972 e liguei pro Tom, pedindo música. Ele disse que não tinha nada novo, mas que eu podia passar na casa dele pra ouvir umas coisas antigas que ele tinha guardado. Quando cheguei, Tom estava ao piano, com uma cantora chama-*

---

70. Disponível em: <https://www.youtube.com/watch?v=QbenbEufaDY>. Acesso em: 30 set. 2020.

da Rose, e pediu pra eu esperar enquanto eles passavam uma música. Tom começou a cantar e tocar: 'É pau, é pedra, é o fim do caminho...' Eu andava com um gravador no bolso e liguei na hora. A menina foi embora e eu disse pro Tom: 'Elis vai gravar essa música no próximo disco.' Tom me respondeu: 'Mas Menescal, você viu que eu acabei de dar a música pra moça...' Eu falei: 'Ela me viu aqui, então você diz que eu roubei a música. Você acha que eu vou deixar a Elis sem gravar uma maravilha dessas?' Mostrei 'Águas de março' pra Elis e ela ficou encantada: 'Mas ele não deu pra ninguém essa música?' Eu falei: 'Não, ele guardou pra você!'"[71]

O episódio de "Folhas secas" não prejudicou a carreira de Beth Carvalho. E, por outro lado, deixou ainda mais em evidência o talento de Nelson Cavaquinho. A cantora teve grande importância na popularização da obra de Nelson. Depois de "Canto por um novo dia", gravou canções dele nos seus nove álbuns seguintes. O disco de 1975, *Pandeiro e viola*, é dedicado a Nelson Cavaquinho e Guilherme de Brito, seu maior parceiro. No de 1981, *Na fonte*, Nelson aparece na foto da capa e ainda participa na faixa "Deus me fez assim", em diálogo com a cantora. Beth pergunta: *"Nelson Cavaquinho, você pode me dizer por que toca esse violão tão diferente e tão bonito?" "Ô, Beth, eu vou te dizer o porquê: a minha família era de músicos, e eu tinha muita vontade de aprender a tocar. Então eu colocava um barbante numa caixa de charutos e queria executar, sabe? E continuei assim. Até hoje eu toco o violão com dois dedos só (...) e tem muita gente que acha graça. Mas você gostando é o mais certo pra eu ficar contente."*

A cantora era fã do mestre antes mesmo de conhecê-lo. Certo dia resolveu que deveria se apresentar. *"[Nelson] era arredio. O jeito era correr atrás dele. Me informaram do seu roteiro etílico-musical e eu parti para os bares da vida. Na praça Tiradentes ele não estava. No boteco do Lavradio não teria erro. Olha o Nelson lá no fundo do bar. Cercado de cervejas e amigos. Tocando e cantando. Tirei minha viola do saco e já fui pra ele trilhando sua música. Ele ficou espantado com aquela moça tipo Zona Sul que sabia mais*

---

71. A gravação de Elis Regina para "Águas de março" saiu quase simultaneamente ao lançamento da música no "Disco de Bolso" de Tom Jobim e João Bosco, que trazia "Águas de março" e "Agnus sei" (Aldir Blanc/João Bosco), em maio de 1972.

da obra dele do que ele próprio. Nós tínhamos muito amor pra trocar. Quando eu gravei 'Folhas secas', ganhei um pedaço dele: seu próprio cavaquinho. Fizemos muitos shows juntos. Nelson Cavaquinho, não desfazendo dos outros, é gênio. Uma aparente pedreira bruta escondendo tesouros. O que é mais rico que sua melodia? E a sua intuitiva e genial capacidade harmônica?"[72]

Outro compositor intimamente ligado à voz de Beth Carvalho é Cartola. Mas ela só foi gravá-lo pela primeira vez no álbum de 1976. A esta altura, a cantora já era popular em todo o país. O LP de 1974 tinha estourado com "1.800 colinas"; o de 1975 também teve relativo sucesso, com "Pandeiro e viola" (ambas de Gracia do Salgueiro). E, no ano seguinte, Beth lançou o álbum *Mundo melhor*, incluindo "As rosas não falam", do fundador da Mangueira. Foi um estouro. A música virou tema da novela *Duas vidas*, da TV Globo, e teve repercussão no país todo. Em 1977, uma nova composição de Cartola ficou conhecida nacionalmente: "O mundo é um moinho", incluída pela cantora no LP *Nos botequins da vida*. *"Quando eu fui na casa dele com a Zica, no morro de Mangueira, ele servia cafezinho numa repartição pública. Cheguei lá e perguntei se ele tinha música. Ele falou que tinha e me mostrou 'As rosas não falam', 'O mundo é um moinho', 'Corra e olhe o céu', 'Acontece', só obra-prima! Escolhi 'As rosas não falam' para gravar primeiro e foi um sucesso. Isso nos aproximou muito, ficamos amigos. Fiquei feliz de ter podido dar uma situação um pouco melhor ao Cartola no fim da vida."*[73]

A relação de Beth Carvalho com as canções de Cartola e Nelson Cavaquinho durou até o fim de sua carreira. Ela foi considerada a maior intérprete dos dois compositores fundamentais da Mangueira. Em 2001, lançou um CD inteiramente dedicado à obra de Nelson, chamado *Nome sagrado*. Em 2003, saiu a compilação *Beth Carvalho canta Cartola*. Como a trajetória da cantora ficou marcada por ter revelado inúmeros talentos para a música, muita gente atribui também a Beth o "redescobrimento" de Nelson Cavaquinho e Cartola, como se ela tivesse tirado os dois do esquecimento, uma "madrinha tardia" da dupla. Isso é verdade apenas em parte.

---

72. BÔSCOLI, Ronaldo. "Eu não estou: sou sambista". *Manchete*, Rio de Janeiro, 23 fev. 1985, pp. 46-49.

73. *RJ-TV*. Rio de Janeiro: TV Globo, 11 out. 2008. Programa de TV.

Quando Beth gravou Nelson Cavaquinho, em 1973, ele vinha lançando discos regularmente: *Depoimento de poeta*, em 1970; *Série documento*, em 1972; e *Nelson Cavaquinho*, em 1973 (aquele que também trazia "Folhas secas"). No início dos anos 70, estava sendo gravado por Elizeth Cardoso, Paulinho da Viola e Clara Nunes, entre outros. E era uma das atrações das prestigiadas Noitadas de Samba do Teatro Opinião, assim como Cartola, que durante muito tempo foi o artista principal da noite, recebendo convidados. Quando Beth Carvalho o gravou, em 1976, Cartola já tinha reaparecido há tempos de seu "sumiço" e lançado seu disco de estreia, no selo Marcus Pereira, em 1974, recebendo aclamação da crítica. O segundo LP veio dois anos depois, quando ele registra "As rosas não falam", "O mundo é um moinho" e "Sala de recepção". Nos anos anteriores, Paulinho da Viola tinha gravado "Acontece" (1972), Clara Nunes fez sucesso com "Alvorada no morro" (1972) e Elza Soares lançou "Festa da vinda" (1973).

Por isso, não é correto dizer que Beth Carvalho redescobriu Cartola e Nelson Cavaquinho, ou que tenha amadrinhado a dupla de veteranos. Eles estavam na ativa e sendo bastante gravados, com sucessos razoáveis e respeito da opinião pública. Mas não dá para negar que Beth teve o mérito de popularizar as obras e os nomes dos dois Brasil afora. Com hits nacionais, aparições na TV, músicas em novelas e uma grande visibilidade, ela levou os mangueirenses a lugares aonde eles ainda não tinham chegado. E nesse pedestal ficaram até o fim de suas vidas.

O disco que Beth Carvalho lançou em 1977, *Nos botequins da vida*, trouxe outra singularidade além da gravação de "O mundo é um moinho". No repertório escolhido para o LP, percebe-se uma artista se posicionando em relação ao papel da mulher na sociedade. A música "Olho por olho" (Zé do Maranhão/Daniel Santos) é um libelo feminista bastante explícito, em que a mulher diz que, se o homem a trair, ela vai dar o troco:

"A justiça dos homens
Condena a bigamia
Nenhuma mulher pode ter dois Josés
Nenhum homem ter duas Marias

Dente por dente
Olho por olho
Se tentar me enganar
Bota a barba de molho (bis)

Você que se diz malandro
Malandro você não é
Porque não existe homem malandro pra mulher
Você já fez a primeira
Mas a segunda não faz
A partir de hoje os direitos são iguais"

A faixa que vem em seguida no LP é a regravação de "Lá vem ela chorando" (Benedito Lacerda/Alvarenga), o primeiro samba-enredo cantado pela Portela, no Carnaval de 1932. A letra é um dos maiores exemplos do machismo dos anos 30, em que a "mulher da orgia", que só quer dinheiro, era tratada com pancada, que "não há de faltar". O refrão era bastante direto: *"Lá vem ela chorando / O que que ela quer? / Pancada não é, já dei."* Beth resolveu gravar a canção, mas fez uma sutil mudança na letra, cantando *"Pancada não é, já sei"*, o que altera seu sentido.

"Lá vem ela chorando
O que que ela quer?
Pancada não é, já sei
Mulher da orgia quando começa a chorar
Quer dinheiro
Dinheiro não há

Carinho eu tenho demais
Pra vender e pra dar
Pancada também não há de faltar
Dinheiro, isso não, eu não dou a mulher
Faço descer a terra, os céus e as estrelas

Se ela quiser
Mas dinheiro não há"

Beth Carvalho resolveu cantar "Olho por olho" para mostrar a mulher numa posição de igual pra igual. *"Sempre procurei músicas antimachistas. Quando aparecia uma letra dessas, eu imediatamente gravava, porque era difícil surgir algo assim no repertório. Era muito raro mesmo."*[74] Ela sofria com a escassez de canções nessa linha. Assim que conheceu Jorge Aragão, o compositor lhe mostrou a música "Logo agora", parceria com Jotabê. Beth leu a letra, achou muito masculina e a sugeriu a Emílio Santiago. Ele lançou em 1979 e a música se tornou um de seus maiores sucessos.

"Tolo, pensou que beijar sua boca foi consolo
Despertou o instinto da fêmea
Que agora quer se deixar abater
Se sentir caçada, dominada até desfalecer
Agora eu entendo o sorriso...
Ele é que não entendeu
Se não fez amor com você, faço eu"

Beth então resolveu encomendar a Aragão uma música que falasse da mulher de outra forma. *"Eu disse: 'Aragão, vocês têm que parar de falar mal da mulher. Vocês só fazem música assim. Faz um samba antimachista pra eu gravar!' Aragão tentou compor e tempos depois me mandou a letra de 'Nem pensar', que é sob a ótica feminina. O problema é que ficou machista pelo lado da mulher! Era pra ser antimachista, mas veio o contrário. Ele não conseguiu fazer! Mas é um samba lindo, e eu gravei."*[75] "Nem pensar" (Jorge Aragão/Sombra/Sombrinha) está no disco *Alma brasileira*, que Beth lançou em 1988.

---

74. Entrevista ao autor.

75. Entrevista ao autor.

"Se você quer que seja assim
Por ser mulher, morrer pra mim
Isso nem pensar

Não vou rolar na cama em vão
Deixar sangrar meu coração
Me acomodar na solidão

Vou reagir, vou seduzir
Me questionar, me descobrir
Pôr a roupa que melhor tiver (...)

Se isso é coisa pouca
Falso amor que sofra, então
Você por mim"

Revendo a letra hoje em dia, Jorge Aragão admite que não conseguiu chegar ao que a Madrinha pedia: *"Na época, a gente fez o máximo para se transportar para a 'mentalidade feminina.' Mas talvez a gente não tivesse essa habilidade, como tinha o Chico Buarque, por exemplo. Não éramos as pessoas certas para isso, não conseguimos sair da 'pele masculina'. Com essa letra, a gente achou que tinha chegado lá. Mas não chegamos"*[76], avalia.

Beth gravou a canção feminista "Olho por olho" em 1977, exatamente no momento em que chegava a um lugar totalmente desconhecido, sendo a única mulher no meio de dezenas de homens: as rodas do Cacique de Ramos. Ela foi convidada por seu amigo Alcir Portella, jogador do Vasco, para conhecer um pagode que estava acontecendo na quadra do Cacique, na rua Uranos, divisa entre Olaria e Ramos. Tudo começou com um futebol, jogado às quartas-feiras, que evoluiu para um churrasco pós-jogo. Muitos atletas dos clubes cariocas frequentavam o local. Além de Alcir, batiam ponto lá Jairzinho, Marinho, Renê, Edson, Afonsinho, Paulo Cézar Caju, entre outros. Em pouco tempo, o churrasco

---

76. Entrevista ao autor.

inspirou um pagode, com a rapaziada tocando e cantando. A música foi ficando tão boa que, em seguida, o futebol acabou e permaneceu só a roda. Estava surgindo ali um dos principais movimentos da música popular brasileira: o pagode carioca.

Beth apareceu no Cacique logo no começo, quando pouca gente frequentava a festa. Ela tinha na cabeça a referência do bloco de Carnaval, fundado em 1961, que protagonizava duelos acirrados com o rival Bafo da Onça. No Cacique, todos se fantasiavam de indígenas (como os apaches norte-americanos); no Bafo, eram milhares de onças. Os dois blocos marcaram história na vida cultural brasileira, não só por seus desfiles no Centro do Rio de Janeiro, mas por conseguirem gravar suas músicas em disco e por terem revelado grandes artistas — do Bafo da Onça, por exemplo, saíram o cantor Dominguinhos do Estácio e o grupo Exporta Samba.

Quando Beth Carvalho ouviu o som que se tocava na quadra do Cacique de Ramos, ficou maravilhada. Era diferente de tudo que já tinha ouvido, especialmente pelas novas formas de instrumentação usadas pela rapaziada. Ubirany criou o repique de mão a partir do repinique, usado em baterias de escolas de samba. Ele tirou a pele de um dos lados, liberando o som, mas colocou um pedaço de madeira dentro, para secar um pouco a sonoridade. Também rebaixou os parafusos que machucavam as mãos, permitindo que o instrumento fosse tocado sem a baqueta, mas com a mão direita. Sereno pegou o tantã, que era usado em formações de bolero e rumba nos anos 50, e começou a fazer a marcação, substituindo o surdo, que tinha um som muito pesado. Essas duas inovações trouxeram os instrumentos para as mãos, o toque direto no couro, sem baquetas, "tudo tribal, cheio de africanidade," como reforça Beth.

Almir Guineto tocava cavaquinho, mas o som era engolido pelas percussões. Pegou então um banjo de quatro cordas, cujo som é mais forte, afinou como o cavaquinho, e ressoou como nunca nas rodas, tocado como se fosse instrumento de harmonia e de percussão ao mesmo tempo. E Bira Presidente trouxe um pandeiro mais malandreado, adequado ao partido-alto, com as platinelas bem soltas. Pronto, estava formada a sonoridade que passou a ser usada a partir dali em nove entre dez pagodes no Brasil.

O repertório também era novidadeiro. Beth ouviu canções de Jorge Aragão, Neoci, Almir Guineto, Dida, Beto Sem Braço, Sereno, Sombrinha e muitos outros compositores. Em seguida, chegaram Zeca Pagodinho, Arlindo Cruz, Mauro Diniz, Luiz Carlos da Vila, Pedrinho da Flor, Jovelina Pérola Negra e mais uma penca de bambas. Uma grande geração de poetas se formou lá, num momento em que as quadras das escolas de samba deixavam de ser um espaço livre para a criação musical de meio de ano, pressionadas pela massificação dos sambas-enredo. *"Aquilo era o meu lazer, eu não via como algo profissional. Ficava até o dia seguinte no samba, às vezes até o meio-dia! Eu ia sozinha para o Cacique. Saía da minha casa no Joá, com meu Puma conversível, cheia de joias, e atravessava a cidade para curtir aqueles pagodes. Cheguei a procurar casa em Ramos pra morar, pra você ver como era a minha paixão por aquele lugar. Depois de um ano a ficha caiu: eu tenho que gravar com esses caras! Não só as músicas deles, mas esses instrumentos todos, que são uma novidade"*[77], relembra Beth.

Em 1978, Beth resolveu levar a turma para o estúdio. Seu disco *De pé no chão* trazia canções da turma do Cacique, como "Vou festejar" (Jorge Aragão/Neoci/Dida), que abria o LP, e também o som que ressoava na quadra, com a instrumentação inovadora. O produtor do LP, Rildo Hora, achou arriscado levar aqueles rapazes inexperientes para o estúdio, já que estava acostumado a trabalhar com a nata dos músicos brasileiros. Mas resolveu apostar. Um dos problemas era o fato de todos serem amadores, sem carteirinha de músico, então não podiam embolsar o cachê. A captação do áudio dos novos instrumentos também deu dor de cabeça para os técnicos, já que o som vazava muito, mas aos poucos soluções criativas foram sendo encontradas. O esquema era tão improvisado que o repique de mão que Ubirany levou para o estúdio estava furado — na hora surgiu uma fita crepe para tapar o buraco e dar forma final ao som que conquistaria o país.

Na ficha técnica do disco, a turma do Cacique se juntava a outras feras do ritmo, como Dino Sete Cordas, Wilson das Neves, Mané do Cavaco e Manoel da Conceição. Nas palmas e no coro, havia nomes como Luiz

---

[77]. Entrevista ao autor.

Gonzaga, Cartola, Martinho da Vila, Nelson Cavaquinho e Monarco. No encarte, fotos de Beth sambando numa roda, sentada entre instrumentos de percussão e tocando cavaquinho ao lado dos caciqueanos Jorge Aragão e Ubirany. *De pé no chão* foi sucesso imediato. Na seleção das faixas, Beth mesclou os compositores do Cacique com os que já eram conhecidos de seus discos, como Cartola, Nelson Cavaquinho, Martinho da Vila, Candeia, Nei Lopes, Wilson Moreira, Nelson Sargento e Monarco (o único com duas músicas no LP). O repertório é irretocável e vale citá-lo por inteiro:

"Vou festejar" (Jorge Aragão/Dida/Neoci)
"Visual" (Neném/Pintado)
"Ô, Isaura" (Rubens da Mangueira)
"Marcando bobeira" (João Quadrado/Beto Sem Braço/Dão)
"Meu caminho" (Nelson Cavaquinho/Guilherme de Brito)
"Goiabada cascão" (Wilson Moreira/Nei Lopes)
"Você, eu e a orgia" (Candeia/Martinho da Vila)
"Lenço" (Monarco/Francisco Santana)
"Passarinho" (Chatim)
"Linda borboleta" (Monarco/Paulo da Portela)
"Que sejam bem-vindos" (Cartola)
"Agoniza, mas não morre" (Nelson Sargento)

De pé no chão se tornou um clássico instantâneo, um dos álbuns mais importantes da história da MPB. Beth Carvalho resolveu repetir a dose no ano seguinte, mergulhando ainda mais fundo no samba que vinha do Cacique de Ramos. O LP *No pagode*, lançado em 1979, trouxe canções como "Coisinha do pai" (Jorge Aragão/Almir Guineto/Luiz Carlos) e "Senhora rezadeira" (Dedé da Portela/Dida).

Essa turma que ganhou visibilidade por intermédio dos discos de Beth Carvalho formou um grupo, o Fundo de Quintal, que em 1980 lançava seu primeiro disco. A formação tinha Almir Guineto, Bira Presidente, Jorge Aragão, Neoci, Sereno, Sombrinha e Ubirany. Logo no ano seguinte, Almir, Aragão e Neoci deixaram o grupo, que ganhou o reforço de Arlindo Cruz. O Fundo de Quintal foi o primeiro fruto da explosão do som do Cacique de Ramos. A partir daí, toda a turma associada àqueles pagodes passou a considerar Beth sua "madrinha". Essa se tornou a grande marca da carreira da cantora: estar atenta aos talentos que surgem, especialmente os compositores.

Mas como Beth Carvalho conseguiu liderar um agrupamento de dezenas de homens, num ambiente extremamente masculino (e machista) naquele fim dos anos 70? A própria cantora tenta explicar: *"Em primeiro lugar, naquela época eu já era 'a Beth Carvalho'. Era muito conhecida, então não era uma mulher qualquer chegando lá. Quando pisei no Cacique, só tinha homens, eu era a única mulher. E eles me aceitaram muitíssimo bem, até porque tinham o maior interesse que eu gravasse alguma coisa deles."*[78]

Ela ainda atribui a sintonia à paixão musical: *"A rapaziada sente no corpo e na alma da gente quem é do samba e quem não é. Eu não tive fechamento nenhum nesse meio 'masculino', só abertura e muito carinho."*[79] Outro ponto destacado por Beth é o fato de ela tocar um instrumento, o que facilitou muito sua aproximação dos compositores homens, já que podiam falar a mesma língua através da música. Não é à toa que no encarte do álbum *De pé no chão* ela aparece na roda empunhando seu cavaco — única mulher no meio dos 18 homens que aparecem na foto.

Vânia Carvalho também atribui à personalidade da irmã parte do sucesso que ela obteve nesse meio dominado pelos homens. *"Como a gente poderia imaginar uma mulher loura da classe média alta da Zona Sul se impor no meio da turma machista do samba? Quando ela chegou no Cacique, já tinha mostrado a que veio, estourando com um repertório muito bom, com '1.800 colinas', por exemplo. Mas também tinha uma característica do temperamento dela que ajudava nessas situações. Beth sempre foi muito direta, colocava uma distância quando era preciso, dava uma resposta atravessada se necessário. Isso ajudou ela a se impor, a meu ver. Naquele tipo de ambiente, ela foi cortando as dificuldades para ir em frente."*[80]

---

78. Entrevista ao autor.

79. *TV Mulher*. Rio de Janeiro: TV Globo, 26 dez. 1980. Programa de TV.

80. Entrevista ao autor.

O fato de estar rodeada de homens nas rodas era algo que chamava a atenção de Beth. Não foi coincidência o LP *No pagode*, de 1979, trazer no encarte uma dedicatória que exalta a força feminina. Nela, a cantora celebra as mulheres que encontrou em seu contato com o samba, dedicando o LP a elas. E faz questão de ressaltar as atividades artísticas exercidas pelas mulheres, como o canto, a dança e a composição.

"Este LP leva o nome 'Beth Carvalho no pagode' por (...) eu ter conhecido a maioria das pioneiras do samba de pagode, a quem dedico, com o maior amor, este disco. São elas: LINDAURA DE ROCHA MIRANDA: *Uma das mais antigas damas da Portela, primeira mulher a pisar no palanque de uma Escola de Samba para cantar. E sua casa (o eterno pagode) nunca está fechada pra ninguém. A hora que chegar, tá bem chegado. /* CHIQUITA: *Primeira compositora do Bloco Carnavalesco Cacique de Ramos e, além disso, cisca lindo no tapete. /* ZICA: *Líder das pastoras da Estação Primeira da Mangueira, motorista de fogão da maior qualidade e mulher do Cartola, o fundador. /* DONA IVONE LARA: *Compositora desde doze anos de idade, primeira mulher a enfrentar a ala de compositores de uma Escola de Samba, e que desfila na Ala das Baianas do seu querido Império Serrano. /* PAULA DO SALGUEIRO: *Que todos os anos na Avenida nos emociona interpretando o samba com o seu corpo. /* NEUMA: *Primeira-dama da Mangueira. /* TIA VICENTINA: *Irmã do Natal, soprano do samba, e quem nunca provou do seu feijão não sabe o que está perdendo. /* DOCA e EUNICE: *As rosas da velha--guarda da Portela. Gogós de ouro. /* CLEMENTINA: *Que tem na voz muitos séculos da origem do samba. /* VOVÓ RESSÚ: *Esta é a minha avó paterna, com muita honra. Ser humano incrível com noventa anos de glória. Já tocava bandolim nos idos de mil oitocentos e antigamente em Teresina — Piauí, e dela veio a minha herança musical. /* TIA ESTER: *A tia Ciata da Portela. /* TIA CIATA: *Saudosa mulata em cuja casa se reuniam os bambas para brincar de samba. Foi a mãe do samba carioca e não podia estar ausente neste pagode."*

Ao lado desta dedicatória, vem a ficha técnica. E ali podemos ter uma ideia da "solidão feminina" de uma cantora no processo de gravação de um LP. Entre instrumentistas, técnicos, produtores, diretores e até o pessoal do cafezinho, são 65 nomes de homens. Além das pastoras que fazem o coro, não há nenhuma mulher.

O ano de 1979 foi um dos mais importantes da carreira de Beth Carvalho, mas não trouxe apenas alegrias. Um quiproquó ocorrido entre março e abril, logo depois do Carnaval, abalou a cantora, por mexer com um valor considerado fundamental para ela e que regeu boa parte de sua vida: a relação de respeito à negritude. Beth foi acusada de racismo, em episódio desagradável que envolveu outras grandes figuras da música brasileira.

Tudo começou numa entrevista dada à *Manchete* em fevereiro de 1978, com o título: *"Beth Carvalho: É sempre carnaval — Uma das maiores sambistas cariocas revela como e por que se deixou seduzir pelo morro."*[81] O texto é em formato de depoimento, em primeira pessoa, pontuado com algumas poucas perguntas feitas pelo repórter. O jornalista que assina a matéria é Ronaldo Bôscoli, também compositor e produtor musical, que escrevia longos perfis para a revista, em espaço prestigiado à época. A reportagem ocupou três páginas, ilustrada por linda foto de João Poppe, com Beth sentada no chão, de pés descalços, tocando violão.

Na última coluna da matéria, quando Beth já tinha destrinchado sua trajetória musical, Bôscoli pergunta: *"Seu amor pelo samba chegou ao auge da transa?"* Beth responde: *"Chegou sim. E é triste saber que o negro no Brasil é subserviente até no sexo. Ele ignora que, durante uma ação sexual, a mulher é a mulher... Sexo pra mim é temperatura de pele, é temperatura de olho. Aí eu vou toda. Em tendo transado com negros e brancos e mulatos, afirmo que sexo independe de cor e raça. É algo mais forte."*

A reportagem não teve repercussão. Mas, no ano seguinte, na mesma revista *Manchete*, Bôscoli publicou outro perfil, já depois do estouro de "Vou festejar" no Carnaval de 1979. O título é uma frase da cantora: *"Beth Carvalho: 'Agora eu posso festejar.'"*[82] São três as fotos que ilustram a reportagem: uma de Beth desfilando no Carnaval, outra em que aparece entre cinco ritmistas e a terceira é a mesma publicada no ano anterior (sentada

---

81. BÔSCOLI, Ronaldo. "Beth Carvalho: É sempre carnaval". *Manchete*, Rio de Janeiro, 18 fev. 1978, pp. 94-97.

82. BÔSCOLI, Ronaldo. "Beth Carvalho: 'Agora eu posso festejar'". *Manchete*, Rio de Janeiro, 17 mar. 1979, pp. 120-122.

no chão, tocando violão). A edição é de 17 de março de 1979. No meio de declarações atuais, sobre o sucesso do Carnaval, há trechos que repetem falas publicadas na reportagem do ano anterior, como numa pergunta sobre a umbanda e em elogios a Nelson Cavaquinho, por exemplo. Essa mistura de respostas novas e antigas da entrevistada acontece também no ponto da reportagem que fala da sexualidade. Veja como o tema aparece na edição de 1979:

"— *Você nunca levou um arrocho firme?*

— *Tá louco! Chego em qualquer buraco desses, sou a Beth Carvalho. Os marginais me querem bem. Não só me respeitam. Até me dão cobertura para chegar numa zona braba. Cantada é outro papo. Isso tem em todo lugar. Numa quadra de samba somos todos iguais. Mas o negro — sexualmente falando — é subserviente até numa transa. Ele ignora que durante o ato sexual a mulher é apenas a mulher..."*

Dessa vez, a repercussão foi grande. Beth Carvalho foi acusada de ter dado uma declaração racista. Elton Medeiros, à época já um respeitado cantor e compositor, enviou carta furiosa ao jornal *Pasquim*, comentando o assunto, na edição de 30 de março de 1979. O título da publicação era "*Beth Carvalho escorrega no quiabo e leva cacete de Elton Medeiros*"[83]. Embaixo, o comentário do jornal: "*Visitas à redação: Elton Medeiros, o grande compositor de 'O dia* (sic) *nascerá' (com Cartola) nos procurou cheio de bronca com a Beth Carvalho (que tem o direito de defesa)*." O texto da carta de Elton Medeiros é o seguinte:

"*Tomei conhecimento através de informação de uma amiga — loura, olhos verdes, descendente de alemães e inteligente — que a cantora Beth Carvalho, em declaração à revista semanal de circulação no país, afirmou que 'o negro — sexualmente falando — é subserviente até numa transa'. Disse-me ainda que esta declaração já havia sido feita à mesma revista e pela mesma pessoa, há cerca de um ano.*

Ora, para Beth fazer tal afirmação, seria necessário que tivesse transado sexualmente com todos os negros do mundo, e eu posso garantir que ela

---

83. DICAS. "Beth Carvalho escorrega no quiabo e leva cacete de Elton Medeiros". *Pasquim*, Rio de Janeiro, 30 mar. 1979, p. 30.

ainda não conseguiu fazê-lo nem com um milésimo dos negros brasileiros. Eu, por exemplo, sou negro e jamais pensei na possibilidade dessa transa sexual, mesmo porque — posso assegurar — Beth não faz meu gênero.

Portanto, acredito que a citada declaração signifique que Beth Carvalho vem suplicando — pateticamente, há anos — que os negros (não os que já com ela transaram) façam fila para satisfazer à sua pretensão de ser a preferida sexual dos homens pretos. (ELTON MEDEIROS)"

Na edição seguinte, de 6 de abril de 1979, o *Pasquim* abriu espaço para a resposta de Beth Carvalho. Ao lado, havia duas manifestações do jornal. Na lateral, vinha uma frase assinada por Jaguar: *"Elton, eu boto minha mão no fogo pela Beth!"*[84] E, embaixo, como se fosse uma fala do ratinho Sig, símbolo do *Pasquim*, estava escrito: *"Parem com isso, Beth e Elton Medeiros! O culpado deste maledeto embroglio é o Ronaldo Bôscoli!"* O texto da carta de Beth Carvalho é o seguinte:

"Jaguar e Ziraldo: Quando me perguntarem se o sucesso incomoda, já sei o que irei responder: 'Sim, incomoda a muita gente.' A prova disso é que venho sofrendo nos últimos tempos algumas 'agressões' por causa de uma frase que teria dito numa entrevista e repetido em outra. Na verdade, houve somente uma entrevista, reproduzida um ano depois, com pequenas alterações, mas conservando a frase causadora de tantas confusões, que, quero deixar bem claro, não disse em nenhum momento. O que houve foi um erro de interpretação, gerador do equívoco, coisa possível de acontecer em qualquer matéria jornalística, todos sabem disso. Na verdade, quem conhece o meu trabalho e me conhece sabe que seria incapaz de falar alguma coisa que implicasse em discriminação de qualquer espécie. Por isso mesmo, não me preocupei em desmentir a entrevista. No entanto, agora, sou obrigada a isso, e só o faço porque devo uma satisfação ao meu público, que sempre me tratou com carinho e, principalmente, respeito, merecendo de mim a mesma atitude.

Vocês me asseguraram um espaço para defesa. Uso-o para esse esclarecimento, já que não tenho do que me defender. As pessoas que querem 'faturar' em cima do meu sucesso, essas sim, deviam parar para pensar ou

---

84. DICAS. "Carta da Beth Carvalho". *Pasquim*, Rio de Janeiro, 6 abr. 1979, p. 30.

então tentar fazer alguma coisa mais séria e produtiva para provarem as suas posições. Isso eu venho fazendo há muito tempo. Sem baixo nível.

Esperando acabar de vez com essa polêmica — primeira e última da minha carreira — segue junto com essa carta um abraço. (BETH CARVALHO)"

A polêmica foi parar no *Fantástico*, líder de audiência nas noites de domingo da TV Globo. Em 8 de abril de 1979, o telejornal exibiu uma reportagem de mais de seis minutos sobre o caso, mostrando uma reunião na casa de Beth com amigos dando apoio a ela. Entre os participantes, estavam os integrantes do Fundo de Quintal, como Jorge Aragão, Bira, Neoci e Ubirany, compositores como Gracia do Salgueiro, e estrelas da música como Elizeth Cardoso e Alcione. A tarja na tela anunciava o tema: "Chamaram Beth Carvalho de racista."

"*Agora vejam como nós artistas somos vulneráveis a ataques. De repente uma mentira, uma bobagem, se levantou contra mim sem mais nem menos. Eu, Beth Carvalho, não tenho do que me defender. Apenas estou aqui para dar uma satisfação a minha gente, ao meu público, aos meus amigos que convivem comigo e sabem perfeitamente a minha conduta e a minha postura diante da vida. Agora, como ser humano, como mulher e como artista, portanto representante de uma classe, eu exijo respeito!*", disse Beth na abertura da reportagem.

O locutor anunciou: "*Toda essa revolta de Beth Carvalho é porque ela foi chamada de racista. Um grupo andou espalhando isso pelo Rio e São Paulo durante toda essa semana, dizendo que ela se revelou racista numa entrevista a Ronaldo Bôscoli. O compositor Gracia do Salgueiro fez ontem um samba para Beth e a casa dela ficou cheia de gente do samba, gente famosa que fez questão de sair em defesa de Beth.*" E aí se sucederam os depoimentos dos amigos presentes.

Elizeth Cardoso: "*É preciso muita atenção, é preciso que se respeite um artista nos seus mínimos detalhes, é preciso que se conheça uma cantora como Beth Carvalho que, como todos os compositores sabem, ela sobe os morros, ela vai para as esquinas, ela leva o seu gravadorzinho debaixo do braço e vai colher material. Então ela vai colher de quem? De crioulo pé no chão! Então não pode ser verdade o que estão dizendo aí. É uma tremenda mentira e eu, Elizeth Cardoso, digo com toda sinceridade: é uma falta de respeito!*"

Dona Zica, creditada como "mulher de Cartola", também falou: *"Eu estou aqui falando por mim e pelo Cartola, que não pôde vir. Mas eu tenho grande admiração pela Beth. Eu vou procurar a Beth, ela está no Cacique de Ramos, eu procuro a Beth, ela está na Mangueira. Quer dizer, a Beth é povo, a Beth está no meio dos compositores dela."*

Sérgio Cabral, produtor e jornalista: *"Eu acho que imaginar que a Beth Carvalho deu uma entrevista daquelas seria o mesmo que imaginar que o General Golbery deu uma entrevista dizendo que ingressou no Partido Comunista! É uma coisa tão inviável, tão improvável, que não entra em cogitação."*

Nelson Cavaquinho: *"A Beth é uma pessoa sincera, uma pessoa amiga, e eu não tenho nada de mau contra essa criatura."*

Alcione: *"Qualquer pessoa paga um preço muito alto pelo sucesso. Basta uma palavra mal interpretada e as coisas viram essa bola de neve que está virando com o nome de Beth Carvalho. Precisamos acabar com isso, Beth é uma pessoa respeitada no meio artístico, uma mulher batalhadora, maravilhosa. Não disse isso, tenho certeza."*

Por fim, a reportagem anunciou o *"golpe de morte na onda contra Beth"*, o depoimento do autor da polêmica entrevista, Ronaldo Bôscoli, assumindo a responsabilidade pela confusão: *"Eu lamento que um equívoco cometido por mim e assumido por mim, na reportagem que eu fiz com ela — e repetido esse equívoco, porque eu repeti a reportagem —, tenha criado tanta celeuma, tanta coisa sem sentido e sem nexo sobre a Beth Carvalho, uma pessoa da maior qualidade, do maior caráter, do maior carinho. Uma pessoa que eu conheci garota, bacana. Agora eu lamento que as pessoas que estejam precisando chegar ao sol usem de recursos tão vis. Eu assumo o equívoco que eu cometi duas vezes, porque a reportagem foi repetida duas vezes."* A reportagem terminou com Beth Carvalho dizendo que *"responde a tudo isso com música, com samba"*. Em seguida, foi exibido o clipe de "Marcando bobeira", um dos sucessos do disco *De pé no chão*.

A relação da cantora com Elton Medeiros ficou estremecida. Especialmente porque, nesse período, ele estava fazendo uma temporada de shows com Vânia, a irmã de Beth, na Sala Funarte. Vânia havia lançado seu disco de estreia meses antes, e o único compositor com duas músicas no álbum era justamente Elton, com as inéditas "Peito vazio" (com Cartola) e "Unha de gato" (com Antonio Valente).

A polêmica do racismo parou por aí, e Beth não ficou marcada por esse episódio. Ao contrário, conforme foram passando os anos, foi sendo cada vez mais associada à cultura negra. Durante a pesquisa para este livro, encontrei um exemplo disso na Feira Preta, festival que acontece desde 2002 em São Paulo, com "conteúdos, produtos e serviços que representam o que há de mais inventivo e inovador na criatividade preta". Em um dos estandes de moda, uma das camisas à venda tinha na parte superior a expressão *power black* e trazia fotos de dez personalidades negras, entre elas Candeia, Arlindo Cruz, Dona Ivone Lara e... Beth Carvalho! Ou seja, depois de mais de cinquenta anos de carreira dedicados ao samba, ela conseguiu transcender o fato de ser uma mulher branca da Zona Sul para ser identificada com a negritude. Reconhecimento maior a seu trabalho não há.

No ano seguinte, em 1980, Beth Carvalho lançou o LP *Sentimento brasileiro*, com sucessos como "A chuva cai" (Casquinha/Argemiro Patrocínio) e "O sonho não acabou" (Luiz Carlos da Vila). Mas uma outra música chamou a atenção no repertório, por ser uma das raras incursões da cantora pelo mundo da composição: "Canção de esperar neném" (Beth Carvalho/Paulinho Tapajós). A melodia foi feita por Beth durante a gravidez de sua primeira e única filha, Luana, que nasceria em 22 de fevereiro de 1981.

> "*Espere um pouco que a vida já vem*
> *Tô só preparando o dia, meu bem*
> *Tem um pé de sonhos que eu já fui plantar*
> *Pra felicidade brotar devagar*
> *(...)*
> *Espere um pouco que a vida já vem*
> *E o amor tá crescendo em meu ventre também*
> *Virão passarinhos para anunciar*
> *E em todos os caminhos dirão bem te vi chegar*"

Durante a gravidez, Beth deu várias entrevistas, atribuindo à gestação seu momento de "plenitude". Grávida de sete meses, foi ao *TV Mulher*, da Globo, conversar com Marília Gabriela, que abriu o papo assim: *"Vou te dizer uma coisa honestamente, eu fiz uma entrevista com você no Jornal Hoje há algum tempo e não sabia se você era casada ou não... E de repente você era e tava esperando um neném! Foi uma surpresa pra mim, fiquei feliz com isso. É casada com um ex-jogador do Corinthians, não é isso?"*[85] Marília se referia ao pai de Luana, Edson Cegonha, volante e lateral-esquerdo que jogou no Corinthians, no São Paulo e no Palmeiras. Na conversa, Beth disse que não ia poder desfilar na Mangueira naquele ano, apesar de o Carnaval ser só em março: *"Vou ficar em casa tomando conta do bebê. Bem mãe mesmo!"* Durante a entrevista, foram várias frases exaltando o momento: *"É o maior barato do mundo,"* *"É o momento mais feliz da vida da mulher: esperar um filho"*, *"Fiquei tão inspirada que até música eu fiz"*, *"A experiência de ser mãe vai me completar como mulher."*

Quando Luana tinha cinco meses, em agosto de 1981, Beth voltou ao programa para nova entrevista, dessa vez levando a filha. Marília perguntou: *"Você não está mais casada? Como está essa barra de ser separada, com neném, a profissão?"*[86] Beth respondeu: *"Toda separação é doída. Vivemos três anos juntos, mas quando o amor vai acabando, com o desgaste, não vale a pena ficar junto. É melhor ficar como amigos, com um neném maravilhoso desses."* Luana, fofíssima num vestidinho azul e lacinho na cabeça, se transformou na atração do papo.

A maternidade era uma questão importante para Beth, que procurava uma forma de conciliá-la com a liberdade que sempre lhe caracterizou. Em 1978, dois anos antes de engravidar, disse à revista *Manchete* que queria *"ser mãe, seguir os preceitos todos"*. Ou seja, mesmo uma cantora independente e consciente como Beth Carvalho sentia a necessidade de "seguir os preceitos" impostos às mulheres. Mas, em seguida, ela fez uma linda defesa de sua liberdade, em frases que resumem sua personalidade: *"Eu quero ser mãe, seguir os preceitos todos. Mas minha liberação no*

---

85. *TV Mulher*. Rio de Janeiro, TV Globo, 26 dez. 1980. Programa de TV.
86. *TV Mulher*. Rio de Janeiro, TV Globo, 12 ago. 1981. Programa de TV.

momento não é compreendida. O jeito é esperar. Por enquanto, preciso ir ao encontro do que eu acho válido. Vou ter um filho certamente. Um filho do amor, não do papel passado. Por isso, até hoje (eu já estive até noiva), nada justifica eu colocar um relógio no pulso. Não quero saber que horas são. Quero saber quantas horas faltam. Para um novo amanhecer. Quero assumir e segurar todas as barras pelas quais, ao estilo de 'Andança', eu tenho de passar. Quero amanhecer ouvindo a voz pastosa de Martinho da Vila, ou a voz nenhuma, apenas o olhar de Nelson Cavaquinho. Aqui, no Petisco, ou no Buraco Quente da Mangueira. Quero tomar um café com o Cartola. Entende?"[87]

Nos discos seguintes à maternidade, Beth manteve o bom desempenho de público e de crítica. Em *Na fonte*, de 1981, apareceu na capa e na contracapa em roda de samba "à la Cacique", ladeada por nomes como Arlindo Cruz, Nelson Cavaquinho, Wilson Moreira, Manacéa, Luiz Carlos da Vila e Guilherme de Brito. Ao contrário da foto de *De pé no chão*, três anos antes, dessa vez ela não era a única mulher. Há outras cinco na imagem: Dona Zica, Nilcemar Nogueira, Palmira, Nana do Cacique e Tia Doca. Mas não deu nem pra saída: havia trinta homens na roda. O disco estourou com "Virada" (Noca da Portela/Gilper), que se tornou um dos hinos da campanha das Diretas Já, e ainda trouxe pérolas como "Tendência" (Jorge Aragão/Dona Ivone Lara), "Dança da solidão" (Paulinho da Viola) e "Gorjear da passarada" (Casquinha/Argemiro Patrocínio).

No LP seguinte, *Traço de união*, Beth Carvalho teve uma ideia sensacional para formar o repertório: juntar compositores de realidades diferentes, em parcerias inéditas. Foi por sua encomenda que surgiram as parcerias de Dona Ivone Lara e Caetano Veloso ("Força da imaginação"); Toquinho, Almir Guineto e Luverci Ernesto ("Meu reino"); João Bosco e Martinho da Vila (faixa-título); e Ivan Lins, Vítor Martins e Nei Lopes ("Enquanto a gente batuca"). O conceito do disco é um resumo do que Beth representou em sua carreira, unindo sempre mundos distintos em torno do samba.

---

87. BÔSCOLI, Ronaldo. "Beth Carvalho: é sempre carnaval". *Manchete*, Rio de Janeiro, 18 fev. 1978, p. 97.

Em 1983, o LP *Suor no rosto* fez história na música brasileira ao lançar Zeca Pagodinho, em participação na faixa "Camarão que dorme a onda leva" (Beto Sem Braço/Zeca Pagodinho/Arlindo Cruz). Zeca já tinha outras músicas gravadas, mas essa foi sua primeira aparição como cantor. A oportunidade dada pela Madrinha teve ainda mais repercussão porque a música ganhou clipe no *Fantástico*, em que Pagodinho aparece ao lado de Beth, magrinho, tocando seu cavaquinho e cantando. Foi a primeira vez que mostrou a cara para o Brasil. Desde então, como o próprio Zeca diz, "nunca mais teve sossego".

Beth já frequentava o Cacique de Ramos desde 1977 e vinha lançando músicas dos compositores de lá em todos os discos desde então, com muito sucesso. Entretanto, o primeiro nome que chamou para gravar como cantor foi Zeca, seis anos depois de seu primeiro contato com a rapaziada. Mais uma vez, Beth mostrou seu faro para o talento: Zeca se tornaria o mais bem-sucedido representante daquela geração.

Essa primeira aparição de Zeca foi o pontapé inicial numa explosão que teria seu auge em 1986. O pagode carioca, gestado no meio dos anos 70 no Cacique de Ramos e cuja estreia nacional se deu no LP *De pé no chão*, veio ganhando fôlego nos anos seguintes com os sucessos do grupo Fundo de Quintal e das carreiras solo de Almir Guineto e Jorge Aragão, além dos discos da própria Beth. Em 1985, o LP *Raça brasileira* estourou, apresentando os novatos Zeca Pagodinho, Jovelina Pérola Negra, Mauro Diniz, Elaine Machado e Pedrinho da Flor. Em seguida, todos gravaram seus primeiros LPs em carreira solo.

O primeiro álbum de Zeca Pagodinho, lançado em 1986, vendeu mais de 1 milhão de cópias. Ao mesmo tempo, Almir Guineto liderava as paradas de sucesso com "Caxambu" (Bidubi/Élcio do Pagode/Zé Lobo/Jorge Neguinho), Jovelina arrasava quarteirão com "Menina você bebeu" (Beto Sem Braço/Arlindo Cruz/Acyr Marques), Jorge Aragão transformava em clássico "Coisa de pele" (Jorge Aragão/Acyr Marques) e o Fundo de Quintal era ouvido em todas as esquinas com "Eu não fui convidado" (Zé Luiz/Nei Lopes). Para se ter uma ideia da repercussão, em dezembro de 1986 Roberto Carlos recebeu em seu especial de fim de ano o grupo Fundo de Quintal, Almir Guineto, Jovelina Pérola Negra e Zeca Pagodinho, cantando versos como "Sonhei que o Rei cantava pagode também". Beth Carvalho ficou consagrada como a rainha desse movimento.

Essa liderança a fez, alguns anos depois, se indispor publicamente contra o chamado "pagode paulista". Nos anos 90, na esteira do sucesso do Raça Negra, surgiram vários grupos que faziam música usando os mesmos instrumentos do samba, mas incluindo teclados e outros elétricos nos arranjos, com versos de um romantismo meloso. O som dessa turma ficou conhecido como "pagode paulista" ou "pagode mauricinho". Os principais expoentes eram Só Pra Contrariar, Negritude Jr., Exaltasamba, Art Popular e Os Travessos, entre outros. Eles alcançaram grande sucesso comercial, enquanto os "pagodeiros cariocas" ficaram um pouco esquecidos no início da década. Beth levantou a voz publicamente contra aquela sonoridade, criticando o uso da palavra "pagode" para se referir a eles e defendendo os pagodeiros "autênticos", representados pela geração caciqueana. *"Muitos destes grupos são completamente manipulados pelas gravadoras e não têm nenhuma vivência do samba, não têm cultura nem conhecem a história do samba."*[88]

Voltando a 1986, o ano marca o lançamento do LP *Beth*, que traz inúmeros sucessos com a assinatura dos bambas do Cacique: "Nas veias do Brasil" (Luiz Carlos da Vila), "Dor de amor" (Arlindo Cruz/Acyr Marques/Zeca Pagodinho), "Fogo de saudade" (Sombrinha/Adilson Victor) e "Corda no pescoço" (Almir Guineto/Adalto Magalha). Na contracapa do disco, a dedicatória: *"Dedico esse disco à amiga e grande intérprete Nara Leão, a quem sempre admirei por ter buscado o compositor do povo, cantando suas tristezas e alegrias. Além de lançar grandes compositores, Nara, através de seu trabalho, captou os anseios populares e se fez porta-voz das nossas maiores reivindicações."*

Àquela altura, Beth não sabia da doença de Nara, acometida por um tumor no cérebro que a levaria à morte em 1989. *"Não fiz a dedicatória porque ela estava doente, eu nem sabia! Foi por minha admiração. Na-*

---

88. SUKMAN, Hugo. "O gingado paulista de Beth Carvalho". Jornal do Brasil: Caderno B, 9 dez. 1993. p. 10.

ra foi muito importante para a música brasileira. Ela foi a Beth Carvalho dos anos 60, indo procurar os compositores do morro. Mas ela só foi até certo ponto. Eu fui um pouco mais fundo nessa busca"[89], diz Beth.

O primeiro disco de Nara, de 1964, já trazia, por exemplo, dois dos compositores preferidos de Beth, Cartola e Nelson Cavaquinho, além de Zé Keti. Considerada a "musa da bossa nova", Nara Leão surpreendeu em sua estreia fonográfica ao procurar outros gêneros musicais, como o chamado "samba do morro". Ainda nos anos 60, gravou nomes como Jair do Cavaquinho, Casquinha, Anescarzinho do Salgueiro, Noel Rosa de Oliveira e Padeirinho, todos ligados a escolas de samba.

A filiação entre Nara Leão e Beth Carvalho faz sentido, apesar de suas aproximações com os compositores das escolas terem se dado em contextos diferentes. E Beth tem razão quando diz que deu alguns passos além, fazendo disso sua missão de carreira. Pergunto a ela se via alguém nas gerações seguintes com essa mesma característica, que se alinhasse a Nara e Beth. A turma da Lapa, por exemplo, que surgiu no fim dos anos 90 com uma proposta de resgate dos compositores esquecidos? *"Ali tem uma diferença. Eles ficaram presos só na pesquisa dos antigos. Que é maravilhosa, tudo bem. Mas eu buscava o velho e o novo também"*[90], define Beth.

O encarte do disco de 1986, em que homenageia Nara, revela outra faceta importante da personalidade artística de Beth Carvalho, o ativismo político, explicitado no texto da cantora que aparece na contracapa do LP: *"O pagode explodiu no Rio, onde, coincidentemente, instalou-se um governo de inspiração socialista, preocupado, portanto, em abrir espaço para a arte do povo. Veja o Sambódromo, uma conquista incrível. Vieram os sucessivos incentivos às manifestações populares. O povo se sentiu prestigiado e teve a chance de mostrar o samba que fazia nos fundos de quintais. A própria manifestação pelas Diretas tem a ver."*

Neste momento, o governador do Rio era Leonel Brizola, personalidade política com quem Beth mais se identificou na vida. Ela fez todas as campanhas do gaúcho, vestindo lenço vermelho no pescoço

---

89. Entrevista ao autor.

90. Entrevista ao autor.

e cantando seus jingles. A aproximação a levou a se tornar presidente de honra do PDT, o partido de Brizola. Beth também se envolveu em outras manifestações políticas, como a greve de metalúrgicos do ABC paulista em 1979, a campanha pelas "Diretas Já" e os comícios do Primeiro de Maio — ela estava no fatídico show do Riocentro em que uma bomba explodiu no colo do sargento Guilherme Pereira do Rosário, em 30 de abril de 1981. Getúlio Vargas, João Goulart e Luís Carlos Prestes eram outras personalidades políticas exaltadas por Beth em entrevistas. No âmbito internacional, elogiava Fidel Castro, presidente cubano, e Hugo Chávez, presidente venezuelano — esteve com ambos em aparições públicas.

Com a morte de Brizola, Beth passou a apoiar Lula e lutou contra o impeachment da presidente Dilma Rousseff, em 2016. Quando Lula foi preso, em abril de 2018, a cantora divulgou um vídeo em que cantava uma música de apoio à sua liberdade. Em 18 de dezembro de 2019, o ex-presidente voltou ao Rio pela primeira vez, depois de passar 580 dias na cadeia, para um encontro com a classe artística no Circo Voador. Em seu discurso, homenageou a amiga, que morrera meses antes: *Todos e todas vocês lutaram o bom combate, mas eu quero destacar o nome de uma artista que fez do seu canto o canto do povo brasileiro, e que certamente estaria agora aqui conosco, como sempre esteve quando foi preciso: nossa querida e saudosa Beth Carvalho.*

Fazer política para Beth não era só se envolver nas disputas eleitorais. Outra batalha que ela abraçou foi para conseguir a numeração dos discos no Brasil. Alegando que havia uma "caixa-preta" na indústria fonográfica em relação à quantidade de álbuns produzidos e vendidos, e que os artistas não recebiam informações confiáveis sobre suas obras, Beth liderou, ao lado de Lobão, uma campanha para que fosse aprovado um projeto de lei que regulamentasse a questão. A campanha se estendeu pela década de 90 e chegou aos anos 2000. Nesse caminho, Beth acabou comprando briga com artistas que tinham visões diferentes sobre a numeração, como Caetano Veloso e Ivan Lins. E também ficou com a imagem desgastada junto às gravadoras, o que dificultaria sua relação com o mercado fonográfico no século 21.

Com um ativismo tão forte ligado à carreira, fica uma pergunta no ar: por que Beth, artista surgida nos anos 60 e 70, não ficou associada à geração que fazia canções de protesto durante a ditadura militar, como Chico Buarque, Gilberto Gil e outros? A razão era pessoal. Beth explica: *"Naquela época, eu evitei músicas políticas. Meu pai tinha sido cassado logo no começo da ditadura, então eu queria evitar que acontecessem outras coisas com ele, ou comigo. Eu achava que bastava cantar samba para ser político. Mas confesso que gostaria de ter gravado mais músicas nessa linha."*[91]

O pai também é responsável por seu amor pelo Botafogo. Beth Carvalho se tornou símbolo da torcida alvinegra ao frequentar os estádios, usar a camisa da estrela solitária e popularizar canções como "Botafogo campeão (Esse é o Botafogo que eu gosto)" (Elias da Silva/Pedro Russo/Maurício Izidoro). Ela costumava participar das festas pelos títulos conquistados pelo clube e recebia atletas nos shows. Em 2006, também estabeleceu forte relação com a torcida do Atlético-MG, que elegeu "Vou festejar" como seu segundo hino, embalando a campanha do time no retorno à primeira divisão do Campeonato Brasileiro. Em uma festa no Mineirão, Beth chegou de helicóptero e levou os torcedores à loucura ao cantar a música no centro do gramado.

Minas Gerais não foi o único estado com que Beth estabeleceu relação estreita. Em sua discografia, há dois LPs emblemáticos, que mostram que a busca por bons compositores atravessou as fronteiras do cancioneiro carioca. *Beth Carvalho canta o samba de São Paulo* (1993) e *Beth Carvalho canta o samba da Bahia* (2007) foram trabalhos de extrema qualidade, em que a cantora selecionou repertório em outros dois grandes polos do gênero. No primeiro, incluiu canções de Geraldo Filme, Adoniran Barbosa, Toquinho, Paulo Vanzolini, Eduardo Gudin e Sombrinha. No segundo, que virou DVD, foi de Dorival Caymmi a Riachão, passando por Assis Valente, Nelson Rufino e Roque Ferreira. Nesta gravação, juntou uma constelação de participações especiais, com nomes como Maria Bethânia, Caetano Veloso, Gilberto Gil, Daniela Mercury, Ivete Sangalo e o Olodum.

---

91. Entrevista ao autor.

Se extrapolar fronteiras era um desejo de Beth, no fim dos anos 90 essa vontade atingiu seu ápice. A NASA (agência espacial americana) tinha um robô em Marte, chamado Sojourner, que havia sido levado pela nave Pathfinder para explorar o solo do Planeta Vermelho. A responsável pelo controle de temperatura do robô era uma brasileira, a engenheira aeroespacial Jacqueline Lyra, que todos os dias "acordava" a máquina com uma música, como um sinal para que o trabalho começasse. Em 11 de julho de 1997, a canção escolhida foi "Coisinha do pai". O trecho que despertou o robô foi: *"Você vale ouro, todo o meu tesouro / Tão formosa da cabeça aos pés / Vou lhe amando, lhe adorando / Digo mais uma vez / Agradeço a Deus porque lhe fez / Ô coisinha tão bonitinha do pai"*. Beth celebrou o fato de ser uma "cantora interplanetária" e, em seu LP de 1998, *Pérolas do pagode*, gravou a música "Samba em Marte" (Arlindo Cruz/Almir Guineto/Sombrinha/Mazinho Xerife): *"Onde eu cheguei / Nenhum mortal chegou / Modéstia à parte nessa arte / Deus me consagrou / O meu canto ecoou por todo o universo / Até em Marte o meu samba fez sucesso"*.

Mas uma reportagem da *Folha de S.Paulo*[92] à época, que trazia entrevista com a engenheira Jacqueline Lyra, registrava que a versão de "Coisinha do pai" enviada a Marte foi a gravação feita por Elba Ramalho e Jair Rodrigues para uma edição do projeto "Casa de samba". A revista *Domingo*, do *Jornal do Brasil*, também deu o crédito aos intérpretes, informação que consta ainda no site oficial de Elba.

Autor da música com Almir Guineto e Luiz Carlos, Jorge Aragão confirma a informação: *"É verdade, a versão de Marte foi com Jair Rodrigues e Elba Ramalho cantando."*[93] Elba Ramalho também conta que foi a sua voz que acordou o robô, mas divide os louros com Beth: *"Gravei essa música junto com o Jair Rodrigues para um projeto especial da gravadora. De repente, recebi a notícia de que a minha voz ecoava em outro planeta.*

---

92. CASTRO, Paulo César. "Samba cantado por Elba Ramalho 'acorda' Sojourner". *Folha de S.Paulo*, São Paulo, 12 jul. 1997. Disponível em: <https://www1.folha.uol.com.br/fsp/ciencia/fe120702.htm>. Acesso em: 06/10/2020.

93. Entrevista ao autor.

Mas foi Beth quem imortalizou essa música. Vamos dar os créditos a ela! Quando falarem sobre 'Coisinha do pai', precisam falar sobre Beth Carvalho"[94], finaliza Elba.

Nos anos 2000, quando completou quatro décadas de carreira, Beth celebrou por diversas vezes sua trajetória, que construiu uma das discografias mais coerentes da música brasileira. Em 2004, gravou o excelente DVD *A Madrinha do Samba ao vivo convida*, no Canecão. Em 2006, lançou *40 anos de carreira: Ao vivo no Theatro Municipal*, reunindo a nata do samba no palco nobre do Rio de Janeiro. E em 2009, veio um reconhecimento importantíssimo, o prêmio Life Achievement Awards, do Grammy Latino, em homenagem ao conjunto da obra.

Apesar dessas conquistas, a década não foi só de alegrias. Em 2007, uma briga na concentração da Marquês de Sapucaí a impediu de desfilar pela Mangueira. A cantora tentou subir na alegoria onde estavam os baluartes da verde e rosa, mas foi expulsa por Raymundo de Castro, um dos fundadores da Ala da Bateria da escola. Ele alegou que Beth não era baluarte (uma espécie de academia de notáveis da escola, com apenas 22 integrantes) e que, portanto, não poderia estar no carro. Ela desceu da alegoria chorando e disse que talvez nunca mais desfilasse pela Mangueira. Foram quatro anos de afastamento até seu retorno à verde e rosa, depois de um pedido de desculpas do novo presidente, Ivo Meirelles, que selou a paz com a cantora. E sua volta não poderia ter sido em uma ocasião mais emblemática. No Carnaval de 2011, o enredo da Mangueira era sobre o centenário de Nelson Cavaquinho. Beth desfilou numa alegoria que representava um bar, sentada numa mesa ao lado de uma escultura do poeta, em cena que se repetiu tantas vezes em vida. A emoção do retorno rendeu à cantora o Estandarte de Ouro de Personalidade.

O motivo pelo qual Beth Carvalho queria desfilar em cima de um carro alegórico, e não no chão, como de costume, foram fortes dores na coluna. A cantora vinha sentindo o incômodo há alguns meses — na gravação do DVD na Bahia, no ano anterior, já tinha usado sandália baixa, e não salto alto, para aliviar a tensão nas costas. A expulsão do desfile da

---

94. Entrevista ao autor.

Mangueira foi apenas o primeiro capítulo de uma saga de dor e luta, que se estenderia pelos 12 anos seguintes. Até sua morte, Beth nunca se livraria do sofrimento causado pelos problemas na coluna.

Em entrevistas, Beth Carvalho disse que teve uma fissura no sacro, que a levou a várias cirurgias, e chegou a colocar dez pinos para dar sustentação à coluna. Nesse período, teve inúmeras internações. Uma delas a tirou do show que faria no réveillon de Copacabana, na virada de 2009 para 2010. Entre 2012 e 2013, foram mais de dez meses seguidos na cama do hospital. Apesar das dores, Beth procurou levar as dificuldades com alegria, recebendo amigos e fazendo rodas de samba improvisadas nas unidades de saúde — ficou famosa a história de Zeca Pagodinho, que levou latinhas de cerveja escondidas para a enfermaria num dos pagodes da Madrinha.

A partir deste momento, começou a fazer shows sentada, para evitar as dores que a afligiam. Conseguia se levantar em alguns momentos, apoiada no pedestal do microfone, o que gerava gritos de euforia da plateia. Sempre que tinha alta do hospital, fazia um show para festejar. Era preciso estar perto de seu público. Como Beth dizia, "o samba cura".

Em 2011, conseguiu voltar aos estúdios para gravar um CD de inéditas, o último de sua carreira. *Nosso samba tá na rua* é um belo exemplar de sua discografia, coerente com sua trajetória, apoiado no tripé que marcava seus trabalhos: juntava os referenciais Nelson Cavaquinho e Dona Ivone Lara com a turma do Cacique (Almir, Arlindo, Zeca, Sombrinha, Marquinho PQD) e ainda revelava novos talentos, como Leandro Fregonesi, Rafael dos Santos e Ciraninho. Uma seleção de repertório irretocável, como foram praticamente todos os seus álbuns.

No CD, Beth fez uma homenagem à capa do clássico *De pé no chão*, com uma foto que traz os bambas à sua volta, como numa roda de samba. Em meio aos convidados, estão Dona Ivone Lara (a quem o CD é dedicado), Zeca Pagodinho, Arlindo Cruz, Almir Guineto, Sombrinha e o Fundo de Quintal, entre outros. Neste trabalho, Beth "amadrinha" sua própria filha, Luana Carvalho, gravando uma canção dela pela primeira vez: "Arrasta a sandália" (Dayse do Banjo/Luana Carvalho).

Entre as outras músicas, chama a atenção a predominância de uma "visão feminina", alinhada com os novos tempos. Se em 1977 Beth lançou "Olho por olho" no mesmo LP em que gravou a machista "Lá vem ela", agora a mulher é dona do seu próprio nariz em canções como "Chega" (Rafael dos Santos/Leandro Fregonesi), "Se vira" (Arlindo Cruz/Marquinho PQD) e "Colabora" (Serginho Meriti):

"Vou porque você não mereceu minha guarida
Vou-me embora bem feliz da vida
Só você não viu o meu valor
Se um novo amor me convidar, eu vou" ("Chega")

"Então, malandragem
Agora você se vira
Se liga no fato, rasguei o contrato
Acabou a mentira
Acorda mais cedo que não tem segredo
Arruma tua cama, sai desse pijama
Que a vida não é um doce
E o nosso romance já chegou ao fim
Vai tomar café no bar da esquina
Perdeu a mulher, mudou a rotina
E eu já não quero mais você pra mim" ("Se vira")

"E dessa vez estou falando sério
Me cansei de ouvir seu som
Você tá muito cheio de mistério
E aturar nunca foi meu dom" ("Colabora")

Beth ainda lançaria um último disco, em 2014, *Ao vivo no Parque Madureira*, registro de show gravado no bairro da Zona Norte. Depois disso, os problemas de saúde se agravaram. Em 2016, desfilou pela Mangueira no Carnaval sobre Maria Bethânia que deu o título à verde e rosa, sentada na parte dianteira de uma alegoria. Repetiu a dose em 2017, mas em 2018 não conseguiu ir à Avenida — só pôde participar do Desfile das Campeãs, em sua última aparição na Marquês de Sapucaí.

Em 1º de setembro de 2018, resolveu celebrar os quarenta anos do disco *De pé no chão*, fazendo um show conjunto com o Fundo de Quintal, no antigo Metropolitan, casa de shows do Rio de Janeiro. Com o corpo debilitado e sofrendo muitas dores, abriu o show sentada, cantando "Marcando bobeira". Mas aguentou só a primeira música e disse: *"Estou muito feliz por estar aqui comemorando os quarenta anos deste disco. Mas eu não posso ficar muito tempo sentada, então pedi à produção para trazer esta chaise longue. Assim como existe 'Na cama com Madonna', agora tem 'Na cama com Beth Carvalho.'"* A cantora se deitou na chaise, recostada em almofadas douradas, pés descalços, e cantou pelos noventa minutos seguintes, em celebração à música, à arte, à vida. Não havia nada capaz de afastá-la de seu público, que a carregou no colo metaforicamente durante mais de cinquenta anos, e que naquele momento estava disposto a embalar a cantora fisicamente, se preciso fosse.

No dia 21 de outubro, fez sua última apresentação, também deitada, na Marina da Glória, durante a 1.ª Oktoberfest Rio. Em 8 de janeiro de 2019, foi novamente internada no Pró-Cardíaco. Foram meses entre o quarto e a UTI. Beth chegou a agendar um show com diversos convidados no Vivo Rio, para 5 de maio, quando completaria 73 anos. Mas não chegou até lá, morrendo em 30 de abril. No enterro, recebeu todo o carinho de seu público. O "minuto de silêncio" no jogo do Botafogo foi com música. Uma semana depois, no Circo Voador, fãs e amigos se juntaram para cantar seus sucessos num "samba de sétimo dia". Para uma cantora como nenhuma outra, uma despedida como nunca houve.

Beth Carvalho teve uma trajetória que sempre rejeitou os caminhos óbvios. Menina da Zona Sul, foi se encontrar artisticamente com o samba do subúrbio. Contemporânea da geração de ouro de compositores da MPB, foi buscar nos "cabeças-brancas" Cartola e Nelson Cavaquinho canções inéditas para abastecer seu repertório. Com o samba em alta durante todos os anos 70, foi atrás de uma sonoridade nova para o ritmo, lançando as bases do que seriam as décadas seguintes da batucada. Mulher, não se intimidou ao frequentar uma roda só de homens para compartilhar a paixão pela música. Cantora estabelecida comercialmente, não se furtou a desafiar a indústria fonográfica para lutar por seus direitos. Misturou política, futebol e samba, sem nunca deixar de ser amada pelo público. E, cantando sentada e deitada, fez o povo todo ficar de pé — para aplaudir a artista que, durante mais de cinquenta anos, foi a Madrinha de nossos ouvidos e de nossos corações.

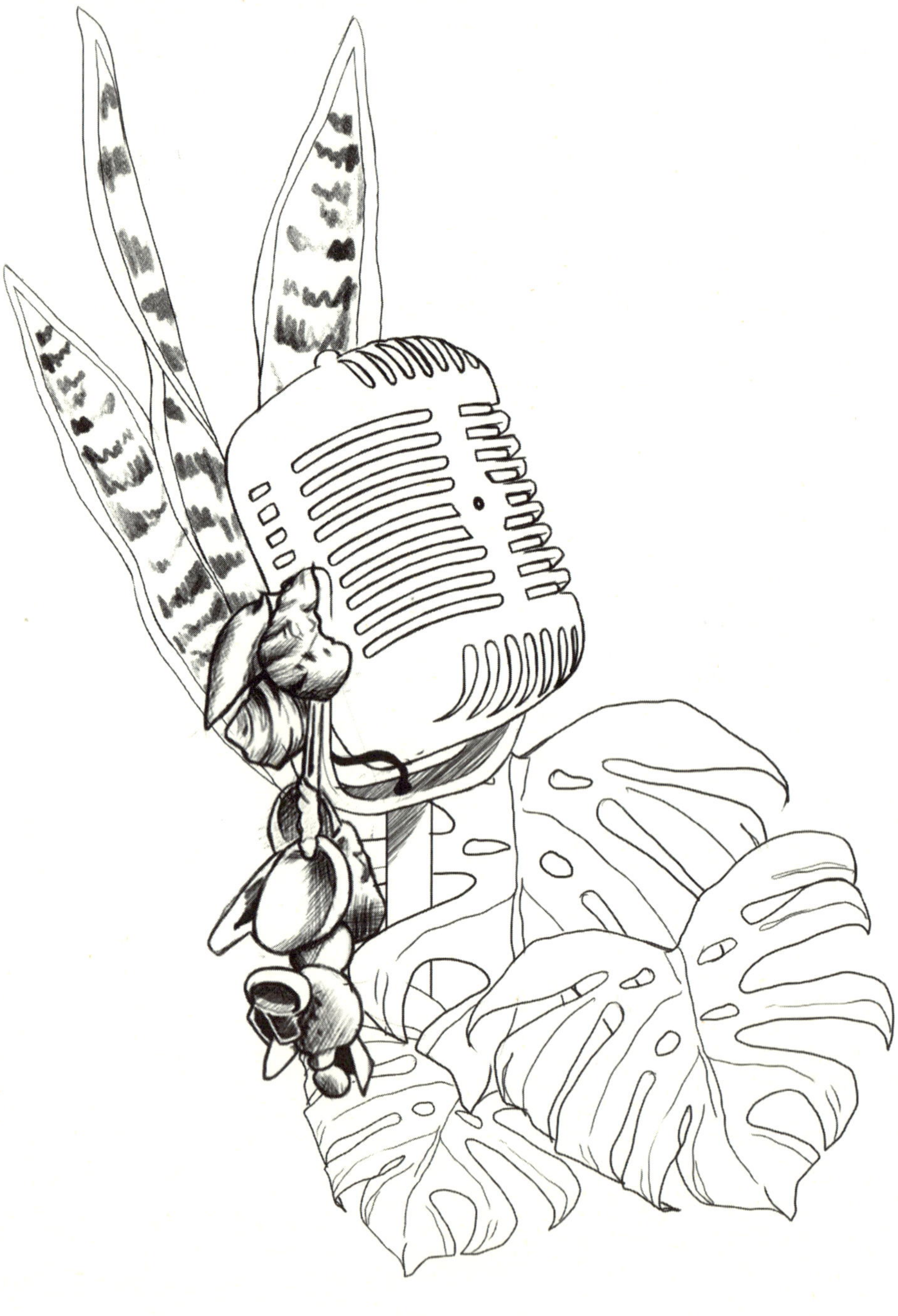

6. CLARA NUNES

Qual é o mistério de uma mulher que, quase quarenta anos após sua morte, continua despertando tanta paixão? A devoção a Clara Nunes vai do Oiapoque ao Chuí, passando por Caetanópolis, Cedro e Paraopeba — e a mineira consegue ser plural até nos povoados que reivindicam ser seu lugar de origem. Ela foi um cometa que passou pela música popular brasileira, daqueles que só são vistos a cada par de séculos, um meteoro que não fez estragos, mas deixou milhões de vítimas felizes (ou seriam fãs?), uma estrela cadente que surgiu no céu da canção e só fez o caminho de subida.

Clara é filha do Brasil profundo, veio do interior de Minas Gerais sem lenço nem documento para vencer na vida — e ganhou de goleada. Não tomou conhecimento da máxima de que "mulher não vende disco" e invadiu as vitrolas dos brasileiros nos anos 70, cheia de feminilidade, com saia rodada, batom vermelho e coroa de conchas na cabeça. Num tempo em que a MPB conhecia sua geração mais estrelada, se tornou a cantora mais popular da década, ganhando o coração do país com o carisma sorridente e a voz luminosa. Quando girava seu vestido rendado e rodopiava pelo salão, espalhava a tristeza pra longe, levantava a poeira do terreiro e decretava que não era permitido ficar parado no perímetro que seus inconfundíveis vibratos alcançassem.

Popularizou no chamado "maior país cristão do mundo" as imagens de Ogum e Iansã, cantou a umbanda e o candomblé, levou o sincretismo religioso para as paradas de sucesso e nos fez acreditar na utopia de um canto único das três raças — num uníssono momentâneo, contrastando com o século 21 de vozes cada vez mais dissonantes. Misturou a feira de mangaio paraibana com o ijexá baiano e o samba-enredo carioca, não deixando de ser genuinamente brasileira nem quando desembarcava em Angola com seu *chocalho amarrado na canela. Com Clara Nunes, o Brasil se olhou no espelho com orgulho e se acreditou mais mestiço, mais tolerante. Mais feliz.*

Como uma sabiá que chega anunciando as boas-novas, ela fez ecoar seus sons em cada canto do país. Ficamos em êxtase, hipnotizados com aquela claridade, tão encantados que esquecemos da galinha à cabidela para ficar batucando na panela, ritmistas cuidadosos para não atravessar o samba de nossa puxadora mais guerreira. Mas, como todo bom pássaro cantador, Clara voou. Para longe. A perder de vista. E deixou ressoando em nossa memória suas melodias encantadas. Os inúmeros tributos e homenagens provam que era uma ave rara, espécie em extinção, joia da natureza que nunca mais veremos. Mas volta e meia abrimos as janelas ao alvorecer, desconfiados, e olhamos para os galhos das árvores, para checar se ela está por lá. Porque, de alguma forma, ainda ouvimos o seu cantar pulsando por toda parte.

★ ★ ★

Clara Francisca Gonçalves nasceu em Cedro, Caetanópolis ou Paraopeba? Uma confusão administrativo-geográfica gerou a dúvida que perdurou durante boa parte da carreira da cantora, embora as três possibilidades apontem para o interior de Minas Gerais — ao contrário do que acreditavam aqueles que, ao ver a ginga da moça no palco, garantissem que ela era baiana. Clara nasceu em 12 de agosto de 1942, no distrito de Cedro, que fazia parte da cidade de Paraopeba (MG). Onze anos mais tarde, Cedro proclamaria sua emancipação, se tornando um município independente. Mas, como já havia a cidade homônima de Cedro, no Ceará, o nome escolhido para batizar o local foi Caetanópolis, onde hoje existe o Memorial Clara Nunes, com milhares de itens da cantora.

Clara teve uma infância de menina pobre do interior, com dificuldades financeiras, família extensa, pé no chão, amigos na rua. Sua mãe, Amélia, era dona de casa. O pai, Manuel, era lavrador e, nas horas vagas, trabalhava com madeira, o que lhe rendeu o apelido de Mané Serrador. O casal teve sete filhos: Zé Chilau, Mariquita, Filomena, Vicentina, Branca, Joaquim e a caçula Clara.

A música sempre esteve presente naquele lar através dos sons de Mané Serrador. Violeiro e organizador de Folias de Reis, ele saía de casa na noite de 24 de dezembro com um grupo para cantar os festejos pela região e só voltava depois de 6 de janeiro, quando se comemora o Dia de Reis. Clara costumava atribuir os dons artísticos a uma herança do pai, mas os dois conviveram por pouco tempo: quando ela tinha 2 anos, ele morreu de infarto. Quatro anos depois, era Amélia quem partia, de câncer na região do abdômen; a família dizia que a matriarca "morreu de amor", desgostosa pela ausência do marido.

É a própria Clara quem resume esse período: "*Mané Serrador, meu pai, como todo pobre que se preza, teve sete filhos. Das cinco moças, eu era a que mais gostava de cantar, representar. (...) Então toda a pobreza da nossa família não era muito triste, porque curtida pela viola do meu pai, operário de serraria. E ativada pela sua maneira boêmia de encarar a vida: 'Um dia, a gente melhora!' Mamãe, dominada por uma grande paixão, era o tom dissonante da casa. Resignada, submissa e gamada no velho, aceitava o que pintasse. E pintavam muitas domingueiras na minha casa grande e pobre. Foi o velho quem viu em mim um bom futuro que, por uma dessas ciladas da vida, ele não pôde testemunhar. Quatro anos depois, tudo que minha mãe represava de amor, de sensibilidade, de fragilidade, se foi desfiando. Ela morreu de amor. Magrinha assim. Um dedo mínimo. E muito das festanças puxadas pela viola do meu velho perdeu o sentido. O rumo. A razão.*"[95]

Com a morte de Mané e Amélia, a família ficou sob os cuidados dos irmãos mais velhos, Zé Chilau e Mariquita, a quem Clara chamava de Dindinha. Se as dificuldades eram grandes com os pais em casa, imagine sem eles. A família de sete órfãos se virou para sobreviver, e um dos poucos lugares na região que oferecia boas oportunidades era a Fábrica Cedro e Cachoeira, uma das primeiras unidades da indústria têxtil do Brasil. Mané Serrador havia trabalhado lá, e os filhos mais velhos, Chilau, Mariquita e Filomena, foram admitidos como funcionários. Trabalhavam

---

95. BÔSCOLI, Ronaldo. "Clara Nunes". *Manchete*, Rio de Janeiro, 24 dez. 1977, pp. 72-74.

em horários alternados, de modo que sempre houvesse um deles em casa para cuidar dos mais novos.

Quando pequena, Clara já mostrava talento para a arte. Extrovertida, gostava de brincar de teatro e de cantar para a vizinhança. Na escola, participava das festinhas cantando ou dançando. Um pouquinho mais crescida, começou a disputar os concursos de calouros que eram realizados na praça principal da cidade. Ganhava as disputas com frequência, recebendo como seus primeiros "prêmios" latas de talco, vestidinhos e sabonetes.

Numa família com parcos recursos, foi natural que os irmãos mais novos também tenham ido trabalhar cedo. Joaquim se arrumou numa plantação de eucalipto, mas Vicentina, Branca e Clara seguiram a "tradição familiar" e ostentaram seus crachás da Fábrica Cedro e Cachoeira — nos anos 50, com o trabalho feminino ainda incipiente, todas as cinco mulheres da família Gonçalves se empregaram na indústria.

Clara começou seu ofício como tecelã com apenas 14 anos, batendo cartão e manuseando os teares com desenvoltura. Um ano depois, na saída do expediente, à porta da fábrica, recebeu a notícia de que seu irmão Chilau havia esfaqueado Adílson, o namoradinho que tinha espalhado maledicências sobre ela. No dia seguinte, foi prestar depoimento na Delegacia de Polícia de Caetanópolis, declarando ao delegado que havia terminado tudo com o rapaz e que *"ficou indignada com o procedimento de seu ex-namorado, vendo que sua família tinha razão em impedir seu namoro, porque, de fato, ele era de péssimas qualidades, ordinário ao extremo, capaz de inventar uma calúnia, talvez por vaidade, para poder desmoralizar a honra de uma moça perante a sociedade, orgulhando-se de sua posição mesquinha de conquistador de honras"*[96].

Mas o estrago já estava feito. Com Chilau foragido e Adílson morto, quem sofreu as consequências na cidade foi Clara. Não conseguia sair nas ruas de Caetanópolis sem ser insultada ou receber olhares tortos. A convivência social no interior mineiro ficou inviável. Aos 15 anos, querendo deixar para trás esse passado dolorido, se mudou para Belo Horizonte, acompanhada da irmã Vicentina. O destino foi a casa de uma tia, perto

---

96. FERNANDES, Vagner. *Clara Nunes: Guerreira da utopia*. Rio de Janeiro: Agir, 2019, p. 73.

da Fábrica Renascença, onde as duas foram tentar emprego. Vicentina foi admitida imediatamente, ao contrário de Clara, que não conseguia manusear os teares, diferentes dos usados na Fábrica Cedro e Cachoeira. Teve que passar por meses de treinamento até, enfim, assinar seu contrato de trabalho, já no fim de 1958.

O dia a dia era espinhoso. A casa de quarto-sala-cozinha-banheiro, que era dividida pela tia, o marido e duas filhas, agora ganhava duas novas hóspedes, num aperto só. Mas isso não era problema para Clara, que, morando na capital, estava mais perto do sonho de virar cantora. Começou a cantar nas festinhas do clube e na Igreja da Renascença, cujo coro era comandado pelo compositor Jadir Ambrósio. Ele viu Clara em ação e resolveu levá-la para o rádio. A música que Clara apresentou foi "Por causa de você", de Tom Jobim e Dolores Duran — e é simbólico que a mulher pioneira na venda de discos do Brasil tenha começado cantando uma das nossas compositoras pioneiras.

Uma situação acontecida na casa de Clara mostra uma diferença no desenvolvimento das carreiras de homens e mulheres. Quando Jadir percebeu o talento da caloura e quis levá-la para a rádio, teve que ir à casa dela, pedir "permissão" para a irmã mais velha, Vicentina, embora Clara já tivesse 18 anos — o que provavelmente não aconteceria se fosse um rapaz. Na conversa entre Jadir e Vicentina, ela concordou em liberar a irmã para cantar na rádio, estabelecendo uma condição comum à época: *"O senhor toma conta?"*

Clara foi liberada pela irmã e, sob os "cuidados" de Jadir, cantou na Rádio Inconfidência, ganhando mais admiradores. Foi incentivada a se inscrever no concurso "A voz de ouro ABC", disputado em fases regionais pelo país. Cantando "Serenata do adeus" (Vinicius de Moraes), foi a vencedora da etapa mineira, se classificando para a grande final, em São Paulo. A essa altura, o nome Clara Francisca não era bem visto nos bastidores, não soava como nome artístico. Ela citou o sobrenome da mãe, Nunes. Pronto, nascia ali Clara Nunes.

Ao mesmo tempo, começava seu primeiro namoro sério, com Aurino Araújo. Ele era irmão de Eduardo Araújo, cantor de sucesso da Jovem Guarda, a voz de "O bom" (*"Meu carro é vermelho / Não uso espelho pra me pentear"*). Aurino era da alta sociedade mineira, de família rica, bem relacionado e influente. Ele a conheceu ainda como cantora amadora, nas festas da Fábrica Renascença. Aos poucos, os dois foram se envolvendo. Foi Aurino quem levou Clara a São Paulo de carro, para disputar a final do concurso "A voz de ouro ABC". Ela foi classificada em terceiro lugar e ganhou um contrato com a Odeon para gravar um compacto. Na volta a BH, começou a ser requisitada para shows e apresentações nas casas noturnas e nos clubes da cidade. Ficou impossível conciliar a vida na noite com o emprego na Fábrica Renascença. Em março de 1962, ela assinou seu desligamento da empresa. A partir de agora, a música seria seu ganha-pão.

Foram três anos percorrendo a noite de Belo Horizonte, cantando em várias línguas, engrossando a fileira de admiradores e ficando famosa na cidade. Clara estrelou programas no rádio e até uma atração na televisão, *Clara Nunes convida*. "*A televisão foi uma decorrência meio lógica. Além de razoavelmente telegênica, eu era uma morena muito jeitosa e venci durante três anos seguidos o concurso de melhor cantora mineira. Aí eu ganhei um programa só meu. E, entre convidados que nele apareciam quando a verba permitia, alguns colegas de centros mais prestigiados como Rio e São Paulo insistiam no conselho: 'Tente a sorte por lá, você tem talento para isso.' A insistência quebra qualquer resistência. E eu acabei entendendo que deveria tentar uma jogada maior. Sem rede. O Rio de Janeiro.*"[97]

Em 1965, Clara se mudou finalmente para o Rio, para tentar a carreira. Ela se instalou num apartamento em Copacabana, onde já viviam Aurino Araújo, seu irmão Eduardo Araújo e o "cafajeste" Carlos Imperial. Em seguida, bateu na porta da Odeon, para cobrar a promessa de produzir o compacto como prêmio pelo terceiro lugar no concurso ABC. As canções escolhidas foram "Amor quando é amor" (Othon Russo/Niquinho) e "Ai de quem" (Osmar Navarro/Alcina Maria) — em sua primeira vez num estúdio, Clara também gravou a obra de uma mulher, Alcina Maria, que começou a compor ainda nos anos 50.

O passo seguinte, depois do compacto, foi gravar seu primeiro LP. *A voz adorável de Clara Nunes* trazia as duas canções que estavam no com-

---

97. FERNANDES, Vagner. *Clara Nunes: Guerreira da utopia*. Rio de Janeiro: Agir, 2019, p. 84.

pacto do ano anterior e outras que mantinham a pegada romântica, numa sonoridade próxima ao bolero. Entre os compositores, nomes como Tito Madi, Jair Amorim, Evaldo Gouveia, Silvino Neto e João Roberto Kelly. O disco chegou às lojas e por lá ficou: vendeu apenas 3.100 cópias.

A cantora se sentia perdida artisticamente. O repertório romântico não tinha emplacado, e Clara sabia que não queria insistir naquilo. Mas tampouco tinha certeza de qual seria o rumo mais adequado. Nessa indefinição, atacou em diversas frentes: gravou versões estrangeiras, marchinhas de Carnaval, novas músicas água-com-açúcar, se aproximou da turma da Jovem Guarda, investiu nos festivais, participou do filme *Na onda do iê-iê-iê* e protagonizou fotonovelas em revistas. Era uma metralhadora giratória em termos de coerência artística, mas o objetivo era um só: sobreviver no Rio de Janeiro.

A vida não andava fácil para a menina vinda do interior de Minas, especialmente quando teve que sair do apartamento de Aurino, Eduardo e Imperial. Ela não gostava de dividir o espaço com o trio e com a imensa quantidade de mulheres que frequentavam o endereço. E, pior, tinha medo que sua família descobrisse que morava sob o mesmo teto com três rapazes. Deixou o local e se mudou para uma vaga na rua Barata Ribeiro, também em Copacabana. A nova rotina era dura, e Clara chegou a pensar em retornar para Minas Gerais. A grana ficou curta, suas músicas não emplacavam e ela ainda tinha que mandar algum dinheiro para a família. Mas foi ali que se encontrou espiritualmente, o que seria importante para sua vida e sua carreira: "*Éramos cinco num quarto desse tamaninho. Vagas. Vagas ocupadas por três mulheres que trabalhavam à noite. Duas de dia. Eu era do turno da noite. Cantava em boates, furava programas de televisão, batalhava muito. As outras duas eram prostitutas e uma delas se drogava no nosso quarto. Meu desespero começou a ficar transparente. Eu estava pra deixar tudo e voltar para Belo Horizonte. Aí aconteceu uma espécie de milagre. Uma das prostitutas levou-me a um centro na Rocinha. E ali encontrei meu caminho. Minhas forças, meu destino. Desenvolvi-me na umbanda*"[98], contou Clara.

---

98. BÔSCOLI, Ronaldo. "Clara Nunes". *Manchete*, Rio de Janeiro, 24 dez. 1977, pp. 72-74.

Ela se mudou de apartamento para "fugir" de Carlos Imperial, mas foi ele quem lhe entregou o primeiro sucesso da carreira. Em 1968, finalmente Clara atingiu o objetivo de toda jovem cantora: estourar uma música. "Você passa e eu acho graça" (Carlos Imperial/Ataulfo Alves) foi defendida por ela num festival da TV Excelsior e conquistou apenas o quinto lugar na disputa, mas o que importava mesmo era a projeção nacional que a canção ia lhe render.

O problema é que a gravadora Odeon tinha uma visão diferente da persona artística de Clara, e o álbum que veio em sequência não conseguiu capitalizar essa exposição. O LP *Você passa e eu acho graça* trazia a canção-título e "Sabiá" (Tom Jobim/Chico Buarque), outro sucesso da época. Havia ainda músicas de Noel Rosa, Darcy da Mangueira, Chico Buarque e Martinho da Vila — o repertório não era ruim, mas a roupagem era a do romantismo mais deslavado. No ano seguinte, veio um novo disco com repertório duvidoso, misturando canções de Carlos Imperial com as de compositores da Jovem Guarda. Entre 1966 e 1969, foram três LPs fracassados. Seria difícil para Clara Nunes continuar despertando interesse das gravadoras.

O álbum lançado por Clara Nunes em 1969 se chamava *A beleza que canta*. Um título que fazia referência direta a seus atributos físicos e, mais ainda, os colocava à frente do próprio canto. Dá para imaginar algo assim ocorrendo com um cantor homem? Clara enfrentou essa questão em toda a carreira, especialmente no início, com sua beleza parecendo anteceder qualquer dote artístico que pudesse mostrar. É uma situação comum enfrentada pelas mulheres: serem primeiro avaliadas fisicamente, para só em seguida se abrir espaço para algo que tenham a dizer ou a mostrar. Quando começou a fazer sucesso, nos anos 70, Clara equilibrou essa equação, já que seu talento ficou em evidência. Mas, nos anos 60, cantora iniciante, teve que lidar com esse tipo de olhar de forma sistemática. O título do LP *A beleza que canta* é apenas um exemplo disso.

Em seus primeiros anos no Rio de Janeiro, embora a carreira estivesse claudicante, Clara era figurinha fácil em revistas femininas e de fofoca. Sua imagem era carismática, os leitores queriam saber de sua vida, e ela estava sempre disponível para entrevistas e fotos, na tentativa de se tornar conhecida. O problema é que, como musicalmente não despertava tanto interesse, a cantora era convidada apenas para participar de pautas de moda, beleza, culinária e assuntos do tipo. Outro tema recorrente era sua vida amorosa: a imprensa tinha especial curiosidade por sua rotina afetiva. E Clara dava declarações que repercutiam bastante. Em uma reportagem na *Revista do Rádio*, por exemplo, chegou a dizer que, se o amor *"fizer imposição para que eu deixe a vida artística, após o casamento, não titubearei nisso. Trocarei tudo pela minha felicidade sentimental"*[99].

Em março de 1966, a mesma *Revista do Rádio* publicou uma reportagem que mostra como a figura feminina era vista aos olhos masculinos. O texto assinado por Waldemir Paiva deu o tom logo no primeiro parágrafo, ao falar sobre o concurso "A voz de Ouro ABC": *"Diziam que a moça estaria bem melhor na passarela do Miss Brasil. Todavia, sendo bonita, ela era também excelente cantora."*[100] O autor não parou por aí. Uma das perguntas que ele fez a Clara soou quase desrespeitosa: *"Prefere que falem da sua voz ou da sua beleza?"* Ela responde: *"Gosto de ouvir palavras elogiosas referentes à minha voz. Sou sincera demais para esconder isso. E, embora não me considere bonita, fico lisonjeada quando dizem-me palavras bonitas, referindo-se à minha pessoa física. Aliás, nesse sentido os cariocas são exagerados..."* *"Por quê?"* *"Qualquer moça que apareça de biquíni no Castelinho pode responder esta pergunta. Ela se torna uma ilha, cercada de galanteios por todos os lados."* O texto continuou com insinuações e gracejos: *"Para os que não tiveram a sorte, isso é, a oportunidade de ver Clarinha no Castelinho, podemos acrescentar que ela está mesmo bem queimada pelo sol, tem cabelos pretos, olhos castanhos e suas principais medidas são: 57 de peso, 1,64m de altura, 90 de quadris e 90 de busto."*

Por fim, surgiu a revelação de uma "proposta indecente" recebida por Clara: *"Certa vez, estando ela na cidade de Governador Valadares, um fazendeiro local lhe fez curiosa proposta de casamento, demonstrando ser um*

---

99. FERNANDES, Vagner. *Clara Nunes: Guerreira da utopia*. Rio de Janeiro: Agir, 2019, p. 124.

100. PAIVA, Waldemir. "Beleza de Minas desprezou fortuna porque não amava". *Revista do Rádio*, n. 860, 22 mar. 1966, p. 36.

grande milionário. Na oportunidade, além de provar muita coisa, levou-a para um pequeno monte e disse: 'Uai! Tá vendo ali. São 30 mil cabeças de gado. Dou tudo pra você casar comigo.' E Clara Nunes não aceitou a proposta. (...) Como ainda não quis aceitar muitas outras que surgiram-lhe. Garante: 'Meu coração já está tomado. O nome do dono pouco importa, pois não é conhecido no meio artístico.' 'Quer dizer que ele levou mesmo a melhor?' 'Ele não tem rivais. Só isso...' O título da reportagem não chamava Clara pelo nome, mas por seus atributos físicos: *"Beleza de Minas desprezou fortuna porque não amava."* A legenda destacava: *"De roupa esporte ou em trajes de gala, a mineirinha Clara Nunes é dessas coisas que fazem bem aos olhos."*

O "dono do coração" citado por Clara era Aurino Araújo, com quem namorava à época. Os questionamentos sobre as conquistas amorosas da cantora prosseguiram carreira adentro. Clara teve três relacionamentos longos, com Aurino Araújo, Adelzon Alves e Paulo César Pinheiro. Mas foi alvo de muitas especulações da imprensa, que no começo da carreira lhe atribuía namorados a torto e a direito. Entraram na lista de "especulados" nomes como o jogador Jairzinho, Martinho da Vila, Sérgio Reis e Jair Rodrigues. A coluna "Mexericos da Candinha", da *Revista do Rádio*, chegou a publicar a seguinte nota no ano de 1970: *"Certo repórter outro dia quase leva uns tapas da cantora Clara Nunes. Tudo porque ele gosta de arranjar namorados para ela sem seu consentimento..."*[101]

A mais rumorosa dessas histórias dava conta de um suposto romance entre Clara e o apresentador Chacrinha, que foi assunto de revistas e jornais por algum tempo. A cantora era uma participante constante dos programas do Velho Guerreiro e sempre reconheceu a importância dele em sua carreira: *"Eu tive pessoas que me ajudaram muito no meu começo difícil no Rio. Não esqueço Chacrinha, uma pessoa maravilhosa na minha vida. Ele sabia dos meus problemas, porque eu contei tudo. Eu morava em vaga e não tinha dinheiro pra pagar o quarto. Eu falei meus problemas pra ele, e Chacrinha me botava no programa para me ajudar. Ele acreditava em*

---

101. "Mexericos da Candinha". *Revista do Rádio,* n. 1068, p. 17.

mim como artista, mas no fundo eu sabia que também era pra me ajudar a pagar o aluguel."[102]

No livro *Guerreira da utopia*, Aurino Araújo descarta o possível romance: "Isso nunca foi verdade. Chacrinha tinha a Clara como filha e ela via nele um pai. Clara sempre foi íntegra. Essa história com Chacrinha é fofoca."[103] A própria cantora falou sobre o assunto numa entrevista em 1973, explicando a origem do boato: "*O principal motivo dessa campanha começou a ficar claro em 1967, quando gravei músicas de Carnaval pela primeira vez. Havia nessa época um grupo de tradicionais cantoras de músicas carnavalescas que formavam uma panelinha e não permitiam que ninguém entrasse no grupo. Aí elas não deixaram por menos e começaram a inventar que eu tinha um caso com o Chacrinha, porque ele tinha me dado muitas oportunidades em seu programa. Poderia citar o nome das criaturas que queriam me derrubar, mas não vou fazer o mesmo jogo sujo que fizeram comigo. São pessoas que pararam no tempo e no espaço.*"[104]

Na biografia de Chacrinha, escrita por Denilson Monteiro, o caso também é abordado. O autor relembra as histórias aventadas à época, como a de que Chacrinha teria comprado um apartamento para Clara, ou a de que a cantora não era escalada para o programa quando a mulher do Velho Guerreiro, Florinda, ia às gravações. Mas o livro relata que era Florinda quem cuidava das finanças do marido, e que Chacrinha ficava em casa quando não estava trabalhando — o que enfraqueceria a hipótese do romance.

Apesar de as biografias de Clara e de Chacrinha não sustentarem a versão de que houve o envolvimento, a cinebiografia sobre a vida do apresentador, dirigida por Andrucha Waddington e lançada em 2018, foi em direção contrária: insinuou o caso sem deixar grande margem para dúvidas entre os espectadores. No filme, Chacrinha era vivido por Stepan Nercessian, enquanto Clara era interpretada por Laila Garin.

---

102. *Jornal Hoje*. Rio de Janeiro: TV Globo, 14/08/1982. Programa de TV.

103. FERNANDES, Vagner. *Clara Nunes: Guerreira da utopia*. Rio de Janeiro: Agir, 2019.

104. PINHEIRO, Narciso. "Encontrei meu estilo e achei meu amor. Agora, podem falar de mim". *Manchete*, Rio de Janeiro, 01 dez. 1973, pp. 40-41.

O fato é que Clara teve que lidar com questões sobre sua aparência e sua vida amorosa durante boa parte da carreira. Esses assuntos só ficaram em segundo plano quando ela virou um estouro de vendas, caminho que começou a ser trilhado em 1971. A mineira já sabia que queria dar uma chacoalhada na carreira, e tinha gostado da praia do samba, que vinha experimentando aos poucos, naquela virada dos anos 60 para os 70. Para isso, pediu à Odeon que tivesse como produtor de seu disco Hermínio Bello de Carvalho, que havia criado o musical *Rosa de Ouro*. A parceria não se concretizou, e então surgiu o nome de Adelzon Alves.

Adelzon era um radialista que conseguia boa audiência nas madrugadas da Rádio Globo tocando samba de raiz. No fim dos anos 60, teve importância na divulgação de artistas como Martinho da Vila e Paulinho da Viola. Tocar no seu programa *Amigo da madrugada* era um passo grande rumo ao sucesso. Adelzon conta que, ao ser convidado, estabeleceu algumas diretrizes para o trabalho com Clara: "*A primeira: construir-se uma imagem de cantora identificada com as origens afro da nossa música, abandonadas desde a morte de Carmen Miranda. Deveríamos gravar as músicas dos compositores das escolas de samba, por sermos um país com o mais belo espetáculo audiovisual do mundo.*" A segunda condição colocada por Adelzon tem a ver com o tipo de exposição de Clara na mídia, muito centrado em sua imagem pessoal: "*Nenhuma entrevista deveria ser concedida em torno da vida particular de Clara; só das suas atividades profissionais. Naquela época, devido às dificuldades de veiculação de reportagens com cantoras, se usava o expediente de inventar romances para que elas virassem notícia. Eu era contra e achava que o trabalho dela e o respeito a ele deveriam se sobrepor a tudo.*"[105]

Houve concordância em relação aos pleitos de Adelzon, já que Clara também tinha a intenção de banhar sua música de brasilidade — aliás, o radialista fora convocado justamente por isso. A primeira parceria deles foi um compacto que trazia dois sambas-enredo: "Misticismo da África ao Brasil", do Império da Tijuca, e "Festa para um rei negro (Pega no ganzê)", do Salgueiro, que foram lançados logo após o Carnaval de 1971.

---

105. "O fim de uma guerreira". *Manchete*, Rio de Janeiro, 16 abr. 1983, pp. 4-11.

Esse desfile, aliás, marcou a estreia de Clara Nunes na Avenida com as cores da Portela.

O compacto foi bem recebido, o que significava que o álbum a ser produzido em seguida deveria ir na mesma direção. No LP *Clara Nunes*, de 1971, ela então gravou compositores novos do mundo do samba, como João Nogueira, Baianinho, Gisa Nogueira e Geovana, além de "Sabiá", de Luiz Gonzaga e Zé Dantas. Adelzon Alves fez um texto para a contracapa do disco que mostra a guinada que estava sendo dada na carreira da cantora:

"*Meu cumpade, o negócio é o seguinte: a partir da música 'Misticismo da África ao Brasil', que a moçada vem escutando todo dia, é só ligar a 'caixa de conversa',* CLARA NUNES *toma uma posição bem definida das raízes da cultura popular brasileira. Neste LP, o* SABIÁ *num 'brinca em serviço'. Dá seu recado com músicas, sons e os refrões do candomblé e da 'Puxada da Rede do Xaréu', estes últimos ligados à vida econômica, religiosa e artística da Bahia (folclore), que fazem parte da nova imagem audiovisual que a cantora vem mostrando ao público nos seus shows, apresentações de televisão, etc. Essa imagem é o aproveitamento das formas, cores, sons, ritmos etc. e tal da cultura popular brasileira. Além do estilo já conhecido de* CLARA NUNES*, este disco revela mais uma faceta das suas grandes possibilidades como intérprete. As músicas são o 'Sabiá', do Zé Dantas, 'Canseira', de Paulo Diniz, 'Aruandê Aruandá', do Zé da Bahia, autor que grava pela primeira vez mas não deixa furo; 'Participação', de autores novos e da pesada também. Os sambas são de João Nogueira, uma das melhores revelações da música popular brasileira deste ano, e Geovana, comadre nossa, de 21 anos de idade, criada em morros e favelas do Rio, que mete bronca nuns pagodes aí que a rapaziada 'tem que se sigurá' porque 'num é fácil'. Bem, tem outras coisas, mas chega de jogar conversa fora. Vamos escutar a 'bulacha'.*"

E muita gente escutou a "bulacha": enfim Clara atingiu uma vendagem razoável de um disco, cujo repertório trazia três compositoras, Maria Rosita Salgado Góes, Gisa Nogueira e Geovana. Mesmo com o discurso de uma nova roupagem para o som da mineira, ainda havia resquícios do que ela fazia nos anos 60. O maior exemplo é a gravação de "Feitio de oração" nesse disco de 1971: o samba de Noel Rosa e Vadico aparece num arranjo recheado de sopros e teclados, bem distante da sambista que estava surgindo naquele momento. Mas, como o grande estouro do LP foi "Ê, baiana" (Fabrício da Silva/Baianinho/Ênio Santos Ribeiro/Miguel Pancrácio), samba arrasa-quarteirão que trazia uma batucada típica das quadras das escolas, a gravadora percebeu que esse era o caminho a ser seguido.

Tanto que o disco seguinte, *Clara Clarice Clara*, de 1972, já pisou no acelerador nessa direção, trazendo mais dois sambas-enredo ("Seca do Nordeste" e "IluAyê") e composições de Nelson Cavaquinho, Cartola, Carlos Cachaça, João Nogueira, Gisa Nogueira, Candeia e Mauro Duarte. Se era essa a trilha que estava funcionando comercialmente, Clara não devia se afastar dela. Os arranjos excessivamente românticos foram ficando pra trás, e cada vez mais a sonoridade de seus discos apostava nas platinelas do pandeiro e no pano da cuíca. A carreira pode ter deixado o romantismo pra trás, mas a vida pessoal, não: Clara Nunes e Adelzon Alves começaram a namorar logo após o lançamento do primeiro disco que fizeram juntos.

A música não foi a única mudança de Clara nessa transformação profissional do início dos anos 70. O visual da artista também se modificou, adotando o branco nas roupas e os adereços de cabeça, com a já citada inspiração em Carmen Miranda. Ela passou a frequentar as rodas do subúrbio, a quadra da Portela, a casa de Candeia, os pagodes da Velha Guarda e as Noitadas de Samba do Opinião, experimentando um dia a dia mais próximo dos sambistas. Procurou a bailarina Mercedes Baptista, expoente do balé afro-brasileiro, para aplicar doses de negritude em sua dança e incrementar a desenvoltura no palco. E mergulhou de cabeça na religiosidade de matriz africana, incorporando rituais da umbanda e do candomblé em seu dia a dia: os terreiros de Pai Edu, em Olinda, e da Vovó Maria Joana Rezadeira, na Serrinha, foram alguns dos frequentados por Clara.

Ao mesmo tempo que se identificava com o povo, pisando firme nas tradições populares, Clara dialogava com parte da intelectualidade brasileira, que promovia uma valorização da cultura africana e das heranças negras, fazendo o Brasil olhar pra dentro e reconhecer o legado deixado pelos povos trazidos pra cá na diáspora. O movimento pan-africanista se fortalecia nos anos 70 (não só no Brasil, mas também em outras partes do mundo), levando à realização, entre outros encontros marcantes, dos Congressos de Cultura Negra. A figura de Clara Nunes, cantando tributos aos orixás e exibindo sem pudores sua religiosidade, era impulsionada pela expansão desse movimento, mas também o alimentava, fortalecendo seus símbolos e propagando por todo o país os signos da umbanda, do candomblé e das raízes do samba.

O disco de 1973 mais uma vez obteve bons resultados, com repertório que incluía "Tristeza pé no chão" (Armando Fernandes), "Quando eu vim de Minas" (Xangô da Mangueira) e "Minha festa" (Nelson Cavaquinho/Guilherme de Brito) — a reboque, vieram vários prêmios como Melhor Cantora. A carreira continuava seguindo em frente, e uma grande mudança de status nesse ano partiu de um convite inesperado: estrelar um espetáculo com Vinicius de Moraes e Toquinho. *Poeta, moça e violão* ficou meses em cartaz, lotando casas de show em diversas cidades do país. Clara cantava, além das obras dos companheiros de palco, músicas de compositores como Tom Jobim, Dorival Caymmi, Pixinguinha e Ary Barroso. Ela ficou feliz por estar em projeto tão bem-sucedido e por sentir que estava passando a ocupar um novo espaço no cenário musical brasileiro: *"Hoje a própria imprensa, que divulgava todas aquelas intrigas sobre mim, reconhece meu valor. Tenho minha carreira marcada pelo fato de Vinicius de Moraes ter me apoiado e apresentado a um novo tipo de público. Ele foi o primeiro artista do chamado primeiro time da MPB a reconhecer o meu valor."*[106]

Um detalhe do show *Poeta, moça e violão* revela o papel que a mulher ocupava socialmente no início dos anos 70. Na definição do título do espetáculo que reuniria Clara Nunes, Vinicius de Moraes e Toquinho, uma palavra foi escolhida para designar cada um dos participantes. Vinicius foi chamado de "poeta". Toquinho foi citado como o "violão". A Clara, restava ser a "moça". Ou seja, a referência aos homens partia de suas habi-

---

106. PINHEIRO, Narciso. "Encontrei meu estilo e achei meu amor. Agora, podem falar de mim". *Manchete*, Rio de Janeiro, 01 dez. 1973, pp. 40-41.

lidades artísticas: o que tem o dom da escrita (faz poesia) e o que toca um instrumento (violão). Mas Clara não teve o mesmo tratamento; ela não foi descrita como "a voz" ou "o canto". Ela está lá simplesmente por... ser mulher! Como se tivesse função decorativa, para "embelezar" o palco. A opção pela palavra "moça" ainda denota a busca por uma figura de "pureza", que era a acepção feminina mais valorizada à época.

Machismo à parte, Clara deu conta do recado e brilhou em cena. Além do público do samba, ela ampliou o alcance de seu trabalho, chegando à elite que acompanhava Vinicius e Toquinho. Nesta mesma linha, surgiu o convite para o espetáculo *Brasileiro profissão esperança*, que estrelaria ao lado de Paulo Gracindo, cantando repertório de Dolores Duran e Antônio Maria. A temporada carioca do show fez tanto sucesso, lotando o Canecão de quarta a domingo por meses, que o dono da casa deu um carro novo para Clara e outro para Gracindo no último dia de espetáculo. A cantora não parava de subir os degraus da carreira. E, em breve, mudaria ainda mais de patamar. A partir de seu disco de 1974, ela nunca mais seria chamada de "a moça" ou "a beleza que canta".

Alvorecer foi o quarto álbum lançado por Clara depois da mudança na carreira, com repertório que parece de coletânea, incluindo "Menino Deus" (Mauro Duarte/Paulo César Pinheiro), "Meu sapato já furou" (Elton Medeiros/Mauro Duarte), "Alvorecer" (Dona Ivone Lara/Délcio Carvalho) e o grande estouro do disco, "Conto de areia" (Romildo Bastos/Toninho Nascimento). Com esse LP, Clara conseguiu o que mulher nenhuma havia conseguido na história da música brasileira: vender mais de 400 mil cópias. Seu nome estava inscrito definitivamente no panteão das estrelas da cultura nacional.

Em 1974, o Brasil já era conhecido por ter grandes vozes femininas. Havia muitas cantoras de sucesso tocando nas rádios, rodando o país em shows e gravando discos, como Elis Regina, Maria Bethânia, Elizeth Cardoso, Ângela Maria, Wanderléa, Emilinha Borba, Marlene, Gal Costa, Nara Leão, Elza Soares, entre tantas outras. Para se ter uma ideia, a esta altura, Elis já tinha feito sucesso na TV com o programa *O fino da bossa*, Bethânia tinha causado impacto com "Carcará", Elizeth já ostentava o apelido de Divina, Elza já tinha lançado quase 20 LPs, Emilinha e

Marlene arrebanhavam uma legião de fãs fiéis, Gal já estrelara o inesquecível show *Fatal*, Nara já era a musa da bossa nova e do samba de morro, Wanderléa tocou no país todo com "Pare o casamento", Ângela Maria já contava mais de 25 anos de carreira. Mas nenhuma delas tinha alcançado a marca obtida por Clara com *Alvorecer*. Não havia nada igual.

A explicação que existia até então para o desempenho tímido das cantoras nas vendas de discos era simplória: a maioria do mercado consumidor de LPs era formada por mulheres, e elas gostam mesmo é de comprar discos de homens. Uma explicação reducionista demais, que não dava espaço para outras nuances em assunto tão complexo. Nelson Motta escreveu uma coluna no jornal *O Globo* sobre o tema, em janeiro de 1978. As fotos que ilustravam o texto eram de Beth Carvalho, Maria Bethânia, Gal Costa e Clara Nunes, é claro. Ele arriscou outros motivos para o pífio desempenho feminino na indústria fonográfica até o começo da década: "*Faltam algumas incógnitas na equação que durante tanto tempo dificultou (e ainda dificulta) o início e o prosseguimento da carreira artística para muitas mulheres que fizeram do canto popular seu ofício — exercido, como em qualquer campo, com mais ou menos talento e eficiência por umas e outras — mas exatamente na mesma proporção que entre os varões. A crença nesse tabu, obviamente, desencorajava investimentos em cantoras, tipo: 'entre um cantor e uma cantora de iguais possibilidades artísticas e comerciais, ficar sempre com o cantor', o que sempre e com crescente rigor vinha acontecendo entre as gravadoras. Quanto menos se investia em cantoras e quanto menos eram lançadas, crescia o domínio masculino no mercado.*"

Nelson Motta tocou num ponto importante, ao falar que a justificativa de que o público feminino não comprava discos de mulheres gerava um círculo vicioso, que dificultava a chegada das cantoras ao mercado e, consequentemente, aos primeiros lugares de vendas, favorecendo aqueles que já estavam lá, os homens. Mas ele admitia que o cenário havia mudado no fim dos anos 70: "*Hoje, olhando a relação de discos mais vendidos e de artistas mais populares veremos (realisticamente) que espaços privilegiados estão em femininas mãos: Beth Carvalho, Clara Nunes, Elis Regina, Maria Bethânia, Gal Costa, Alcione, Frenéticas, Simone, Lady Zu, Maysa, Claudia Telles, Rosemary e Ângela Maria estão entre as maiores vendagens de disco do ano, em prova inequívoca do crescente poderio feminino junto aos consumidores de música popular. Mas em muitas gravadoras ainda resiste o tabu da supremacia masculina na hora de escolha e compra do disco. (...) A superexposição cada vez mais atraente das excelências femininas nos outros meios de comunicação e expressão artística acabou gerando um interesse masculino mais direto, colaborando assim para o aumento de receita das moças e assim conferindo-lhes maiores espaços de poder e credibilidade entre os que comandam as gravadoras, suas oportunidades e investimentos — sempre realizados em função do produto supostamente mais rentável. Elas foram (e estão) ficando cada vez mais rentáveis. E, portanto, poderosas. Basta ver o aparato promocional que cerca cada vez mais os lançamentos em show ou disco das supracitadas poderosas vendedoras. Tratadas a pão-de-ló por gravadoras, empresários e promotores de vendas. Independentésimas, respeitadas",* diz Nelson Motta, que finaliza com outra pista sobre o fenômeno das fracas vendas femininas no mercado fonográfico brasileiro: *"Embora ainda não seja conhecida a presença de mulheres nos postos de decisão das gravadoras, espera-se para breve a abertura de mais essa fenda nos bolsões de resistência masculina."*[107]

Mais de quarenta anos depois, o mercado fonográfico brasileiro ainda é comandado basicamente por homens. Nas gravadoras, houve avanço pequeno em relação à presença das mulheres nas posições de comando. Isso também é verdade quando se fala em postos-chave, como os dos produtores musicais, que são importantes na escolha de repertório e em outras decisões artísticas. Por outro lado, percebe-se um avanço feminino consistente em atividades como o empresariamento artístico.

O fato é que Clara Nunes quebrou todos os tabus com a vendagem recorde de *Alvorecer* — e a música-título desse LP que rompeu barreiras é de autoria de outra personagem desse livro, Dona Ivone Lara, sobre quem falaremos mais detalhadamente no próximo capítulo. Clara dava também um passo além, fortalecendo na indústria fonográfica a imagem da "cantora de samba", aquela que constrói repertório inédito a partir dos compositores populares e que consegue se comunicar com todas as classes.

---

107. MOTTA, Nelson. "As poderosas futuras chefonas". *O Globo*, Rio de Janeiro, 03 jan. 1978, p. 30.

A mudança de status do samba no mercado musical se deu na virada dos anos 60 para os anos 70, com Martinho da Vila. Antes disso, nomes como Francisco Alves e Mário Reis faziam sucesso cantando samba, mas não eram considerados "sambistas". Ataulfo Alves, reconhecidamente um bamba, estourou como compositor, mas como cantor não passou de vendas razoáveis, com "Pois é", nos anos 50. Nada comparado ao que faria Martinho, que elevou o patamar do gênero de forma definitiva. Em 1969, com seu disco de estreia, vendeu 400 mil cópias, um número maiúsculo, se tornando de imediato o principal nome da gravadora, a RCA Victor. A partir dali, o mercado entendeu que poderia ganhar dinheiro com o samba, o que não acontecia até então, e passou a procurar artistas que ocupassem esse nicho. Clara Nunes, em 1974, provou que isso podia acontecer não só com cantores homens, mas também com as mulheres.

Antes de Clara, já existiam cantoras identificadas com o samba. Mas Aracy de Almeida tinha predileção pelo samba-canção, com repertório ainda associado à Era do Rádio. Elizeth Cardoso era dona de um perfil muito eclético, gravando preciosidades como *Elizeth sobe o morro*, alternando com LPs românticos e flertes com a bossa nova. E Elza Soares era uma cantora de samba, mas fazia muitos projetos de releituras, sem produzir tanto material inédito.

E foi justamente na virada dos anos 60 para os 70 que a indústria de discos no Brasil se estruturou, com departamentos de marketing que faziam estudos de mercado e orientavam os artistas em relação ao que achavam que o público queria ouvir. A partir desse momento, os cantores passaram a fazer parte de *castings*, cada um com seu nicho de fãs, atendendo a uma demanda comercial. As próprias companhias, muitas delas multinacionais, dividiam sua produção em setores: um diretor artístico cuidava dos artistas mais populares, outro ficava com os trabalhos mais refinados, um terceiro tinha o papel de focar nos novos talentos, e por aí vai. O mercado de gravadoras explodiu, e o Brasil só perdia para os Estados Unidos no número de empresas desse setor. RCA Victor, Columbia, Continental, Copacabana, Odeon, Philips, Polydor, Elenco, Tapecar, Festa, Musidisc, Fermata, RGE, Pawal, Masterplay, Mocambo e Chantecler eram alguns dos maiores selos discográficos da época.

É aí que Clara Nunes inaugura a figura da "cantora de samba", como a conhecemos até hoje. Adelzon Alves resume alguns aspectos desse período: "*Clara abriu as portas, na indústria do disco, para que o compositor tivesse um espaço, prestígio e reconhecimento de uma parcela da imprensa e da televisão que o desprezava, só porque ele não tem padrões helênicos de beleza. Ou seja, não era um garotão bonitinho e que cantava rock ou baladas. Esse foi o grande mérito dela e do Martinho da Vila. Ninguém percebia que os dois estavam liderando um movimento de valorização do samba. (...) A quebra do tabu de que mulher não vende, já que quem compra disco é mulher, e mulher só curte homens bonitos, aconteceu com a gravação de 'Conto de areia', de Romildo e Toninho. O sucesso desse trabalho consolidou o prestígio de Clara e possibilitou que outras cantoras, até então sem grandes possibilidades nas gravadoras, encontrassem um campo para desenvolver seus trabalhos. Estou falando de Beth Carvalho, Alcione e tantas outras cantoras que vieram em seguida.*"[108]

Para Clara, tudo corria às mil maravilhas. Mas esse protagonismo gerou ciumeira em diversos ambientes, especialmente dentro da Odeon, que tratava a Guerreira como sua principal artista. Quando o Príncipe Charles veio ao Brasil, em 1978, para inaugurar os novos estúdios da companhia, na Zona Sul do Rio, foram convocadas outras estrelas da casa para recebê-lo, entre elas Simone. Mas, na hora de entregar uma caixa de LPs brasileiros ao britânico, foi Clara a cantora escolhida, para desgosto das demais.

Elza Soares também narra um episódio ocorrido ainda no começo dos anos 70, quando a Mineira resolveu cantar sambas. Elza e Clara já se conheciam da década anterior e eram próximas, além de dividirem a mesma gravadora. Na memória de Elza, foi ela quem recomendou Clara a Milton Miranda, diretor da Odeon. "*Ela chegou de Belo Horizonte bastante perdida, sem saber muito bem como se virar aqui no Rio. Frequentou a minha casa e ficou muito próxima de meu filho, Carlinhos. Ele chegou a acompanhá-la várias vezes em shows nesse início de carreira.*"[109]

---

108. BATISTA, Tarlis. "Adelzon Alves: Ele criou o mito". *Manchete*, Rio de Janeiro, 16 abr. 1983, pp. 10-11.

109. Entrevista ao autor.

Elza já era da Odeon desde o fim dos anos 50, e gravava pelo menos um disco por ano. No fim dos anos 60, se mudou com Garrincha para a Itália, onde viveu alguns anos. Mas, nesse período, não deixou de lançar seus discos no Brasil. Em 1971, quando veio da Europa para tocar o trabalho que lançaria em seguida, teve uma surpresa. *"Quando eu voltei à Odeon para tomar pé da situação, o meu repertório todinho estava reservado para a Clara. Foi dentro da gravadora que fizeram isso. Não me preocupei muito porque repertório você arruma outro fácil. Foi nessa época que eu encontrei o Roberto Ribeiro e resolvi gravar o disco com ele em 1972."*[110] A história de Elza com a Odeon não duraria muito mais. No ano seguinte, ela lançaria seu último disco pela multinacional — a prioridade deles era mesmo Clara Nunes. *"Eu sabia que ela teria uma carreira. Mas não imaginei que seria desse jeito. Quando eu voltei da Itália, o lugar dela era o meu."*[111]

Em 1974, Elza se transferiu para a Tapecar, e em seu disco de estreia, apareceu na capa com lenço na cabeça e colares no pescoço. Para o crítico musical Mauro Ferreira, um dos maiores conhecedores da música popular brasileira, aquilo era resultado da força da imagem de Clara: *"O visual afro-baiano da capa do álbum* Elza Soares *já era influência da imagem adotada por Clara Nunes, cantora que, já transmutada em (excelente) sambista, atraía todas as atenções da Odeon naquele ano de 1974"*[112], escreveu.

Se com Simone e Elza Soares as questões de Clara foram pontuais e não tiveram grandes consequências, uma outra rivalidade nascida no seio do mundo do samba atravessou toda a carreira de duas das nossas maiores estrelas (da música brasileira e deste livro): Clara Nunes e Beth Carvalho.

As rivalidades entre as mulheres fazem parte de uma cultura machista. Esse tipo de ambiente coloca os homens num patamar social-

---

110. Entrevista ao autor.

111. CAMARGO, Zeca. *Elza*. Rio de Janeiro: LeYa, 2018, p. 243.

112. FERREIRA, Mauro. "Reedições evidenciam os (des)caminhos de Elza Soares nos anos 1970 e 1980", 08 nov. 2010. Disponível em: <http://www.blognotasmusicais.com.br/2010/11/reedicoes-evidenciam-descaminhos-de.html>. Acesso em: 06 out. 2020.

mente superior; às mulheres, inferiorizadas, só resta disputar entre si o pouco espaço que resta. A competição é a tônica das relações femininas numa realidade em que os homens detêm o poder. Elas se digladiam pela atenção e pela preferência masculina, julgando umas às outras e estimulando sentimentos negativos mútuos. No livro *O feminismo é para todo mundo*, bell hooks aborda o tema: *"A ligação entre homens era um aspecto aceito e afirmado na cultura patriarcal. Simplesmente pressupunha-se que homens em grupos ficariam unidos, dariam apoio uns aos outros, seriam um time e colocariam o bem do grupo acima de ganhos e reconhecimento individuais. A ligação entre mulheres não era possível dentro do patriarcado; era um ato de traição."*[113]

A consciência de que a rivalidade feminina é atiçada pelos homens e alimentada pelas próprias mulheres, todos (eles e elas) dotados de um sexismo internalizado, gerou tentativas de se desnaturalizar esse comportamento nos últimos anos. O estímulo à união e à irmandade entre as mulheres começou a se espalhar, como contraponto ao clima hostil que havia até então. Nas redes sociais, movimentos como #elogieumamulher foram criados para incentivar a troca de palavras gentis entre elas. Mesmo assim, essa ainda é uma característica muito arraigada em nossas relações cotidianas. Algumas músicas recentes, já da década de 2010, cantadas por mulheres empoderadas do sertanejo e do funk, continuam trazendo essa visão antiga do confronto. O fato de artistas da nova geração, já com a mentalidade mais avançada nessa questão, ainda repetirem esse tipo de comportamento mostra como é difícil se livrar dessa cultura nociva. São letras como:

— *"Prepara que agora é a hora / Do show das poderosas / Que descem e rebolam / Afrontam as fogosas / Só as que incomodam / Expulsam as invejosas"* ("Show das poderosas", Anitta)

— *"Não sei se dou na cara dela ou bato em você"* ("50 reais", Naiara Azevedo)

---

113. HOOKS, bell. *O feminismo é para todo mundo: Políticas arrebatadoras.* Rio de Janeiro: Rosa dos Tempos, 2019, p. 35.

— "*Para com essa coisa, garota recalcada / Cachorra da rua a gente pega na porrada / Não tem nada pra fazer, tá sentada no portão / Fazendo fofoquinha, quer arrumar confusão*" ("Garota recalcada", Ludmilla)

— "*Tá tirando onda aí com o meu ex-namoradinho / Passando na boca que era minha / Coitada, já caiu na conversinha / Já caiu no lero-lero / Mas eu não dou um mês, parece até replay / A gente larga, ele arruma uma trouxa*" ("Quem ensinou fui eu", Maiara e Maraísa)

— "*Desejo a todas inimigas vida longa / Pra que elas vejam a cada dia mais nossa vitória / (...) O meu sensor de piriguete explodiu / Pega a sua inveja e vai pra... / (...) Beijinho no ombro pro recalque passar longe / Beijinho no ombro só pras invejosas de plantão*" ("Beijinho no ombro", Valesca Popozuda)

O comportamento pode estar começando a mudar, mas, até hoje, a regra foi ver mulheres em disputa, uma das características típicas do machismo estrutural. No meio artístico, não poderia ser diferente. A própria Clara chegou a atribuir o boato sobre seu relacionamento com Chacrinha a outras cantoras, que estariam insatisfeitas com as oportunidades que o apresentador lhe dava em seu programa de TV.

O fato é que as grandes "brigas" da história da música brasileira foram entre mulheres. A lista de duplas que são alvo de notícias do tipo "não convidem para a mesma mesa" é extensa. Podemos voltar aos anos 50, com o clássico "Emilinha Borba x Marlene" na disputa pelos fãs da Era do Rádio. Nos anos 60 e 70, Elis Regina não perdia a oportunidade de alfinetar Nara Leão (e Elizeth Cardoso). As doces bárbaras Gal Costa e Maria Bethânia nunca confirmaram, mas a imprensa insistia que havia uma briga entre elas. Wanderléa e Martinha protagonizavam o duelo da Jovem Guarda. Clementina de Jesus e Aracy Cortes se estranharam várias vezes nos bastidores. Até Rita Cadillac e Gretchen foram colocadas em lados opostos. Em tempos mais recentes, Xuxa e Angélica disputavam com unhas e dentes o amor dos "baixinhos". Da mesma forma, Sandy e Wanessa Camargo já começaram suas carreiras precoces como "rivais". O axé perdeu muito tempo discutindo se Ivete Sangalo e Claudia Leitte eram amigas ou inimigas. E o funk, que já tinha visto o confronto de Valesca Popozuda e Tati Quebra-Barraco, também assistiu ao rompimento público de Anitta e Ludmilla.

A verdade é que algumas dessas rivalidades podem nem ter existido na prática. Por outro lado, a história da MPB também testemunhou disputas de espaço por parte de cantores homens. Mas a mídia sempre deu mais atenção para confrontos entre mulheres — para deleite do público, que consumiu muita revista de fofoca e encheu de cliques os sites de notícias para saber dos detalhes picantes de cada um desses embates.

No caso de Clara Nunes e Beth Carvalho, a desavença começou porque elas dividiam espaço na mesma gravadora. A Mineira conseguiu produzir seu disco de sambas pela Odeon em 1971 — e mais ou menos na mesma época Beth tentou fazer o seu. A companhia viu potencial no recém-lançado álbum de Clara e não topou o projeto da carioca, que ficou muito chateada, dizendo que já tinha gravado sambas antes, em seu disco anterior. Sem opção, Beth teve que mudar de selo, se transferindo para a pequenina Tapecar, e só conseguiu lançar seu LP em 1973.

Mas a questão musical não foi a única variável desse quiproquó. Beth também dizia ter começado a usar roupas brancas e cabelo ruivo antes de Clara, e que a coincidência no figurino teria gerado desconforto. Certa vez, a Guerreira foi tirar satisfação no camarim das Noitadas de Samba do Teatro Opinião com Beth, que teria falado mal dela. Beth negou, dizendo a ter defendido de uma fofoca feita pela cantora Elizabeth, da Jovem Guarda. Beth achou tudo uma ingratidão, porque teria indicado Clara para cantar músicas em festivais, antes do sucesso.

Mais tarde, quando Gisa Nogueira lançou a música "Verdade aparente", Clara passou a cantar a letra para se referir a Beth: *"Você me diz que detesta ser notícia de jornal / Mas quando vê jornalista fica perto e coisa e tal / Dita as regras do jogo, mesmo sem saber jogar / Frequenta escola de samba, mas só curte a classe A / Bom crioulo só tem vez quando for pra impressionar / Que verdade é essa que você conta pra gente / Na verdade a verdade é geralmente aparente."* Enfim, um disse-me-disse completo. Para a imprensa, um prato cheio, que foi temperado e servido aos leitores em pequenas porções durante todo o tempo em que as duas conviveram.

Publicamente, ambas evitavam falar sobre o assunto. Não respondiam às perguntas em entrevistas, fugiam de declarações polêmicas, agiam diplomaticamente. Mas, nos bastidores, o climão era quase explícito. Quando estavam no mesmo programa de TV, cada uma ficava de um lado do camarim. Os amigos já sabiam que era melhor não falar de uma para a outra. Duas estrelas da nossa música têm lembranças de como essa rivalidade chegou até eles, no papel de compositores: Martinho da Vila e Jorge Aragão.

Aragão tinha estourado dois anos seguidos na voz de Beth Carvalho, com "Vou festejar" (1978) e "Coisinha do pai" (1979), que tocaram no país todo e o deixaram em evidência como autor. Nos anos seguintes, a Madrinha lançou mais duas canções dele, "Herança" (1980) e a maravilhosa "Tendência" (1981). Foram quatro anos gravando com Beth Carvalho e liderando as paradas de sucesso. Foi quando Clara Nunes chegou no ouvido de Neoci (parceiro de Aragão em "Vou festejar") com uma sutil reclamação: *"Vem cá, vocês só fazem música pra Beth Carvalho, é?"*

Neoci ficou tenso e foi conversar com Aragão, que relembra a história: *"Neoci veio falar comigo todo preocupado. E eu fiquei desesperado também: a Clara vendia muito, gravar com ela era certeza de um bom adiantamento financeiro! A gente não podia perder aquela oportunidade, nem deixar que a Clara ficasse chateada com a gente. Corremos pra fazer uma música pra ela. E fizemos! Mas infelizmente não deu tempo. Ela morreu logo depois"*, lamenta Aragão.

No caso de Martinho, a disputa entre Beth e Clara teve consequências em seu trabalho como compositor. A questão é que, em meados dos anos 70, Martinho da Vila e Candeia tinham feito dois sambas juntos, "Você, eu e a orgia" e "Amor não é brinquedo". Candeia estava bastante produtivo naquele período, e Martinho visitava muito o amigo, aproveitando para criarem algumas canções juntos. A casa de Candeia era uma espécie de ponto de encontro de sambistas, que se reuniam para fazer pagodes, agitar os preparativos para os desfiles da Quilombo[114] e mos-

---

114. Escola de samba fundada por Candeia para resgatar os valores tradicionais do samba e fortalecer a identidade negra, em contraponto ao processo de comercialização observado nas agremiações da época.

trar sambas novos. Beth Carvalho e Clara Nunes eram frequentadoras assíduas; iam para lá encontrar os amigos, mas também para procurar repertório para seus discos. A certa altura do ano de 1977, Clara pediu a Candeia músicas para seu novo álbum. O amigo mostrou as duas que havia feito com Martinho da Vila. Clara escolheu "Você, eu e a orgia". Tempos depois, Beth apareceu na casa de Oswaldo Cruz, com o mesmo objetivo: selecionar novidades para o próximo LP. Candeia novamente mostrou as duas parcerias que tinha com Martinho. E Beth... reservou a mesma música: "Você, eu e a orgia."

A questão é que Beth entrou primeiro em estúdio, para gravar o célebre disco *De pé no chão*, no qual incluiu a inédita de Martinho e Candeia. Quando Clara soube que a música que havia reservado estava no LP de Beth, ficou furiosa. *"Foi um erro do Candeia ter mostrado as mesmas músicas para as duas. Claro que ia dar confusão, porque era uma ciumeira danada... A Clara tinha escolhido a música primeiro. Ela ficou muito chateada com essa história e falou que nunca mais ia gravar música minha! Não brigamos, continuamos amigos, eu até dava opinião nos discos dela, e tal. Mas ela realmente nunca mais me gravou..."*, conta Martinho.

Em 2007, uma cena veio apimentar ainda mais essa rivalidade, 24 anos depois da morte de Clara. No lançamento da já citada biografia da Guerreira, escrita por Vagner Fernandes, o programa de TV *Sem censura*, comandado por Leda Nagle na TVE, fez um especial sobre a cantora. O assunto da rivalidade Clara x Beth voltou à tona. Alcione, uma das convidadas do programa, ao ser indagada sobre o tema, se virou para a câmera e falou: *"Ô, Beth Carvalho, está na hora de você usar uma pulseirinha de desconfiômetro, pois não é verdade o que você declara no livro, de que a Clara se apoderou do estilo que foi criado para você. Eu estava lá, acompanhei tudo isto, e Clara já usava este visual muito antes de você."*[115] Pronto, a briga que era de Clara e Beth agora também incluía Alcione.

---

115. "Beth Carvalho e Alcione trocam farpas por causa de Clara Nunes". *Jornal de Brasília*, 05 out. 2007. Disponível em <https://jornaldebrasilia.com.br/promocoes/beth-carvalho-e-alcione-trocam-farpas-por-causa-de-clara-nunes>. Acesso em: 07 out. 2020.

As pessoas próximas sabiam da situação, a imprensa explorava o quanto podia a rivalidade, mas em público Clara e Beth se respeitavam e eram até cordiais. Era comum ver uma comparecer ao show de lançamento do disco da outra, dando entrevistas elogiosas ao trabalho da colega. Após a morte de Clara, a mangueirense Beth Carvalho fez questão de desfilar na Portela, no Carnaval de 1984, para prestigiar a homenagem que a azul e branco faria à sua integrante ilustre — e ainda cantou "Um ser de luz" no esquenta, no carro de som portelense. No disco *Álbum musical*, de Francis Hime, lançado em 1997, é de Beth a voz na faixa "Clara", composta por Hime e Geraldo Carneiro em tributo à Guerreira.

Beth Carvalho também foi uma das artistas que compareceram várias vezes à Clínica São Vicente, onde Clara ficou internada por 28 dias antes de morrer. No dia do enterro, que levou uma multidão ao Cemitério São João Batista, ela foi a artista que mais conseguiu se aproximar da sepultura, conforme registro da reportagem do *Jornal Nacional*, da TV Globo: "*Havia tanta gente, e o tumulto era tão grande, que nem a família nem os amigos mais íntimos de Clara conseguiram acompanhar o caixão até a sepultura. Chico Buarque de Hollanda e a mulher, Marieta Severo, estiveram perto, mas tiveram que se afastar logo, devido ao grande tumulto. Beth Carvalho foi quem conseguiu chegar mais perto da Catacumba número 9.*"[116]

O fato é que, se essa disputa entre Beth e Clara foi realmente tão acirrada, ela não precisava ter acontecido. Mesmo ocupando um espaço semelhante no mercado, as duas conseguiram marcar imagens distintas na cabeça do público, construindo repertórios acima da média e mobilizando multidões. Ao contrário da lendária oposição Emilinha x Marlene, quando os fãs de uma não podiam ouvir falar nos fãs da outra, no caso das sambistas havia uma integração: em geral, os fãs adoravam Beth e Clara ao mesmo tempo. Mas a cultura machista estimulou essa rivalidade por anos e até hoje o caso rende assunto no meio musical.

---

116. *Jornal Nacional*. Rio de Janeiro: TV Globo, 04 abr. 1983. Programa de TV.

Se não havia conflito entre os admiradores das duas estrelas, Clara enfrentou outro tipo de cisão que poderia ter abalado sua carreira, na virada de 1974 para 1975. A questão é que a Sabiá se apaixonou pelo compositor Paulo César Pinheiro e começou a namorá-lo, terminando o romance com Adelzon Alves. Como os dois profissionais já tinham uma grande estrada no mundo da música, acabou se formando uma turma de "amigos do Adelzon" e outra de "amigos do Paulinho". Alguns compositores receavam dar canções para Clara, com medo de desagradar Adelzon, cujo programa era importantíssimo para a divulgação dos sambistas. A cantora chegou a ir à casa de Cartola, acompanhada de Paulo César e de seu novo produtor, Hélio Delmiro, à procura de músicas novas. Ouviram o mangueirense cantar simplesmente "O mundo é um moinho" e "As rosas não falam", duas de suas maiores pérolas, ainda inéditas. Mas Cartola disse que não poderia entregá-las para Clara, porque tinha planos de gravar as canções. Resignada, ela ficou com "Que sejas bem feliz".

O processo que resultou em *Claridade*, o LP de 1975, foi penoso, mas o resultado do disco foi espetacular, vendendo ainda mais do que *Alvorecer* — a maior venda de um disco de Clara em vida, 600 mil cópias, segundo os números oficiais da gravadora. "O mar serenou" (Candeia), "A deusa dos orixás" (Romildo Bastos/Toninho Nascimento) e "Juízo final" (Nelson Cavaquinho/Élcio Soares) foram os grandes sucessos. Esse ano também ficou marcado pelo casamento de Clara Nunes e Paulo César Pinheiro — para surpresa de muita gente, num ritual católico, celebrado por um padre amigo que veio de Caetanópolis.

Ambos eram figuras importantes da música brasileira. Paulo César Pinheiro podia não ser um rosto tão conhecido do grande público, mas sua obra estava nas vitrolas de Norte a Sul do país. Canções como "Lapinha", "Maior é Deus", "Sagarana", "Quaquaraquaquá", "Menino Deus" e "Samba do perdão" já eram sucesso à época — nas décadas seguintes, se consagraria como o mais produtivo compositor brasileiro, com conjunto de canções que não fica a dever a nenhum de nossos poetas. Mas Clara, àquela altura, já era a grande artista popular de seu tempo. A estrela da casa, não havia dúvida, era ela. Nem assim os textos dos jornais deixavam de ter uma abordagem machista quando falavam do casal, como nesta reportagem de *O Globo*: "*De repente, o amor à primeira vista. Meses depois, estavam casados e logo foi revelado outro ponto de união: o carioca Paulinho também se apaixonara pelo feijão da mineira Clara. E a musa, perfeita dona-de-casa, vai constantemente à cozinha caprichar um 'tropeiro' ou uma suculenta feijoada para satisfazer os dengues do seu poeta.*"[117]

Em 1976, Paulo César Pinheiro produziu pela primeira vez um disco de Clara. O LP *Canto das três raças* também teve ótimo desempenho, superando novamente o meio milhão de cópias vendidas, puxado pela música-título e por "Lama" — ambas de Mauro Duarte, sendo a primeira em parceria com Paulinho. A carreira de Clara Nunes mantinha uma regularidade impressionante, já que seu patamar comercial e de popularidade era altíssimo, e não dava o menor sinal de queda ou de acomodação. Mas pessoas próximas notaram mudanças em alguns aspectos da vida e da obra da cantora.

A primeira delas foi deixar de puxar os sambas-enredo da Portela. Clara cantou na Avenida em três carnavais: "O mundo melhor de Pixinguinha" (1974), "Macunaíma, herói de nossa gente" (1975) e "O homem do Pacoval" (1976). Depois, com a morte de Natal e a crise interna da agremiação, desistiu de atuar como intérprete, mas continuou desfilando por sua escola do coração, sempre no chão, aplaudidíssima.

Apesar de ser uma das figuras mais célebres da Portela, Clara causou surpresa numa entrevista em 1982 ao dizer que desfilaria na comissão de frente. O motivo? Ela era mulher. Foi no "Ponto de encontro", quadro de entrevistas de Marília Gabriela no *TV Mulher*.

"— Você vai desfilar de que nesse Carnaval?"

"— Olha, o pessoal da Portela quer que eu venha na comissão de frente, junto com a Velha Guarda."

Gabi não escondeu a surpresa:

"— Mas na comissão de frente? Uma mulher?"

"— É, vai ser a Velha Guarda da Portela e eu."

Marília insiste no espanto:

---

117. SEGUNDO, Jorge. "De amor, música e feijão na panela eles vivem". *O Globo*, Rio de Janeiro, 18 mar. 1976, p. 37.

"— *Mas isso é uma exceção, não é? Porque geralmente a comissão de frente é de homens...*"

"— *É, mas eu não quero muito não. Eles sabem que eu gosto mesmo é de desfilar no chão. Quero vir perto da bateria.*"[118]

No fim das contas, Clara não veio nem na comissão de frente nem perto da bateria, saiu à frente da ala das baianas. Deixar o posto de intérprete da Portela na Avenida foi a menor das mudanças de Clara nessa segunda metade dos anos 70. A cantora ficou mais seletiva ao aceitar convites, se protegeu um pouco da imprensa, mudou alguns hábitos, vestiu roupas de grifes famosas, deixou de falar tanto de religião. O casamento recente também colaborou para que dedicasse mais tempo à vida pessoal. Musicalmente, seu trabalho também refletia uma nova fase. Passou a gravar compositores não tão ligados ao samba de raiz, apresentava arranjos mais sofisticados, se afastou discretamente da imagem da "cantora de macumba". "*Quando fui gravar o 'Canto das três raças', a gravadora queria que eu continuasse com a música de candomblé e eu não topei. (...) Estou satisfeita, mais aberta e abrangendo outros setores da música popular, apesar de gostar de música de candomblé, porque é também a minha religião. Determinados artistas se acomodam e procuram um sucesso imediato. Eu não tenho medo de me arriscar.*"[119]

Nesse momento, começou-se a especular que a nova fase da carreira de Clara tinha o dedo de Paulo César Pinheiro, seu marido e produtor. Para muitos, era ele o responsável pelas mudanças artísticas da Sabiá. Da mesma forma, no surgimento da "sambista" Clara Nunes, em 1971, os méritos foram creditados a Adelzon Alves, como se ele tivesse sido o "criador" daquela personagem — e Clara, apenas a "criatura". Reportagem da revista *Manchete* com Adelzon, em 16 de abril de 1983, logo após a morte da cantora, levava o seguinte título: "*Ele criou o mito.*"

Essa suposta posição passiva da mulher diante da intervenção ativa de duas cabeças pensantes masculinas é o retrato de uma época, que não

---

118. *TV Mulher*. Rio de Janeiro: TV Globo, 19 jan. 1982. Programa de TV.

119. MARA, Alberto. "Noventa minutos de samba, valsa, chorinho e candomblé". *O Globo*, Rio de Janeiro, 06 mai. 1977, p. 37.

conseguia enxergar no feminino a condição de ter suas próprias escolhas e de ser dono de seus caminhos — especialmente se estes são bem-sucedidos. No imaginário machista dos anos 70, Clara era apenas um "produto" nas mãos de Adelzon e Paulo César, que fizeram com ela o que lhes deu na telha, a partir de suas convicções sobre a carreira da artista. Isso mostra a dificuldade que a sociedade tinha em enxergar a mulher como única responsável por seus atos, sem precisar de uma figura masculina que a legitimasse — especialmente nesse caso, que mistura a questão profissional com a afetiva, já que ambos, além de produtores, eram casados com Clara. Na cultura sexista, não se admitia uma decisão da esposa que não passasse pelo crivo do marido.

A visão de que Adelzon e Paulinho foram os responsáveis pelas mudanças de carreira de Clara não encontra eco em declarações deles, mas foi a imagem consagrada no tempo, a interpretação de uma trajetória acompanhada cotidianamente pelo Brasil inteiro. O próprio Paulo César Pinheiro já tentou se desvencilhar desse tipo de citação: *"A verdade é que foi a Clara quem resolveu mudar a história dela. (...) Quiseram atribuir a mim, assim como ao Adelzon, essas histórias de 'criador', de 'inventor'. São todas mentiras. Ela fez o que quis. Foi Clara quem se inventou. Ninguém fez isso para ela."*[120]

Em 1977, o disco *As forças da natureza* emplacou os sucessos "Coração leviano" (Paulinho da Viola), "PCJ (Partido Clementina de Jesus)" (Candeia) e "Coisa da antiga" (Wilson Moreira/Nei Lopes), além de marcar a primeira incursão de Clara como compositora, "À flor da pele" (Paulo César Pinheiro/Maurício Tapajós/Clara Nunes). Estas duas últimas músicas viraram clipes no *Fantástico*, um recurso muito usado pela cantora, que aumentava sua popularidade pelo país todo ao lançar as canções no dominical de enorme audiência da TV Globo. Para se ter uma ideia, ela gravou 24 clipes para o programa num período de apenas nove anos, de 1974 a 1983.

Conhecida nos quatro cantos, Clara tinha intensa agenda de shows pelo Brasil, sempre acompanhada do Conjunto Nosso Samba, que esteve

---

120. FERNANDES, Vagner. *Clara Nunes: Guerreira da utopia*. Rio de Janeiro: Agir, 2019, p. 253.

com ela praticamente durante toda a carreira. Mas o ritmo frenético de apresentações não a impedia de diversificar sua atuação na área cultural. Em maio de 1977, inaugurou o Teatro Clara Nunes, dentro do Shopping da Gávea, na Zona Sul carioca, se tornando a primeira cantora a abrir seu próprio teatro. O espaço existe até hoje, com o mesmo nome.

Em 1978, Clara desfilou pela Portela, num enredo chamado *Mulher à brasileira*. A partir da eleição da primeira escritora para a Academia Brasileira de Letras, Rachel de Queiroz, a azul e branco fez um desfile em que homenageava várias mulheres importantes, entre elas Clara Nunes. Ao ouvir o samba, é possível entender um pouco quais eram as características valorizadas à época, todas ligadas a uma concepção "antiga" sobre o que é o feminino, mesmo num desfile que exaltava "os novos espaços conquistados pela mulher brasileira contemporânea". Para se ter uma ideia, a letra de Jair Amorim e Evaldo Gouveia usava expressões como "ternura", "emoção" e "mulheres gentis". E terminava com o já usual olhar sexualizado, atrelando o valor da mulher ao corpo.

> *"Um sorriso em sua boca*
> *Um olhar daquele jeito*
> *Nossa alma fica louca*
> *Coração bate no peito*
> *Brancas, negras e morenas têm*
> *O feitiço que as mulatas têm*
> *Brasileira é uma beleza em flor*
> *E beleza não tem cor"*

O Carnaval de 1978 marcava o retorno de Clara Nunes aos desfiles da Portela. No ano anterior, ela não pôde ir para a Avenida, por motivos de saúde. No fim de 1976, Clara e Paulo César Pinheiro receberam a notícia de que um bebê estava a caminho. O casal ficou radiante com a gravidez. Clara, especialmente, tinha a maternidade como um de seus maiores objetivos de vida. Mas, em meados de fevereiro, pouco antes dos dias de folia, perdeu o neném, por conta de miomas no útero. A cantora ficou arrasada, tendo crises de choro constantes, sem conseguir esconder o abatimento. Por recomendações médicas, não desfilou. Mas resolveu ir para a arquibancada assistir à Portela, anônima no meio do público. Chorou copiosamente com a passagem da Águia — metade das lágrimas eram derramadas pela tristeza de não estar sambando com sua escola, a outra metade pelo sonho interrompido da maternidade.

No fim do primeiro semestre de 1978, entrou em turnê com um projeto coletivo, o espetáculo *Sabor bem Brasil*, que reunia Clara, Waldir Azevedo, Luiz Gonzaga, Geraldo Vespar, Caçulinha, Altamiro Carrilho e João Bosco. Mas, no meio das viagens pelo país, descobriu uma nova gestação. Bibi Ferreira precisou substituí-la no espetáculo. Clara interrompeu as atividades profissionais para se dedicar à criança. Se cercou de cuidados, obedeceu às determinações dos médicos. Só saiu de casa para entrar em estúdio e gravar *Guerreira*, seu novo álbum. Não adiantou. No dia do seu aniversário, em 12 de agosto de 1978, ela sofreria um novo aborto, já que o mioma havia crescido mais ainda. No fim do ano, deu entrada no hospital com nova hemorragia causada pelo mioma. Clara custou a acreditar no que estava acontecendo. Se isolou em casa e passou por momentos difíceis.

Em 1979, durante a preparação do novo álbum, surgiu uma nova gravidez. Quando o LP chegou às lojas, com o nome de *Esperança*, parecia sinalizar o estado de espírito da cantora — e ela ainda aparecia na capa e na contracapa cercada de crianças. A gestação era de risco, pois ela já tinha 37 anos. Ao contrário das duas primeiras tentativas, só os mais próximos ficaram sabendo da notícia. Desta vez, conseguiu chegar ainda mais longe, ao quinto mês de gravidez. Mas o filme se repetiu. Uma nova hemorragia fez Clara Nunes perder o terceiro bebê em três anos. A cantora vivia um verdadeiro pesadelo. Os miomas se multiplicavam, o que fez os médicos decidirem pela retirada do útero, com a realização de uma histerectomia, como conta a biografia *Guerreira da utopia*. Era definitivo: Clara nunca daria à luz um filho.

Em março de 1981, Marília Gabriela tocou no assunto, em entrevista para o *TV Mulher*: *"Vou bancar a atrevida e perguntar a respeito da gravidez. Já vi você grávida duas vezes. E não deu certo, né? Você não se incomoda em falar disso?"* Clara respondeu: *"Absolutamente. Antes eu estava um pouco encucada com esse problema. Eu perdi um com quatro meses e outro com cinco meses. Fiquei traumatizada, engordei muito, não queria saber de mais nada, estava com uma preocupação, uma psicose de ter um filho. Mas agora estou totalmente tranquila. Consegui isso através de um grande espírito, o doutor Leocádio José Correia, existe um médium em Curitiba que recebe o espírito dele. Fui até lá e ele me disse: 'Clara, não se preocupe, você não deve se sentir diminuída por não ser mãe. Você é mãe, apenas não criou. Você tem uma missão na vida muito bonita, que é cantar, ensinar as pessoas.' A partir desse dia, eu desencuquei totalmente com a questão de filho."* Marília continuou no assunto: *"Mas então você não pode ter filhos?"* Clara negou: *"Eu posso, mas eu perco."* Marília prosseguiu: *"Então de repente pode pintar e você ser uma mãe maravilhosa?"* *"Se Deus quiser"*, retrucou Clara. *"Olha, se depender de torcida, tem um monte de gente que está torcendo aqui!"*, falou a apresentadora. *"Você sabe que eu recebo tanta carta, muita gente falando desse problema, dizendo: 'Olha, eu fiquei dez anos sem engravidar!' Eu leio aquilo e fico muito feliz, por saber que as pessoas se interessam, se preocupam e torcem por mim"*,[121] finalizou Clara.

A vida pessoal carregava suas tristezas, mas a profissional estava em céu de brigadeiro. O LP *Guerreira* traria como sucessos, além da música-título, "Candongueiro" (Nei Lopes/Wilson Moreira) e "Outro recado" (Candeia/Casquinha). Já *Esperança* estouraria "Banho de manjericão" (João Nogueira/Paulo César Pinheiro), "Na linha do mar" (Paulinho da Viola) e "Feira de mangaio" (Sivuca/Glorinha Gadelha). E *Brasil mestiço*, de 1980, tocaria nas rádios com "Morena de Angola" (Chico Buarque), "Sem companhia" (Ivor Lancellotti/Paulo César Pinheiro) e "Peixe com coco" (Alberto Lonato/Josias/Maceió do Cavaco).

Era impressionante como o sucesso de Clara não arrefecia. Ela apresentava altos índices de vendas desde 1974, mantendo o patamar lá em cima em todos os discos — e olha que era um álbum de inéditas por ano, religiosamente. Sua força comercial mudou a forma como as gravadoras viam as cantoras: no samba, Beth Carvalho e Alcione também tiveram ótimas vendagens na segunda metade dos anos 70; fora dele, Maria Be-

---

121. *TV Mulher*. Rio de Janeiro: TV Globo, 24 mar. 1981. Programa de TV.

thânia era a grande figura. Clara expandiu seus domínios para fora do país no começo da década de 80, com viagens a Angola, ao Japão, à Alemanha e a Cuba.

Em 1981, a cantora viveu um momento sublime ao lançar "Portela na Avenida". A canção, que sedimentou sua relação com a escola de Oswaldo Cruz e Madureira, se tornou um hino informal da azul e branco, cantada até hoje no esquenta dos desfiles da Marquês de Sapucaí. Clara pediu ao marido, Paulo César Pinheiro, que fizesse um samba-exaltação para a escola, já que desde "Foi um rio que passou em minha vida", lançada por Paulinho da Viola em 1970, não havia surgido outra música que celebrasse tão bem a agremiação — os compositores ficavam até intimidados, tamanha a qualidade da obra de Paulinho.

Paulo César, que é mangueirense, pediu ajuda ao parceiro portelense Mauro Duarte, que lhe mandou uma melodia. Faltava a inspiração para a letra, que estava mais perto do que o poeta podia imaginar. *"Lá em casa tinha uma espécie de oratório, onde Clara deixava as imagens dela. Certo dia, olhei pra lá e vi uma Nossa Senhora Aparecida, ao lado dos orixás. Pensei: esse manto é azul e branco, como a bandeira da Portela. A pomba do Espírito Santo parecia a Águia, símbolo da escola. Resolvi misturar os elementos religiosos com a escola de samba. O desfile de Carnaval era uma procissão. E assim surgiu a música"*[122], conta o compositor.

"Portela
Eu nunca vi coisa mais bela
Quando ela pisa a Passarela
E vai entrando na Avenida
Parece
A maravilha de aquarela que surgiu
O manto azul da padroeira do Brasil
Nossa Senhora Aparecida
Que vai se arrastando
E o povo na rua cantando

---

122. Entrevista ao autor.

É feito uma reza, um ritual
É a procissão do samba, abençoando
A festa do divino carnaval (...)
Salve o samba, salve a santa, salve ela
Salve o manto azul e branco da Portela
Desfilando triunfal sobre o altar do carnaval"

"Portela na Avenida" puxou o LP *Clara*, de 1981, ao lado de "Minha missão" (João Nogueira/Paulo César Pinheiro). No ano seguinte, Clara pediu que Mauro e Paulinho homenageassem a outra escola de samba de Madureira, o Império Serrano, que havia acabado de vencer o Carnaval. A cantora tinha o hábito de subir o morro da Serrinha para visitar o terreiro de Vovó Maria Joana — as fotos da capa do LP *Brasil mestiço* foram feitas na comunidade, com Clara dançando ao lado de Maria Joana e de Mestre Darcy do Jongo. O samba "Serrinha" (Paulo César Pinheiro/ Mauro Duarte) também caiu na boca do povo, puxando o disco *Nação*, de 1982, ao lado da música-título, escrita por João Bosco, Aldir Blanc e Paulo Emílio, e de "Ijexá" (Edil Pacheco).

As exaltações à Portela e ao Império Serrano foram tão bem-sucedidas que a ideia de Clara era fazer uma série de homenagens às escolas cariocas, lançando uma por disco. Nos anos seguintes, a dupla de compositores escreveu mais oito sambas sobre as agremiações do Carnaval do Rio: "Mangueira, Estação Primeira", "Academia do Salgueiro", "Mocidade Independente", "Imperatriz Leopoldinense", "União da Ilha do Governador", "Beija-Flor", "Caprichosos de Pilares" e "Vila Isabel". Mas Clara não teria a oportunidade de gravar. Havia uma cirurgia de varizes no meio do caminho.

No dia 5 de março de 1983, Clara Nunes se internou na Clínica São Vicente, na Gávea, Zona Sul do Rio, para se submeter a um procedimento cirúrgico de retirada das varizes. A cantora dizia que elas lhe provocavam dores nas pernas, mas também era nítido que uma das principais razões para a operação era estética: ela tinha lindas pernas e achava que as veias dilatadas afetavam sua imagem nos palcos e nas telas. O caso levanta a questão sobre a cobrança cruel que se faz sobre a beleza física das mulheres, que são socialmente estimuladas a perseguir a aparência ideal. Clara, considerada uma das mulheres mais bonitas do país, já havia feito em 1974 uma intervenção para colocação de jaquetas nos dentes, reduzindo a gengiva, que a incomodava profundamente. Uma frase dita por ela numa reportagem da *Revista do Rádio*, em 1969, é bem representativa dessa situação: *"Acho que uma cantora precisa de duas coisas: ter uma bonita voz e uma ótima aparência."*[123]

Ao se decidir pela cirurgia de varizes, Clara recusou o procedimento mais comum, a anestesia peridural, com medo de ter algum problema com a anestesia local que afetasse seus movimentos. Optou pela anestesia geral: *"Se eles fazem uma barbeiragem, eu fico paralítica. Não gosto dessa história de mexer na minha espinha, não quero isso, não. Com a geral, a gente apaga e pronto, acabou."*[124]

A cirurgia começou, a perna direita foi operada com tranquilidade, mas quando o procedimento passou para o lado esquerdo, algo saiu de controle. O sangue de Clara apresentou coloração diferente, a pressão estava em queda, a artéria femural perdeu a pulsação, os batimentos cardíacos eram ausentes. Sinais de uma parada cardíaca. A entrada de anestésico no organismo da cantora foi suspensa, mas já era tarde. Havia ocorrido um choque anafilático, uma reação alérgica a algum dos componentes da anestesia. Com o desfibrilador, a equipe médica deu um choque no tórax da paciente, fazendo o coração voltar a bater, mas o cérebro não respondia aos estímulos. Havia se formado um edema cerebral. Clara foi para o CTI, mas os médicos já tinham a noção de que o caso era irreversível.

A notícia logo se espalhou pela cidade, e a onda de boataria correu solta. As versões para a entrada de Clara no hospital eram inúmeras, uma mais fantasiosa que a outra: foi tentar uma inseminação artificial; foi fazer um aborto; tentou o suicídio; levou uma surra do marido; teve uma overdose de drogas. A porta da clínica também virou ponto de romaria de fãs, que se acotovelavam à espera de informações e levavam

---

123. FERNANDES, Vagner. *Clara Nunes: Guerreira da utopia*. Rio de Janeiro: Agir, 2019, p. 372.

124. FERNANDES, Vagner. *Clara Nunes: Guerreira da utopia*. Rio de Janeiro: Agir, 2019, p. 345.

objetos milagrosos que poderiam ajudar na recuperação da cantora. Também passaram por lá Thomaz Green Morton (médium célebre nos anos 80 por entortar talheres), o "bruxo" Lourival de Freitas (benzedor que trazia folhas sagradas da Amazônia para curar enfermidades) e Mister Wu (chinês que usava uma técnica de acupuntura chamada moxabustão). Nenhum deles conseguiu bons resultados.

A classe artística compareceu em peso à São Vicente, estarrecida com o que aconteceu com amiga tão querida por todos. Entre os visitantes, estavam Alcione, Beth Carvalho, Dona Ivone Lara e Elza Soares. A surpresa era maior porque ninguém sabia que Clara planejara fazer aquela cirurgia. Na véspera de dar entrada na clínica, a Guerreira falou por telefone com a amiga Alcione e não tocou no assunto da operação.

Clara tinha um show marcado para a quadra da Portela no primeiro fim de semana de abril. E foi para lá que seu corpo foi levado, exatamente no dia 2 de abril, um Sábado de Aleluia, quando foi confirmada a sua morte, depois de 28 dias de agonia. Uma multidão correu para Madureira. Registros da imprensa dão conta de que 50 mil pessoas passaram pelo Portelão naquela triste tarde de outono. Entre gritos, empurrões, desmaios, choros e discursos inflamados, os fãs se despediram de Clara em meio a um enorme tumulto, dando seu último adeus para o caixão aberto. O corpo foi levado para o Cemitério São João Batista, em cortejo televisionado, onde a cantora foi enterrada.

No dia seguinte ao enterro, os moradores de Madureira providenciaram um abaixo-assinado, com mais de mil assinaturas, pedindo a mudança do nome da via onde fica a quadra da Portela, de rua Arruda Câmara para rua Clara Nunes. O prefeito Jamil Haddad logo em seguida publicou um decreto sacramentando a troca. Até hoje, a cantora segue ilustrando o endereço do Portelão: rua Clara Nunes 81, Madureira. Além do velório, lá também foi realizada a missa de sétimo dia de Clara, reunindo líderes de diversas religiões.

Dias depois, dois grandes amigos de Clara, Alcione e João Nogueira, conversavam sobre uma homenagem à Guerreira. Alcione sugeriu o nome para a música, "Um ser de luz", e João começou a esboçar algumas ideias com Mauro Duarte. Surgiu um começo de canção: *"Um dia / Um ser de luz nasceu / Numa cidade do interior / E o Menino Deus lhe abençoou..."* Mas os compositores empacaram. Faltava alguém naquela parceria. Falaram com Paulo César Pinheiro, que se ofendeu com a proposta de fazer uma música para a mulher, morta tão recentemente. Mas o argumento de João Nogueira foi definitivo: *"Se você não fizer, vai surgir uma enxurrada de samba ruim sobre a Clara e a gente vai ter que aturar. Mas, se tiver um samba teu, ninguém vai se atrever a arriscar."* Paulinho se convenceu e compôs com os dois parceiros um lindo tributo:

"Um dia um ser de luz nasceu
Numa cidade do interior
E o Menino Deus lhe abençoou
De manto branco ao se batizar
Se transformou num sabiá
Dona dos versos de um trovador
E a rainha do seu lugar

Sua voz então a se espalhar
Corria chão, cruzava o mar
Levada pelo ar
Onde chegava espantava a dor
Com a força do seu cantar"

Paulo César Pinheiro escreveu a letra, mas, por mais de trinta anos, nunca teve coragem de cantar "Um ser de luz". A música foi lançada na inauguração da nova sede do Clube do Samba, na Barra da Tijuca, no dia 13 de maio de 1983, onde também se criou a praça Clara Nunes. "Um ser de luz" abriu o disco lançado por Alcione naquele ano, *Almas e corações*. Era a terceira canção de uma trilogia escrita por Paulo e João Nogueira para homenagear a Sabiá. A primeira delas foi gravada por João em seu disco de 1975: "Mineira" ficou semanas entre os primeiros lugares nas paradas de sucesso.

*"Clara, abre o pano do passado
Tira a preta do cerrado
Põe rei congo no congá
Anda, canta um samba verdadeiro
Faz o que mandou o mineiro
Oh, Mineira*

*Samba que samba no bole que bole
Oi, morena do balaio mole
Se embala do som dos tantãs
Quebra no balacochê do cavaco
E rebola no balacobaco"*

A segunda homenagem da dupla Paulo César Pinheiro e João Nogueira foi gravada pela própria Clara Nunes, música-título do LP *Guerreira*, de 1978, uma espécie de cartão de visitas da cantora.

*"Se vocês querem saber quem eu sou
Eu sou a tal mineira
Filha de Angola, de Ketu e Nagô
Não sou de brincadeira
Canto pelos sete cantos, não temo quebrantos
Porque eu sou guerreira
Dentro do samba eu nasci, me criei, me converti
E ninguém vai tombar a minha bandeira"*

Difícil escrever sobre Clara Nunes depois de ler os versos dessas três canções. Elas resumem essa figura que encantava multidões, a morena que balançava o balaio cantando pelos quatro cantos, quebrando no balacochê do cavaco embolada nos balangandãs. Clara foi filha de Ogum com Iansã, mas em suas andanças espirituais também se consagrou a Oxum com Xangô. Era múltipla. Foi chamada de inúmeras formas ao longo da vida: Sabiá, Mineira, Claridade, Chiquinha, Ser de Luz, Mestiça Mística, Guerreira. Ninguém tem tantos apelidos assim à toa — as palavras se sucedem na improvável missão de descrevê-la. Quem viu Clara em cena sabe que a Língua Portuguesa não dá conta de nomear o fenômeno que se desenrola sobre o palco quando ela passa. Qualquer alfabeto é inútil, todo idioma é raso, nenhum ABCDE é bastante. Clara não se conta, não se nomeia, não se diz, não se explica; Clara se sente. Sintamos, pois.

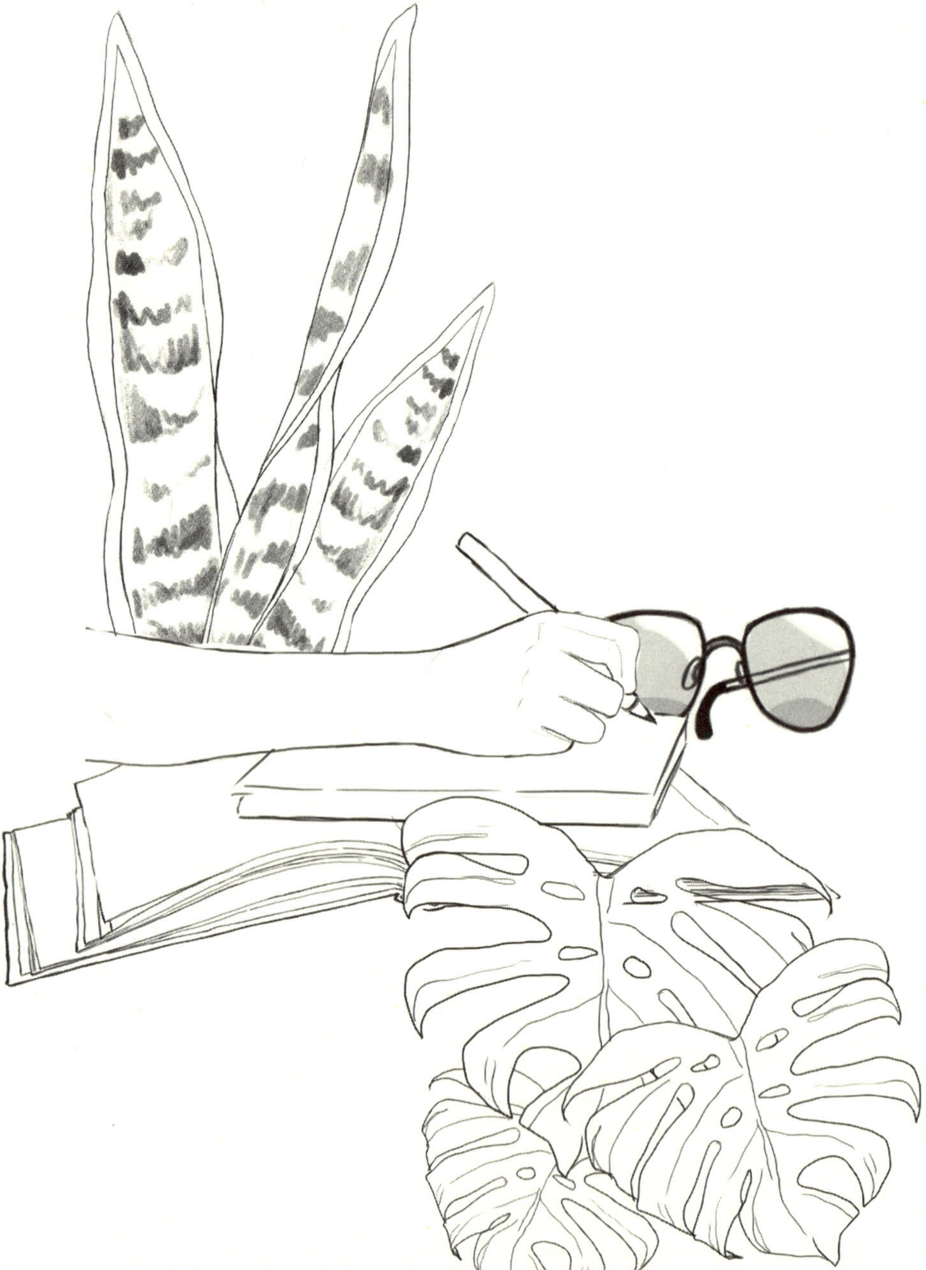

7. DONA IVONE LARA

Um texto sobre Dona Ivone Lara é tão melhor quanto mais as palavras saltarem do papel e se transformarem em notas musicais, tocando nossos corações suavemente e acariciando cada centímetro da nossa alma. Porque foi isso que Ivone fez a vida toda: nos embalou com melodias tão sublimes que pareciam esculpidas pela tal "mão divina". Dizer que ela foi a Dama do Samba talvez seja pouco diante da constatação de que foi a mulher mais importante da história do gênero, por seu papel pioneiro ao abrir espaço para as sambistas que vieram em seguida, mas também pela incomparável obra que deixou e pelo fato de ser uma estupenda cantora, que ainda dançava e tocava.

Dona Ivone Lara era uma artista completa, e para quem diz que ela nunca foi uma grande vendedora de discos, respondo que os deuses da indústria fonográfica sabem dar seus recados: Clara Nunes derrubou o tabu de que mulher não vende com um LP chamado Alvorecer; Bethânia rompeu a barreira de 1 milhão de cópias com o estouro de "Sonho meu". Ou seja, os grandes passos femininos na música tiveram sempre uma pitada do seu axé. E se sua passagem aqui na Terra não foi sonho nosso, que pelo menos tenha servido para nos ensinar com quantos "laiás laiás" se faz uma obra-prima.

Ela não perdia a majestade nem ao pisar na Avenida pelo seu Império Serrano. Era madrinha dos compositores, mas sabia qual o lugar mais importante de uma escola de samba: a ala das baianas, a reunião das mães da nossa alegria. E lá vinha nossa diva, sorriso negro de criança bem aberto, verde e branco em tecido brilhoso, um detalhe dourado para impressionar, girando como nunca, feliz como sempre, à frente da Ala da Cidade Alta (sim, a ala das baianas da Serrinha tem nome e sobrenome!).

Ivone construiu uma trajetória artística incomparável, mesmo dividindo o tempo entre a família e as carreiras de enfermeira e assistente social — nu-

ma jornada dupla (tripla?) bem conhecida das mulheres. Com uma biografia que mistura nomes como Villa-Lobos e Nise da Silveira, exercitou conceitos como "empoderamento" antes de se tornarem bandeira num país com tamanha desigualdade de gênero — foi uma feminista de primeira hora. Ver Dona Ivone Lara no palco era sempre emocionante, teste de resistência para o coração, produção desenfreada de lágrimas, uma sensação de que aquele momento nunca mais se repetiria, a impressão de estar testemunhando algo histórico. E era mesmo.

Nossa Dama fez história a cada vez que entrou em cena, contrariando as estatísticas cruéis com meninas negras nascidas nos anos 20 do século passado. Fez história quando se impôs ao machismo das escolas de samba e garantiu seu espaço pisando devagarinho, sem precisar de pé na porta. Fez história quando, com seu talento, se tornou trilha sonora das melhores rodas de samba da cidade (quando toca Dona Ivone, vocês sabem que o negócio ferve). E fez essa história toda sambando miudinho, mãos nas cadeiras, passos de jongueira. Às vezes, a madrugada fria traz melancolia, e lembramos que ela não está mais aqui. Quem disse que eu te esqueço, Ivone? Pra matar a saudade, ligo a vitrola, e você canta: "E eu que agora moro nos braços da paz..." Fico mais tranquilo. Você está em paz. E nós também, ao som das tuas melodias.

★ ★ ★

O Flor do Abacate foi um rancho sediado no largo do Machado, que disputava com o Ameno Resedá e o Recreio das Flores a primazia nas competições realizadas nas primeiras décadas do século 20. Os ranchos eram grupos organizados que desfilavam em cortejo pelas ruas do Rio ao som das marchas-rancho, com a presença de um Rei, uma Rainha e instrumentos de sopro e corda. Além disso, havia uma porta-estandarte e um mestre-sala, elementos que foram incorporados às escolas de samba, que só surgiriam na virada dos anos 20 para os 30. Pois bem, foi no desfile do Flor do Abacate, no carnaval de 1921, que uma pastora e um violonista trocaram os primeiros olhares e deram o pontapé inicial numa relação que renderia frutos preciosos.

Emerentina Bento da Silva, costureira de mão cheia, mulher de voz privilegiada, era *crooner* do Flor do Abacate nas horas vagas. João da Silva Lara, mecânico de bicicletas, arranhava bem no violão de sete cordas e tocava no Bloco dos Africanos. Ele não perdia os desfiles do Abacate e, naquele dia, se encantou com a dona da voz que embalava o povo. Emerentina e João dançaram no mesmo compasso, se casaram e, em 13 de abril de 1922, trouxeram ao mundo a primeira filha, Yvonne da Silva Lara.

Com uma criança pequena pra criar, as responsabilidades aumentaram para Emerentina e João, que moravam na rua Voluntários da Pátria, em Botafogo. Ela acumulava a criação da menina com as roupas que lavava e costurava para fora. Ele sentiu que o trabalho com as bicicletas não seria suficiente para manter a casa e arrumou um emprego de assistente de motorista na distribuidora de combustíveis Caloric Company. A medida foi providencial, já que outra menina estava a caminho: Elza, a segunda filha. Mas uma tragédia interrompeu os sonhos da família. Em setembro de 1924, o caminhão em que João trabalhava perdeu o freio numa ladeira e o imprensou contra a parede. Ele morreu na hora.

Ivone (usaremos essa grafia, com a qual ela ficou conhecida artisticamente, embora tenha sido registrada como Yvonne) tinha 3 anos incompletos quando perdeu o pai e não guardou grandes lembranças de João. A figura paterna que ficou em sua memória foi a do novo marido da mãe, Venino José da Silva, que criou as duas irmãs e ainda teve outros três filhos com Emerentina: Nilo, Valdir e Regina. Botafogo também ficou para trás. A família precisava de uma casa maior e se mudou para a Tijuca, na rua Industrial (mais tarde, rua Delgado de Carvalho), perto do largo da Segunda-Feira. Ali, a menina brincou seus primeiros carnavais, ouviu as primeiras marchinhas, jogou seus primeiros confetes.

Mas o primeiro tipo de música que Ivone estudou formalmente passava longe das canções carnavalescas: foi a erudita. Quando ela completou 10 anos, sua mãe resolveu que era hora de mudar o tipo de educação que a filha recebia e a matriculou num colégio interno. A Escola Municipal Orsina da Fonseca, na Tijuca, tinha uma rotina rígida e proporcionaria a Ivone uma formação que garantiria seu futuro. O colégio era público, e entre as trezentas internas havia moças de classes mais baixas, em busca de formação profissional, e outras de classe alta, atraídas pela ótima qualidade dos professores. E as lições não eram apenas das disciplinas básicas, como Português e Matemática, ou daquelas que poderiam gerar um ofício, como datilografia e costura; a escola também oferecia uma estruturada educação musical.

O Orsina da Fonseca não estava sozinho nessa iniciativa. A implantação de aulas de canto orfeônico nas escolas era uma plataforma do governo Getúlio Vargas, que enxergava nessa oferta um meio para a formação cultural de crianças e adolescentes brasileiros. Ela seguia a proposta governamental de "europeização" que valorizava a estética do Velho Mundo em detrimento das aptidões culturais desenvolvidas internamente. O maestro Heitor Villa-Lobos, maior símbolo da música erudita nacional, ajudou a botar em prática esta medida, espalhando corais juvenis pelo país.

Ivone, que já tinha uma relação particular com a música, se envolveu prontamente com as aulas de canto orfeônico, sendo considerada um dos destaques da turma — aliás, a inteligência da menina era traço marcante não só na música, com relatos que passam pela infância em família até o ótimo desempenho escolar em diversas disciplinas. Sua técnica musical, em solfejo e abertura de vozes (uma das características do seu canto), foi desenvolvida com o auxílio de duas professoras de alto nível, que se tornaram fundamentais para explicar o início da formação artística da menina.

Uma delas foi Lucília Villa-Lobos, esposa do maestro, que ensinava teoria musical no Orsina e logo percebeu o talento de Ivone: "*Você tem uma voz de contralto muito rara, vamos trabalhá-la!*"[125] A partir desse momento, a moça passou a fazer parte do coral do colégio que se apresentava em outros palcos, como o Instituto de Educação, onde Ivone solou "O canto do pajé", em performance aplaudida pelo público e pelas colegas. Numa apresentação na Rádio Tupi, com recém-completados 13 anos de idade, chegou a ser regida pelo próprio Villa-Lobos.

Outra professora decisiva foi Zaíra de Oliveira — como era comum acontecer com mulheres à época, seu nome era seguido por um epíteto, "a

---

125. NOBILE, Lucas. *Dona Ivone Lara: A primeira-dama do samba*. Rio de Janeiro: Sonora Editora, 2015, p. 19.

esposa de Donga". Não enfrentou dificuldades apenas por ser mulher, mas também por sua raça. Vitoriosa num concurso de canto no Instituto Nacional de Música (o principal do país), não pôde receber seu prêmio por ser negra. Era considerada uma das grandes cantoras da década, mas teve poucas oportunidades profissionais e deixou obra pequena para a posteridade, inferior à grandeza de seu talento como soprano. Ao menos conseguiu transmitir ensinamentos importantes para as gerações seguintes, em seu ofício como professora. Ivone foi uma das alunas que aproveitaram suas lições.

O rigor no Orsina da Fonseca era grande. As internas tinham horários definidos para as atividades, a cobrança em relação aos estudos era diária e elas só podiam visitar os familiares a cada 15 dias. Mas o saldo foi positivo, como reconhece Ivone: "*Uma coisa boa que minha mãe fez pra mim foi me colocar no colégio interno. O colégio interno me ensinou resignação e a esperar. Eu não tenho pressa para nada. (...) Eu ali aprendi a ler, escrever. E fui seguindo os regimes do internato, que era bem rígido. E foi ótimo pra mim. Porque se eu fosse criada aqui fora, eu não ia ter estudado tanto.*"[126]

Quando Ivone tinha 16 anos, perdeu a mãe, Emerentina, por conta de uma pneumonia. Ainda faltavam dois anos para a moça se formar no colégio e, durante esse tempo, ela praticamente não saiu de lá: ficou confinada no Orsina, em isolamento quebrado apenas por visitas esporádicas dos primos. Quando terminou os estudos, foi convidada por Tio Dionísio para morar com eles em Inhaúma. Foi no bairro da Zona Norte do Rio que Ivone começou a vida adulta, órfã de pai e mãe, premida pela necessidade de se sustentar e de ajudar o tio com as despesas. Dionísio disse que tentaria arrumar um emprego de tecelã para a sobrinha numa fábrica de tecidos, como conta Ivone: "*Eu não me importei, não. Eu disse: 'Tá bem, quero colaborar mesmo.' Mas depois pensei, pensei: 'Eu estudei tanto...' Não era nada, não. Não era desdouro, não. Mas fiquei pensando... No dia seguinte, comprei o 'Jornal do Brasil'. E aí, quando eu vou ler, tá lá: 'Escola de Enfermagem Alfredo Pinto, abertas as inscrições.' Eu cheguei perto do meu tio e disse assim:

---

126. SANTOS, Katia. *Ivone Lara: A dona da melodia*. Rio de Janeiro: Garamond: Fundação Biblioteca Nacional, 2010, p. 21.

'Meu tio, olha, eu vou me inscrever e se eu passar...' Ele disse: 'Ivone, você pode se inscrever, minha filha, você pode, à vontade. Agora, só tem uma coisa: se você passar, muito que bem. Se você não passar, o seu primo já vai arranjar um lugar pra você na fábrica.' Eu disse: 'Muito bem, eu vou sim, senhor.' E aí eu fui, me inscrevi. Os dez primeiros lugares tiveram direito a estudar com ajuda de custos interna, e eu estava incluída. Aí eu fiz, e recebia 60 mil réis naquela época. Desses 60 mil réis eu me vestia, me calçava e ainda ajudava o meu tio, ainda dava a metade pra ele. Quando me formei, tive a felicidade também de ficar bem colocada e fui admitida no Serviço Nacional de Doenças Mentais. E aí comecei a trabalhar."[127]

Foi em 1942 que Ivone se formou e foi trabalhar na Colônia Juliano Moreira, onde chegou a chefe do serviço de enfermagem: "Eu trabalhei uns oito anos com enfermagem. Eu gostava tanto do meu trabalho... Sem tirar licença-prêmio. Sem faltas. (...) Paulinho da Viola, a mãe dele trabalhou comigo. Naquele tempo era atendente e conta até hoje o que eu fui pra ela. Porque ela tinha eles pequenininhos. Quantas vezes eu cheguei perto da Paulina e disse: 'Paulina, vai embora com teus filhos e deixa que eu tomo conta.' E tomava conta da enfermaria toda."[128]

Depois do período como enfermeira, emendou num curso de Assistência Social, com especialização em terapia ocupacional. Foi trabalhar no Centro Psiquiátrico Nacional e conheceu Nise da Silveira, psiquiatra que revolucionou o tratamento de pessoas com transtornos mentais no Brasil. Nise era contrária às formas agressivas dos tratamentos da época, que usavam eletrochoque, confinamento e lobotomia, preferindo trabalhar as expressões artísticas de seus pacientes e promover a interação deles com animais de estimação em busca de melhores resultados. Ivone caiu nas graças de Nise e conseguiu fazer com que a médica criasse uma sala com instrumentos musicais para aplicação de musicoterapia junto dos internos. Os

---

127. SANTOS, Katia. *Ivone Lara: A dona da melodia*. Rio de Janeiro: Garamond; Fundação Biblioteca Nacional, 2010, p. 39.

128. SANTOS, Katia. *Ivone Lara: A dona da melodia*. Rio de Janeiro: Garamond; Fundação Biblioteca Nacional, 2010, p. 59.

progressos foram satisfatórios, e Ivone pôde unir sua paixão pelas melodias ao trabalho terapêutico, para alegria de Nise e dos pacientes.

Além de ter estudado música erudita, Ivone desde cedo teve forte relação com a música popular. As influências eram muitas, e para montar esse quebra-cabeça é preciso voltar um pouco no tempo. Sua primeira relação com o cancioneiro nacional foi através do rádio que a mãe ouvia, com vozes como as de Emilinha Borba, Aracy de Almeida, Francisco Alves, Mário Reis e, especialmente, Dalva de Oliveira, a preferida de Emerentina. As andanças pelo morro do Salgueiro também são parte importante de suas lembranças, em contato com as melodias criadas pelos bambas de escolas como a Azul e Branco, a Unidos do Salgueiro e a Depois Eu Digo (mais tarde, nos anos 50, estas três agremiações se fundiriam para formar a poderosa Acadêmicos do Salgueiro). Na infância, Ivone chegou a ser da mesma turma de colégio de um futuro grande compositor do samba brasileiro: Noel Rosa de Oliveira, puxador do Salgueiro nos anos 60 e 70, autor de clássicos como "O neguinho e a senhorita" e "Xica da Silva".

Mas foi na casa do irmão de Emerentina, Tio Dionísio, em Inhaúma, que teve a maior parte da formação musical que marcou sua infância e adolescência. Dionísio Bento da Silva era um chorão da melhor qualidade. Tocava violão, cavaquinho e trombone, e fazia rodas de choro no quintal, recebendo nomes como Donga, Jacob do Bandolim, Heitor dos Prazeres e Pixinguinha. Ivone assistia a tudo compenetrada, ao lado dos primos, e muitas vezes ganhava uma função importante. Como Dionísio não tinha gravador, usava a memória fresca das crianças para decorar as composições que nasciam naquele celeiro de bambas. A garotada ficava empolgada com a responsabilidade dada pelos adultos. Mas a mais empenhada em lembrar as melodias corretamente, sem esquecer um compasso, era mesmo a filha de Emerentina, que passava o dia cantarolando para guardar tudo na memória. Dionísio (que foi um dos pioneiros no uso do trombone no choro) logo percebeu a aptidão da menina para a música e começou a ensinar alguns acordes de cavaquinho.

Outra irmã de Emerentina, que morava em Madureira, próximo à Serrinha, também fez parte desse novelo que estamos a desfiar: Maria Teresa Bento da Silva. Vovó Teresa, como era chamada, foi uma das principais divulgadoras do jongo no país, e sua forma de dançar influenciou a ginga que veríamos Dona Ivone Lara desfilar pelos palcos décadas mais tarde. Ela era mãe de Hélio e Antônio, primos criados como irmãos de Ivone, que também fariam história no samba: Tio Hélio se tornaria compositor de sucessos como "Delegado Chico Palha" e "Cantei só pra distrair"; enquanto Antônio dos Santos ficaria conhecido como Mestre Fuleiro, um dos maiores diretores de harmonia do carnaval carioca.

O mais curioso é que nem o chorão Tio Dionísio nem a jongueira Maria Teresa deixavam o samba entrar em casa, já que o gênero era perseguido nas ruas e tido como "música de malandro". Os homens que se aproximavam do samba ficavam associados à vagabundagem; para as mulheres, então, era algo inimaginável. *"Você estudou, não é possível você se meter em samba, você é uma moça prendada..."*[129], dizia a tia Maria Teresa. E foi justamente entre essas duas casas que Ivone viveu do fim dos anos 30 ao começo dos anos 40: entre a Inhaúma de Dionísio e a Madureira de Vovó Teresa.

Mas a ala mais jovem da família dava seu jeito de se aproximar da batucada. Muitos primos de Ivone trabalhavam na estiva do Rio de Janeiro, local onde as reuniões costumavam acabar em samba. Eles faziam música enquanto aguardavam a comida ou após a jornada de trabalho. A filha de Emerentina, a caçula da turma, espiava o jeito como eles tocavam o cavaquinho. Muitas vezes, quando os primos saíam para trabalhar e deixavam o instrumento em casa, ela pegava o cavaco e experimentava o som: *"Às vezes o cavaquinho tinha só duas cordas. Mas eu tentava tocar. Ali eu já compunha minhas próprias músicas."*[130]

A arte de criar canções foi estimulada por Dionísio, que era compositor de marchas-rancho para o Recreio das Flores. Ele chamava Ivone para acompanhá-lo quando estava escrevendo alguma música, e a ensinou a centrar no cavaco (o cavaquinho centrador ou centralizador é aquele que mantém o ritmo, enquanto os outros fazem solos ou modulações harmônicas). Com esses dons musicais, Ivone tinha o privilégio de ser a única

---

129. SANTOS, Katia. *Ivone Lara: A dona da melodia.* Rio de Janeiro: Garamond; Fundação Biblioteca Nacional, 2010, p. 41.

130. Museu da Imagem e do Som RJ – Depoimentos para a Posteridade: Dona Ivone Lara (30/06/1978).

menina autorizada a participar das rodas de choro do tio. "*A única mulher era eu. Meu tio me botava no meio dos colegas dele — mas só dava velho, eu podia ser filha ou neta deles todos. Então eu ficava no meio deles, mas as outras meninas não: elas iam pra cozinha ajudar a fazer pastéis e salgadinhos pra servir. Eu ficava num pedestal, porque tocava cavaquinho e cantava*"[131], relembra Ivone.

É nessa época que Ivone compõe a música para o juriti, comentada no capítulo 3 deste livro, e também a famosa "Tiê". O partido-alto foi feito para um pássaro tiê-sangue, que, segundo ela, era sua "boneca", com a qual brincava o dia todo. Os primos Hélio e Fuleiro são parceiros na canção. "Tiê" surgiu quando Ivone tinha por volta dos 12 anos, e esteve presente em seu repertório até sua morte, mais de sete décadas depois.

Apesar de Vovó Teresa recomendar que Ivone não se envolvesse com o samba, era quase impossível passar ao largo da movimentação que acontecia na Serrinha perto dos dias de folia. O morro era um dos polos carnavalescos da cidade, com muitos componentes das escolas Rainha das Pretas e Prazer da Serrinha. A primeira teve vida curta, mas a segunda marcou época. Nascida do bloco Cabelo de Mana, a escola recrutou grandes sambistas da região, como Silas de Oliveira, Mano Décio da Viola e Tião Gradim. Mas estes ainda eram iniciantes naqueles tempos. Quem concentrava os holofotes mesmo era o presidente da Prazer da Serrinha, Alfredo Costa. Ele foi eleito Cidadão Samba no carnaval de 1939 e era o grande líder do samba no morro.

A agremiação se tornou uma das fontes de divertimento da comunidade, fazendo festas que reuniam as famílias dos moradores — sua vida social sempre foi mais marcante do que os resultados que obtinha nos desfiles. Alfredo fazia questão de que todos os sambistas estivessem arrumados nas celebrações, de sapatos lustrados e roupa limpa, incluindo as mulheres, que caprichavam nos vestidos e nos acessórios. Numa destas ocasiões na quadra, neste mesmo ano de 1939, Ivone foi com os primos Fuleiro e Hélio, e acabou conhecendo um rapaz por quem se apaixonou. Oscar, o escolhido, era filho de Alfredo Costa, o presidente da Prazer da Serrinha. Apesar das

---

131. Programa *Recordar é TV*. Rio de Janeiro: TVE Brasil, 17/04/2018.

recomendações contrárias de familiares, a vida a aproximava do samba. Não tinha jeito.

A casa do namorado de Ivone respirava carnaval o ano inteiro. Não só por conta do mandachuva Alfredo Costa, mas também por causa de sua esposa, Araci Costa, conhecida como Dona Iaiá. Ela era uma exuberante passista, que conquistara o título de Rainha do Samba (o equivalente feminino ao Cidadão Samba) em 1937, e também tinha grande talento para confecção de fantasias. Ivone rapidamente se envolveu com a rotina da Prazer da Serrinha, uma espécie de obsessão para Alfredo. Aprendeu com a sogra técnicas de costura e passos de samba. Estava à vontade naquele ambiente em que o carnaval era uma religião. Chegou a desfilar como porta-bandeira num ano em que a defensora do pavilhão, Miúda, ficou grávida (trazia a experiência de ter sido porta-estandarte do rancho Decididos de Quintino). Mas havia uma pedra no meio desse caminho. E essa pedra se chamava Oscar.

O namorado de Ivone deixou claro desde o início que não via com bons olhos o envolvimento dela com o samba. Apesar de ser filho do presidente de uma escola popular na comunidade e de uma mulher que era reconhecida socialmente como sambista, Oscar pediu à namorada que evitasse frequentar os ensaios. Ivone sempre foi muito simpática e, quando chegava à quadra, dançava com todo mundo, sorria, se divertia de verdade. Esse comportamento foi argumento decisivo para o ciumento Oscar barrar a relação dela com a escola. Como forma de "dar o exemplo", o próprio Oscar deixou de ir aos ensaios da Prazer da Serrinha, para desgosto dos pais.

Ivone podia não frequentar o samba, mas o samba nunca deixou de visitá-la. Em casa, a produção de melodias e letras era constante, num processo tão misterioso que ela não se arriscava a tentar explicar. "*Sou muito intuitiva, muito antes de saber o que era um cavaquinho. (...) Sabe, há mistérios que devemos ter e não devemos nos aprofundar. Isso vem de longe, só não sei de que lugar.*"[132] Dedicada ao trabalho e ao namorado, as composições lhe vinham naturalmente, mas ela não sabia como escoá-las para fora

---

132. NETO, Bráulio. "Enredo da pioneira no samba". *O Globo*, Rio de Janeiro, 12 fev. 1999. Segundo Caderno, p. 8.

de casa. Nem tinha tanto interesse nisso, já que sua prioridade na vida era o emprego com carteira assinada, que lhe dava estabilidade. Quando compunha, mostrava para pouquíssimas pessoas com quem tinha intimidade. Um deles era seu primo, Fuleiro, que continuava frequentando assiduamente as batucadas. Foi aí que surgiu a ideia de pedir a ele que levasse seus sambas para o terreiro. Foi o primeiro passo para que as obras de Ivone ganhassem o mundo.

Ela escrevia letras e melodias, geralmente sozinha, e, quando ficava satisfeita, mostrava a Fuleiro, que sempre incentivou os dotes artísticos de Ivone. Ele então levava o samba para as rodas e o apresentava, como se fosse de sua autoria. *"Era um sucesso. Ele tocava e todo mundo gostava, elogiava, perguntava de onde ele tinha tirado a ideia. Eu ficava de perto, vendo aquilo, ouvindo o que diziam e pensando que era tudo meu. Mas não dava raiva o preconceito, não. Dava era orgulho de ver que o povo gostava"*[133], conta a compositora.

Em seu livro *Nasci pra sonhar e cantar*, Mila Burns defende que, apesar de à primeira vista a posição da sambista parecer subjugada às regras de seu tempo, ela foi personagem ativa em sua busca de caminhos para driblar as condições impostas pela sociedade machista dos anos 40 do século 20. *"Ivone submetia-se, respeitando aquilo que acreditava serem 'os limites naturais' para uma mulher negra. Não tinha coragem (ou 'despeito', como ela prefere dizer) de impor suas canções. Ainda assim, decide como, quando e a quem mostrar seus sambas. É sua a opção de seguir a carreira de enfermeira e deixar de lado as composições durante boa parte de sua vida adulta. Trata-se de um sujeito ativo, ator em sua biografia, mas também de um sujeito condicionado a fazer escolhas. Para Ivone, simplesmente não se colocava a possibilidade de esperar calmamente a vida encarregar-se de 'fazer as coisas acontecerem.'"*[134]

---

133. BURNS, Mila. *Nasci pra sonhar e cantar – Dona Ivone Lara: a mulher no samba*. Rio de Janeiro: Record, 2009, p. 96.

134. BURNS, Mila. *Nasci pra sonhar e cantar – Dona Ivone Lara: a mulher no samba*. Rio de Janeiro: Record, 2009, p. 96.

Uma prova de que o trabalho era realmente prioridade na vida de Ivone foi o fato de só se casar com Oscar em 1947 (oito anos depois de começar o namoro), aos 25 anos, numa época em que boa parte das mulheres se casava antes dos 20. Ela queria se estabilizar profissionalmente e só subiu ao altar depois de se formar como assistente social, sua segunda carreira. Foi aí que se mudou definitivamente para Madureira, indo morar com Oscar nas proximidades da Prazer da Serrinha.

Mas a escola de seu Alfredo não passava por um bom momento. No carnaval daquele ano, irrompeu uma briga interna que provocou uma dissidência: em 23 de março de 1947, era fundado o Império Serrano, escola que reuniu os insatisfeitos com a Prazer da Serrinha e que faria história ao conquistar nove títulos e deixar sambas-enredo incríveis para o cancioneiro nacional. Foi a pá de cal na agremiação presidida por seu Alfredo, que já não andava muito bem das pernas. A Prazer da Serrinha só desfilou até 1951 e, em seguida, o próprio "ditador" se juntou aos componentes da nova agremiação.

Fuleiro e Hélio foram integrantes de primeira hora do Império, que iniciou sua trajetória sendo tetracampeão do carnaval, com os títulos de 1948, 1949, 1950 e 1951. Mas Ivone ficou um pouco dividida, porque não queria desagradar os sogros e o marido, que ainda se mantinham ligados à Prazer da Serrinha. Foi por isso que, durante esse período, continuou fazendo seus sambas e deixando os primos levarem para a nova escola do morro, mas se manteve como componente da agremiação de seu Alfredo.

Depois, com o fim da Prazer da Serrinha, Ivone já estava definitivamente integrada ao Império Serrano. Ajudava a costurar as fantasias, sambava nos ensaios, fazia comida — sempre que o horário de trabalho e a família permitiam, claro. A essa altura, já era mãe de dois meninos: Odir, nascido em 1948, e Alfredo, nascido em 1950. Num fim de semana, foi com componentes da escola para um piquenique em Paquetá, programa bastante comum naquela época. Para se chegar à ilha, era necessário pegar uma barca, que saía de tempos em tempos. Uma das baianas da Cidade Alta (como a ala do Império é chamada), Vani, se desencontrou do filho e eles acabaram viajando em barcas separadas. Vani, então, fez um partido-alto narrando o caso, que começava assim: "*Adeus, amor / Chegou a hora / Meu benzinho, eu já vou / Você vai na lancha nova / Eu vou no rebocador.*"

A canção fez sucesso entre os imperianos que estavam em Paquetá, passou a ser cantada na quadra e logo se espalhou pelas ruas de Madureira. Tempos depois, Vani ouviu sua música no rádio, na voz do grande intérprete Abílio Martins. Ao fim da canção, o radialista nomeou os compositores: "*Vocês acabaram de ouvir 'Adeus, amor', de Mano Décio da Viola e Sebastião Molequinho.*" Mano Décio (que no futuro seria considerado um dos grandes compositores da história, autor de "Exaltação a Tiradentes" e "Heróis da liberdade") era o marido de Vani; Molequinho, o compadre. Vani foi tirar satisfação com o cônjuge e ouviu a resposta: "*É, botei o nome do compadre Molequinho e o meu. Você não sabe andar na cidade. Para ser autor é preciso assinar muitos papéis; para mulher não dá, não dá mesmo...*",[135] disse Mano Décio à esposa.

Dona Ivone Lara contou essa história em seu "Depoimento para a posteridade", dado ao Museu da Imagem e do Som do Rio, em 1978, quando começava sua carreira na música, para mostrar que não era só ela que vivia a interdição de se fazer samba nos anos 50 — era um lugar negado às mulheres de forma geral. Quando compunham alguma canção, levava assinatura masculina. Muitas vezes, a do marido, como aconteceu com Vani; no caso de Ivone, a do primo.

Esses papéis bem determinados dos sexos remetem ao conceito de Joan Scott em seu clássico artigo sobre o tema, "Gênero: uma categoria útil de análise histórica": "*O gênero é um elemento constitutivo de relações sociais baseadas nas diferenças percebidas entre os sexos.*"[136] Scott, uma historiadora norte-americana que é referência no assunto, vai adiante e propõe uma reflexão precisa que ilustra os lugares sociais de homens e mulheres no entorno de Ivone e Vani: "*O gênero é uma forma*

---

135. RÊGO, José Carlos. "Nos terreiros, o samba veste saias". *O Globo*, 19/01/1977, p. 35.

136. SCOTT, Joan. "Gênero: uma categoria útil de análise histórica". *Educação & Realidade*. Porto Alegre, vol. 20, n. 2, p. 86, jul/dez 1995.

primária de dar significado às relações de poder."[137] Essa compreensão de que os gêneros estão ligados às posições de poder é fundamental quando se percebe que a identidade da mulher se constituía não só por suas diferenças em relação à condição masculina (genéticas, fenotípicas), mas também pela assunção de sua "subalternidade" nos papéis pré-definidos pela sociedade da época — visto que o próprio entendimento do que é o gênero já traz embutida essa estrutura hierárquica.

A relação de dominação dos homens sobre as mulheres não se restringe ao ambiente familiar, mas transborda para o espaço de trabalho e para as situações sociais, nas esferas pública e privada. A dinâmica da sociedade é toda contaminada por esse sistema, que se aplica aos vínculos individuais e coletivos. Essa normatização é assimilada pelos homens, que enxergam sua posição de privilégio como algo inerente à organização social; mas também por boa parte das mulheres, que são impelidas a se resignar com o papel dado a elas neste contexto. Um exemplo dessa resignação aparece em entrevista dada por Dona Ivone Lara a Leda Nagle, no *Jornal Hoje*, da TV Globo, em 1981. A jornalista fala sobre o papel da compositora como mulher pioneira no samba.

"*— Como é que a senhora conseguiu isso? Não havia preconceito, não?*

— Bom, na época não tinha preconceito. Pelo menos no Império Serrano. Nós todos éramos parentes, por causa disso não houve preconceito — negou Ivone.

— Ou você é atrevida mesmo?

— Bom, um pouquinho atrevida, né? Porque na época... Já viu, né? Não se aceitava de maneira nenhuma mulher metida em samba, fazendo samba, e eu já fazia.

— Então tinha preconceito!" — retrucou Leda Nagle.

"*— Tinha preconceito, mas eu nunca liguei pra isso, não.*"[138]

Dona Ivone deixa escapar em sua fala a postura de enfrentamento que adotava ("*Não se aceitava de maneira nenhuma mulher fazendo samba, mas*

---

[137]. SCOTT, Joan. "Gênero: uma categoria útil de análise histórica". *Educação & Realidade*. Porto Alegre, vol. 20, n. 2, p. 86, jul/dez 1995.

[138]. Programa *Jornal Hoje*. Rio de Janeiro, TV Globo, 1981.

eu fazia"). Mas também revela sua visão de que aquela era a realidade da época, e não um exemplo de discriminação — provavelmente por não enxergar essa interdição como algo direcionado especificamente a ela, mas ao coletivo de mulheres. Apenas ao ser confrontada pela jornalista, ela concorda que havia preconceito.

A sensação de que não era discriminada aparece em outra situação narrada por Ivone, a respeito do primeiro samba de terreiro que fez para a Prazer da Serrinha, "Meu destino é sofrer", em 1947. *"Certo dia, ouvi na Serrinha um grupo de pastoras cantando alegre um samba. Os versos diziam: 'Já vi que eu nasci para sofrer, amor / Só sinto não suportar a dor / É triste a gente viver na ilusão / Vivendo iludida por teu coração.' Logo reconheci a música, porque era minha. Perguntei quem era o autor e logo me disseram: 'É do seu Antônio Fuleiro.' Era assim, os homens apanhavam o samba, botavam um título e estava tudo em família. Eu gostava, porque assim os sambas não ficavam inéditos."* [139]

Este relato ilustra a diferença entre as dimensões pública e privada do machismo no caso de Dona Ivone. Na época em que ela queria fazer sambas de terreiro para a Prazer da Serrinha, o marido dizia: "*Deixa disso, Ivone. Só tem homem sambista. Ando por aí tudo e não vejo mulher fazendo samba. Esquece.*" "*Era uma coisa curiosa*", conta Dona Ivone, "*o meu marido sendo filho de uma grande dama do samba, várias vezes rainha da Serrinha, e de seu Alfredo, um patriarca dos terreiros, limitar a minha atuação como passista. Era um excelente companheiro, mas patriarca exigente, como todos lá na Serrinha. O carnaval era uma grande farra pra nós. (...) Mas tudo ficava circunscrito às cordas da escola, uma coisa em família. Agora, cantar e dançar para estranhos era proibido: nem pensar.*"[140] Ivone, na esfera privada, podia exercer seus dotes musicais: sua família a via cantar, tocar, dançar e compor. Estes talentos, porém, estavam interditados no âmbito social, já que se ela assinasse um samba, teria sua autoria reconhecida publicamente.

---

139. RÊGO, José Carlos. "Nos terreiros, o samba veste saias". *O Globo*, Rio de Janeiro, 19/01/1977, p. 35.

140. RÊGO, José Carlos. "Sandálias de prata, saias de muita roda: brilha D. Ivone Lara". *O Globo*, Rio de Janeiro, 23/02/1981, p. 19.

Ivone continuou escrevendo seus sambas ao longo da década de 50, e só aos poucos foi se sentindo à vontade na escola para assumir as obras. E, de forma geral, foi bem aceita. Na virada para os anos 60, ela já era uma figura respeitada no Império, não só por suas relações familiares com figuras importantes, como Fuleiro e Alfredo, mas por sua intensa participação na quadra, da cozinha ao terreiro, sambando e ajudando na limpeza — ela jogava nas onze. Em 1961, chegou a puxar o samba na Avenida, ao lado de Abílio Martins. Em 1963, já era vista efetivamente como "compositora do Império Serrano", o que se comprova em reportagem publicada pelo *Jornal do Brasil* em 30 de janeiro daquele ano. *"A Ala dos Compositores, que este ano apresentará uma mulher entre seus membros, Sra. Ivone Lara, está reunindo os sambas que entraram na seleção do samba-enredo, entre os quais figuram sambas de Mano Décio, Antônio dos Santos (Fuleiro), Osmar Rocha, Guará Primeiro, Sebastião de Oliveira (Molequinho) e da própria Ivone."* A reportagem ainda trazia uma declaração de Mano Décio da Viola: *"Ivone, para nós do samba, representa hoje o que foi Zica Gago, um dos maiores lápis do terreiro."*[141]

Ou seja, em 1963, Ivone era considerada membro da ala e já até participava dos concursos de samba-enredo. Mais do que isso: era tida como "um dos maiores lápis do terreiro", o que mostra seu prestígio como autora de samba. Portanto, não foi surpresa para os imperianos quando Ivone Lara venceu a disputa dois anos depois, no carnaval de 1965. Pode não ter surpreendido a turma do Império, mas para o mundo do samba e da música em geral foi um marco: o pioneirismo de uma mulher assinando um samba-enredo no carnaval carioca.

É preciso, porém, fazer justiça à figura de Carmelita Brasil, presidente da Unidos da Ponte por duas décadas, entre os anos 50 e 70 — tida como a primeira mulher presidente de escola de samba. Carmelita não se limitava a comandar a agremiação (foi ela quem trouxe a escola do município de São João de Meriti para desfilar na capital do Rio): também criava os enredos e fazia os sambas da Ponte. Composições suas foram cantadas nos desfiles da azul e branco pelo menos cinco vezes entre os carnavais de 1958

---

141. CERQUEIRA, Gabriela; DONATO, Silvia. "Império sai mesmo". *Jornal do Brasil*, Caderno B, Rio de Janeiro, 30/01/1963, p. 5.

e 1964. Portanto, vêm daí os primeiros registros de sambas-enredo a trazerem uma mulher como compositora. Mas, como a Ponte desfilava nos grupos de baixo, transitando entre a segunda e a terceira divisões da folia, o feito não teve grande repercussão. A primazia histórica foi, então, atribuída a Dona Ivone Lara. Obviamente, isso não diminui o mérito da imperiana que, de fato, pode se orgulhar de ser a primeira mulher a assinar um samba-enredo no desfile principal do carnaval.

Ivone Lara não entrou de imediato na parceria que venceria o samba do Império Serrano em 1965. Silas de Oliveira, autor de "Aquarela brasileira", sucesso do ano anterior, se juntou a Antônio Oliveira, o Bacalhau. Mas a obra não ficava pronta — conta a lenda que, sempre que os dois se reuniam, ficavam de pileque e não conseguiam terminar a letra. Fuleiro foi chamado para ajudar na situação, e então fez o "arranjo" para que a nova parceria se formasse: indicou a prima, Ivone, para dar os toques finais no samba-enredo.

Silas, Bacalhau e Fuleiro foram à casa de Ivone Lara para convidá-la a integrar a parceria. O marido, Oscar, não gostou nada da situação. "*Depois que eu fiz a janta e deixei a mesa pronta, falei com eles*"[142], conta Dona Ivone, mostrando que os afazeres domésticos estavam em primeiro lugar, para não despertar ainda mais incômodo no marido. Ficou combinado que ela iria no dia seguinte à casa de Silas para trabalharem os versos. Segundo o relato da compositora, ela "*consertou o samba, tirou letras, fez melodias e ao final desfilou pela casa cantando para testar*" se estava bom. Pronto, nascia uma das canções mais lindas da história, que terminava com um "laralaiá" que se tornaria a marca de Dona Ivone Lara: "Os cinco bailes da história do Rio".

"*Carnaval, doce ilusão*
Dê-me um pouco de magia
De perfume e fantasia
E também de sedução
Quero sentir nas asas do infinito

---

142. Museu da Imagem e do Som RJ – Depoimentos para a Posteridade: Dona Ivone Lara (30/06/1978).

Minha imaginação
Eu e meu amigo Orfeu
Sedentos de orgia e desvario
Cantaremos em sonho
Os cinco bailes da história do Rio (…)

Ao erguer a minha taça
Com euforia
Brindei aquela linda valsa
Já no amanhecer do dia
A suntuosidade me acenava
E alegremente sorria
Algo acontecia
Era o fim da monarquia
Lá rá rá lá rá rá rá rá"

A música estava pronta para ser apresentada na disputa de samba-enredo do Império Serrano. Na primeira vez em que foi cantada na quadra, os prospectos distribuídos ao público traziam apenas os nomes de Silas de Oliveira e Bacalhau como autores. O jornalista Fábio de Mello, que era integrante da escola, chiou e exigiu que o nome de Ivone Lara estivesse ali também — ciente dos interesses da mídia, sabia que o ineditismo da situação traria holofotes para a escola da Serrinha. A condição colocada por Fábio foi definitiva: se o nome de Ivone não fosse incluído, ela retiraria sua parte no samba. Silas e Bacalhau, é claro, aceitaram. E o folheto da semana seguinte já trazia o nome "Yvonne dos Santos".

O samba fez sucesso desde a primeira apresentação e foi escolhido pela escola para ir para o desfile. Na Candelária, teve um ótimo desempenho e proporcionou ao Império Serrano um carnaval emocionante. A escola saiu da Passarela aos gritos de "já ganhou" e, como as adversárias tradicionais já haviam se apresentado (Portela, Mangueira e Salgueiro), a passagem da Serrinha parecia realmente credenciá-la ao título. Uma multidão seguiu atrás da escola, ao fim do desfile, incluindo o carnavalesco do Salgueiro, Fernando Pamplona. O repórter Sérgio Cabral, na pista, viu Pamplona se esbaldando com o samba imperiano e estendeu o microfone para ele: "*E aí, quem ganha o carnaval?*" Empolgado, Pamplona mandou de primeira: "*O Império, naturalmente!*"[143]

Infelizmente, para a Serrinha, o carnavalesco não acertou a previsão. Pamplona acabou campeão do carnaval de 1965 com o Salgueiro, que levou para a Avenida o pouco lembrado samba "História do carnaval carioca" (Geraldo Babão/Valdelino Rosa). O Império dos "Cinco bailes da história do Rio" ficou em segundo lugar. A Serrinha pode ter perdido o título, mas o talento de Ivone Lara ganhou notoriedade — e, a partir dali, uma carreira musical parecia mais próxima.

Ainda no ano de 1965, Ivone deu um passo importante na vida de qualquer compositor, ao conseguir a primeira gravação de uma música em disco. Com as escolas de samba ganhando popularidade na cidade, apresentando autores desconhecidos do grande público, a gravadora Copacabana resolveu produzir o disco *Viva o samba! — Grandes astros visitam as escolas de samba*. A ideia era que estrelas como Elizeth Cardoso, Roberto Silva, Francineth e Cyro Monteiro interpretassem obras inéditas de poetas ligados às agremiações. Ivone emplacou a faixa "Amor inesquecível", que foi gravada por Francineth, cantora que mais tarde faria parte do grupo As Gatas. Na ficha técnica, a compositora assinava "Amor inesquecível" com o nome de Yvonne Lara — diferente da Yvonne dos Santos de "Os cinco bailes da história do Rio". Apesar de não ter a mesma fama dos outros cantores, Francineth fez uma bela gravação para a primeira música de Ivone a ser registrada. As duas se conheceram no estúdio, num encontro emocionante: Ivone feliz por estar estreando em disco; Francineth comovida porque pela primeira vez gravava um samba escrito por uma mulher.[144]

---

143. BRUNO, Leonardo. *Explode, coração – Histórias do Salgueiro*. Rio de Janeiro: Verso Brasil Editora, 2013. p. 57.

144. Dona Ivone teve uma música gravada anteriormente. Em 1962, foi lançado o disco *Samba no chão*, com sambas de terreiro da campeã e da vice-campeã do carnaval, Portela e Império Serrano. Em uma das faixas, o coro cantou "Não me perguntes" (Dona Ivone Lara/Mestre Fuleiro/Darci de Souza). O LP teve pouquíssima repercussão. Não se sabe se por isso, ou por aquele ser um disco "da escola", mas Ivone nunca considerou aquela a sua estreia de fato. Em seus depoimentos, sempre disse que sua primeira música gravada foi "Amor inesquecível", por Francineth.

Oscar assistia incomodado àquele ano de 1965, que trouxe tanta "perturbação" para sua casa. Os jornais procuravam Ivone para fazer reportagens sobre o pioneirismo nos sambas-enredo. Com a notoriedade trazida pelo carnaval, cada vez mais gente se aproximava da mulher na quadra do Império. E ainda apareceu a novidade de ter música gravada e passar a frequentar estúdio. O marido torcia o nariz, mas novas oportunidades surgiam para Ivone, que em momento algum descuidou de seu trabalho como assistente social.

Numa dessas situações, ela ouviu o conselho de Oscar e deixou passar uma chance que a colocaria uma vez mais na história do carnaval: integrar a parceria de um samba tão clássico quanto "Os cinco bailes da história do Rio". Mano Décio da Viola era um de seus parceiros relativamente constantes dentro da Serrinha. Já tinham feito sambas de terreiro juntos, e ela gostava da forma como ele trabalhava as palavras. Certo dia, Décio apareceu na casa de Ivone, dedicado à letra de um samba. Ela se empolgou, começou a dar opiniões, a sugerir melodias e foi cercando o parceiro para ver se emplacavam outra canção.

Mas o marido estava de olho. Oscar descobriu que aquele samba de Mano Décio era para o carnaval do Império Serrano, que em 1969 levaria para a Avenida o enredo "Heróis da liberdade". A ditadura brasileira tinha acabado de decretar o Ato Institucional Número 5, que endurecia ainda mais as restrições de circulação e de pensamento no país. O desfile do Império, então, ganhava uma conotação "subversiva". Preocupado, Oscar determinou que Ivone se afastasse da composição. Ela consentiu. Só então Mano Décio agregou novos parceiros à obra: Silas de Oliveira e Manuel Ferreira.

O samba-enredo foi para a Avenida, fez sucesso e entrou para o rol dos melhores de todos os tempos. Mas Oscar tinha razão em sua preocupação: os autores ficaram na mira da ditadura. Silas e Mano Décio tiveram que comparecer às instalações do Departamento de Ordem Política e Social (DOPS) para explicar a letra, uma homenagem às lutas históricas de libertação do povo brasileiro. Os agentes autorizaram o samba, mas determinaram a troca de um dos versos: "*É a revolução em sua legítima razão*" virou "*É a evolução em sua legítima razão*".

Ivone não entrou na parceria de "Heróis da liberdade", mas no ano seguinte sua carreira voltou a caminhar com uma nova estreia: a primeira gravação como cantora. O convite partiu de Osvaldo Sargentelli, que estava produzindo o LP *Sargentelli e o Sambão — O botequim da pesada*. Retrato de seu tempo, o disco tem como última faixa a violentíssima "Só dando com uma pedra nela", de Lamartine Babo, cujos versos diziam: "*Mulher de 70 anos / Já cheia de desenganos / Que usa 25 gramas / De vestido na canela / Só dando com uma pedra nela / Só dando com uma pedra nela.*" Com exceção dessa canção, o repertório era de qualidade, trazendo duas obras de Ivone, "Agradeço a Deus" e "Sem cavaco não", ambas parcerias com Mano Décio. Ela foi a única intérprete a cantar composições próprias.

Sambão era o nome da casa de shows que Sargentelli comandava em Copacabana. A ideia do disco era reproduzir o clima do local, tanto que, no início de cada faixa, ele anunciava o cantor e fazia um oferecimento. "Agradeço a Deus" começa com a seguinte fala de Sargentelli: "*Alô, Roberto Carlos, Simonal, Elis, Paulinho da Viola, Clementina, Vinicius, Milton Nascimento e Martinho da Vila. Atenção, moçada! Dona Yvonne! Dá no gogó!*" Já na outra faixa, os dizeres são os seguintes: "*Atenção, moçada! Da famosa escola de samba Império Serrano, 'Sem cavaco não', um sambão de Dona Yvonne e Mano Décio.*" Apesar de as duas faixas serem assinadas pela compositora Yvonne Lara, Sargentelli faz referência a ela como "Dona Yvonne". Ou seja, a essa altura, ainda em começo de carreira, Ivone já era tratada por "dona", do alto de seus 47 anos e do respeito que sua figura impunha. Ela estranhava: "*Dona? Pra que Dona? Não quero isso, não, sou nova ainda! Não tenho nem 50 anos, imaginem!*"[145]

Por conta dessa gravação, a artista considera Osvaldo Sargentelli o responsável por seu "batismo" como Dona Ivone Lara. Perguntada sobre o motivo de tanto respeito diante de sua figura, ela tem a explicação: "*A censura tava lá...*"[146], diz Ivone, referindo-se não aos militares que governavam o país, mas ao marido, Oscar. Todos os que se aproximavam dela faziam

---

145. BURNS, Mila. *Nasci pra sonhar e cantar - Dona Ivone Lara: a mulher no samba*. Rio de Janeiro: Record, 2009, p. 112.

146. Museu da Imagem e do Som RJ – Depoimentos para a Posteridade: Dona Ivone Lara (30/06/1978).

questão de demonstrar certa cerimônia, em consideração aos ciúmes de Oscar. Isso denota a cumplicidade entre os homens e até certa solidariedade em relação aos sentimentos do marido. Para deixar claro que não havia qualquer interesse além do artístico, estabeleceram uma distância imediata, reforçada pelo "dona", que soa exagerado para uma mulher ainda na faixa dos 40 anos.

Um dos que se aproximaram bem de mansinho foi Délcio Carvalho. O compositor já tinha músicas gravadas com Roberto Ribeiro e os Originais do Samba quando foi atrás de Dona Ivone, em 1972. O motivo era nobre: fazer um samba em homenagem a Silas de Oliveira, que acabara de morrer. A aproximação foi intermediada por Oscar. Quando Délcio ligou para a casa da compositora com a proposta de parceria, quem o convidou a ir até lá foi o marido de Ivone. No encontro, Oscar abriu duas cervejas, uma para ele, outra para Délcio. A canção saiu: "Derradeira melodia", primeira dobradinha daquela que é uma das maiores duplas da música popular brasileira. Ao fim da noite, Oscar o convidou para voltar: "*Vem aí um final de semana, porque a Ivone fica chateada, ela tem uma porção de músicas sem letras...*"[147] Ou seja, a grande parceria só se concretizou e teve longevidade porque o marido de Ivone aquiesceu e deixou claro para Délcio que sua presença ali era "permitida".

Dona Ivone e o novo parceiro começaram a compor muito, produzindo grandes obras do cancioneiro nacional. Enquanto se conheciam pessoal e artisticamente, ela foi estabelecendo suas prioridades: o trabalho não podia ser prejudicado (ela só o recebia nos fins de semana) e os cuidados com a família estavam em primeiro lugar. Na união entre os dois sambistas, um homem e uma mulher, fica nítido o papel que a música ocupava nas rotinas de cada um. Vejamos esta fala de Ivone sobre a parceria com Délcio: "*Quando eu terminava de cozinhar, arrumava a minha cozinha, a gente sentava, então eu dizia pra ele: 'Olha, a música é essa aqui assim'* (...) *Ele é uma coisa extraordinária. Eu não gosto de fazer música em bar, gosto de fazer música em casa. Vou ver minhas panelas,*

---

147. SANTOS, Katia. *Ivone Lara: A dona da melodia*. Rio de Janeiro: Garamond; Fundação Biblioteca Nacional, 2010, p. 124.

volto, pego o cavaquinho..." Vale comparar com o que diz Délcio ao relembrar aqueles momentos: "*Eu ia à casa dela todos os sábados. Às vezes ia direto da farra. Muitas vezes dormia no morro da Serrinha, lá no gongá do mestre Fuleiro, antes, e depois ia pra casa da Ivone.*"[148] O compositor e a compositora: ele, no espaço da rua, na "farra"; ela, no espaço da casa, na cozinha. Uma representação cruel do mundo de antigamente.

Mas se a preocupação de Ivone com a família continuava a mesma, fora de casa sua situação mudou bastante. Ela começou a ser requisitada para pequenas apresentações em shows, casas de samba e quadras de escolas. Com algumas músicas gravadas e a voz já registrada em disco, passou a fazer seu nome no meio musical e a desfilar seu repertório por palcos menores. Um dos que notaram o destaque que a dama da Serrinha estava tendo foi Adelzon Alves. O radialista, sobre quem falamos no capítulo anterior, ao mesmo tempo em que produzia os discos de Clara Nunes e comandava seu programa na Rádio Globo, estava atento à movimentação dos terreiros, já que era assíduo frequentador das escolas. Lançou, em 1971, um "pau de sebo" (disco que reunia vários cantores iniciantes) chamado *Quem samba fica...*, abrindo caminho para as carreiras de Roberto Ribeiro, João Nogueira, Aroldo Melodia e Aniceto do Império. O LP fez sucesso e, em 1974, chegara a hora de gravar o segundo volume do mesmo projeto, que se chamou *Quem samba fica? Fica!*

Para esse trabalho, Adelzon queria contar com a compositora da Serrinha que, ele sabia, já estava sendo muito comentada no mundo do samba. O problema é que as saídas de Ivone para shows e gravações não estavam repercutindo bem em casa. Oscar estava cada vez mais incomodado com a carreira da mulher, que aos poucos ia virando realidade. Adelzon fez o convite para que ela participasse do disco, mas Ivone não pareceu empolgada. Adiou a resposta, enrolou o produtor. A gravadora já tinha autorizado o começo dos trabalhos de estúdio para o *Quem samba fica? Fica!*, e Adelzon pressionou a cantora. Ela disse, então, que não poderia gravar por conta de seu trabalho como assistente social. Alegou que os plantões eram

---

148. SANTOS, Katia. *Ivone Lara: A dona da melodia*. Rio de Janeiro: Garamond; Fundação Biblioteca Nacional, 2010, p. 124.

muito puxados e que seria impossível conciliar. Adelzon deu o xeque-mate: "*Eu pago uma outra profissional para dar o plantão no seu lugar. Mas eu preciso entrar em estúdio com você*", disse ele.

Foi aí que o verdadeiro motivo da recusa veio à tona, como relembra Adelzon Alves. "*Descobri que o problema não era o trabalho, mas o marido, Oscar. Ela me disse: 'Vai lá em casa jantar comigo, mas não diz que você quer me levar pra carreira artística.' Então eu ia na casa dela, almoçava, jantava, ele lá na cabeceira da mesa. Falávamos de música, de vários assuntos, mas não dizíamos nada da gravação. Certo dia, ela me procurou e disse: 'Acho que ele deu o sinal verde.' Só aí consegui levá-la para o estúdio para gravarmos 'Tiê'.*"[149] Ou seja, Ivone conhecia o marido e sabia como ir contornando a situação para conseguir seus objetivos: apresentou Adelzon, fez Oscar ir ganhando confiança nele e, em seguida, revelou a ideia da gravação, para receber o "sim" tão esperado.

O LP, lançado em 1974, trazia outros compositores cantando suas músicas, como Wilson Moreira, Sidney da Conceição, Flávio Moreira e Casquinha. Mas era a imperiana quem abria e fechava o disco, com "Tiê" e "Agradeço a Deus", assinando com o nome de Ivone Lara (pela primeira vez, ela deixa de lado o "Yvonne" da certidão de nascimento). Na contracapa havia fotos dos artistas, todos homens, com exceção de Ivone, que aparece em uma roda de samba, em frente a uma mesa com quatro garrafas de cervejas, de instrumento na mão.

Como os cantores eram novatos, havia textos de apresentação para cada um deles. O texto ao lado da foto de Ivone é revelador do que representava uma mulher cantando, compondo e tocando samba nos anos 70: "*Ivone Lara, além de uma excelente mãe, dona de casa, enfermeira e assistente social, é compositora, toca um cavaquinho pra malandro nenhum botar defeito, pertence à ala das baianas do Império Serrano. Nesta foto, Dona Ivone está numa roda de samba no Castelo Branco, club de homens, na rua Edgard Romero, perto da Serrinha, que para ela, seu cavaquinho e suas melodias, sempre abre uma exceção.*"

---

149. Entrevista ao autor.

Notem que a primeira referência a Ivone é que ela é uma "excelente mãe". Mesmo que ali fosse apresentada como artista, a maternidade era a associação imediata que se fazia a uma mulher. Em seguida, vinha a outra definição, "dona de casa". Inevitável lembrar que, num ambiente machista, uma mulher vale pelo que produz através do seu corpo: ter filhos, alimentá-los e cuidar dos afazeres domésticos. As designações de "mãe" e "dona de casa" correspondem a essa visão, e não à toa são os primeiros atributos de Ivone apresentados ao público. O adjetivo "excelente", que acompanha a designação de mãe, enfatiza a necessidade de uma mulher primeiro ser bem-sucedida na sua função "primordial", a maternidade, para só então pensar em outras atividades, como ser cantora e compositora — antes ela tem que dar conta das obrigações com a casa e a família, para, então, ficar livre para novas ocupações. Esse aspecto é reforçado em algumas declarações de Ivone, que sublinha o fato de se sentir disponível para compor apenas depois de cozinhar ou limpar a casa. Finalizando o texto do LP, há a incrível referência ao "club de homens" de Madureira, que fazia uma roda de samba fechada a mulheres, registrando que Ivone era uma "exceção".

Os outros quatro artistas do disco também tiveram textos de apresentação na mesma contracapa. Sobre Wilson Moreira, Sidney da Conceição, Flávio Moreira e Casquinha, falava-se apenas sobre suas atividades artísticas e as atuações como sambistas. Nenhum dos quatro foi citado como "bom pai".

"Tiê", a música que abria o disco, fez relativo sucesso e deixou a imperiana ainda mais conhecida. Uma cantora iniciante de São Paulo, Cristina Buarque, gravou outras duas músicas da compositora em seu álbum de estreia: a inédita "Confesso" (Dona Ivone Lara) e uma nova regravação de "Agradeço a Deus". Mas é outro registro deste mesmo ano de 1974 que se tornou o primeiro grande sucesso da carreira de Dona Ivone Lara. Clara Nunes, também produzida por Adelzon Alves, estourou no país inteiro com o disco *Alvorecer* — a música-título era parceria de Ivone com Délcio Carvalho, como já foi mencionado. O LP se tornou um marco para as cantoras brasileiras, que nunca haviam atingido aquele patamar de vendas.

Em seguida, vieram várias gravações marcantes, que fortaleceram o nome de Ivone Lara como compositora: em 1975, "Amor sem esperança", com Beth Carvalho; em 1976, "Tiê", com Alcione; "Dei-te liberdade", com Cristina Buarque; "Minha verdade", com Elizeth Cardoso; "Amor inesquecível", com Sonia Lemos; "Samba, minha raiz", com Elza Soares; e, em 1977, "Outra você não me faz", com Norma Bengell. Roberto Ribeiro ainda lançou dois de seus sambas com grande repercussão: "Acreditar", em 1976, e "Liberdade", em 1977. E a glória maior veio em 1978, com a gravação de "Sonho meu", por Maria Bethânia e Gal Costa, fazendo o disco de Bethânia, *Álibi*, ser o primeiro de uma cantora a ultrapassar a marca de 1 milhão de cópias vendidas.

A consolidação de Ivone como compositora antes de se tornar efetivamente cantora é marcante na história da música brasileira — já que nomes como Dolores Duran e Maysa, por exemplo, surgiram primeiro à frente do microfone. Esse é um aspecto fundamental para entender como a perspectiva feminina começa a fazer parte do cancioneiro nacional. Não por acaso, e isso merece ser sublinhado, os primeiros intérpretes a gravarem canções de Ivone (com exceção de Roberto Ribeiro, que era companheiro dela no Império Serrano) foram 11 mulheres: Francineth, Clara Nunes, Beth Carvalho, Alcione, Cristina Buarque, Elizeth Cardoso, Sonia Lemos, Elza Soares, Norma Bengell, Gal Costa e Maria Bethânia. Para um cantor, não era confortável botar a voz numa música escrita por uma compositora. A resistência ainda era grande, afinal, o discurso musical era quase exclusivamente masculino até então.

O *Dicionário da história social do samba*, de Nei Lopes e Luiz Antônio Simas, traz um verbete que ilustra essa realidade, chamado "Condição feminina": "*No universo do samba, (...) a presença feminina é determinante. Ela se impõe como reflexo da experiência histórica da mulher na sociedade brasileira; em especial daquela vivida pelas afrodescendentes.*"[150] O texto reforça que o machismo vivido pelas sambistas é apenas o retrato da sociedade em que elas estavam inseridas. Nei Lopes ressalta outro aspecto ao falar deste trecho do *Dicionário*: "*Neste verbete, escrevemos mais de 60 linhas sobre a participação de mulheres nos diver-*

---

150. LOPES, Nei; SIMAS, Luiz Antonio. *Dicionário da história social do samba*. Rio de Janeiro: Civilização Brasileira, 2017. p. 70.

sos ambientes e espaços do samba, inclusive palcos e estúdios de gravação. Mas, na maioria dos exemplos, como os de compositoras e puxadoras de samba nas escolas, as participações, até aqui, ocorrem como exceções."[151]

A consequência desse caráter excepcional da participação feminina foi que parte da produção delas acabou nunca vindo à tona. A própria Dona Ivone, que se tornou um ícone da cultura brasileira, só alcançou reconhecimento em meados da década de 70, já com mais de 50 anos. Dá pra imaginar quanta coisa ficou perdida por esse longo caminho? Um exemplo dessa situação é "Pétalas esquecidas", valsa composta por Ivone em 1945, durante um dos plantões que dava na Colônia Juliano Moreira. Sua parceira era Teresa Batista, também enfermeira, companheira nas longas jornadas de trabalho que inspiraram a canção. Uma parceria de duas mulheres ainda na primeira metade do século 20! A música, claro, ficou escondida no baú. A linda "Pétalas esquecidas" só foi gravada 61 anos depois de escrita, no CD *Universo ao meu redor*, de Marisa Monte, lançado em 2006.

Para produzir esse disco, Marisa conversou com muitos integrantes das velhas-guardas na tentativa de resgatar sambas esquecidos do passado. Esteve também com familiares de compositores falecidos e recuperou fitas cassete em estado precário. Esse trabalho foi a segunda rodada de pesquisa na obra dos sambistas da antiga, porque para produzir *Tudo azul*, CD da Velha Guarda da Portela lançado em 2000, ela já tinha mergulhado nesses arquivos. Ao vasculhar cuidadosamente as preciosidades dos bambas, uma coisa chamou a atenção de Marisa Monte: "*Eu pesquisei a Velha Guarda inteira, entrevistei muitos sambistas, e não tinha um samba feito por mulher. Nada! E ao conversar com Dona Ivone, ela me mostrou 'Pétalas esquecidas', de 1945, quando nem se imaginava compositora. Só tinha compositor homem! Dona Ivone estava muito à frente do tempo dela*"[152], relembra Marisa.

E uma mulher à frente de seu tempo nem sempre é bem recebida num mundo dominado pelos homens. A situação de Ivone no Império Serrano é um exemplo disso. No início dos anos 70, ela era reconhecida como compositora, mas não desfilava junto com os poetas da Serrinha. Preferia

---

151. Entrevista ao autor.
152. Entrevista ao autor.

sair na Ala das Baianas da Cidade Alta. Ivone dizia que a vistosa fantasia de baiana era mais bonita do que o simples terninho da Ala dos Compositores. Mas a verdade é que não se sentia tão à vontade entre a turma que escrevia samba. Na quadra, passou por episódios desagradáveis, que a fizeram manter distância. Certa vez, quis mostrar um samba de terreiro que tinha feito para o Império. Foi ao palco e pediu para cantar. O compositor Nina Rodrigues (autor dos sambas-enredo dos carnavais de 1970 e 1978) era quem comandava as apresentações: "*Espera um pouco, tem uma ordem de entrada aqui...*" Ivone esperou, esperou. E nunca chegava sua vez. Tentou novamente. E nada. Desistiu.

Anos depois, foi à forra. Na disputa de samba-enredo para o carnaval de 1974, foi convidada pelo compositor Wilson Diabo para defender o samba dele na quadra, assinado em parceria com Malaquias e Carlinhos. O enredo era "Dona Santa, rainha do maracatu". Ivone subiu ao palco e, quando pegou o microfone, sentiu os ritmistas se agitarem. "*A bateria tocou como nunca. Eu era muito querida pelos ritmistas, porque quando eles precisavam de comida e de outras coisas na escola, eu defendia. A quadra veio abaixo e o samba ganhou a disputa*"[153], conta ela, orgulhosa do feito. Os outros compositores, claro, não ficaram tão satisfeitos com o sucesso de Ivone na quadra. Por situações como essas, Dona Ivone Lara resolveu não fazer parte da ala, ficando apenas com o título de madrinha da Ala dos Compositores do Império Serrano.

O fato é que, aos poucos, ela foi se afastando do dia a dia do Império. Afinal, a carreira musical tomava cada vez mais seu tempo. Em 1974, cantou em duas coletâneas, os LPs *História das escolas de samba* e *Música popular do Centro-Oeste/Sudeste*. Também fez uma participação no disco de Eduardo Gudin e ganhou lugares fixos no show "Unidos do Pujol", realizado na boate Monsieur Pujol, em Ipanema, e nas Noitadas de Samba do Teatro Opinião, em Copacabana. Além disso, viajou pelo Brasil ao lado de Cartola, no Projeto Pixinguinha. Naquele ano, aliás, o *Jornal do Brasil*, ao se referir a Ivone, chegou a chamá-la de "Cartola de saias", numa comparação

---

153. Museu da Imagem e do Som RJ – Depoimentos para a Posteridade: Dona Ivone Lara (30/06/1978).

típica das culturas que têm a figura masculina como referência central e que considera um elogio elevar as mulheres ao mesmo patamar deles.

Mas, no momento em que a carreira parecia engrenar, o lado familiar sofreu um baque irrecuperável. Em setembro de 1975, o filho Odir foi vítima de um grave acidente de automóvel, ficando em coma por 45 dias. Logo em seguida, o marido Oscar, abalado com a saúde do filho, sofreu um ataque cardíaco fulminante e morreu. Ivone ficou sem chão, e, naquele ano de 1976, se refugiou em casa para viver o luto da viuvez precoce e cuidar do filho, que se recuperava lentamente.

Em 1977, tomou uma decisão importante: se aposentou como enfermeira e assistente social, depois de 37 anos de trabalho ininterrupto. Aquele seria realmente um ano frutífero para os novos caminhos profissionais que trilharia: participou do disco *Quatro grandes do samba*, dividindo uma faixa com Candeia; atuou como atriz no filme *A força de Xangô*, do cineasta Iberê Cavalcanti; e finalmente acertou os detalhes para a gravação de seu primeiro disco solo. Ao mesmo tempo em que a enfermeira ficava para trás, a artista emergia com força, com Ivone centrando seus esforços na construção de sua carreira musical.

Essa mudança de chave ficou célebre nas narrativas construídas sobre a história de Dona Ivone, que afirmavam que ela teria se tornado cantora depois de se aposentar do trabalho. Cronologicamente, não deixa de ser verdade. Mas é importante ressaltar outro detalhe dessa trajetória. Ivone só passa a se dedicar integralmente ao ofício de cantora depois de ficar viúva. Uma frase dela própria demonstra a consciência que tinha em relação a essa transformação, citando o marido e também a tia, que eram contra sua ligação com a música: "*Quando me casei com o Oscar, pensei que ia ter liberdade para cair no samba. Qual nada. Só quando morreram os dois, minha tia e meu marido, minha vida mudou*"[154], disse Ivone em 2002.

Em 1978, aos 56 anos, finalmente lançou seu primeiro disco solo, *Samba, minha verdade, minha raiz*, produzido por Adelzon Alves e lançado pela gravadora Odeon. O álbum é um primor, com músicas da parceria de Ivone com Délcio Carvalho, outras compostas somente por ela e sam-

---

154. MÁXIMO, João. "O samba é clássico". *O Globo*, Rio de Janeiro, 5 jul. 2002. Segundo Caderno, p. 1.

bas de terreiro das escolas de Madureira. A capa e a contracapa são documentos históricos. As fotos foram feitas no quintal de Manacéa, grande compositor portelense. Na imagem da capa, Ivone aparece empunhando seu cavaquinho ao lado de 11 homens. Na contracapa, ela está no centro da roda, cercada por 16 homens. Entre eles, Fuleiro, Manacéa, Casquinha, Chico Santana, Armando Santos, Alberto Lonato, Setembrino e Délcio Carvalho. Mais do que trazer o registro de um grande encontro entre portelenses e imperianos, a foto é um retrato nu e cru da solidão de uma mulher naquele ambiente tão masculino.

Das cinco integrantes do ABCDE deste livro, Ivone foi a primeira a nascer e a última a lançar seu disco solo. Isso aconteceu no fim dos anos 70, quando a luta feminista já estava em sua segunda onda, com reivindicações a respeito dos direitos reprodutivos, da liberdade sexual e da igualdade nos postos de trabalho. Além disso, o mercado musical brasileiro se mostrava muito mais aberto às cantoras, cuja participação nas vendas de discos era crescente. Mas o LP de Dona Ivone Lara mostra como sua presença ali ainda era algo raro nos estúdios de gravação — não só pelas fotos da capa e da contracapa, mas também pelos créditos dos profissionais que trabalharam em *Samba, minha verdade, minha raiz*.

Os compositores das canções, à exceção de Ivone, eram todos homens: Délcio Carvalho, Silas de Oliveira, Mano Décio da Viola, Alcides Malandro Histórico, Antônio Caetano, Hélio dos Santos e Rubens da Silva. Na instrumentação, tínhamos os maestros Nelsinho e Luiz Roberto, além de Abel Ferreira no sax, Carlinhos no cavaquinho e Darly Louzada no violão de sete cordas. Nos bastidores, estavam Milton Miranda (direção artística), Renato Correia (direção de produção), Adelzon Alves (produção), Darcy Roberto e Toninho (técnicos de gravação), Nivaldo Duarte (técnico de remixagem), Osmar Furtado (corte), Lobianco (layout) e Ricardo de Vico (fotos). A presença é exclusivamente masculina, sendo Ivone a exceção — palavra que definiria toda a sua trajetória.

Em seu primeiro LP, enfim, ela é apresentada como Dona Ivone Lara, apesar da resistência da cantora, como conta Adelzon Alves: "*Ela me deu uma canseira, porque não queria que o nome fosse 'Dona Ivone' nem queria sair na capa tocando cavaquinho. Eu dizia: 'Dona Ivone, não tem ninguém* no meio artístico com um nome assim e nunca teve capa de disco com mulher tocando cavaquinho.[155] Em termos de marketing, isso é importante'. Mas ela reagia, e eu não queria melindrar. Quando fomos fazer as fotos de capa, pedi pra ela mostrar as músicas pro pessoal da roda de samba. Ela pegou o cavaquinho, e eu disse ao fotógrafo que registrasse, sem ela perceber. Quando terminamos a mixagem do disco, eu preparei a capa e mandei pra fábrica, com ela tocando cavaquinho e o nome 'Dona Ivone Lara.' Naquela época, o artista só recebia o disco bem depois, quem recebia primeiro eram os críticos. Então o Sérgio Cabral, que escrevia no 'Jornal do Brasil', fez uma página inteira, cheia de elogios. Ela leu, ficou feliz e nunca mais me chateou"[156], diz Adelzon.

Aquele era um momento de ouro para o samba brasileiro: 1978 ficou marcado pela chegada da discoteca no país, com o sucesso da novela *Dancin' days* e das boates, mas os lançamentos da época mostram que o sambista não esteve mal servido quando as meias de lurex viraram moda. O ano, além de marcar a estreia de Dona Ivone Lara em disco, também viu chegarem às lojas o revolucionário LP *De pé no chão*, de Beth Carvalho; o estouro de vendas *Guerreira*, de Clara Nunes; o arrasa-quarteirão *Alerta geral*, de Alcione; a joia do partido-alto *Tendinha*, de Martinho da Vila; *Axé*, a obra-prima de Candeia, lançada pouco depois de sua morte; além do LP de Paulinho da Viola que trazia "Coração leviano"; e do sucesso de Roberto Ribeiro com "Todo menino é um rei". Discoteca? O sambista nem ouviu falar!

Se a inspiração dos cantores e poetas do samba estava a mil por hora, nem sempre eles tinham espaço na mídia e nas casas de shows. Por isso, essa é uma época de luta e de união de esforços para se posicionarem frente à concorrência. O Clube do Samba é um exemplo disso, fundado por João Nogueira para ser um local de resistência e de valorização da música nacional. O *Alerta geral*, atração apresentada por Alcione na TV Globo, era outro desses espaços. Adelzon Alves foi um dos produtores do programa: "*Na produção, era sempre Caetano Veloso, Gilberto Gil... Quando*

---

155. Embora realmente a cena não fosse comum, em 1973 Beth Carvalho já tinha aparecido na capa do LP *Canto por um novo dia* de cavaco na mão.

156. Entrevista ao autor.

eu tentava falar alguma coisa de samba, ou botar o pessoal 'da cor' no ar, sentia uma resistência. Depois de algumas reuniões, conversei com o (diretor Augusto César) Vanucci: 'Olha, não estou me sentindo bem aqui e tal. (...) Há tempos que tento colocar alguém de samba autêntico aí e sinto que não há receptividade. Então, estou me sentindo inútil'. E então ele me perguntou: 'Quem, por exemplo, você chamaria?' Eu falei que tinha o Martinho (...) e que tinha Dona Ivone Lara. Ele, então, fez uns comentários meio irônicos quanto à indicação da Dona Ivone e aí eu disse pra ele assim: 'Ó, você é um moleque que a TV Globo manda para os Estados Unidos copiar aquelas porcarias lá pra trazer pra cá. Você não tem autoridade nenhuma pra falar de Dona Ivone Lara. Você não sabe nem o que está falando. (...) Você não sabe, e não tem competência, precisa ter ainda, para saber programar uma Dona Ivone Lara, uma casa de samba. Porque copiar o que eles fazem lá é fácil. Aqui você tem que criar tudo do começo. Você nem sabe quem são essas pessoas ou o que elas fazem'. Ele então se assustou com aquela dura: 'Não, não é bem assim... Traz ela aí pra gente ver!' Então eu levei Dona Ivone. Ele se apaixonou por ela! Ele levava aquelas parafernálias todas, aqueles caminhões enormes lá para a Serrinha, montava cenários no morro, para gravar com ela. E aí acertou, porque ela na verdade precisava ser vista. Porque ela cantando e se apresentando no palco encanta a todo mundo."[157]

Em 1979, embalada pelo respaldo da crítica em relação ao seu primeiro disco e pelo sucesso popular de "Sonho meu" na voz de Maria Bethânia, Ivone entrou em estúdio para gravar seu segundo LP, *Sorriso de criança*. O repertório trazia canções como "Confesso", "O meu amor tem preço" (ambas de Dona Ivone Lara) e "Cantei só pra distrair" (Tio Hélio). Dessa vez, o estúdio ganhava algum toque feminino, com a presença de Rosinha de Valença no violão e nas orquestrações, e a voz de Clara Nunes no coro das faixas "São Paulo, chapadão de glória" (Silas de Oliveira/Joacyr Sant'Anna) e "Por querer liberdade" (Mestre Fuleiro).

Na capa, contracapa e encarte, novamente Ivone reinava no meio de uma roda de samba masculina; a diferença é que, agora, havia crianças

---

157. SANTOS, Katia. *Ivone Lara: A dona da melodia*. Rio de Janeiro: Garamond; Fundação Biblioteca Nacional, 2010, p. 147.

em volta, entre elas algumas meninas. No texto escrito por Adelzon Alves, aparecem mais referências à maternidade e aos afazeres domésticos. *"Hoje, neste segundo disco, e após o sucesso da música 'Sonho meu', em parceria com Délcio Carvalho, Dona Ivone Lara já não é mais aquela dona de casa que tinha como espectadores apenas suas panelas, seu fogão, sua tina, seus doentes do hospital psiquiátrico do Engenho de Dentro, os pobres e necessitados de sua assistência social na Baixada Fluminense, seus vizinhos, etc. (...) Hoje, Dona Ivone Lara, sem deixar de ser uma simples dona de casa, com o mesmo capricho pela vida doméstica; seu amor e dedicação aos filhos, como mãe; seu desvelo pelos doentes, como enfermeira; sua atenção aos necessitados, como assistente social; é também a estrela, a grande dama do samba que o Brasil todo conhece, em som e imagem."*

Em 1980, sua carreira tomou novos rumos: foi contratada pela WEA e passou a ser produzida por Sérgio Cabral. Mas demonstrou gratidão ao antigo produtor, dedicando a Adelzon Alves seu novo álbum, *Sorriso negro*, cuja capa voltou a trazer a grafia "Yvonne". No disco, que contou mais uma vez com arranjos e regência de Rosinha de Valença, Ivone Lara estreou dois parceiros: Hermínio Bello de Carvalho, em "Unhas", e Jorge Aragão, na espetacular "Tendência". Mas o grande trunfo do LP eram as participações especiais, que abriam o lado A (Maria Bethânia, em "Sereia Guiomar") e o lado B (Jorge Ben, na faixa-título). Bethânia, além de participar do disco, deu outra alegria a Ivone naquele ano ao gravar a música "Alguém me avisou" em seu álbum *Talismã*, com participação de Caetano Veloso e Gilberto Gil. A canção se tornou um dos grandes clássicos do repertório de Ivone Lara, com letra quase autobiográfica, que mostra como a cantora enfrentou as adversidades da vida com tranquilidade, sempre pisando devagarinho.

"Eu vim de lá, eu vim de lá pequenininho
Mas eu vim de lá pequenininho
Alguém me avisou
Pra pisar neste chão devagarinho (bis)
Sempre fui obediente
Mas não pude resistir
Foi numa roda de samba

Que eu juntei-me aos bambas
Pra me distrair
Quando eu voltar à Bahia
Terei muito o que contar
Ó, padrinho, não se zangue
Que eu nasci no samba
Não posso parar"

As canções de Ivone faziam sucesso no país todo, e seus LPs entravam nas listas dos melhores do ano da crítica musical. Mas, apesar de ajudar outras mulheres a romperem barreiras de venda (casos de Clara Nunes e Maria Bethânia), Ivone Lara nunca foi uma grande vendedora de discos, que naquela época eram parte importante da receita dos cantores. No começo dos anos 80, em entrevista ao programa *TV Mulher*, ela confirmou que a aposentadoria que recebia como assistente social era o que garantia seu sustento. "*A sua aposentadoria, dá para viver só com ela?*", perguntou a apresentadora Marília Gabriela. "*A minha dá, graças a Deus. Eu, como assistente social, tinha curso universitário. E tinha gratificações. Quando eu saí, juntou tudo isso. Então deu um dinheirinho maior. Não posso dizer que seja uma fortuna, mas perto dos direitos autorais que a gente recebe de três em três meses, está ótimo!*"[158], disse Ivone.

O disco de 1982 anunciava logo na capa do que se tratava: o título, *Alegria, minha gente*, e o subtítulo, *Serra dos meus sonhos dourados*, eram dois sambas de quadra da Prazer da Serrinha. As músicas dos anos 40 e 50 que eram cantadas no terreiro da escola, trazidas à tona por sua memória, eram a base do álbum. O repertório também contava com uma homenagem a Cartola, que havia morrido recentemente ("Uma rosa para Cartola", de Wilson Moreira e Nei Lopes), e a sensível "Nasci pra sonhar e cantar", de Ivone com Délcio Carvalho.

Consolidada no cenário musical como cantora, Ivone Lara teve a oportunidade de voltar as atenções mais uma vez para o seu Império Serrano. E esse começo da década de 80 foi especialmente agitado para a verde e

---

158. Programa *TV Mulher*. TV Globo, Rio de Janeiro, 29/01/1981.

branco. Pouco antes do carnaval de 1981, foi criada a Velha Guarda Show do Império, formada pelos primos Fuleiro e Tio Hélio, além de nomes como Sebastião Molequinho, Manuel Ferreira, Nilton Campolino, Carlinhos Vovô e Mano Décio da Viola. Havia também as pastoras comandadas por Djanira do Jongo, mas elas não foram citadas no disco de estreia do grupo, *Mano Décio apresenta a Velha Guarda do Império*. No encarte, há as fotos e os nomes dos sete homens, mas nenhuma menção às mulheres.

Ivone, que já tinha uma carreira paralela, não fez parte do grupo. Apesar do momento de euforia para os cabeças brancas, a escola na Avenida teve um péssimo desempenho, ficando em último lugar na classificação geral. Mas Dona Ivone Lara saiu aclamada da Marquês de Sapucaí e ganhou o Estandarte de Ouro de Destaque Feminino por sua atuação à frente da ala das baianas.

Uma mudança no regulamento fez com que o Império não fosse rebaixado para o segundo grupo, apesar da última colocação. Em 1982, a escola desfilou no grupo principal, mas com um desfalque, já que Ivone não pôde sair por conta de shows nos Estados Unidos. Mal sabia ela que aquele seria o último ano de glórias da verde e branco no concurso das escolas de samba. Com o memorável samba-enredo "Bumbum paticumbum prugurundum" (Aluisio Machado/Beto Sem Braço), a escola se sagrou campeã do carnaval pela nona vez.

Em 1983, o Império ficou na terceira colocação com um enredo sobre o matriarcado, "Mãe baiana mãe". Ivone Lara foi escolhida para simbolizar as mães da Serrinha no abre-alas, e pela primeira vez a baiana da Cidade Alta deixou o chão e desfilou em cima de um carro alegórico. E que carro! A alegoria de nove metros de largura, toda em branco e prata, com muitos espelhos, simbolizava a Igreja do Bonfim. No centro, vinha uma reluzente Dona Ivone, com uma linda fantasia de baiana, toda dourada, que em contraste com o prata da alegoria a fazia brilhar mais do que nunca. Uma imagem inesquecível naquele que foi o último ano dos desfiles antes da construção do Sambódromo.

Em 1984, Dona Ivone Lara conseguiu um feito importante para qualquer compositor, ao emplacar música na abertura de uma novela. "Enredo do meu samba", parceria com Jorge Aragão, tocava todas as noites quando começava a trama das oito, *Partido alto*, na voz de Sandra de Sá, que fez uma leitura samba-funk da melodia. E outra canção da dupla podia ser ouvida na novela, que tinha como protagonista um compositor de escola de samba, Piscina (José Mayer). Na história, ele compunha um samba-enredo para a fictícia Acadêmicos do Encantado. A música, "Carlos Drummond de Andrade (E agora, José?)", também havia sido feita por Ivone e Aragão.

Em 1985, Ivone trocou novamente de gravadora, indo para a Som Livre. Era um sinal de que as relações não andavam boas entre a artista e o mercado fonográfico — nem ela estava satisfeita com o tratamento que era dado a seus álbuns nem os executivos estavam contentes com as vendas alcançadas. O novo trabalho trouxe um detalhe curioso: pela primeira vez, assinou apenas como "Ivone Lara", algo que almejava desde o início da carreira. Até essa decisão foi baseada numa impressão de que eram necessárias mudanças para tentar atingir um público maior, como ela mesma conta: "('Dona') não me deu sorte até aqui, vamos ver se melhora sem ele".[159]

As mudanças, porém, não se resumiram ao nome artístico. O LP *Ivone Lara* trazia novidades no repertório, sem deixar de brindar os fãs com a dobradinha com Délcio Carvalho, que aparece em quatro músicas. Mas chegaram novos parceiros: Rildo Hora, Sombrinha e Arlindo Cruz. A cantora ainda exercitou seu lado intérprete, se aproximando da nova geração de poetas, tanto os das escolas de samba, com "Se o caminho é meu", de Paulinho Mocidade e Jurandir Berinjela, quanto os do Cacique de Ramos, em "Pra você voltar", de autoria de Arlindo Cruz, Neoci e do novato Zeca Pagodinho.

Apesar das boas canções, o disco de 1985 não emplacou nenhum grande sucesso. E a situação de Dona Ivone Lara no mercado ficou mais complicada. Numa época em que o pagode estourava com Zeca Pagodinho e Almir Guineto, o samba de melodia mais dolente ficou em segundo plano. E o pior: logo depois do *boom* do pagode, o samba como um todo entrou numa fase ruim, no início dos anos 90. Dona Ivone viu a carreira fonográfica estacionar, mas o repertório que acumulou a cacifava para continuar com extensa agenda de shows, incluindo viagens internacionais para países

---

159. NOBILE, Lucas. *Dona Ivone Lara: A primeira-dama do samba*. Rio de Janeiro: Sonora Editora, 2015, p. 138.

como Japão, Argentina, França e Espanha. O prestígio também era grande, sendo gravada como compositora por Elizeth Cardoso e Beth Carvalho, e fazendo participações como cantora em LPs-tributos a Cartola, Dorival Caymmi e Noel Rosa, e em discos de Martinho da Vila, Délcio Carvalho, Antônio Carlos & Jocafi, Paulinho Mocidade e Arlindo Cruz.

Dona Ivone Lara só emplacou outro álbum em 1997, já na era do CD. Nessa metade dos anos 90, Zeca Pagodinho e Martinho da Vila estavam voltando a conseguir vendas gigantescas, chamando a atenção para os sambistas novamente. Nesse contexto, a Sony resolveu fazer um novo disco de Ivone. A ocasião era especial: considerando que o marco inaugural de sua carreira foi em 1947, ela estava completando bodas de ouro com a música. Um bom mote para o trabalho que faria uma retrospectiva de sua trajetória, com convidados como Gilberto Gil, Djavan, Zeca Pagodinho, Martinho da Vila, Beth Carvalho, Almir Guineto, Ataulfo Alves Jr. e Danilo Caymmi. E como o mercado musical vivia um momento instável, com muitos novos modismos, a gravadora exigiu que artistas de sucesso da época, de gêneros variados, fizessem parte do álbum, como Netinho de Paula (vocalista do Negritude Jr.), Adriana Ribeiro (do grupo Adriana e a Rapaziada), Tatau (do Ara Ketu) e Toni Garrido (do Cidade Negra). Havia ainda duas canções inéditas: "Candeeiro da vovó" (Dona Ivone Lara/Délcio Carvalho) e "Bodas de ouro", única parceria de Ivone com Paulo César Pinheiro, feita especialmente para a ocasião, cuja letra simboliza os cinquenta anos de relação de Ivone Lara com o samba.

"Com o samba eu casei tanto tempo faz
Com ele eu vivi minha vida em paz
Do samba eu guardei só momentos bons
Nossos corações não separam mais
O samba pra mim me caiu do céu
A ele eu jurei sempre ser fiel
E tudo que aprendi, o samba me ensinou
Sempre foi o samba o meu grande amor
O samba me deu muito mais do que eu quis
O samba me fez bastante feliz"

Se a década de 90 foi quase um deserto profissional, o novo século parecia vir a todo vapor, com nova injeção de ânimo para a carreira de Dona Ivone Lara. Ela completaria 80 anos e estava mais ativa do que nunca. Já em 2000, participou do projeto *Os meninos do Rio*, belo registro dos sambas produzidos pelos compositores das escolas de samba. Foram 12 bambas escolhidos para compor o disco: Monarco, Nelson Sargento, Niltinho Tristeza, Dauro do Salgueiro, Dona Ivone Lara, Luiz Grande, Elton Medeiros, Jair do Cavaquinho, Jurandir da Mangueira, Campolino, Baianinho e Aluisio Machado. Dona Ivone, que começou sua trajetória nos anos 40 sendo a única mulher a compor no meio dos homens, chegou à beira do terceiro milênio, num projeto com mais de uma dezena de bambas, ainda como representante solitária do sexo feminino. Mais de cinquenta anos se passaram e seu lugar ainda era o da "exceção".

Esse lugar de exceção também não se modificou dentro do Império Serrano. Apesar de ser uma figura tão inspiradora na escola, Dona Ivone se manteve como a única compositora a assinar um samba-enredo na verde e branco, até o carnaval de 2022. Depois de sua obra pioneira, em 1965, por mais de 55 anos a Serrinha desfilou apenas com sambas escritos por homens. No carnaval 2020, esse descompasso evolutivo ficou ainda mais patente. O enredo se chamava "Lugar de mulher é onde ela quiser", falando do empoderamento feminino, mas os autores do samba eram 13 homens: Aluísio Machado, Thiago Bahiano, Matheus Machado, Rafael Prates, Luiz Henrique, Beto BR, Renan Diniz, Lucas Donato, Dudu Senna, Carlos Sena, Deodônio Neto, Marcelo Nunes e Arlindinho.

Entre 2001 e 2010, Ivone conseguiu lançar cinco discos de carreira, com muitas músicas inéditas saindo do baú — além das que continuava compondo com antigos e novos parceiros. *Nasci pra sonhar e cantar*, de 2001, foi um álbum lançado pelo selo Lusáfrica, a mesma que havia estourado com Cesária Évora e procurava um nome de origem negra, que cantasse em português, para trabalhar na comunidade lusófona. Dona Ivone Lara já tinha entrada em alguns países de África, especialmente Angola, local que ficou marcado em sua memória. Ela fez parte da emblemática caravana liderada por Fernando Faro, em maio de 1980, levando mais de sessenta pessoas para apresentações em Luanda, Benguela e Lobito, entre elas Chico Buarque, Martinho da Vila, Elba Ramalho, Djavan, Clara Nunes, João Nogueira e Dorival Caymmi. A viagem foi tão marcante que, na volta, vários deles fizeram canções com referência ao local: João Nogueira compôs "Lá de Angola"; Djavan escreveu "Luanda"; Chico Buarque fez "Morena de Angola".

Dona Ivone Lara conta a emoção que sentiu por lá: "*Quando desci do avião, eu tinha a impressão de que estava em casa, que conhecia aquele lugar. Não achei que eles fossem me conhecer lá. Eles me chamavam de mamãe, e eu dizia: 'Oi, meus filhos.' E tive uma emoção muito grande quando eu fui à Ilha do Mussulo. João Nogueira chorou muito, Chico Buarque chorou. O Chico estava um pouquinho 'tocado', mas o João Nogueira não estava não... (risos). João chorou que nem criança! Dorival Caymmi só dizia assim pra mim: 'Ai ai, meu Deus, olha a Bahia! Eu estou na minha Bahia!' E parecia mesmo! Eu senti um arrepio dos pés à cabeça, só tinha vontade de chorar.*"[160]

O CD *Nasci pra sonhar e cantar* trazia nove inéditas, como a bela "Chorei, confesso" (Dona Ivone Lara/Délcio Carvalho). Além de novas músicas, a imperiana apresentou novos parceiros. Um deles era seu contemporâneo Nelson Sargento: ela, nascida em 1922, e ele, nascido em 1924, só foram colocar uma canção na rua no século seguinte. Mas Dona Ivone não tinha olhos apenas para a velha-guarda. Também estava atenta à nova geração de sambistas, como seu parceiro em "Um grande sonho", Bruno Castro, cavaquinista de sua banda, que ainda não havia chegado aos 30 anos.

No disco seguinte, *Sempre a cantar*, lançado em 2004 também pela Luráfrica, Bruno Castro deu os primeiros sinais de que se tornara parceiro importante de Ivone, assinando outras três canções com ela. O mais célebre parceiro, Délcio Carvalho, também se fez presente, com seis músicas. Ao todo, o CD revelou 13 faixas inéditas de Dona Ivone, o que era impressionante para uma compositora já com mais de 80 anos. Nessa época, teve uma alegria na família ao ver seu neto, André Lara, seguir pelo caminho da música como cavaquinista e compositor.

Apesar de continuar produzindo constantemente, já era hora de se fazer uma grande celebração da carreira da Dama do Samba em forma-

---

160. Programa *Recordar é TV*. Rio de Janeiro, TVE Brasil, 17/04/2018.

to audiovisual. Os grandes artistas brasileiros já lançavam seus shows em DVD, mas Dona Ivone Lara ainda não tinha nenhum trabalho registrado em vídeo, com a qualidade que merecia. Isso aconteceu em 2009, mas valeu a pena esperar. A produção foi de primeira, os convidados ajudavam a contar a trajetória da cantora e a noite de gravação, no Canecão, ficou na memória de todos que assistiram àquele momento.

Para quem não conhece bem a obra de Dona Ivone Lara, ver o DVD *Canto de rainha* é um bom começo, já que lá estão as principais canções que ela produziu, e a maioria dos artistas com quem estabeleceu forte contato ao longo da carreira. Caetano Veloso cantou "Força da imaginação", Gilberto Gil relembrou "Samba de roda pra Salvador", Beth Carvalho atacou de "Sonho meu", Jorge Aragão repetiu a parceria de "Enredo do meu samba" e a Velha Guarda do Império Serrano encerrou o show com "Serra dos meus sonhos dourados" e "Os cinco bailes da história do Rio". Talvez o momento de maior empolgação da plateia tenha sido a participação de Arlindo Cruz e Zeca Pagodinho, que cantaram com a anfitriã "Não chora, neném". Durante o partido-alto, os dois aproveitaram para versar. Arlindo abriu a roda:

"Olha, Dona Ivone Lara
Luz pra brilhar meu caminho
Vou chamar para cantar com a senhora
O meu compadre Zeca Pagodinho"

Zeca respondeu:

"Muito bom ser convidado
Pra cantar com tantos bambas
Em homenagem a Dona Ivone
A grande Dama do Samba"

Arlindo fez a réplica:

"Lá no morro da Serrinha
Samba quem está de branco

Compadre, samba quem está de chinelo
E samba quem está de tamanco"

E Zeca encerrou:

"Olha, então, meu bem, não chora
Que isso aqui não é brincadeira
É samba de Dona Ivone
Que vem lá de Madureira"

O público foi ao delírio, vibrando com as rimas improvisadas e com a reverência à homenageada. Mas não foi só a plateia que se empolgou. Sentada numa linda cadeira com espaldar alto, sobre um palco coberto por folhas secas, Dona Ivone Lara se alvoroçou com a chegada dos companheiros. Ao ouvi-los versar, acompanhados de uma banda que tinha Paulão 7 Cordas, Mauro Diniz, Kiko Horta, Esguleba e Pretinho da Serrinha, ela sentiu vontade de levantar. A dificuldade de mobilidade e a idade avançada não colaboravam, mas ela conseguiu. O público aplaudiu, emocionado. Ivone então começou a dançar. Com passos lentos, mas com o requebrado de quem foi criada em meio às rodas de jongo. Botou as mãos na cintura. Balançou os ombros. Deu um breve passo à frente. Mexeu a cabeça. Sambou miúdo. Gingou. Arte em estado puro. A consagração de uma rainha, aos 87 anos, diante de um Canecão lotado.

O Canecão, que foi a maior casa de shows do Brasil, fechou as cortinas um ano depois, mas Dona Ivone ainda estava distante de seu canto do cisne. Aos quase 90 anos, continuava cantando em shows Brasil afora. Dois outros participantes de seu DVD, Délcio Carvalho e Bruno Castro, teriam suas parcerias com a compositora celebradas no ano seguinte, 2010. No primeiro semestre, foi lançado o CD *Nas escritas da vida*, todo de parcerias de Bruno e Ivone, sendo seis delas inéditas. No segundo semestre, foi a vez de *Bodas de coral no samba brasileiro*, álbum que festejou a obra de Dona Ivone Lara e Délcio Carvalho, relembrando os grandes sucessos e trazendo, ainda, cinco músicas nunca gravadas.

Apesar de continuar em atividade, àquela altura o ânimo de Ivone Lara estava seriamente abalado. Em 2008, ela perdeu o filho Odir, um baque do qual jamais se recuperou. Logo em seguida, uma queda em casa causou uma fratura no fêmur que prejudicou sua locomoção. A saúde ainda daria novas preocupações com uma necrose no olho direito causada por um glaucoma, que lhe afetou a visão.

Mas ela nunca deixou de estar disponível para o seu público. Se o período de 2001 a 2010 foi prolífico na produção discográfica de Ivone, ele também assistiu a uma série de homenagens, que coroaram sua posição como mulher mais importante da história do samba. Seu canto, sua obra como compositora e sua figura fundamental na cultura brasileira foram celebrados das mais diversas formas, em reverências que se estenderam até sua morte, em abril de 2018.

Um dos CDs-tributos mais marcantes foi o gravado pelo pianista Leandro Braga, em 2002. O álbum instrumental passeou pela obra de Ivone realçando a característica mais festejada das canções compostas por ela: as melodias envolventes e delicadas. Délcio Carvalho também lançou um tributo à obra da dupla, em 2014, *O lado D de Délcio Carvalho*. Em 2012, o CD *Baú da Dona Ivone* trouxe 12 novas canções que estavam na gaveta da compositora, interpretadas por nomes como Monarco, Nei Lopes, Maria Bethânia e Caetano Veloso. Uma extensão do projeto saiu em 2021, com quatro sambas inéditos lançados postumamente. Já no *Sambabook*, de 2015, artistas como Elba Ramalho, Vanessa da Mata, Adriana Calcanhotto, Criolo e Diogo Nogueira fizeram releituras de sua obra, em projeto que ainda trazia uma discobiografia escrita por Lucas Nobile e um livro de partituras.

As celebrações não foram só em formato de disco. O Prêmio Shell de Música consagrou o conjunto da obra de Dona Ivone Lara em 2002, com um show que reuniu o Jongo da Serrinha, Martinho da Vila e Leci Brandão, entre outros. Grandes nomes da MPB também se reuniram no palco do Theatro Municipal do Rio, em 2010, para a homenagem feita pelo Prêmio da Música Brasileira, entre eles Roberta Sá, Lenine, Caetano Veloso e Arlindo Cruz. Outra reverência, simbólica, veio depois de sua morte: a cidade do Rio de Janeiro instituiu oficialmente o 13 de abril (data de nascimento de Ivone) como o Dia da Mulher Sambista.

A trajetória de Dona Ivone Lara é espantosa. Sua primeira composição remonta aos 12 anos de idade, e quase oito décadas depois ela ainda presenteava o cancioneiro brasileiro com novas pérolas, muitas vezes em parcerias com compositores cinquenta anos mais jovens. As artes brasileiras assistiram a pouquíssimas pessoas com uma longevidade produtiva tão grande — e nem é preciso ressaltar a qualidade dessa obra, uma das mais ricas de nossa história. Infelizmente, a sociedade machista que encontrou pela frente retardou sua entrada efetiva na carreira musical, mas o período em que ela esteve em cena foi proveitoso. E, o mais importante: seu público pôde desfrutar bastante de seu canto, de sua dança, de seu ritmo, de suas melodias, da artista completa que se mostrava nos palcos. Em seus últimos anos, ganhou inúmeros tributos, celebrada à altura de sua importância para a MPB. Depois de tudo que fez, era a hora de receber de volta o carinho de seus fãs e aprendizes, em forma de aplausos, de gritos de "bravo", de sorrisos esparramados. Não tive a oportunidade de perguntar isso a Dona Ivone Lara nas entrevistas que fiz com ela. Mas espero que nossa rainha tenha se sentido muito amada em seus últimos anos, para que tenha ido embora tão feliz quanto nos fez durante toda a sua vida.

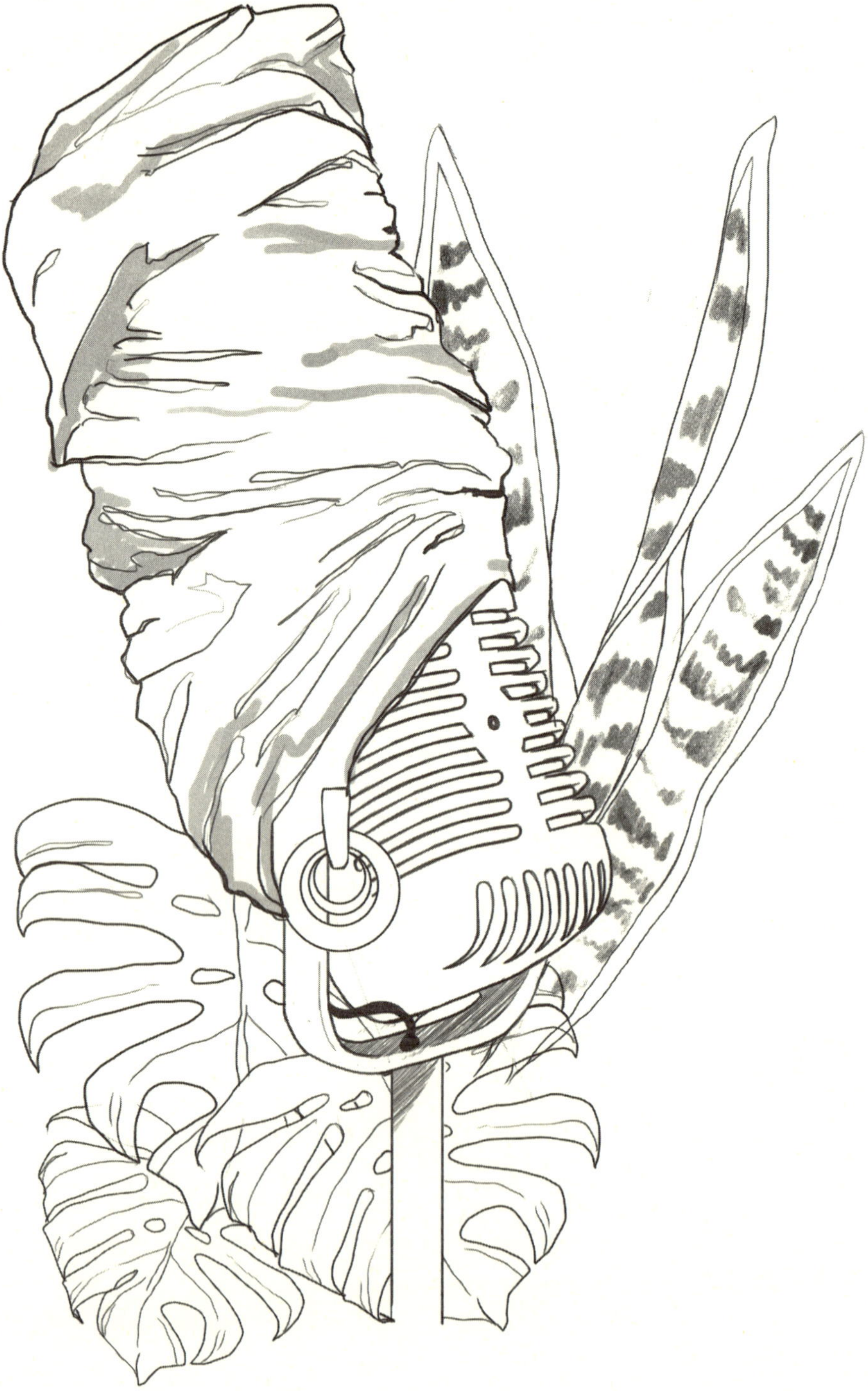

8. ELZA SOARES

Elza é Deusa, e isso é mais do que um jogo de palavras. Ela já deu a dica ao cantar que "Deus é mulher", então que assuma logo a divindade — visto que nós já a sabemos divina há décadas. O sobrenome Soares lhe cai como uma luva, pois o soar de sua voz não é um só, já que tudo em si é plural: são soares mil, que nos desnorteiam a cada compasso, ziguezagueando em nossos ouvidos numa paleta de cores sonora sem fim. Elza aguda, Elza graveia, Elza grunhe, Elza roufeia, Elza descobre notas que começam antes do Dó e terminam depois do Si. Seu canto é bemol, bequadro e sustenido. Elza navega com a voz como uma criança brinca com a massinha de modelar, desenhando todas as formas do mundo e nos embalando numa viagem sem sair do lugar.

O grande fascínio emanado pela figura de Elza Soares é porque ela não é somente uma voz. Ela é combo completo — o início, o fim, o meio —, com talento exuberante e história de vida idem. Filha ilegítima da desigualdade social brasileira, Elza encarnou, com sua trajetória, a frase que deveria estar impressa na bandeira nacional, substituindo o "Ordem e progresso" que tão pouco nos representa: na República Federativa Elza-Soarística do Brasil, o lema inscrito no estandarte seria "Levanta, sacode a poeira e dá a volta por cima". Ela tem consciência de que esses versos, mais do que simples frase de efeito, retratam à perfeição o dia a dia de uma nação que a todo momento dá uma rasteira em seus compatriotas. E sabe disso por experiência própria. Porque Elza caiu muito na vida. Mas sempre se levantou.

À semelhança de Mestre André, que ao cair no chão fez a bateria da Mocidade silenciar e, assim, inventou a mítica paradinha, Elza Soares fez das quedas a matéria-prima para os triunfos. E viu o público se identificar com cada um de seus tombos. Porque toda mulher brasileira nasce com uma lata d'água na cabeça. E passa a vida se equilibrando, tentando chegar ao fim *da linha sem derramar uma gota, no sacrifício para matar a sede de quem a espera. Carregar esse peso estrada afora, vida adentro, se tornou o fardo da negritude verde e amarela, e cada uma chega do outro lado do rio do jeito que dá. Elza mostrou que sobe o morro e não se cansa, pela mão leva as crianças — vagueia, bambeia, cambaleia, mas com o peso da lata d'água ainda inventa o scat de voz gutural consagrador.*

Elza encantou o Brasil em 1959, com "Se acaso você chegasse" e, sessenta anos depois, saiu aclamada do Rock in Rio 2019. Seis décadas separam os dois momentos, mas em ambos estava o mesmo toque de Midas: tudo o que a voz de Elza toca vira ouro. Construiu uma trajetória de resistência, avisando que não vai sucumbir e implorando que a deixem cantar até o fim. Perto dos 90 anos, transformou-se numa das mais importantes vozes contra a violência doméstica, o racismo, o machismo e a homofobia. Enfrentou os grandes problemas de seu tempo e, por isso mesmo, provou que seu tempo é qualquer um. Elza nunca deixou de gritar contra o que estava fora do lugar, dos idílicos anos 50 aos turbulentos 2020. Veio do Planeta Fome e desembarcou no Universo Brasil — ou seria o contrário? Aliás, tem diferença? Sua voz sempre esteve aí para nos alertar qual a carne mais barata do mercado. Ouçam o que ela canta. Mas, acima de tudo, escutem o que ela diz.

★ ★ ★

Não esperem encontrar rapidamente no início deste texto, como aconteceu nos perfis anteriores, a data de nascimento de Elza Soares — e, por conseguinte, sua idade. Esse foi um mistério que ela sempre tentou manter, talvez por alguma vaidade, mas também por envolver sua existência em uma aura enigmática, se transformando numa esfinge temporal que nunca será decifrada. E, cá entre nós, faz sentido, porque se os anjos não têm sexo, os deuses não têm idade, e Elza será sempre acrônica (nunca anacrônica!), numa trajetória que não pode ser medida por algo tão mundano quanto dias, meses e anos.

Uma apuração farta sobre sua idade deixa qualquer pesquisador em pânico. O Dicionário Cravo Albin da Música Popular Brasileira, referência em informações sobre o tema, crava no cabeçalho do perfil de Elza sua data de nascimento: 23/06/1930. O crítico Mauro Ferreira corroborou a informação em seu blog: "*Elza Soares sempre prefere desconversar quando o assunto é a idade dessa valente cantora carioca. Contudo, o fato é que Elza nasceu em 23 de junho de 1930 e, portanto, completará 90 anos em 2020.*"[161]

Mas, em entrevista ao programa *TV Mulher*, no início de 1982, Elza disse a Marília Gabriela que não via problema nenhum em contar a idade, e afirmou ter 48 anos (prestes a fazer 49) — ou seja, teria nascido em 1933. No jornal *O Globo*, reportagens de 2002 e de 2015 informaram outra data: Elza seria de 1937. A revista *Manchete* foi na mesma direção ao publicar, em abril de 1988, que ela "já passou dos 50 anos". O mais surpreendente é ler uma matéria da mesma revista, em novembro de 1998, assinada pelo primeiro biógrafo de Elza, José Louzeiro, que tinha estudado a fundo a trajetória da cantora. A reportagem trouxe a idade já no subtítulo: 70 anos, o que significaria que ela nascera em 1928!

As informações desencontradas passam também pelo dia e pelo mês, já que o 23 de junho teria sido registrado em sua certidão apenas quando ela foi emancipada para casar, embora a data correta seja 22 de julho! Realmente não é fácil ser biógrafo de Elza... Talvez por isso Zeca Camargo, autor do livro *Elza*, tenha preferido sair pela tangente em sua obra: "*Nesta narrativa, o tempo e a cronologia se confundem e, finalmente, desistem de se impor sobre aquela senhora sentada no trono de um grande palco.*"[162] Mas, em 2020, a mídia comemorou em peso os noventa anos da cantora, reforçando a tese de que ela teria nascido em 1930. A idade foi celebrada por jornais, emissoras de TV, sites e até em postagens de sua própria equipe. Menos pela aniversariante, que publicou um texto em suas redes sociais anunciando a chegada de "*mais uma primavera*". Manteve-se a dúvida, reforçou-se a mística: Elza não tem idade.

---

161. FERREIRA, Mauro. "Mocidade Independente abre alas para a festa dos 90 anos de Elza Soares ao desfilar no Carnaval de 2020 com enredo sobre cantora". *Blog do Mauro Ferreira*, 01 mar. 2019. Disponível em: <https://g1.globo.com/pop-arte/musica/blog/mauro-ferreira/post/2019/03/01/mocidade-independente-abre-alas-para-a-festa-dos-90-anos-de-elza-soares-ao-desfilar-no-carnaval-de--2020-com-enredo-sobre-cantora.ghtml>. Acesso em 29/05/2020.

162. CAMARGO, Zeca. *Elza*. Rio de Janeiro: LeYa, 2018, p. 18.

Em 2011, ela participou da série "Depoimentos para a posteridade", no Museu da Imagem e do Som do Rio de Janeiro. A entrevista tradicionalmente começa com o artista dizendo sua data de nascimento, seu nome completo e o local onde nasceu. Elza se recusou a dizer a idade. Em 2002, em entrevista ao *Roda viva*, da TV Cultura, também não revelou a data de nascimento e explicou o motivo: *"Se esse país tivesse respeito pela idade, eu diria. Aqui, você não tem idade e respeitabilidade. Fora do Brasil, quanto mais idade você tem, mas respeitado você é. Aqui, se você tem idade, você é um decadente, tem que entrar na fila do INSS. No dia em que esse país me respeitar, eu direi a idade que tenho."*[163]

O fato é que, sendo de 1930, de 1935 ou de 1937, Elza Soares chegou a 2020 cheia de fôlego, lotando casas de show e com público renovado — uma história ímpar na música brasileira. E que é ainda mais surpreendente diante das dificuldades que apareceram em seu caminho. Elza Gomes da Conceição é cria da Zona Oeste do Rio: nascida em Padre Miguel, logo em seguida se mudou para Bangu, por conta do trabalho do pai na famosa fábrica de tecidos do bairro. Também passou um período importante em Água Santa. Quando pequena, seu apelido era Cabritinha, de tanto que gostava de saracotear pelas redondezas, subindo e descendo o morro.

A situação financeira de seus pais, Dona Rosária e seu Avelino, era precária, e cada centavo era suado para sustentar os seis filhos: Tidinha, Malvina (ambas do primeiro casamento dela), Elza, Georgina, Ino (o único homem) e Carmem. Os filhos tinham que ajudar o casal, entregando as roupas que a mãe lavava em casa e levando o almoço para o pai na pedreira. Elza também arquitetava outras formas de conseguir dinheiro, como fingir choro na rua para desconhecidos, que se apiedavam e lhe davam uns trocados. Era boa aluna e se esforçava para estudar, mas a rotina não era fácil: em alguns dias, revezando com as irmãs, tinha que acordar uma hora mais cedo, às 5h da manhã, para ir até o poço pegar água para a mãe lavar a roupa da clientela: *"Acho que pesava uns 20 quilos na cabeça da gente. No começo parecia impossível carregar aquilo, mas a gente aprendeu*

---

163. *Roda viva*. Rio de Janeiro: TV Cultura, 2 set. 2002. Programa de TV.

logo que era só fazer um rodilho com o lenço no alto da cabeça, achar um ponto de equilíbrio e ir em frente."[164]

Franzina, gastava toda a sua energia para levantar a lata cheia d'água e colocar na cabeça, antes de percorrer o caminho do poço até sua casa. Nesse movimento de suspender a lata, fazia um barulho com a garganta: "*Grnnnnnnnhan*". Gostou do que ouviu e começou a experimentar o som ao longo do trajeto. Virou uma brincadeira particular. Aos poucos, passou a repetir aquela sonoridade diferente quando cantava em casa, para desgosto da irmã Malvina, que tinha uma voz linda, num estilo mais operístico. "*Eu queria cantar e ela me mandava calar a boca, dizia que o que saía da minha garganta era uma aberração, que ia assustar as pessoas*"[165], conta Elza. O pai também achava ruim, falava que ela perderia a voz ou ficaria rouca fazendo aquele barulho estranho. Felizmente a menina não lhes deu ouvidos e continuou soltando a garganta, aprimorando o chamado "*scat singing*", o som gutural que virou sua grande marca artística.

Além do poço, outro lugar que Elza frequentava era a pedreira onde o pai trabalhava. Ela ia até lá regularmente, levar a marmita dele para o almoço. Numa dessas viagens, foi surpreendida pelo ataque de um menino, fato relatado no capítulo 4 deste livro. A consequência é que, aos 13 anos, foi obrigada a se casar com o rapaz, Alaordes. Já no ano seguinte, aos 14 anos, nasceu o primeiro filho, João Carlos. Para a mãe, o bebê era quase um boneco, como se ainda estivesse brincando de "casinha" — só que tudo era de verdade. O casamento também parecia uma peça de ficção. Elza e o marido brigavam o tempo todo, ela odiava aquela rotina e não entendia muito bem sua função dentro de casa. Mas a realidade batia à porta, e a menina foi enfileirando filhos, com seis gestações em menos de dez anos.

Mesmo em meio às dificuldades do dia a dia, a música se fazia presente. Certa vez, no colégio, outra menina foi escolhida para cantar numa festinha da turma, embora Elza tenha se oferecido e dito que também cantava. Ninguém levou fé nela. No dia do evento, a "rival" subiu num caixote para entoar a canção, mas Elza deu um jeito de derrubar a colega dali de cima.

---

164. CAMARGO, Zeca. *Elza*. Rio de Janeiro: LeYa, 2018, p. 30.

165. CAMARGO, Zeca. *Elza*. Rio de Janeiro: LeYa, 2018, p. 26.

A coitada se machucou, não pôde fazer o número, e só restou à professora deixar a espevitada Elza cantar "Um banquinho pra dois" (Ciro de Souza), do repertório de Aracy de Almeida.

Nesse tempo, o canto ainda era uma brincadeira, entre um rasgar de garganta e outro, mas chegou um momento na vida em que Elza Soares resolveu apostar no talento. A decisão foi menos por convicção e mais pela necessidade: cheia de filhos para criar e com uma situação financeira preocupante, se viu obrigada a arrumar novas formas de trazer dinheiro pra casa. No início, só tinha a certeza de que não queria seguir o mesmo caminho da mãe. "*Eu era negra, pobre e mulher, tudo era 'ruim' dentro das circunstâncias. Então eu nasci a quinhentos por hora, era o que eu tinha que fazer: ter coragem, não olhar pra trás, acreditar sempre que ia dar certo lá na frente. (...) Eu não me conformava de a minha mãe ter que lavar roupa pra 25 pessoas diferentes, era um absurdo, porque no fim do mês não sobrava dinheiro pra comer. Eu falei: não quero essa vida. E por isso, às vezes, era muito mal compreendida pela minha família.*"[166]

O primeiro emprego foi numa fábrica de sabão, da qual foi despedida por trabalhar cantando. Era complicado conciliar o trabalho com os filhos, e Dona Rosária ajudava na função. Mas as crianças tinham saúde frágil, já que a alimentação era escassa. O segundo filho, Raimundo, morreu ainda bebezinho. O terceiro faleceu logo depois do parto. O quarto, Gérson, foi entregue para que os padrinhos criassem. O primogênito, Carlinhos, ficava sempre doente, e era preciso comprar remédios. Os outros nenéns vinham em sequência, sem dar tempo de a família se organizar para criar todos eles. Era preciso tirar algum coelho da cartola para sustentar a prole, e Elza suspeitou que essa mágica viria da música.

Foi aí que resolveu se inscrever no programa *Calouros em desfile*, da Rádio Tupi, apresentado por Ary Barroso. Àquela altura, em 1953, o rádio era o grande meio de comunicação nacional (a TV tinha acabado de chegar ao Brasil), e Ary era uma das figuras mais importantes da cena cultural, autor de sucessos como "Aquarela do Brasil" e com vasta carreira de

---

166. Documentário *Elza Soares – O gingado da nega*. Rio de Janeiro: Canal Bis, SoulFilmes, 2013. 1 vídeo (52 min.)..

apresentador e locutor esportivo. Para a menina de Água Santa, aquela era realmente uma grande oportunidade, por isso tentou caprichar no visual, apesar de seu armário não ser dos mais bem equipados. Precisou pegar roupas emprestadas da mãe, improvisou costuras com alfinetes, vestiu uma sandália gasta e partiu para o auditório, no Centro do Rio, com um look elaborado: camisa branca, saia escura, faixa na cintura e cabelos presos no estilo maria-chiquinha. Apesar da beleza da adolescente, o conjunto não ficou bom, despertando mais risadas do que cantadas. Ao entrar em cena e ser recebida por Ary Barroso, deu-se o diálogo que se tornou histórico:

"— *Elza Gomes da Conceição!* — anunciou Ary Barroso: — *O que você veio fazer aqui?*
— *Vim cantar.*
— *E quem disse que você canta?*
— *Eu, seu Ary.*
— *Então me responda, menina, de que planeta você veio?*
— *Do mesmo planeta que o senhor, seu Ary.*
— *E posso perguntar que planeta é esse?*
— *Do Planeta Fome.*"

Antes mesmo de cantar, a caloura já tinha impactado a plateia, fosse pelo visual peculiar ou pelas respostas firmes que deu ao apresentador — mais de 65 anos depois, *Planeta fome* seria o título de seu CD lançado em 2019. Enquanto o público se recuperava do baque e engolia em seco, Ary Barroso permitiu que a menina fizesse seu número. A música escolhida foi "Lama" (Paulo Marques/Ailce Chaves):

"*Se quiser fumar eu fumo*
Se quiser beber eu bebo
Não interessa a ninguém
Se o meu passado foi lama
Hoje quem me difama
Viveu na lama também
Comendo da minha comida

Bebendo a mesma bebida
Respirando o mesmo ar
E hoje, por ciúme ou por despeito
Acha-se com o direito
De querer me humilhar"

Quando terminou de cantar, Elza foi ovacionada pela plateia. Não sofreu a gongada de Tião Macalé (que eliminava o concorrente) e ficou com a nota máxima do programa, garantindo o prêmio em dinheiro que aliviaria o sofrimento das crianças. Para completar o momento de esplendor, sua participação no *Calouros em desfile* terminou com um vaticínio de Ary Barroso, que contrastou com a forma debochada como ele a tratou na entrada. Depois de vê-la soltar a voz, o apresentador não teve dúvidas ao afirmar: "*Senhoras e senhores, nasce uma estrela da música brasileira!*"

Uma plateia lotada testemunhou o desabrochar da diva, mas duas pessoas não tomaram conhecimento do que aconteceu no auditório da Tupi: Alaordes e Dona Rosária, o marido e a mãe de Elza. Ambos reagiam negativamente a qualquer menção à carreira artística, então ela optou por não revelar que havia ido ao programa. Ao mesmo tempo que queria manter a vitória sob sigilo, Elza esperava alguma repercussão no meio artístico que pudesse lhe render trabalho. Mas nada aconteceu. A única oportunidade que surgiu veio através do irmão, Ino, que a indicou para fazer parte do conjunto musical de um professor. Ela fez o teste e passou, se tornando *crooner* da Orquestra de Bailes Garan.

Nesse período em que estava começando a se integrar ao meio artístico, Elza sabia que precisava ser vista, se mostrando disponível para as chances que aparecessem. Mas como fazer isso às escondidas da família, que não queria vê-la cantando de jeito nenhum? A sorte foi ter encontrado apoio em uma parente próxima, a Tia Quita, que apesar de ser irmã de Rosária, tinha um estilo de vida bem diferente. Enquanto a mãe de Elza era a tradicional dona de casa, casada e com seis filhos para criar, Quita era viúva e se dedicava à dança nas gafieiras ao mesmo tempo que cuidava dos três filhos. Foi essa tia com comportamento avançado para os anos 50 que criou uma relação de confiança com a sobrinha, ajudando a menina a se inserir na noite carioca. A estratégia era simples: Quita passava na casa de Elza para buscá-la, dizendo que ia levar a sobrinha a um centro espírita. Mas, na verdade, as duas iam para as gafieiras do Méier e da Pavuna. Quita dançava enquanto Elza cantava. *"Ela me apoiava muito. Dizia que eu precisava ser rezada e que ia me levar ao centro espírita. Minha mãe agradecia. Mas eu era 'rezada' nas gafieiras. Melhor lugar impossível! Era o nosso segredo: o centro espírita..."*[167]

Já se dividindo entre o trabalho na orquestra de bailes e as incursões esporádicas nas gafieiras, Elza acabou sendo convidada para fazer parte do espetáculo *É tudo Juju-Frufru*, da companhia de Mercedes Baptista, que lotava as noites do Teatro João Caetano. Foi lá que estabeleceu forte amizade com Grande Otelo. Enquanto isso, em Água Santa, a família acreditava que ela estava em plantão noturno no trabalho. O marido, Alaordes, sofria com problemas de saúde decorrentes de uma tuberculose. Era Elza quem segurava as pontas da casa. E, então, surgiu o próximo passo: as apresentações de biquíni no palco, já conquistando a plateia com sua presença em cena, renderam o convite para ir com o Ballet Folclórico Mercedes Baptista para uma temporada de algumas semanas na Argentina. O cachê era bom, e Elza não pensou duas vezes antes de arrumar as malas e zarpar no navio rumo a Buenos Aires.

Esse fato é importante na trajetória de Elza, porque foi a primeira vez que ela falou abertamente em casa sobre a aposta na carreira musical. Afinal de contas, a mãe, Dona Rosária, teria que ajudar tomando conta das crianças. O marido, Alaordes, nem chegou a ser um problema, porque, naquela altura, estava internado no hospital com complicações de saúde. Com o coração apertado, Elza viajou. Tinha a convicção de que estava fazendo a coisa certa, já que lá ganharia um dinheiro que seria fundamental na criação dos filhos. Mas sabia que seria julgada por estar deixando as crias aos cuidados da mãe.

Chegando lá, as coisas não saíram como ela imaginara. Em pouco tempo, a companhia de Mercedes Baptista percebeu que tinha levado um calote do empresário que acertara a turnê. Fizeram vários shows e não receberam nada. Ao descobrirem o golpe, muitos dos músicos voltaram

---

167. Entrevista ao autor.

para o Brasil. Mas outros não tinham dinheiro para o retorno, como Elza. Ela então ficou pela capital portenha, tentando cantar em casas de tango, cinemas e outros espaços, para juntar uma quantia suficiente para a passagem de volta. A sorte é que o samba e a ginga brasileira eram muito bem recebidos pelo público local, e a cantora fez sucesso por onde passou. No fim, a viagem, que deveria durar poucas semanas, acabou se estendendo por quase um ano.

Na volta, a alegria pelo reencontro com os filhos e a tristeza ao saber da morte do pai se misturaram. Dali em diante, Elza seguiria investindo na carreira artística, dessa vez com um argumento mais forte, pois realmente tinha colocado algum dinheiro dentro de casa. A mãe não apoiava, mas fazia vista grossa, já que o sustento da família estava em primeiro lugar. A rotina na noite trazia algumas armadilhas que Elza Soares aprendeu a driblar. A cantora conta que o olhar dos artistas e empresários estava invariavelmente vidrado em seu corpo — enquanto ela procurava chamar a atenção dos ouvidos deles com a voz: *"Felizmente não venci com as pernas. Venci com minha garganta. E sou muito feliz por isso."*[168] Mesmo que não tenha vencido pelo corpo, Elza já deu declarações que mostram que ela não vê de forma estigmatizada esse trabalho. Em entrevista ao programa *Provocações*, da TV Cultura, em 2010, foi perguntada sobre o que gostaria de ter sido caso não se tornasse cantora: *"É uma resposta pesada. Eu seria uma grande prostituta. Com consciência."*[169]

Foi por isso que Elza ficou com os dois pés atrás quando recebeu o recado de que Moreira da Silva, àquela altura já o rei do samba de breque, queria conhecê-la. Kid Morengueira, como também era chamado, a ouvira cantando numa rádio, se encantou com sua voz e quis ajudá-la profissionalmente. Ele teve grande importância nos primeiros passos da artista, que conseguiu assinar contratos com a Rádio Tupi e com o famoso Texas Bar, em Copacabana. O problema era que, com o compromisso assumido, teria que passar a maior parte das noites fora de casa. Dona Rosária, incomodada com os rumos da vida da filha, disse que não tomaria conta dos

---

168. CAMARGO, Zeca. *Elza*. Rio de Janeiro: LeYa, 2018, p. 110.

169. *Provocações*. Rio de Janeiro: TV Cultura, 7 mai. 2010. Programa de TV.

netos, como fez durante a viagem a Buenos Aires. Elza então pediu ajuda a uma das irmãs, que ficava com as crianças nas madrugadas, em troca de uma parte do salário que a cantora passou a ganhar.

Neste período de cantora da noite, Elza passou por diversos episódios de racismo. Mas um, em especial, a marcou profissionalmente. A primeira gravadora que se interessou por seu trabalho foi a RCA, quando um divulgador que a viu cantar no Texas Bar a indicou. A recomendação dele foi tão eufórica que, dias depois, os executivos da companhia foram lá pessoalmente assisti-la. Mas desistiram do convite. O divulgador, decepcionado, contou a Elza o motivo: "*Eles pensavam que você era branca...*"[170]

Não havia terreno fértil para uma artista negra se consolidar na virada dos anos 50 para os anos 60. Além dos casos explícitos de racismo (quando era *crooner* da Orquestra Garan, Elza foi impedida de cantar em vários clubes cariocas pela cor de sua pele), existia um preconceito subliminar, que atingia diretamente a autoestima — especialmente das mulheres, que sempre foram muito julgadas por conta da aparência. Um exemplo disso é a carta de uma leitora publicada na *Revista do Rádio*, em 1963, que perguntava: "*Por que a Ellen de Lima e a Elza Soares não fazem operação plástica no nariz?*"[171] Ellen de Lima, a célebre voz da "Canção das misses", também era negra. O questionamento da leitora, além de cruel, embutia altas doses de racismo. Poucos meses depois, em 1964, Elza Soares se submeteu a uma cirurgia plástica, no nariz e nos olhos.

O preconceito racial sempre foi uma questão presente na trajetória de Elza Soares. Este é um tema que se relaciona com o feminino na medida em que os sistemas de opressão se somam e se transformam em novas condições discriminatórias: há as questões que afetam as mulheres, aquelas que afetam os negros, e ainda as que atingem as mulheres negras, com diversos pontos de contato e de afastamento entre essas condições. Daí surge o conceito de *interseccionalidade*, que define o entrecruzamento de discriminações estruturais, especialmente as relacionadas a gênero, raça, classe social e sexualidade, mas também incluindo formação religiosa e idade, por

---

170. CAMARGO, Zeca. *Elza*. Rio de Janeiro: LeYa, 2018, p. 115.

171. CAMARGO, Zeca. *Elza*. Rio de Janeiro: LeYa, 2018, p. 178.

exemplo. Esse cruzamento de eixos opressivos faz com que, na triste escala das desigualdades brasileiras, por exemplo, exista uma hierarquia perversa que coloca os homens brancos na frente, seguidos de mulheres brancas e, depois, de homens negros. As mulheres negras estão no fim dessa fila cruel.

É por isso que, nos movimentos feministas dos anos 60 e 70, havia um descompasso grande entre as reivindicações principais das lideranças (em geral brancas) e a realidade das mulheres negras, que não se viam representadas por aquela luta. Embora o termo "interseccionalidade" tenha ganhado força na mais recente onda feminista da década de 2010, a noção de que há uma multiplicidade de fatores discriminatórios já existia há muito tempo. Simone de Beauvoir, em seu revolucionário *O segundo sexo*, de 1949, já tinha a consciência de que as mulheres *"brancas [são solidárias] dos homens brancos e não das mulheres negras"*.[172] Décadas atrás, o movimento feminista negro brasileiro já falava na "opressão tripla" (de classe, raça e gênero), presente nos discursos de nomes como Lélia Gonzalez, Laudelina de Campos Mello e Sueli Carneiro.

Sueli, que é fundadora do Geledés — Instituto da Mulher Negra, faz um bom resumo do estranhamento das mulheres negras em relação às primeiras demandas do movimento feminista em seu artigo "Enegrecer o feminismo: A situação da mulher negra na América Latina a partir de uma perspectiva de gênero".[173] Ela compara alguns conceitos criados no imaginário social sobre a mulher com a realidade da negritude, que não se reconhecia em mitos como:

— "O sexo frágil", já que sempre foi exigida uma força descomunal no dia a dia das mulheres negras;

— "A rainha do lar que luta para trabalhar", visto que elas já eram mão de obra desde os tempos de escravidão e foram mantidas neste lugar, em geral em ocupações subalternas;

---

172. BEAUVOIR, Simone de. *O segundo sexo*. Rio de Janeiro: Nova Fronteira, 2020, p. 16.

173. CARNEIRO, Sueli. "Enegrecer o feminismo: A situação da mulher negra na América Latina a partir de uma perspectiva de gênero". Disponível em: <https://www.geledes.org.br/enegrecer-o-feminismo-situacao-da-mulher-negra-na-america-latina-partir-de-uma-perspectiva-de-genero>. Acesso em: 20/05/2020.

— "A musa dos poetas", quando, na verdade, a mulher negra sempre foi rejeitada socialmente;

— "Uma parte do homem criada a partir da costela de Adão", quando, nas religiões de matrizes africanas, nem existe a figura de Adão.

Dessas dificuldades extras trazidas pela intersecção de opressões, decorre que as mulheres negras são as últimas beneficiadas por qualquer luta coletiva que se trave socialmente. Por conta do racismo, as mulheres brancas são as principais favorecidas da luta pela emancipação feminina. E, por conta do sexismo, as demandas do movimento negro protegem primordialmente os homens. "*É por isso que, se as mulheres negras não se tornam protagonistas, elas não têm como se beneficiar desses movimentos coletivos*", explica Sueli Carneiro. E completa: "*O feminismo negro emerge dessa incapacidade do movimento feminista tradicional (de liderança de mulheres brancas) e do movimento negro tradicional (de liderança masculina negra) de reconhecer a problemática das mulheres negras em sua magnitude. Isso impôs a elas a necessidade de construir formas autônomas e independentes de organização política que pudessem dar voz a essa temática.*"[174]

Se os conceitos de opressão múltipla ou de interseccionalidade se moldaram aos poucos nos estudos de gênero e raça, Elza Soares já os sentia na pele há muito tempo — desde que veio ao mundo. Em entrevista para este livro, perguntada sobre as dificuldades que teve para começar na carreira musical sendo mulher e negra, a cantora refletiu sobre o começo da vida adulta. "*Meu pai não queria que eu me envolvesse nesse meio. A época era muito machista. Se eu fosse um filho homem, talvez não tivesse esse tipo de dificuldade, seria mais fácil. Quando eu comecei a trabalhar na noite, enfrentei outras dificuldades, por ser negra. Em alguns lugares, eu não podia cantar por ser negra. Era bem difícil, mas eu nunca tive medo, sempre enfrentei o que aparecia. Eu tinha atitude, fazia no peito e na raça. E mesmo em relação à negritude, o fato de ser mulher também interferia, porque o Jamelão, por exemplo, era negro e conseguiu virar o dono da noite. Mas era homem, né...*",[175] relembra.

---

174. "Não dá pra falar de feminismo sem a mulher negra". Podcast *Ilustríssima conversa*. Folha/Itaú Cultural, São Paulo, 15 nov. 2019. 1 episódio (44 min.).

175. Entrevista ao autor.

A imagem da mulher negra e pobre que conseguiu superar as adversidades está de alguma forma ligada à carreira de Elza Soares. Sua vida foi marcada por episódios de sofrimento, como a perda de filhos, perseguição social e revezes profissionais. O público acompanhou tudo de perto. E sua obra reflete essa realidade, com canções que encarnam esse espírito, como "Dura na queda", "Volta por cima", "Como lutei", "Lata d'água", "Virei o jogo", "Sangue, suor e raça", "Voltei", "A mulher do fim do mundo" e "Lição de vida". Essa narrativa perpassa as mais de seis décadas de carreira da cantora.

Quem traz um ponto de vista interessante na análise da expressão pública da negritude na trajetória de Elza Soares é Jurema Werneck, em seu ensaio "Macacas de auditório? Mulheres negras, racismo e participação na música popular brasileira". Médica e doutora em Comunicação, Jurema entende que a personificação na figura da cantora de mazelas como o racismo, o machismo e a desigualdade social, produzida pela mídia, ajuda a esconder o fato de que essas são questões estruturais. *"Elza Soares tem sido representada reiteradamente com certo estranhamento e singularização de sua condição social: as tragédias e as ações de superação que viveu são individualizadas, como se não fossem tragicamente comuns ao cotidiano das vítimas das iniquidades raciais. São noticiadas e comentadas com certo espanto, cuja principal utilidade parece ser resguardar o 'desconhecimento' com que brancos lidam com os impactos cotidianos do racismo na vida de negras e negros. Suas escolhas estéticas e seu talento não encontram, para muitos de seus analistas, explicação, referências ou parâmetros que os justifiquem. Para estes, trata-se de um talento 'instintivo' que 'milagrosamente' superou as vicissitudes. Até hoje permanece aprisionada ao enredo de ter que narrar repetidas vezes, ainda que com variações irônicas, sua trajetória de vitimização. Narrativas editadas de modo a garantir o apagamento das causas e a magnitude da resistência individual e coletiva que as acompanham."*[176]

---

176. WERNECK, Jurema. "Macacas de auditório? Mulheres negras, racismo e participação na música popular brasileira". Secretaria de Políticas para as Mulheres, Prêmio Mulheres Negras contam sua História, janeiro de 2013, p. 14.

Outra questão que vale ser mencionada na análise da figura artística de Elza é como o fato de ser mulher e negra limitou sua área de atuação profissional. Ela foi confinada musicalmente ao samba, desde o início da carreira, acorrentada no estereótipo que regia as decisões de gravadoras e contratantes, e sofreu para se livrar dessas amarras.

Depois do episódio de racismo com a RCA, que recusou Elza Soares por ser negra, a cantora ficou abalada, mas não perdeu a pose e continuou fazendo sucesso nas noites do Texas Bar. Brilhar em Copacabana, o epicentro da música brasileira no fim dos anos 50, era a certeza de estar sendo observada por muita gente do mercado fonográfico — portanto, era questão de tempo até Elza ter outra oportunidade. E ela veio através da Odeon, que lhe chamou para um teste. Ao escolher uma canção para a audição dos executivos da gravadora, Elza se lembrou de uma música que cantava em Buenos Aires, tendo grande repercussão com o público local: "Se acaso você chegasse" (Lupicínio Rodrigues/Felisberto Martins). A composição havia sido gravada por Cyro Monteiro em 1938, se tornando o primeiro sucesso nacional do gaúcho Lupicínio. A plateia do teste era seleta: vendo a estreia de Elza diante de um microfone estavam no estúdio nomes como João Gilberto, Lúcio Alves, Moreira da Silva e Sylvinha Telles. Parecia que todos sabiam que aquele seria um momento histórico.

A Odeon adorou o desempenho de Elza e resolveu lançar um compacto duplo, cujo chamariz seria "Se acaso você chegasse". Completavam o repertório "Era bom" (Hianto de Almeida/Macedo Neto) e versões de "In the mood" ("Edmundo") e "Mack the knife" ("Assalto"). A canção de Lupicínio mostrou sua força, sendo a responsável por catapultar a novata Elza Soares para a fama. Na gravação, ela não economizou nos sons guturais, abusando do direito de mostrar seu talento. "Se acaso você chegasse" voltou às paradas de sucesso e apresentou ao Brasil o canto rascante da filha de Água Santa. Como previu Ary Barroso seis anos antes, nascia uma estrela.

"Se acaso você chegasse
No meu chatô e encontrasse
Aquela mulher que você gostou

Será que tinha coragem
De trocar nossa amizade
Por ela que já lhe abandonou?
Eu falo porque essa dona
Já mora no meu barraco
À beira de um regato
E de um bosque em flor
De dia me lava a roupa
De noite me beija a boca
E assim nós vamos vivendo de amor"

A música tocou muito nas rádios e fez a voz de Elza se tornar conhecida. Sua imagem ainda não era tão difundida, já que o consumo musical acontecia através do rádio, mas aos poucos as revistas faziam reportagens e soltavam notinhas sobre a nova cantora que surgia no país. No Texas Bar, as noites ficavam cada vez mais lotadas, atraindo nomes como Ronaldo Bôscoli e Ronald Golias. A vida financeira começava a se acertar, mudando paulatinamente de patamar. Não que ela tenha enriquecido do dia para a noite. Mas passou a viver com dignidade. Uma declaração de Elza numa reportagem que a revista *Manchete* fez no Natal de 1960 dá a dimensão da mudança: *"Durante muitos anos, no dia 24 de dezembro, levava meus filhos para olharem as vitrines das lojas de brinquedo. O Natal era um dia igual aos outros: fome e falta de roupa. Há dias, correndo pela casa, os meninos acabaram quebrando a árvore de Natal que comprei para este ano. Confesso que senti uma alegria interior. Era ótimo saber que poderia comprar outra árvore no dia seguinte. Meu melhor Natal será, tenho certeza, o de 1960."*[177]

O sucesso não mexeu com a rotina de Elza Soares, que continuava cantando na noite, fazendo de tudo para se livrar do assédio que afeta a maior parte das mulheres que trabalham em boates. Numa dessas ocasiões, quase se complica profissionalmente. Um homem se aproximou depois de um show no Texas Bar, oferecendo flores e tentando beijar sua mão. Elza tirou o braço com força e olhou de cara feia para aquele *approach*, que a

---

177. GIUDICELLI, Raul. "7 histórias de Natal". *Manchete*, Rio de Janeiro, 24 dez. 1960, p. 76.

seu ver, era inadequado. O moço tentou conversar, e ela não deu bola, mas ele insistiu no galanteio: *"Trago rosas para outra rosa."* Elza não perdoou a inconveniência do cidadão: *"Não gosto de rosas e não me chamo Rosa!"* Assustado, ele então revelou a identidade: *"Eu sei que você não se chama Rosa, seu nome é Elza Soares e você está fazendo o maior sucesso com uma versão para a minha música 'Se acaso você chegasse'. Meu nome é Lupicínio Rodrigues."*[178]

Elza quase morreu de vergonha e pediu mil desculpas ao compositor da música que lhe abriu as portas da fama. Mas o episódio mostra como as mulheres precisam se armar para não serem incomodadas em algumas situações. A ocorrência de repetidas cenas de assédio faz com que elas reajam a qualquer abordagem que possa resultar em desconforto. Sylvinha Telles assim definia o comportamento de Elza na noite, ao ser interpelada fora do palco: *"Você se arma, seu semblante vira bicho, parece uma leoa!"*[179] É difícil mensurar os desdobramentos negativos desse tipo de situação, da qual a mulher é vítima: Elza, por exemplo, correu o risco de perder uma grande oportunidade profissional, caso não estabelecesse uma boa relação com Lupicínio.

O episódio com Lupicínio não deixou grandes sequelas, mas logo depois Elza experimentaria uma das piores consequências do machismo estrutural presente em nossa sociedade: a violência doméstica, que é responsável pelos altos índices de feminicídio do país. Elza Soares não engrossou essas estatísticas sombrias por muito pouco. O marido, Alaordes, que estava internado há tempos num hospital em Curicica tratando da tuberculose, recebeu uma breve alta e reapareceu em casa. Durante o tempo em que ficou hospitalizado, o casal teve pouquíssimo contato. Ao voltar à "vida normal" e perceber que a carreira musical da mulher não era mais segredo pra ninguém — e, pior, ela estava sendo aplaudida e observada por muita gente —, ele não se conformou. E reagiu de forma violentíssima. Pegou uma garrucha e deu dois tiros na direção dela, que pegaram de raspão, um no braço, outro no tornozelo. Aquela não era a

---

178. CAMARGO, Zeca. *Elza*. Rio de Janeiro: LeYa, 2018, p. 126.

179. Museu da Imagem e do Som RJ – Depoimentos para a Posteridade: Elza Soares (26/01/2011).

primeira vez que o marido tinha atitudes violentas: o relacionamento foi marcado por agressões.

Elza Soares foi para o hospital cuidar dos ferimentos, felizmente sem gravidade. Chegando lá, questionada sobre quem era o autor dos disparos, disse que não sabia. Preferiu não dar queixa do criminoso, numa atitude comum entre vítimas de violência doméstica, que resistem a denunciar os maridos e até se culpam pelas agressões que sofrem. Depois do acontecido, Elza nunca mais viu Alaordes, que morreu logo depois.

Nessa época, os homens encaravam as esposas com sentimento de propriedade, e a carreira artística era praticamente interditada para as "mulheres direitas", tanto que o relacionamento seguinte de Elza enfrentou o mesmo problema. Amaro, um marinheiro que passava boa parte do tempo viajando, se envolveu com ela e a pediu em casamento. A condição era que largasse a vida de cantora. Dona Rosária apoiou a investida, porque também queria ver a filha longe daquele ambiente, mas Elza recusou. Só foi ter um relacionamento mais tranquilo quando encontrou um amor no meio da música, Milton Banana, o maior baterista da bossa nova, apresentado a ela por João Gilberto.

Se a vida afetiva estava em uma maré tranquila, a profissional também ia de vento em popa. Em 1960, Elza Soares lançou seu primeiro disco, puxado por "Se acaso você chegasse". O LP ainda trouxe "Mulata assanhada" (Ataulfo Alves), outra canção que se tornaria emblemática em seu repertório. Em 1961, saiu o segundo disco, e Elza não só provou que tinha vindo para ficar como conseguiu ainda mais prestígio no meio artístico, com o lançamento de "Bossa negra", um dos mais célebres de sua discografia. Do repertório do álbum, tiveram boa repercussão faixas como "Beija-me" (Roberto Martins/Mário Rossi), "Boato" (João Roberto Kelly) e "Tenha pena de mim" (Ciro de Souza/Babaú).

As canções que Elza conseguiu emplacar no início da carreira são um bom exemplo de uma característica que perpassaria toda a sua trajetória: fazer regravações. "Se acaso você chegasse", "Mulata assanhada", "Beija-me", "Boato" e "Tenha pena de mim" não foram músicas lançadas por ela, já haviam sido gravadas antes por outros artistas. Mas a personalidade de Elza fez com que ela se apropriasse de cada uma delas, ligando sua voz às canções. Continuou regravando músicas por muitas décadas, lançando pouco repertório inédito em seus discos. Só tempos depois, já nos anos 2010, emplacou sucessivos álbuns com canções ainda desconhecidas do público.

Ao longo dos anos 60, o nome de Elza Soares explodiu como a grande cantora de samba do Brasil. Sua energia no palco, o suingue de seu sambalanço, sua voz única, sua divisão inteligente e o carisma que mostrava em cena fizeram o público se encantar. O mercado fonográfico aproveitou para investir: foram 13 LPs e mais de duas dezenas de singles lançados em apenas dez anos. Vale lembrar que, naquela época, ainda não tinha acontecido a revolução no mercado de discos causada pela chegada de Martinho da Vila e, depois, de Clara Nunes, que levaram o samba ao topo das paradas de vendas. Elza não alcançava tiragens excepcionais, mas tinha público cativo. Mais do que isso, foi uma pioneira ao construir um nome sólido como intérprete de samba.

Mas essa carreira luminosa, a partir do início da década de 60, teve que dividir espaço com notícias sobre a vida pessoal. O motivo: seu romance com o craque de futebol Garrincha, considerado o segundo maior jogador brasileiro de todos os tempos, atrás apenas de Pelé. Ele esteve presente nas conquistas das Copas do Mundo de 1958 e 1962, e foi exatamente nas vésperas desta última, disputada no Chile, que os caminhos de Elza e Garrincha se cruzaram. Para sempre.

A cantora e o jogador se conheceram em novembro de 1961, quando Elza foi chamada para ajudar a campanha de Garrincha na eleição do jogador mais popular do Rio — os votos eram contabilizados através de cupons de jornal. Elza virou cabo eleitoral do botafoguense, que venceu o concurso e levou o prêmio, um Simca Chambord, o carrão da época. A partir dali, eles começaram a se encontrar, e o clima de romance ficava no ar. O problema é que os dois eram comprometidos: Garrincha era casado com Nair, com quem tinha sete filhos; Elza estava num relacionamento com Milton Banana.

A coisa esquentou quando a cantora foi convidada para fazer uma série de apresentações no Chile durante a Copa do Mundo, ostentando o título de "Madrinha da seleção brasileira". Durante a competição, em encontros esporádicos, eles viram que a paixão era pra valer. Garrincha prometeu ganhar o bicampeonato mundial para Elza — e cumpriu, sendo eleito o craque da Copa. Foram duas semanas muito especiais para ela, que entre um jogo e outro ainda teve a oportunidade de conhecer Louis Armstrong, o grande cantor de jazz norte-americano que tinha como característica um *scat* vocal muito parecido com o dela.

Quando Garrincha voltou do Chile, foi direto para a casa da amada (que a esta altura já morava na Urca), onde puderam ter uma espécie de "lua de mel" que durou dias. Em seguida, o atleta praticamente se mudou para a casa de Elza. A questão é que ele não tinha se separado de Nair. E aí, como convém a uma sociedade machista, a culpa recaiu não sobre o homem (adulto, capaz de tomar as próprias decisões), mas sobre a mulher (na tradição cristã, foi Eva quem ofereceu a "maçã do pecado" a Adão, o que reforça a associação do feminino com o papel daquela que provoca a "tentação" no parceiro). E se o assunto é "paraíso e inferno", Elza enfrentou os dois nos 17 anos em que esteve com Garrincha; foram os piores — e melhores — dias de sua vida.

Logo após a Copa do Mundo, já havia rumores do romance. E, aos poucos, Garrincha e Elza foram se preocupando menos em disfarçar a relação publicamente. Os amigos do jogador o aconselhavam a manter tudo às escondidas — "*Amante todo mundo tem, mas não precisa ser tão indiscreto; pra que se arriscar?*", diziam os colegas. Mas a certeza de que o amor era pra valer deu a eles a segurança para saírem juntos nas ruas. Naquela altura, Elza já não tinha mais o compromisso com Milton Banana. Mas a situação de Garrincha com a esposa, Nair, ainda era indefinida.

Como se não bastasse, Garrincha estava vivendo uma fase difícil no Botafogo, e os torcedores só encontravam uma explicação para a má fase do principal astro do time: Elza Soares. Em março de 1963, eles finalmente apareceram juntos diante da imprensa, numa das entrevistas que Garrincha deu sobre a crise com o clube alvinegro. Ele alegava suas razões e a cantora o estimulava a falar. Já não era mais segredo que viviam um relacionamento. Os jornalistas, claro, correram para a cidade de Pau Grande, no interior do estado do Rio, onde moravam as filhas e a esposa, Nair. A situação encontrada foi chocante. A família vivia num estado de pobreza surpreendente, indigno para o lar de um campeão do mundo. Nair deu entrevistas aos jornais e revistas, dizendo que estava esperando o marido voltar para casa e detalhando a rotina sofrida que levava. Bastou para que toda a opinião pública se virasse contra Elza Soares: a cantora havia destruído um lar, deixando uma mulher na miséria e cheia de filhas para criar; e ainda estava incentivando o atleta a brigar com seu time. E, o pior de tudo, muita gente dizia que Elza só estava naquela relação para se aproveitar do dinheiro de Garrincha.

O que pouca gente sabia é que não era a cantora quem precisava do dinheiro do atleta, mas o contrário. Garrincha sempre lidou mal com sua vida financeira, assinando péssimos contratos e cuidando de forma desleixada das quantias que ganhava. Nunca teve uma situação econômica estável. Elza, por outro lado, vivia uma fase ascendente na carreira, com contratos fixos com emissoras de TV e rádio, além de rendas de shows e vendas de disco. Segundo o relato de Ruy Castro no livro *Estrela solitária*, a biografia de Garrincha, a cantora ganhava pelo menos cinco vezes mais do que o craque na época.

O momento profissional de Elza era bom, mas às vezes a cantora tomava péssimas decisões artísticas. Uma delas foi a gravação, naquele turbulento ano de 1963, da canção "Eu sou a outra" (Ricardo Galeno). A música era do repertório de Carmem Costa, que a havia lançado em 1953, quando também vivia um romance com um homem casado, Mirabeau. A gravadora de Elza, Odeon, sugeriu que ela regravasse "Eu sou a outra" e a lançou num 78 rotações.

"Ele é casado
E eu sou a outra que o mundo difama
Que a vida ingrata maltrata
E sem dó, cobre de lama (…)
Não tenho nome
Trago o coração ferido
Mas tenho muito mais classe
Do que quem não soube prender o marido"

Essa gravação ficou muito marcada na trajetória de Elza, por parecer uma provocação em relação aos que falavam de seu romance com Garrincha. O que pouca gente se lembra é que o lado B do 78 rotações também trazia uma música que retratava a situação, "Amor impossível" (João Roberto Kelly/David Nasser). Ou seja, a gravação de "Eu sou a outra" não parecia um acaso, já que as duas canções colocadas por ela no mercado em abril de 1963 soavam como respostas diretas à opinião pública. A leta de "Amor impossível" era bem direta:

"*Achem graça, zombem todos, falem de nós dois*
Que o nosso amor será maior depois
Pintem como queiram, condenem afinal
É tudo inveja, o mundo é sempre igual (...)
Falem, botem fogo, levantem sua voz
Se o amor proibido acabar, ninguém sofre por nós"

Se a situação ainda podia ficar mais quente, as duas músicas pareciam colocar gasolina numa fogueira que já tinha labaredas enormes. Ao mesmo tempo, Nair dava entrevistas para a televisão, chorando e mostrando em detalhes a vida difícil que ela e as filhas levavam. Naquele começo dos anos 60, em que a mulher tinha um papel bem definido socialmente, foi difícil segurar. O país inteiro ficou contra o romance de Elza Soares e Garrincha. E não surpreende que, naquele contexto machista, a eleita para representar a vilã tenha sido ela — e não ele.

Uma reportagem da revista *Manchete*, em abril de 1963, contava a história do casal com a seguinte frase em destaque: "*A verdade é que a cantora está obtendo a maior publicidade de sua carreira.*" No texto, o repórter João dos Passos escreveu que boatos dão conta de que "*Elza Soares estava pervertendo Garrincha*". E, ao informar que a casa da cantora estaria sendo alvo de invasões e depredações, a matéria não se furtou a dar o endereço onde ela morava: "*Na casa número 14 da rua Ramón Franco, perto da estação do bondinho do Pão de Açúcar.*"[180]

---

180. PASSOS, João dos. "Garrincha no jogo do amor". *Manchete*, Rio de Janeiro, 6 abr. 1963, pp. 53-57.

Naquela altura, o dia a dia de Elza já tinha virado um inferno. As pessoas passaram a lhe virar a cara na rua. Recebia trotes, telefonemas com palavrões e recados para que largasse o jogador. Pessoas estranhas circulavam pela vizinhança. O casal era notícia nas revistas de fofoca semanalmente, com histórias do arco da velha. Os filhos de Elza eram hostilizados no colégio. A caixa de correio ficou abarrotada de cartas anônimas com xingamentos e intimidações. A imprensa os perseguia aonde quer que fossem. Até que um caso mais grave aconteceu: sua casa foi atingida por um tiro.

A história de Elza Soares com Garrincha teria ainda muitos outros capítulos que poderiam ser narrados. Foram 17 anos de relacionamento, muitas mudanças de casa (Ilha do Governador, Lagoa, Jardim Botânico, Jacarepaguá, Copacabana), um filho (Garrinchinha), bebedeiras, uma temporada na Itália, uma separação conturbada, acidentes trágicos, ameaças, divergências com o regime militar e inúmeras capas de revista até a morte do jogador, em 1983. O país acompanhou de perto essa novela da vida real — para se ter uma ideia da repercussão que o assunto tinha, a edição de estreia do *Jornal Nacional*, em 1.º de setembro de 1969, trazia uma reportagem sobre os dois, já que o atleta tinha se envolvido num acidente de carro que matou a mãe de Elza.

As imagens do jogador e da cantora ficaram ligadas para sempre. No *Jornal Nacional* que noticiou a morte de Garrincha, em 21 de janeiro de 1983, o primeiro conteúdo da reportagem é uma entrevista com Elza, e não imagens do velório ou a repercussão com os filhos. E, àquela altura, eles não estavam mais juntos — Garrincha já tinha até uma nova esposa, Vanderléa. Em entrevistas ao longo da carreira dela, se tornaram comuns perguntas sobre o craque; e, quando elas não vinham, a própria Elza puxava o assunto. "*Eu amei demais o Mané, pena que esse Brasil não seja feito de amor pra entender o amor que houve entre nós dois. Mas tudo bem, valeu tanto, eu amaria tudo outra vez*", disse a cantora, em 1985, à TV Globo. Trinta e seis anos depois da morte dele, no CD lançado pela cantora em 2019, *Planeta Fome*, a música "País do sonho" ainda faz menção ao grande amor da vida de Elza.

De fato, o relacionamento com Garrincha foi marcante. Porém, mais do que conhecer os detalhes da história, o importante para o contexto deste livro é perceber como esse romance fez Elza ser julgada e condenada por boa parte da sociedade brasileira — os "puritanos", como ela gosta de dizer. A cantora simbolizava a mulher livre, bem resolvida, que ganhava seu próprio dinheiro e não tinha pudores de correr atrás de seu amor. Também lidava bem com sua sexualidade e enfrentava sem papas na língua aqueles que a criticavam. Para completar, era negra. Para o Brasil dos anos 60, era difícil conviver com tudo isso. Garrincha continuou idolatrado; enquanto Elza era tratada como pária.

Uma reportagem do jornal *O Globo* em 1972 descreve de forma agressiva a imagem que ficou da cantora depois de tanto disse-me-disse na imprensa: "*Desde que ligou sua vida à de Mané Garrincha, Elza Soares já apareceu diversas vezes em manchetes de jornais, sempre envolvida em episódios trágicos e sensacionalistas. Nessas ocasiões, em que sua vida particular era ainda uma vez devassada, o público ia pouco a pouco compondo a imagem de uma mulher sem escrúpulos, destruidora de lares, chantagista. Uma cantora decadente procurando a todo custo a publicidade.*"[181]

Décadas depois, uma entrevista de Elza Soares ao programa *Provocações* ajuda a resumir o que ficou desse episódio, com um pedido do apresentador, Antônio Abujamra, para que ela deixasse uma mensagem ao público: "*Digamos que em algum momento na vida você queria falar algumas coisas e não deixaram você falar, ou você não falou. Alguma coisa aconteceu e você não pôde falar. Esse é o programa de maior liberdade que existe na televisão brasileira. Você pode falar o que você quiser sem nenhum temor, é um programa livre. (...) Então olhe para essa câmera e diga tudo o que você queria dizer para as pessoas te ouvirem.*"

Elza respondeu, com o rosto crispado: "*A primeira coisa que eu quero dizer é da covardia que vocês fizeram comigo e com o Mané. Vocês tomaram a minha casa, me expulsaram desse país. Fui viver na Itália, com um homem bêbado. Com 24 horas que tinham me expulsado e metralhado a minha casa, vocês botaram os meus filhos na rua, tomaram tudo que eu tinha e até hoje eu gostaria de perguntar ao governo: e daí? Será que vocês não se envergonham disso? Eu sou uma operária brasileira da música, com toda a*

---

181. "Elza Coragem abre o jogo". *O Globo*, Rio de Janeiro, 3 abr. 1972. Segundo Caderno, p. 5.

dignidade. Então tudo que eu pude comprar pra mim e pros meus filhos na época, vocês tomaram de mim. Eu tenho vergonha disso. Tenho vergonha porque não sei se vocês se sentem culpados ou envergonhados. Mas eu me envergonho por vocês."[182]

Apesar das turbulências na vida pessoal, Elza Soares conseguiu construir uma carreira consistente. Viveu tempos difíceis, com os shows sendo boicotados por parte do público, especialmente no Rio de Janeiro, mas viajava em apresentações pelo Brasil para compensar. Em 1967, lançou um disco em parceria com Miltinho, que havia sido *crooner* da Orquestra Tabajara, vocalista dos Anjos do Inferno e, na carreira solo, tinha feito sucesso com "Mulher de trinta" (Luiz Antônio). O LP *Elza, Miltinho e samba*, que trazia vários *pot-pourris* de sambas conhecidos, com os dois se revezando ao microfone, marcou época e se tornou um clássico da música brasileira. O projeto ainda teve mais duas edições, lançadas em 1968 e 1969. Outra parceria marcante foi com o baterista Wilson das Neves, com quem lançou um disco em 1968 — a carreira fonográfica dela comportava vários lançamentos no mesmo ano. Elza ficou tão badalada que chegou a ter um programa na TV Record, chamado *Dia D... Elza*.

Em 1969, outro marco na trajetória da cantora foi o convite para puxar o samba do Salgueiro na Avenida. Elza Soares foi a voz da escola no desfile "Bahia de todos os deuses", que deu à vermelho e branco seu quarto título no carnaval carioca, com música memorável (*"Nega baiana, tabuleiro de quindim / Todo dia ela está na igreja do Bonfim"*). A relação de Elza com o carnaval não era novidade. Nos anos 60, quando isso ainda não era comum, ela incluiu em seus discos sambas-enredo como "O mundo encantado de Monteiro Lobato" (Darcy da Mangueira/Batista da Mangueira/Luís) e "Heróis da liberdade" (Silas de Oliveira/Mano Décio da Viola/Manuel Ferreira), além de sambas de terreiro dos compositores ligados às escolas de samba. Elza exerceu papel fundamental na popularização do gênero samba-enredo no país.

Mas outro feito comumente atribuído a Elza Soares não encontra respaldo histórico. O carnaval de 1969 do Salgueiro foi tão marcante, com seu

---

182. *Provocações*. Rio de Janeiro: TV Cultura, 7 mai. 2010. Programa de TV.

desempenho espetacular no microfone, que em geral esse episódio é descrito como "a primeira vez em que uma mulher puxou samba-enredo na Avenida". Mas a primazia não é de Elza. Carmem Silvana, conhecida como o Rouxinol do Império, cantou pelo menos duas vezes antes em grandes escolas: em 1964, puxou o clássico "Aquarela brasileira" (Silas de Oliveira) no Império Serrano; em 1965, cantou "História e tradições do Rio Quatrocentão" (Waldir 59/Candeia) na Portela, ao lado de Abílio Martins. Já Elza ainda teria uma passagem marcante pela Mocidade Independente, sua escola do coração, nos carnavais de 1973 a 1976, e também puxaria o samba da São Carlos em 1979.

Em janeiro de 1970, depois de começarem a ser investigados por subversão pelo DOPS (o órgão repressor da ditadura militar), Elza e Garrincha se mudaram para a Itália, onde passaram bons e maus momentos. Entre as alegrias, a maior foi a turnê que ela fez substituindo Ella Fitzgerald. A cantora norte-americana faria um giro pela Europa em um show cantando bossa nova, mas teve que se submeter a uma cirurgia de catarata e escolheu a brasileira para estrelar as apresentações em seu lugar. Apesar de ter sido bem-sucedida nos shows, Elza não conseguia mudar a imagem que tinha diante do público europeu: continuava sendo a mulher de Garrincha. Em dezembro de 1971, a temporada em Roma chegou ao fim.

Em sua volta ao Brasil, teve a ideia de outra parceria para retomar a carreira fonográfica. O escolhido foi o iniciante Roberto Ribeiro, cuja voz Elza ouviu no rádio. Ela sugeriu o nome do cantor do Império Serrano à Odeon, pensando em um projeto semelhante aos que fazia com Miltinho, mas a gravadora resistiu. Achava que Ribeiro era apenas um puxador de escola de samba e que o LP não tinha grandes possibilidades de dar certo. Elza insistiu e conseguiu gravar, mas, na hora de decidir o layout do disco, houve novo confronto com a gravadora: eles não queriam a foto de Roberto Ribeiro na capa. As desculpas já não colavam mais, e Elza teve certeza de que a resistência à figura dele tinha nome: racismo. Mas ela bateu pé, conseguiu estampar a foto da dupla na capa, e o LP *Sangue, suor e raça* teve boa repercussão.

Elza foi fundamental na carreira de Roberto Ribeiro. Foi ali que ele efetivamente começou a carreira fonográfica, lançando seu primeiro LP.

No ano seguinte, gravou um álbum com Simone, e, em 1974, conseguiu fazer sua estreia em disco solo. Teve uma carreira de sucesso no samba nos anos 70 e 80, mas morreu cedo, aos 55 anos, em 1996.

Depois do disco com Roberto Ribeiro, Elza Soares só faria mais um LP na Odeon, em 1973. A relação com a gravadora estava desgastada, as vendas não eram relevantes, e a parceria iniciada no fim dos anos 50 se desfez. A cantora então se transferiu para a Tapecar, gravadora recém-lançada que tinha feito aposta certeira ao lançar o primeiro disco de samba de Beth Carvalho. O mercado estava receptivo para o gênero, e Elza parecia uma boa contratação.

Mas sua carreira não estava numa curva ascendente. Os discos começavam a demonstrar menos fôlego, e o público agora tinha muitas opções de cantoras de samba para acompanhar. A estreia na Tapecar, com o LP *Elza Soares*, ainda revelou algum frescor, com músicas como "Bom dia, Portela" (David Corrêa/Bebeto de São João) e "Meia-noite já é dia" (David Corrêa/Norival Reis). No disco de 1975, *Nos braços do samba*, o destaque é "Primeiro eu" (Romildo Bastos/Toninho Nascimento), enquanto em 1976, Elza lança no LP *Lição de vida* um compositor estreante: Jorge Aragão, que com o parceiro Jotabê compõe "Malandro".

Mas a fase já não andava boa. Em julho de 1976, nasceu Garrinchinha, filho que veio numa tentativa desesperada de fazer o pai parar de beber, como a própria cantora admite. Mas a cartada não deu em nada. Garrincha continuou entregue ao álcool, e a relação do casal foi se esgarçando. Em agosto de 1977, pouco depois de o menino completar um ano, Elza decidiu se separar. A derrocada profissional era apenas um espelho da turbulência na vida pessoal.

A cantora ainda lançou um último álbum pela Tapecar, *Pilão + raça = Elza*, e se transferiu para a CBS, onde gravou dois discos, *Senhora da terra* e *Negra Elza, Elza negra*. Mas nenhum deles decolou. Os anos 80 chegaram com Elza Soares no pior momento da carreira, a ponto de pensar em largar tudo. No começo da década, ainda fez viagens do Projeto Pixinguinha, mas não conseguiu lançar mais discos e os shows foram rareando. Decidiu se mudar para São Paulo, em busca de um mercado maior. Também foi uma forma de deixar para trás o ambiente tóxico do Rio, que a remetia aos anos com Garrincha, e onde enfrentava resistências por parte do público — em shows que reuniam diversos artistas, Elza conta que algumas madames viravam a cadeira de costas para o palco quando ela entrava.

O prestígio no mundo musical mudara, mas a necessidade continuava a mesma: alimentar os filhos. Elza Soares procurava formas de se manter financeiramente, mas encontrava muitas portas fechadas. No desespero, chegou a aceitar trabalhar como babá numa creche. Dias depois, apareceu uma nova oportunidade como cantora. O que poderia ser um convite promissor na verdade se revelou um duro golpe na autoestima da artista: foi chamada para cantar num circo do interior de São Paulo. Não pensou duas vezes e enfrentou as duas horas de viagem para ir até lá e soltar a voz. A experiência foi traumática. Elza era um item desimportante no rol de atrações da noite. Relembrou seus sambas entre dois números circenses, debaixo da lona pequena e mal-ajambrada, ganhando meia dúzia de aplausos. Na viagem de volta para a capital paulista, refletiu sobre a carreira. Aquele era o fundo do poço. Chegara a hora de largar tudo. Elza Soares, a grande cantora, a Bossa Negra, a Mulata Assanhada, ia pendurar as chuteiras e se afastar dos palcos. Verdade seja dita: os palcos é que tinham se afastado dela.

Já em São Paulo, amargurada com o momento difícil, viu o anúncio de um show de Caetano Veloso, por quem tinha grande carinho desde os anos 60. Foi então ao luxuoso Hotel Hilton, onde ele estava hospedado. Às lágrimas, contou que não recebia mais convites para cantar e que estava desistindo da carreira. Ia tentar emprego em outra área para se sustentar. Caetano ficou assustado com o relato e tentou acalmá-la. Disse para ela não desistir da música e a aconselhou a voltar ao Rio. O baiano resolveu encontrar uma forma de ajudá-la. *"Era como se o lugar dela estivesse desaparecendo no cenário brasileiro. Mas o Brasil não podia fazer isso com ela. O Brasil não podia fazer isso consigo mesmo"*[183], relembrou Caetano, anos depois.

A conversa recuperou a energia de Elza. Dias depois, o amigo a convidou para participar de seu próximo disco, *Velô*, em dueto no samba-rap

---

183. RIBEIRO, Carolina. *O Globo*, Rio de Janeiro, 13 mar. 2016. Revista O Globo, p. 28.

"Língua" (Caetano Veloso). A canção trazia a poesia concreta e a prosa caótica de Caetano, que recitava inspiradíssima letra sobre o idioma. Elza entrava no refrão, sem economizar nos sons guturais: "*Flor do Lácio Sambódromo / Lusamérica latim em pó / O que quer / O que pode esta língua?*" A canção teve boa repercussão, e Elza estava de volta ao jogo.

A cantora passou a ser procurada para shows e a carreira entrou novamente nos eixos. Apareceu até uma nova oportunidade de gravar, e em 1985 chegava às lojas o disco *Somos todos iguais*, pela Som Livre. Mas havia algo diferente naquela Elza Soares que ressurgia mais uma vez das cinzas. Ela continuava com enorme presença de palco — uma gigante de 1,57m — e sua voz se mantinha cristalina, mesmo forçando a garganta à exaustão. Mas a sonoridade tinha mudado. Impossível definir se foi tudo parte do processo de amadurecimento profissional ou de uma postura mais assertiva diante das gravadoras (ou as duas coisas). O fato é que o público passou a ver uma artista mais versátil naqueles meados dos anos 80. A sambista abria espaço para uma cantora que transitava em outros gêneros; a pluralidade passaria a ser a tônica da carreira de Elza Soares.

O LP *Somos todos iguais* era encerrado por um blues de autoria de Cazuza, Frejat e Denise Barros, "Milagres". Também na linha jazzística surgia a composição de Elza com Glaucus Xavier (seu produtor e namorado à época), "Exagero". Já a música que dá nome ao disco, também de autoria de Elza, era uma salsa. O disco ainda trazia uma versão de Augusto de Campos para "Sophisticated Lady" (Irving Mills/Mitchell Parish/Duke Ellington), gravada em parceria com Caetano Veloso. Como se vê, Elza fincou pé em vários outros estilos musicais. O que não quer dizer que tenha se afastado do samba: regravou "Heróis da liberdade" e incluiu canções de Martinho da Vila, Sombrinha e Jorge Aragão.

Além do disco mais eclético, a cantora deu outros passos importantes rumo à diversificação do seu som. A turma do rock, por exemplo, foi uma das que a acolheu com fervor. O Rock Brasil 80 estava no auge, com o surgimento de várias bandas. Além disso, a primeira edição do Rock in Rio, em janeiro de 1985, deu impulso ao gênero. A juventude se identificava com a postura "rock 'n' roll" que Elza tinha em relação à vida, e via nela uma forma de diálogo com a música popular mais tradicional. E foram várias as interações entre as tribos. Com Cazuza, ela chegou a gravar um clipe da música "Milagres" para o *Fantástico*. Também foi convidada a participar do disco de Lobão lançado em 1986, na faixa "A voz da razão". Outro projeto, que acabou não indo pra frente, previa um LP de Elza produzido por Branco Mello, dos Titãs, lançado pelo selo da banda RPM, a RPM Discos. E o rock não foi a única praia navegada nesse período. Ela também fez apresentações em casas de blues, mostrando uma faceta musical diferente. E montou um show em que cantava jazz ao lado do pianista César Camargo Mariano. Surgia uma nova Elza.

Essa virada na carreira parecia apontar um outro rumo para a cantora. Se o samba não lhe dera estabilidade, tentaria voar para novas paragens. Mas quem disse que seria fácil? Em janeiro de 1986, o filho Garrinchinha morreu num acidente de carro. O menino de 9 anos tinha ido pela primeira vez a Pau Grande para visitar a casa onde o pai nasceu e encontrar as irmãs. Na volta, o carro caiu no Rio Imbariê. Elza perdia mais um filho, levava mais um tombo, ganhava outra rasteira da vida. A trajetória da menina de Água Santa era uma montanha-russa de emoções. Mas a morte do caçula foi o prenúncio de um dos períodos mais difíceis de sua vida.

Elza teve dificuldade para se recuperar emocionalmente da perda do filho. E justamente na época em que decidira se afastar do samba, o gênero teve uma explosão comercial, com o *boom* do pagode. Elza tinha namorado outros ritmos e apontado para uma nova fase na carreira. Mas, cambaleante, foi o samba que procurou ao tentar retomar a trajetória exitosa de tempos atrás. O disco lançado em 1988, *muy* apropriadamente chamado *Voltei*, indicava um retorno da cantora às origens. Além de regravar sucessos, ela investiu nos compositores do Cacique de Ramos, como Arlindo Cruz, Luiz Carlos da Vila, Sombrinha, Sereno, Pedrinho da Flor, Beto Sem Braço, entre outros. Mas, naquela altura, a indefinição artística cobrou seu preço: Elza nem estava mais identificada com os sambistas, que vendiam aos montes na época, nem tinha consolidado seu nome como a cantora polivalente que navega em diferentes estilos. Tentando alcançar todos os públicos, ficou sem nenhum. E amargou seu maior período fora do mercado fonográfico.

Foi um tempo duro para Elza Soares. Flertou perigosamente com as drogas, teve dificuldades para conseguir trabalho e não entabulou outras parcerias com as novas gerações. A solução pareceu vir de um convite de Carlinhos Pandeiro de Ouro, famoso músico mangueirense que ganhava a vida no exterior. Ela arrumou as malas e se mandou para os Estados Unidos, onde ficou por um bom tempo, com temporadas em Los Angeles e Nova York. Mas, além de pequenos shows, as experiências não foram positivas: teve uma associação frustrada com um culto religioso, um casamento às pressas para tentar conseguir o "green card" e uma confusão financeira que a fez voltar ao Brasil.

No meio da década de 90, tateando um novo espaço no mercado musical e fazendo experiências para trazer mais público para seus shows, Elza teve a ideia de colocar a neta para se apresentar com ela. Vanessa, chegando aos 20 anos, já demonstrava talento e alegrava a avó ao acompanhá-la no palco e nas viagens. Parecia uma parceria perfeita. O que elas não imaginariam é que Dilma, filha de Elza e mãe de Vanessa, não gostaria nada dessa história de ver a moça cantando. Vanessa estava cursando faculdade de informática e a mãe não queria que ela largasse os estudos para se dedicar à música. Uma briga em família nos anos 90 que remeteu à Água Santa dos anos 50: Elza, tantas décadas depois, veria a neta passando por situação semelhante à que viveu com Dona Rosária. Realmente não é fácil ser mulher no samba.

O período, aliás, foi mesmo de grandes recordações para Elza. Em 1995, foi lançada a biografia de Garrincha, *Estrela solitária*, escrita por Ruy Castro. E, em 1997, saiu um livro sobre Elza Soares, *Cantando para não enlouquecer*, de autoria de José Louzeiro. A cantora voltava a frequentar os jornais, mas não por seu trabalho, e sim pela curiosidade que as pessoas tinham acerca de sua vida. Foi natural que seu próximo passo discográfico ganhasse o nome de *Trajetória*, gravado pela Universal em 1997. Mas, musicalmente, não apresentou novidades, trabalhando com regravações e referências subliminares a Garrincha, como em "Cuidado, Mané" (Luiz Grande/Ari do Cavaco). O mesmo aconteceu com o CD *Carioca da Gema — Elza ao vivo*, lançado em 1999, que repisou canções já presentes em seu repertório, em formato de show.

Mas tudo que está ruim ainda pode piorar. Em setembro de 1999, durante um show no Metropolitan, na Zona Oeste do Rio, Elza não conseguiu enxergar o fim do palco, com a visão comprometida pela luz de cena, e caiu no fosso, em um acidente grave. Fraturou a coluna e ficou alguns dias hospitalizada. Reportagem do jornal *O Globo* informava que a cantora teria que usar colete ortopédico por dois meses. Imaginava-se uma recuperação lenta e dolorida para Elza. *"Eu tinha que vencer aquela dor! Tinha que me recuperar, focar na minha saúde. (...) A sensação, como as pessoas me contavam, era a de que tudo tinha acabado e que eu ia ficar na cama pro resto da minha vida, não ia nunca mais subir num palco."*[184], lembra Elza.

Mas, em menos de dois meses, lá estava ela no Royal Albert Hall, em Londres, num show comemorativo aos 500 anos do Brasil, ao lado de Chico Buarque, Gilberto Gil, Caetano Veloso, Virgínia Rodrigues e Gal Costa. Apesar de ter conseguido se recuperar a tempo do show, a queda deixaria marcas na rotina de Elza, que a partir dali teria que conviver com dores constantes e com uma redução da mobilidade, cantando muitas vezes sentada.

O show em Londres não foi importante apenas como marco da recuperação física de Elza Soares, chamada na Europa de "Tina Turner brasileira". Ele também trouxe visibilidade entre os ingleses, sendo fundamental para uma escolha que iria coroar os mais de 40 anos de carreira da Deusa. Na virada para os anos 2000, foi eleita pela rádio britânica BBC a "cantora brasileira do milênio", título que iria ostentar com orgulho pelas décadas seguintes. O projeto da rádio, chamado "Millenium concerts", tinha a intenção de contar a história da música no mundo no século 20. Foram promovidos dez shows em lugares diferentes do planeta para serem transmitidos ao vivo, em fevereiro de 2000, dando um panorama da produção musical ao redor do globo.

Para encarnar essa pluralidade de estilos, foram escolhidas dez expressões musicais de regiões diferentes, representando os "artistas do milênio". A lista incluía nomes como o trompetista norte-americano Wynton Marsalis, o violinista britânico Nigel Kennedy, o grupo sul-africano La-

---

184. CAMARGO, Zeca. *Elza*. Rio de Janeiro: LeYa, 2018, p. 320.

dysmity Black Mambaz e o grupo palestino Sabreen, entre outros. Elza Soares estava entre as dez escolhidas (uma das poucas ligadas à música popular). No show que fez para a BBC, cantou "Samba do avião", "Chega de saudade" e clássicos do seu repertório.

A virada do milênio realmente trouxe novos ares para Elza Soares. Depois de duas décadas de sucesso (60 e 70) e de duas décadas de ocaso (80 e 90), os próximos vinte anos foram transformadores para a artista. O primeiro sinal veio em 2002, com *Do cóccix até o pescoço*, CD marcante não só para a carreira de Elza, mas considerado um dos grandes discos contemporâneos da música brasileira.

Nele, Elza Soares consolida aquele namoro dos anos 80 com outros gêneros, transcendendo a figura da sambista e mergulhando de cabeça em novas sonoridades. Essa seria a tônica de sua trajetória a partir desse ponto. Se vinte anos antes ela tentou esse movimento de forma atabalhoada, sem apoio das gravadoras, e ao menor sinal de insucesso voltou à batucada, dessa vez ela fez excelentes escolhas de repertório, atingindo um tipo de público que não estava tão acostumado a seu trabalho, e reuniu um time de primeira para acompanhá-la, entre eles o diretor artístico José Miguel Wisnik e o produtor Alê Siqueira.

A massa sonora de *Do cóccix até o pescoço* era variada, indo do rap ao tango, passando pelo soul e pelo funk, com fortes referências eletrônicas. O samba também tinha vez, mas aparecia em momentos pontuais. Numa das faixas mais ousadas, Elza canta como se estivesse numa roda, por mais de sete minutos, acompanhada apenas do pandeiro de Marcos Suzano, improvisando e enfileirando refrãos de sambas marcantes, como "Salve a Mocidade" (Luiz Reis), "O amanhã" (João Sérgio) e "Juventude transviada" (Luiz Melodia). O disco foi aberto com outro samba, mas num arranjo bem distante da batucada, com um violão em primeiro plano, cajón, flauta e piano. A música era "Dura na queda", de Chico Buarque, que parecia ter sido escrita especialmente para Elza Soares.

"Perdida na Avenida
Canta seu enredo fora do carnaval
Perdeu a saia, perdeu o emprego

Desfila natural (...)
Bambeia, cambaleia
É dura na queda, custa a cair em si
Largou família, bebeu veneno
E vai morrer de rir
Vagueia, devaneia
Já apanhou à beça
Mas para quem sabe olhar
A flor também é ferida aberta
E não se vê chorar"

O álbum ainda trouxe uma versão tango de "Fadas" (Luiz Melodia) e um dueto com Chico Buarque, "Façamos (vamos amar)", versão de Carlos Rennó para "Let's do it (Let's fall in love)", que havia sido gravada pela dupla num CD com releituras da obra de Cole Porter. Mas o grande estouro do CD foi "A carne" (Seu Jorge/Marcelo Yuka/Ulisses Cappelletti):

"A carne mais barata do mercado é a carne negra
Que vai de graça pro presídio e para debaixo do plástico
Que vai de graça pro subemprego e pros hospitais psiquiátricos
A carne mais barata do mercado é a carne negra
Que fez e faz história segurando esse país no braço, meu irmão"

"A carne" era uma regravação da música lançada em 1998 pelo Farofa Carioca, na voz de Seu Jorge, num clima meio reggae. Já o registro de Elza foi na linha rap/hip hop, com os scratchs dos DJs combinando perfeitamente com o "arranhado" de sua garganta. "Fadas" também não era inédita, assim como as canções do *pot-pourri* de sambas e outras faixas do disco, como "Haiti" (Gilberto Gil/Caetano Veloso). As releituras são uma característica da obra de Elza Soares. Mas poucas músicas ganharam tanta personalidade e tiveram um sentido tão ampliado ao receber sua voz. O verso "A carne mais barata do mercado é a carne negra" se tornou um símbolo da negritude brasileira, historicamente oprimida e sedenta por um grito que a representasse. A frase estampou cartazes em protestos pela igualdade racial, foi analisada em provas de vestibular e se tornou o ponto de partida para muita gente entender a profundidade do problema. O videoclipe da música era forte, com Elza cantando entre corpos negros amarrados, e uma atriz branca (Zezé Polessa) dando sucessivos tapas na cara de atores negros.

A partir dessa música, a voz de Elza Soares ganhou outro significado. Estava a serviço de uma causa, queria dizer alguma coisa, tinha uma mensagem para passar. Em mais de 40 anos de carreira, ela havia sido uma cantora magnífica, que encantava o público com seu desempenho no palco e com músicas que embalaram diversas gerações. Ao mesmo tempo, era um espelho para muitas meninas negras por sua história de luta, de superação, uma mulher que enfrentou os obstáculos que a vida lhe infligiu. Sua trajetória era inspiradora. Mas, com a "A carne", Elza passou a unir estas duas representações. Começou a inspirar não só por sua história de vida, mas também pelo que cantava. A pessoa física agora estava mais do nunca intimamente ligada à artista; suas questões passaram a fazer parte da obra. Elza demorou a achar esse caminho, numa trajetória errática, que a fez alternar bons e maus momentos. Mas, ao encontrar a direção, seguiu nela com êxito, em aposta que teria resultados ainda mais frutíferos na década seguinte.

A repercussão do CD *Do cóccix até o pescoço* foi grande, fazendo Elza recuperar a relevância no meio musical. A reportagem do jornal *O Globo* sobre o disco é aberta com a seguinte frase: "*Foram precisos mais de quarenta anos de carreira e quase trinta discos para Elza Soares sentir-se prestigiada por um disco à altura do seu talento.*"[185] À parte o exagero (ela gravou ótimos LPs na virada dos anos 60 para os 70), o repórter parece constatar que, depois de um período de eclipse artístico, a cantora estava voltando a demonstrar vigor. A própria Elza se recorda com alegria da sensação de produzir aquele trabalho: "*Me lembro de um dia, numa das últimas sessões (de gravação), sair pela porta do estúdio e dizer para mim mesma: 'Esse disco me representa!' Eu queria até que fosse um pouco mais*

---

185. PIMENTEL, João. "Tratamento vip para uma artista dura na queda". *O Globo*, Rio de Janeiro, 11 jul. 2002. Segundo Caderno, p. 2.

atrevido, mas pra quem estava há tanto tempo infeliz com o que gravava eu achei que ali eu estava passando o recorte que eu queria passar. Eu tinha uma voz, eu tinha o que dizer. E tudo estava ali para quem quisesse ouvir." Mais do que nunca, ela sabia o que queria: *"Chega de lançar discos que não faziam diferença. Eu nunca quis ser assim, não ia ser a essa altura da vida que eu iria pensar diferente."*[186]

Depois do disco, Elza viveu outros momentos marcantes, como a participação na abertura dos Jogos Pan-Americanos do Rio, em 2007, quando cantou o Hino Nacional à capela, no Maracanã, acompanhada pelo lindo coro de dezenas de milhares de espectadores. Na transmissão do evento pela TV Globo, o locutor Galvão Bueno disse que foi *"a mais linda interpretação da história do Hino Nacional Brasileiro"*. No mesmo ano, a cantora lançou seu primeiro DVD, *Beba-me*, com uma mistura de canções de *Do cóccix até o pescoço* com antigos sucessos.

Mas se engana quem pensa que a carreira de Elza se estabilizou de vez com o novo rumo musical. Naquele período, a saúde lhe pregou algumas peças, fazendo com que ela passasse boa parte dos anos 2000 entre médicos e hospitais: uma diverticulite, um acidente grave de carro e a volta nas dores da coluna mostravam um corpo frágil. Além disso, sucessivas trocas de empresário impediam um planejamento consistente de sua imagem. Depois de *Beba-me*, foram mais oito anos sem gravar, numa fase em que o mercado fonográfico já tinha mudado muito, as gravadoras estavam enfraquecidas, e os álbuns físicos já eram quase irrelevantes. As plataformas digitais passaram a ser fundamentais para a disseminação de qualquer tipo de música, o que parecia um entrave para uma artista de 80 anos. Desde que essa artista, claro, não fosse Elza Soares.

Em meados dos anos 2010, a cantora se aproximou de um grupo de jovens que ajudou a dar um novo gás a sua carreira. No lado empresarial, se uniu a Pedro Loureiro e a Juliano Almeida, que passaram a gerenciar seu projeto artístico. Na seara musical, conheceu uma turma que vinha fazendo um ótimo som em São Paulo e que teria muito a contribuir: Guilherme Kastrup, Kiko Dinucci, Marcelo Cabral, Rodrigo Campos, Rômulo

---

186. CAMARGO, Zeca. *Elza*. Rio de Janeiro: LeYa, 2018, p. 326.

Fróes, Felipe Roseno e Celso Sim, entre outros. O encontro explosivo da diva Elza, do alto de sua sabedoria e de seu talento, com o gás da juventude resultou em três discos que revolucionaram a imagem da cantora diante de seu público — que se reciclou de forma inimaginável, incorporando meninos e meninas recém-saídos da adolescência para a fila de gargarejo dos shows.

A mulher do fim do mundo (2015), *Deus é mulher* (2018) e *Planeta Fome* (2019) são álbuns que podem ser observados em conjunto, porque trazem um mesmo conceito: a vontade de Elza Soares de falar de seu tempo, a segunda década do século 21, de olhar em volta e retratar em versos a realidade de seu povo; tudo isso embalado por uma sonoridade moderna, que se afasta do samba de outrora e incorpora o eletrônico, o rap, o pop. E como todo bom artista capta com suas antenas a reverberação que vem de fora, do mundo exterior, Elza conseguiu falar diretamente com uma geração que estava sedenta para discutir assuntos que em outros tempos eram silenciados, uma juventude que foi para a rua lutar por seus direitos e que aprendeu a usar as redes sociais como ferramenta de pressão social. Não à toa, em 2017 foi convidada pela primeira vez para cantar no festival jovem Rock in Rio, com sucesso tão grande que repetiu a dose em 2019. Essa nova fase artística pode ser resumida nesses versos de "O que se cala" (Douglas Germano): "*Mil nações moldaram a minha cara / Minha voz uso pra dizer o que se cala / O meu país é meu lugar de fala.*"

As letras destes três CDs de Elza são um mergulho profundo na desigualdade brasileira — vista de todos os ângulos, da raça ao gênero, passando pela classe econômica e pela condição sexual. Alguns versos simbolizam essas lutas, como podemos ver a seguir:

— O machismo é o assunto em "De dentro de cada um" (Luciano Mello/Pedro Loureiro): "*A mulher de dentro de cada um não quer mais silêncio / A mulher de dentro de mim cansou de pretexto / A mulher de dentro de casa fugiu do seu texto.*"

— O racismo é retratado numa proposta de atualização do sucesso "A carne", na canção "Não tá mais de graça" (Rafael Mike): "*A carne mais barata do mercado não tá mais de graça / O que não valia nada agora vale uma tonelada.*"

— A desigualdade social inspirou a releitura da música "Brasis" (Gabriel Moura/Seu Jorge/Jovi Joviniano): "*Tem um Brasil que soca / Outro que apanha / Um Brasil que saca / Outro que chuta.*"

— A intolerância religiosa foi assunto em "Exu nas escolas" (Kiko Dinucci/Edgar): "*Exu nas escolas / Exu no recreio / Não é Xou da Xuxa / Exu brasileiro.*"

— A liberdade sexual da mulher aparece em "Eu quero comer você" (Rômulo Fróes/Alice Coutinho): "*Eu quero dar pra você / Eu quero explorar você / E nem preciso explicar / Nem tenho que soletrar.*" E também na emblemática "Pra fuder" (Kiko Dinucci): "*Me derreto tonta, toda pele vai arder / O meu peito em chamas solta a fera pra correr / (...) Pra fuder, pra fuder, pra fuder.*"

— A realidade política do país é tratada de forma incisiva em "Blá blá blá" (Pedro Loureiro): "*Chega! / Que mundo é esse? / Eu me pergunto / (...) A partir de agora a Terra é plana / 2 + 2 são 7 / (...) Me dê motivo / Pra ir morar em outro lugar / Me dê motivo / Pra deixar meu país pra lá.*"

— A homofobia é discutida em "Não recomendado" (Caio Prado): "*Pervertido, mal amado, menino malvado, cuidado / Má influência, péssima aparência, menino indecente, viado.*"

Outro tema importante que Elza trouxe à tona foi a violência doméstica. Os versos de "Maria da Vila Matilde" (Douglas Germano) serviram como importante meio de orientação das mulheres que sofrem agressões dos companheiros: "*Cadê meu celular? / Eu vou ligar pro 180 / Vou entregar teu nome / E explicar meu endereço / (...) Cê vai se arrepender de levantar a mão pra mim.*"

Essa música mostra uma mudança de perspectiva interessante no cancioneiro nacional, que já foi recheado de letras sobre a violência contra as mulheres, com enfoque "positivo" ou "normalizante", como se fosse algo corriqueiro. A partir do momento em que a sociedade passou a considerar essa situação inadmissível, isso se refletiu em canções (como as de Elza e Alcione) que condenam o ato e, didaticamente, até ensinam à mulher como denunciar o criminoso.

Olhando para a trajetória de Elza Soares, impossível não lembrar que ela foi vítima de agressões por parte de seus maridos Alaordes e Garrincha.

O primeiro chegou a atirar contra ela; o segundo, durante as bebedeiras quase diárias, se tornava extremamente agressivo e chegou a derrubá-la no chão. "*Até hoje tenho marcas no corpo*"[187], disse a cantora, oito anos depois da separação de Garrincha, em reportagem da revista *Manchete*. Em entrevista para este livro, ela fez uma reflexão sobre como as coisas mudaram: "*Na época, eu nem sabia que podia denunciar, era completamente indefesa. No passado, era comum a mulher apanhar calada. A gente passava por aquilo mesmo, mas graças a Deus mudou. Hoje eu chamo as mulheres para essa realidade. 'Maria da Vila Matilde' virou um hino.*"

Elza virou a porta-voz das mulheres, mas não só. Também se tornou a diva dos gays, dos negros e dos oprimidos de forma geral. Uma verdadeira rainha. Com toda essa força, foi escolhida pela Netflix, em 2019, para estrelar uma campanha publicitária sobre a série "The Crown", que conta a história da Rainha da Inglaterra, Elizabeth II. Elza é a "rainha brasileira", e no comercial ostentou uma linda coroa de brilhantes para simbolizar seu reinado. Como a cantora disse no vídeo: "*A gente já nasce rainha só por ser mulher*".

Elza Soares surgiu, no fim dos anos 50, como a representante de um estrato social que dificilmente tinha oportunidades de ascensão, a mulher negra pobre. Conseguiu vencer na carreira, viajou o mundo, subiu nos melhores palcos, foi escolhida a cantora brasileira do milênio, foi amada (e apedrejada) por seu país. Já perto dos 90 anos, fez uma espécie de volta às origens, de encontro com as raízes, como se a rainha coroada do Brasil pisasse novamente nas ruas sem esgoto de Água Santa e decidisse que era a hora de esbravejar contra tudo de errado que viu em suas andanças. Seu canto é um pedido para que novas Elzinhas nascidas nas favelas possam ter oportunidade de derrubar as barreiras que estão aí para todo mundo ver. O grito sofrido de Elza é para que os gritos das próximas gerações não precisem vir carregados de tanto sofrimento.

Uma música cantada por Elza Soares durante mais de seis décadas é representativa dessa trajetória fascinante. "Se acaso você chegasse", seu

---

187. BÔSCOLI, Ronaldo. "Elza Soares: a volta por cima". *Manchete*, Rio de Janeiro, 23 mar. 1985, pp. 100-103.

primeiro sucesso, gravado em 1959, acompanhou toda a sua carreira. Foram mais de duas dezenas de registros em discos e participações. Nos shows, é música quase obrigatória. Tanto que, mais de sessenta anos depois, a canção de Lupicínio Rodrigues e Felisberto Martins ainda aparece no repertório da turnê "Planeta Fome", de 2020. Mas com uma atualização na letra. A mulher que "de dia me lava a roupa e de noite me beija a boca" ficou no passado. Essa nova mulher tem seus próprios desejos e não está mais presa às tarefas domésticas: agora ela "de dia me rasga a roupa e de noite me lambe a boca". E, hoje em dia, ela pode ser uma mulher trans, por que não? Acrescentando mais uma camada na lista de diálogos com a contemporaneidade, falando da luta contra a transfobia, essa é a nova versão de "Se acaso você chegasse", cantada nos shows de Elza Soares em ritmo de rap:

"Se acaso você chegasse
No meu chatô e encontrasse
Aquela travesti que você gostou
Será que tinha coragem
De pegar na mão dela e sair na quebrada
Por ela que já lhe abandonou?
Eu digo porque essa mina
Já mora no meu barraco
À beira de um regato
E de um bosque em flor
De dia me rasga a roupa
De noite me lambe a boca
E assim nós vamos vivendo de amor"

Aos 90 anos, Elza ainda consegue levantar a voz e arrastar multidões em torno de seu canto. Foi uma guerreira a vida toda. Lutou décadas e décadas pela sobrevivência, numa sina que persegue grande parte das mulheres negras do Brasil. Quando se imaginava que já tinha alguma estabilidade, vinha um vendaval que a derrubava da corda bamba, numa eterna repetição do castigo de Sísifo de ter que levar sua pedra morro acima. E com um agravante: sempre carregando a tal lata d'água na cabeça. Parecia que Elza não teria mais forças para empurrar a pedra, para equilibrar sua lata d'água, mas ela ressurgiu sentada em seu trono. E aí não lutava mais apenas a própria luta — lutava por todos os que estavam em volta. A figura de Elza Soares sempre foi um espelho para as mulheres e para a negritude brasileira. Através de seu exemplo, ela inspirou diversas gerações. Mas, recentemente, Elza decidiu não fazer a diferença apenas pelo exemplo. Resolveu colocar a sua voz a serviço das causas em que acreditava. Gritou, esperneou, grunhiu, se fez ouvir. E fez ainda mais diferença. Porque quem tem a seu lado a voz de Elza tem tudo.

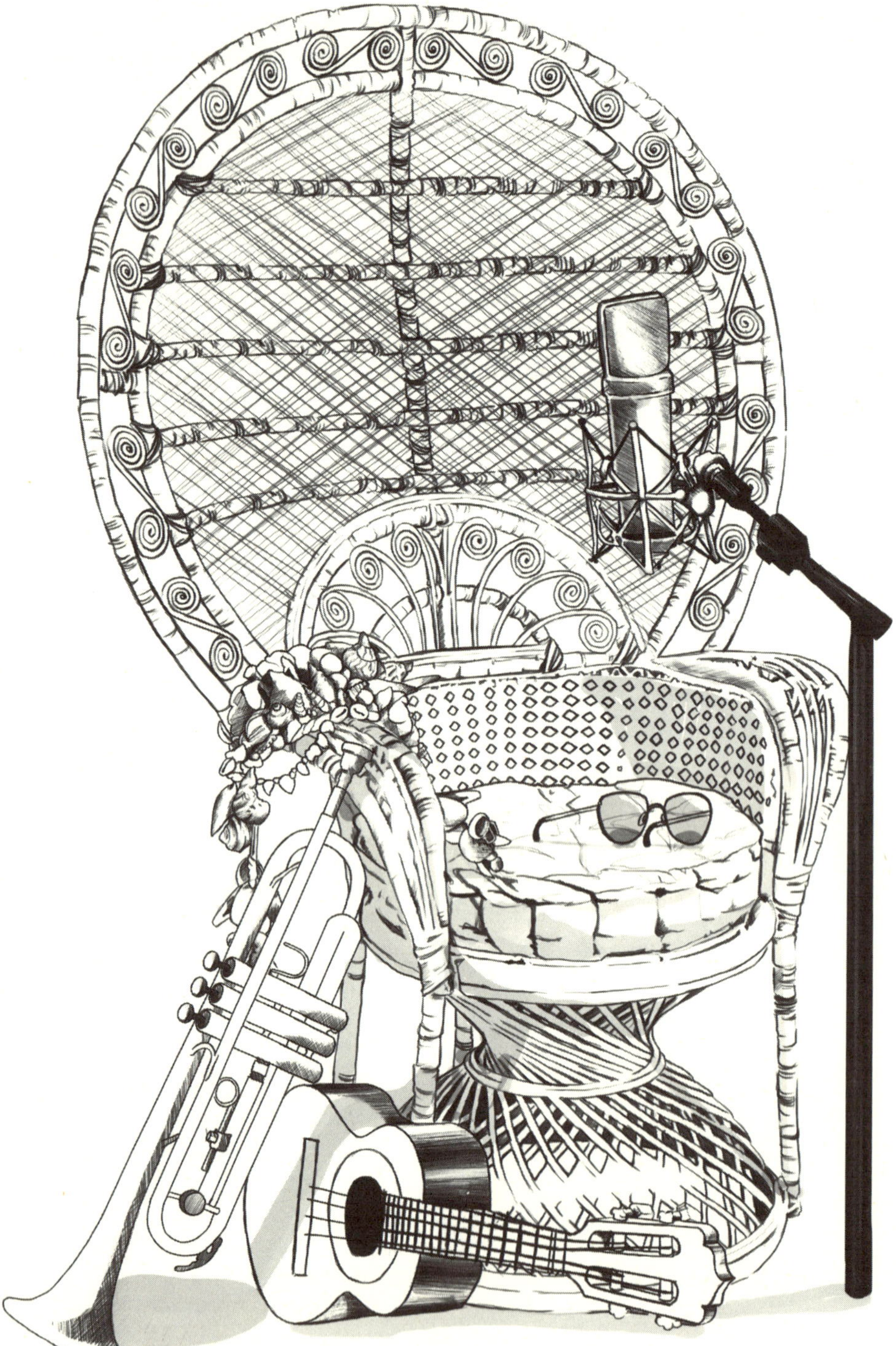

9. ELAS E O SAMBA

Analisar as trajetórias de Alcione, Beth Carvalho, Clara Nunes, Dona Ivone Lara, Elza Soares e de todas as cantoras que estão neste livro passa por compreender a relação das mulheres com o samba. Esse aspecto adiciona uma camada extra à situação enfrentada por elas quando decidiram seguir a carreira de sambistas. Porque não eram apenas mulheres, no início da segunda metade do século 20, querendo mostrar seu talento na música, no meio artístico, um lugar muito pouco receptivo às moças. Mais do que isso, eram cantoras que se dedicavam ao samba. E o gênero mais brasileiro de todos sempre foi um lugar essencialmente masculino.

Para entender essa associação do samba com o mundo dos homens é preciso buscar, nas origens da batucada, o espaço que ele ocupou socialmente. Esse é o ritmo que historicamente nasce dos encontros, dos terreiros, dos agrupamentos negros formados nos quintais das casas. Ele surgiu do coletivo. Não à toa as primeiras composições do gênero foram criações de grupos de pessoas, sem a individualização do criador — "Pelo telefone" é um bom exemplo disso. As músicas eram improvisadas nas rodas e assumidas pelos integrantes, que as repetiam descompromissadamente, ainda sem a noção de autoria.

Em seguida, essa primeira combustão que fez nascer o samba, no início do século passado, saiu das casas e se espalhou pela cidade, ocupando morro e asfalto. Houve um reordenamento geográfico que, inclusive, refletiu uma mudança rítmica. É célebre a diferenciação entre o samba da praça Onze (cujos símbolos eram Donga e João da Baiana) e o samba do Estácio (liderado por Ismael Silva e Bide). O batuque nascido na Pequena África, nas casas de tias baianas como Ciata, era mais próximo do maxixe, já que era feito para ser dançado em salões e em rodas. Já a batucada estaciana se aproximava da marcha, criando um tipo de música ideal para ser dançado em movimento, nos cortejos — seu objetivo era ser a trilha sonora de desfiles de blocos e de agrupamentos que mais tarde seriam chamados escolas de samba.

O samba do Estácio se tornou dominante, marcando a transferência da centralidade dos encontros de sambistas: eles saíram dos quintais para as ruas, onde se organizavam as agremiações carnavalescas. Nesse deslocamento para o espaço exterior, ganhou relevância um lugar determinante: o bar, a birosca, o botequim, a tendinha. Marcaram época no Rio de Janeiro do início do século passado locais como o Apolo, o Café Nice e o Bar do Carvalho, entre outros. Eles funcionavam como "locais de trabalho" dos sambistas, que trocavam ideias entre si e tentavam contatos com cantores que pudessem gravá-los. Esse tipo de estabelecimento foi fundamental para os encontros e a formação de parcerias entre os compositores. Era em volta das mesas, entre copos de cerveja, que os sambistas dos anos 20, 30 e 40 se reuniam.

A composição do samba tinha uma característica particular, que vale ser destacada. A arquitetura da obra era feita em etapas, com um poeta apresentando a letra e a melodia da primeira parte e entregando para um parceiro, que completava a segunda parte também com letra e melodia. Quem recebia o motivo inicial da canção tinha que procurar entender a cabeça do companheiro, para então propor a sequência. Um método bem diferente daquele que se tornaria comum na música popular, em que um compositor faz a letra e o outro cria a melodia — algo mais estratificado, processual. No ato de tecer o samba, o encontro entre os compositores é fundamental; eles dialogam, compreendem os desejos um do outro, a fricção é intensa.

Também nessa época surge aquele que vai ser o estereótipo do sambista, citado até hoje quando se fala do gênero: o malandro. Um homem, é claro. Mas não apenas isso. O malandro é aquele que está na rua, em contato com o entorno; ele é o líder da roda, com seu carisma e sua valentia. O malandro tem lábia, é conquistador, traz a ginga no corpo — para a dança, para a capoeira ou para a briga. Usa chapéu-panamá, calça de linho branco, camisa listrada e sapato bicolor. É boêmio e sobrevive de pequenas "espertezas", mas todos o têm em alta conta. Quando Walt Disney veio ao Brasil e quis representar um típico personagem do país, criou o Zé Carioca, um malandro de almanaque, vestido a caráter, sempre resolvendo os problemas com seu "jeitinho".

No imaginário nacional, essa figura se cristalizou como a representação dos sambistas, reforçada por décadas através das próprias letras dos sambas e também por meio de personagens em filmes, livros, musicais e reportagens de TV. O interessante é perceber que a maior parte de suas características é incompatível com as de outra figura: a da mulher, que como nos relembra a icônica frase de Simone de Beauvoir (*"Não se nasce mulher, torna-se mulher"*) também é uma construção social. O "sambista clássico" é a elaboração de um padrão de comportamento que se distancia frontalmente do que se imagina ser uma mulher. E isso vai desde a roupa (chapéu, sapato, calça de linho) até os traços de personalidade (valente, conquistador, boêmio, brigão). Às mulheres, desde o início foi negado o acesso ao status de "sambista".

Mas essa incompatibilidade não é uma exclusividade do samba. À mulher, na verdade, sempre foi negado o território da rua de forma geral, como um local de expressão social. Na Grécia Antiga, Aristóteles já definia na sua *Política* que o espaço público pertencia aos homens, enquanto a elas era reservado o ambiente doméstico e familiar. Dois mil anos depois, Jean-Jacques Rousseau escreveu em *Emílio* que a primeira regra para o bom trânsito social da mulher é ficar em casa[188]. Passaram-se quase dois séculos até que Wilson Batista e Haroldo Lobo descreveram a sua *Emília* (uma espécie de antecessora da *Amélia* de Mário Lago e Haroldo Barbosa): *"Quero uma mulher / Que saiba lavar e cozinhar / E que de manhã cedo / Me acorde na hora de trabalhar."* Nessa constituição de sociedade patriarcal que atravessa milênios de história, a rua e a vida pública são relacionadas ao masculino; a casa e o ambiente privado cabem ao feminino.

---

188. HOLLANDA, Heloisa Buarque de. *Explosão feminista: Arte, cultura, política e universidade*. São Paulo: Companhia das Letras, 2018, p. 63.

A respeito dessa separação entre "casa/espaço privado" x "rua/espaço público", é preciso diferenciar sua adequação à realidade dos diversos estratos sociais. Quando olhamos para a rotina das mulheres negras da época, não se pode dizer que elas não ocupavam as ruas do Rio de Janeiro. *"Nas camadas populares não se sustentava o modelo burguês de família que delega à mulher o espaço do lar, a criação dos filhos e a submissão, e ao homem o trabalho, a subsistência da família e o poder de iniciativa"*, ressalta Mônica Pimenta Velloso em "As tias baianas tomam conta do pedaço: espaço e identidade cultural no Rio de Janeiro"[189].

Efetivamente, as mulheres negras tinham uma circularidade pelas ruas muito distinta do padrão da burguesia estabelecida. Como exercem atividades ligadas ao comércio informal (venda de quitutes nas esquinas) e aos afazeres domésticos (lavagem e entrega de roupas, por exemplo), elas desfrutavam de certa "liberdade" de trânsito, que em geral não é considerada quando se fala nas especificidades de gênero.

Mas é preciso diferenciar o uso que estes homens e mulheres faziam do espaço público. A presença feminina negra neste ambiente estava ligada à sobrevivência, no exercício de ocupações profissionais, a maioria ligadas a atividades domésticas — ou seja, uma extensão de suas próprias casas. Para elas, a rua era o lugar onde conseguiam seu sustento. Já os homens negros tinham outra perspectiva de ocupação do espaço. Pela própria natureza de seus agrupamentos caseiros (as matriarcas eram o esteio familiar, inclusive financeiro), eles tinham mais tempo livre (e mais autorização social) para desfrutar da rua como um polo de lazer e de reuniões informais. Portanto, as mulheres negras até ocupavam o espaço público, mas em busca de subsistência, com uma presença mais pragmática e utilitarista. Já os homens (negros e brancos) se apropriavam da cidade como local de convivência, adequado aos prazeres cotidianos — beber no botequim, disputar jogo de ronda ou... fazer uma batucada.

---

189. VELLOSO, Mônica Pimenta. "As tias baianas tomam conta do pedaço: espaço e identidade cultural no Rio de Janeiro". In: *Estudos Históricos*, Rio de Janeiro, v. 3, n. 6, 1990, p. 211.

Podemos então compreender a "interdição" das mulheres ao espaço público de duas formas: na dimensão física, com a privação da circulação por parte das integrantes da elite branca; e na dimensão conceitual, por parte das mulheres negras, que, embora frequentassem as ruas, não usufruíam plenamente desse espaço no âmbito dos encontros, do lazer, da diversão.

Portanto, quando o samba migra do espaço privado (a casa, o quintal) para o espaço público (o bloco, o botequim), ele perde o contato mais estreito com as figuras femininas. É uma espécie de inibição à participação delas. Isso responde em parte à pergunta feita no capítulo 2: como um gênero com o pioneirismo associado às mulheres se torna um universo com hegemonia masculina tão marcante?

O curioso é observar que essa transposição dos encontros de sambistas, dos quintais para os botequins, costuma ser vista como uma ampliação social do alcance do gênero musical. O livro *Feitiço decente*, de Carlos Sandroni, um dos mais importantes estudos sobre a trajetória do samba, analisa o período desta forma: "*Blocos e botequins possuem uma característica comum: são mais públicos, mais abertos socialmente, que a sala de jantar de Tia Ciata. Nesta última, como vimos, os brancos presentes eram 'gente escolhida', que tinham por uma razão ou outra o privilégio de ser admitida na intimidade das baianas. Naqueles* (blocos e botequins), *ao contrário, a admissão era praticamente livre. Em ambos, podiam conviver pessoas que a vida separava em todo o resto: profissão, riqueza, religião, cultura, cor de pele. A capacidade de circulação do samba nos seus novos lugares sociais aumenta pois prodigiosamente.*"[190]

Em sua pesquisa *As transformações do samba-enredo carioca: entre a crise e a polêmica*, Antonio Henrique de Castilho Gomes cita a "democratização" dessa mudança: "*A apropriação do botequim por parte do samba e, consequentemente, do sambista, corrobora a ideia de que o samba está alargando o universo de apreciadores, e também de criadores, uma vez que*

---

190. SANDRONI, Carlos. *Feitiço decente: transformações do samba no Rio de Janeiro (1917-1933)*. Rio de Janeiro: Zahar, 2001, p. 143.

tanto os blocos como os botequins são espaços mais democráticos que as rodas e as casas das 'tias' baianas."[191]

Sandroni e Gomes levaram em conta fatores como classe social, raça e profissão, entre outros, para concluir que houve uma ampliação do acesso ao samba com o deslocamento da casa para a rua — dos quintais para os botequins. Mas não se pode esquecer a variável de gênero. Sob o ponto de vista das mulheres, essa mudança geográfica não foi democrática; ao contrário, acabou sendo determinante no sentido de lhes restringir o acesso aos encontros.

As batucadas, nascidas sob as saias de dezenas de "tias", vão perdendo gradativamente seu contato com o feminino e se tornam "coisa de homem". Consequentemente, com a interdição do espaço público às mulheres, e sendo o samba fruto da interação coletiva ocorrida no ambiente da rua, a definição de sambista (aquele que canta, toca ou faz o samba) nunca se adequou a um perfil feminino.

Nessa configuração social, a atuação das mulheres nas rodas ficava limitada a dois modelos, a cabrocha e a pastora, como conta o historiador Luiz Antônio Simas. "*O ambiente da rua era hostil para a mulher. Basta observar que as brincadeiras tradicionais de rua são todas masculinas. Já a mulher ficou associada aos afazeres domésticos, ao cuidado com a casa. Nesse sentido, nos agrupamentos de samba ela acabava restrita a poucas possibilidades. Uma era a cabrocha, que tem sua existência ligada ao corpo, à dança do samba. A cabrocha está neste lugar sexualizado, sob o olhar masculino. É a representação da juventude. E, quando ela fica mais velha, assume outro papel, o da pastora, que simboliza a figura da matriarca. É o esteio do samba no ambiente privado, enquanto o homem é a figura pública*"[192], diz Simas.

Mais do que uma expressão de musicalidade, ser sambista se tornou indicador de um estilo de vida, que era basicamente compartilhado pelos códigos da masculinidade. O cantor e compositor Moacyr Luz resumiu

---

191. GOMES, Antonio Henrique de Castilho. *As transformações do samba-enredo carioca: entre a crise e a polêmica*. Dissertação (Mestrado em Letras) – PUC-RJ. Rio de Janeiro: 2006, p. 36.

192. Entrevista ao autor.

em uma frase o contexto desse lugar reservado ao feminino: *"Mulher não faz samba porque não vai a botequim."*[193] Nessa encruzilhada toda reside a dificuldade que as cantoras tiveram, ao longo da história, de se assumirem como "sambistas" — ao contrário dos homens, que sempre se anunciaram como tal, com orgulho.

Durante as entrevistas para este livro, perguntei às cantoras com quem conversei se elas se consideravam "sambistas". Em maior ou menor grau, todas demonstraram certo desconforto com a definição, seja porque enxergam um alcance musical mais amplo em seus trabalhos ou por não se sentirem representadas pelo conceito. O mesmo não acontece entre os homens: cantores de diferentes gerações, como Martinho da Vila, Zeca Pagodinho e Xande de Pilares, se dizem sambistas com naturalidade.

O caso de Alcione foi relatado no capítulo 4. Abordada por Roberto Menescal com uma proposta para gravar seu primeiro disco, ela foi categórica: *"Não sou do samba, não, cara. Não sou sambista."* Mas ela viu no gênero uma porta de entrada para a indústria fonográfica e lá se estabeleceu. Depois, ao longo da carreira, tentou se dissociar do rótulo de sambista, já que tinha interesse em gravar outros estilos e se afirmar como uma cantora de repertório variado.

Com Clara Nunes, a situação foi bem parecida. Jair Rodrigues, um dos maiores incentivadores da Mineira no começo de carreira, conta em *Guerreira da utopia* uma história ocorrida numa turnê pela Argentina, no fim dos anos 60, quando o repertório dela ainda era recheado de boleros e canções românticas: *"O dono do lugar pedia para eu convencê-la a cantar samba. Eles queriam isso. Fomos contratados para essa finalidade. Eu fui falar com ela e Clara começou a chorar, dizendo: 'Mas eu não sei cantar samba.'"*[194] Em 1977, já consolidada como grande nome do samba brasileiro, Clara bradaria contra o título: *"Eu detesto esse negócio de ser chamada de sambista. Sempre briguei, porque não sou sambista, sou*

---

193. BURNS, Mila. *Nasci pra sonhar e cantar – Dona Ivone Lara: a mulher no samba*. Rio de Janeiro: Record, 2009, p. 32.

194. FERNANDES, Vagner. *Clara Nunes: Guerreira da utopia*. Rio de Janeiro: Agir, 2019, p. 157.

cantora popular brasileira e canto tudo desde que eu sinta que seja música brasileira",[195] disse em entrevista ao jornal *Última hora*.

Beth Carvalho, talvez a defensora mais ferrenha dos sambistas, também passou por momentos em que não se identificou com o gênero: "*Samba não é minha praia*",[196] disse ela em 1968, no I Festival Universitário, no qual interpretava "Meu tamborim" (César Costa Filho/Ronaldo Monteiro). O relato é de Analu Germano, no livro *1973 — O ano que reinventou a MPB*. Até Dona Ivone Lara, vinda de uma família inteira de sambistas, criada dentro de escola de samba, chegou a dizer em entrevistas, num momento em que enfrentava dificuldades no mercado fonográfico, que não fazia só sambas, mas também jongos, valsas e choros.

E aí surge um ponto que perpassa várias das histórias vistas aqui: até que ponto ser associada ao samba era um entrave para a carreira dessas mulheres? A trajetória de Elza Soares é exemplar para refletir sobre isso. A cantora sempre foi uma das grandes representantes do gênero no país, reconhecida até por seus pares. "*A mais autêntica sambista desse país é Elza Soares*",[197] disse Clara Nunes. "*Elza é hors-concours, pra mim é a maior sambista que o Brasil já teve*",[198] declarou Alcione. "*Elza Soares é a maior cantora de samba que eu conheço. Ninguém tem o suingue dela*",[199] já afirmou Beth Carvalho.

Todos parecem concordar com essa definição, menos a própria Elza. Em nosso primeiro contato para este livro, quando cheguei para uma agradável entrevista que fiz com ela, expliquei do que se tratava o projeto: "*Estou escrevendo um livro sobre cantoras de samba*", eu disse, introduzindo o assunto. Elza me cortou: "*Mas eu não sou cantora de samba!*"

---

195. FERNANDES, Vagner. *Clara Nunes: Guerreira da utopia*. Rio de Janeiro: Agir, 2019, p. 273.

196. ALBUQUERQUE, Célio (org.). *1973: o ano que reinventou a MPB*. Rio de Janeiro: Sonora Editora, 2013, p. 80.

197. PINHEIRO, Narciso. "Encontrei meu estilo e achei meu amor. Agora, podem falar de mim". *Manchete*, Rio de Janeiro, 1 dez. 1973, pp. 40-41.

198. SANCHES, Pedro Alexandre. "Alcione 1: não deixe o jazz morrer, não deixe o blues acabar..." *Carta Capital*, São Paulo, 2 ago. 2011.

199. Entrevista ao autor.

Eu dei um sorriso e contornei a situação, dizendo que ela era cantora de tudo, podia cantar o que quisesse, sorte a nossa! A verdade é que eu já tinha chegado ao encontro preparado para essa reação, porque minhas pesquisas haviam detectado uma tensão com o samba, visível em várias declarações dadas por ela ao longo da carreira.

Mas uma rápida olhada na discografia de Elza Soares ajuda a entender por que Beth, Clara, Alcione e tantos outros a consideram uma sambista de mão cheia, a ponto de estampar a capa deste livro sobre cantoras de samba. Ela se dedicou ao gênero durante a maior parte de sua trajetória, produzindo uma obra inesquecível, o que comprovam os títulos de inúmeros de seus discos: *O samba é Elza Soares* (1961), *Sambossa* (1963), *Na roda do samba* (1963), *O máximo em samba* (1967), *Elza, Miltinho e samba* (1967, 1968 e 1969), *Elza, carnaval & samba* (1969), *Sambas e mais sambas* (1970), *Nos braços do samba* (1975), *Raízes do samba* (1999), *Sambas e mais sambas 2* (2003). E nesta lista estão incluídos apenas os álbuns que têm "samba" no título, sem falar de outras pérolas do gênero, como *A bossa negra* (1960) e *Sangue, suor e raça* (1972).

O fato é que, mesmo com o nome tão consolidado no samba e considerada uma das grandes cantoras do país, Elza Soares teve dificuldades para se estabilizar. Atravessou vários momentos de "fundo do poço", nos anos 80 e nos anos 90. Ao mesmo tempo, sentia que seu prestígio no meio musical estava aquém de seu real valor. Foi consagrada por uma premiação no exterior (a "cantora do milênio" da BBC), mas, no Brasil, seu talento era invisível. Anos depois, Elza viu esse panorama mudar. E isso aconteceu justamente quando deixou o samba para se dedicar a outros gêneros: primeiro, com o estouro de "A carne" em *Do cóccix até o pescoço*; depois, com o trio de CDs *A mulher do fim do mundo*, *Deus é mulher* e *Planeta Fome*. Aí sim ela foi aclamada como uma das cantoras mais importantes do país. Mas Elza precisou se afastar do samba para ser colocada nesse pedestal.

Ela tem uma consciência clara desse fenômeno, como demonstrou em nosso bate-papo, que aconteceu em 2019. "*O reconhecimento que eu tive agora, nunca consegui como cantora de samba. Não tem explicação. Você vê a diferença desses últimos discos que eu fiz? Que diferença pra épo-*

ca do samba, que mudança! Não sei por que ainda existe esse preconceito com o samba. É a música do Brasil, nossa música! Mas ainda sofre muito. Foi preciso a BBC vir lá da Inglaterra pra ver tudo isso e me dar o título de maior cantora do milênio. O reconhecimento veio primeiro de fora"*, constata Elza.

São duas questões que se somam nessa equação, tornando árida a relação das cantoras com o samba: primeiro, havia uma dificuldade inicial de as mulheres se enxergarem como sambistas, por conta das interdições sociais; e depois, ao chegarem ao show business, o mercado as desvalorizava por serem artistas ligadas ao gênero popular. São comuns nas décadas 60 e 70 os relatos de sambistas que iam se apresentar em eventos cujos contratantes não queriam pagar pela apresentação. Mesmo aqueles que tinham vendagens expressivas recebiam propostas de cachês mais baixos em comparação a outros cantores com menor êxito comercial, mas ligados à "prestigiada" MPB.

No fim dos anos 70, um dos marcos da liberação feminina no Brasil foi o seriado *Malu mulher*, da TV Globo. A atração gerou o musical *Mulher 80*, exibido em outubro de 1979, um *"especial em homenagem às mulheres exibido na faixa de programação 'Sexta Super'. O foco principal era a presença feminina em nossa música"*. O programa fez história ao juntar grandes cantoras do país, presentes na trilha sonora do seriado: Elis Regina, Maria Bethânia, Fafá de Belém, Rita Lee, Gal Costa, Zezé Motta, Joanna, Marina Lima, Simone e as integrantes do Quarteto em Cy.

A nata da MPB estava ali — exceto as sambistas. Naquela década, Clara Nunes era uma das maiores vendedoras de discos do país, Beth Carvalho vinha de dois estouros seguidos, com "Vou festejar" e "Coisinha do pai", e Alcione era tão popular que tinha o seu próprio programa de TV. Mas nenhuma delas fazia parte da trilha do seriado que abordava a realidade da mulher brasileira moderna — e consequentemente do *Mulher 80*. No horário nobre da TV, o especial sobre a presença feminina na música tinha cantoras de diversos estilos, mas nenhuma pitada de samba.

Esse não é o único exemplo de exclusão das sambistas nos espaços de prestígio do cenário cultural. A revista *Rolling Stone*, uma das mais reconhecidas publicações de música no mundo, divulgou entre os anos de 2007 e 2012 três importantes listas em sua edição nacional: "Os 100 maiores artistas da música brasileira", "As 100 maiores vozes da música brasileira" e "Os 100 maiores discos da música brasileira". Os rankings foram elaborados a partir dos votos de mais de sessenta especialistas no assunto, convidados pela revista, o que resultou numa média do pensamento da crítica musical do país.

Na primeira lista, dos cem artistas mais importantes da música brasileira, não há nenhuma mulher entre os 13 primeiros colocados — Elis Regina, a primeira a surgir, ocupa a 14ª posição. Das cinco protagonistas deste livro, apenas Clara Nunes teve seu nome lembrado, na 51ª posição. Entre os cem maiores expoentes da nossa música, aparecem diversos artistas de outros gêneros, como Max Cavalera, DJ Marlboro, Liminha, Rodrigo Amarante, Lanny Gordin, Eumir Deodato, Fred Zero Quatro e Júlio Barroso. Mas Alcione, Beth Carvalho, Dona Ivone Lara e Elza Soares ficaram de fora. Nesta eleição, foram 69 os especialistas votantes, entre produtores, jornalistas e estudiosos, sendo 61 homens e oito mulheres.

A lista que traz "As 100 maiores vozes da música brasileira" contempla todo o ABCDE: Clara em 9º, Elza em 16º, Alcione em 44º, Beth em 67º e Dona Ivone em 72º. Mas um detalhe chama a atenção: o canto é a única seara musical historicamente dominada pelas mulheres, e o Brasil é conhecido como "o país das cantoras"; mas nem assim elas conseguiram ser maioria na votação. Há apenas 45 mulheres entre os cem eleitos.

Mas é a terceira lista, que traz os cem principais álbuns da música brasileira, a mais surpreendente. Não há nenhum disco das nossas cinco estrelas: nem o *Canto das três raças* de Clara, nem o *De pé no chão* de Beth, nem o *Alerta geral* da Marrom, muito menos o *Samba, minha verdade, minha raiz* de Dona Ivone ou o *Se acaso você chegasse* de Elza. O primeiro disco solo de uma cantora no ranking está na 20ª posição, com *Fatal*, de Gal Costa. Entre os cem LPs mais relevantes da história para os críticos, há sete de Caetano Veloso, sete de Gilberto Gil, cinco de Gal, cinco dos Mutantes, cinco de Jorge Ben e cinco de Tom Jobim. Mas a lista não foi tão generosa com o samba: além da ausência das nossas cantoras, também não há um único exemplar das discografias de Martinho da Vila e Zeca Pagodinho, por exemplo.

O fato é que o samba sempre foi escanteado das posições de importância e influência da música brasileira. Poderíamos elencar aqui alguns motivos que explicam isso, desde ser um estilo associado às camadas mais pobres ao fato de se constituir a partir das nossas heranças da cultura negra. Ou seja, uma mistura de racismo e elitismo que está bem entranhada em nosso dia a dia. Quando isso vem associado à voz de uma cantora, que ainda carrega nas costas o peso do machismo, a combinação é indigesta. Por isso não surpreende a frase de Elza: "*Mas eu não sou cantora de samba!*"

O problema é que, para artistas como Elza Soares, foi muito difícil se esquivar do samba, porque o mercado sempre enxergou nas cantoras negras uma "vocação natural" para o gênero. Em sua tendência de confinar a negritude em estereótipos, gravadoras e contratantes insistiam em fazê-las gravar a batucada. Esse é um olhar constantemente direcionado aos negros em sociedades racistas: eles são vistos coletivamente, encarados como agrupamento, sem direito a sua individualidade. Enquanto as cantoras brancas trafegam por diversos estilos e são valorizadas por suas singularidades e diferenças, as artistas negras são etiquetadas em um compartimento determinado e têm dificuldade para se libertar. Elza conta que, desde o fim dos anos 60, já tinha interesse em variar os estilos que cantava. "*Eu já queria cantar outras coisas, pedia pra gravadora me deixar solta no estúdio, pra ver o que sairia... Mas eram eles que mandavam, e o samba vendia... Então, vamos cantar samba!*"[200]

Essa queda de braço com o mercado foi uma constante na trajetória dela: arriscava um passo em outras direções, mas logo tinha que retornar para recuperar o público do samba que sempre a prestigiava. Em 1986, quando estreou um show de jazz no Jazzmania, respondeu da seguinte forma ao repórter do *RJTV*, da TV Globo. "*Elza, você é conhecida como sambista. Mas agora está cantando jazz?*" "*Eu não comecei cantando samba, comecei cantando uma versão do 'Mack the knife' e do 'In the mood'. Mas todo negro no Brasil tem que cantar samba, tem que descer o morro e bater tambor, aí fica legal. Aí de repente você fala: não é nada dis-*

---

200. CAMARGO, Zeca. *Elza*. Rio de Janeiro: LeYa, 2018, p. 202.

so! Samba é lindo, é maravilhoso, gosto demais, mas eu posso cantar mais do que isso."[201]

Apenas um ano depois, Elza chegava ao Teatro João Caetano para um show do "Projeto Seis e Meia", ao lado de Neguinho da Beija-Flor. O tempo do jazz tinha ficado pra trás, ela estava de volta ao samba. Novamente falando ao *RJTV*, pareceu conformada com a situação. *"E o samba na sua vida, é realmente o mais forte pra você? Muita gente diz que você deveria cantar mais blues..."*, perguntou o repórter. Elza desabafou: *"Gostaria muito (de cantar blues), mas se me desse dinheiro pra ir ao supermercado... Se o Brasil tivesse capacitado pra entender esse tipo de coisa, eu faria com o maior carinho, porque sei fazer bem. Mas acontece que, pra sobreviver, tem que ser no tum tum tum (imita uma batucada). Se não cair na real, sambou... Já tive meus momentos de ideal, agora caí na real, tem que ser isso aí. Rainha é rainha mesmo, fim de papo, foi assim que eles disseram."*

Em entrevista ao programa *MPBambas*, do Canal Brasil, Elza Soares chegou a afirmar que tinha muito mais vocação musical para o jazz do que para o samba. Mas só conseguia emplacar no gênero associado à negritude: *"Uma mulatinha com cinturinha fina, de bumbum grande, tinha que ser sambista"*[202], lamentou.

Essa questão é tão importante para se compreender a vivência de uma mulher negra que a socióloga norte-americana Patricia Hill Collins, uma das mais importantes pensadoras do assunto no mundo, incluiu entre os cinco temas fundamentais do feminismo negro o "combate aos estereótipos". Collins vai além na reflexão sobre os estereótipos, que são ideias equivocadas e generalizadas criadas sobre determinados grupos sociais; para ela, nesse caso, estamos falando de "imagens de controle": *"Imagens de controle se referem às ideias que são aplicadas às mulheres negras e que permitem que outras pessoas as tratem de determinado jeito. (...) Esta é a relação de poder que faz parte do controle. Então, o controle*

---

201. *RJ TV*. Rio de Janeiro: TV Globo, 22 set. 1986. Programa de TV.

202. SOUZA, Tárik de. *MPBambas – Volume 1: Histórias e memórias da canção brasileira*. São Paulo: Kuarup, 2017, p. 142.

pode ser externo: pessoas podem enxergar mulheres negras por meio dessas lentes das imagens de controle. Ou podem ser internos: se as mulheres negras chegam a acreditar nessas coisas sobre si mesmas, elas se diminuem, elas não dão o seu máximo, elas apenas se sentirão menores do que todas as outras pessoas — e isso serve a algo."[203]

Alcione também tem diversos relatos semelhantes aos de Elza Soares. Sempre gostou de cantar outros gêneros, mas acabava sendo empurrada pelo mercado para o nicho que eles enxergavam "adequado" para uma cantora negra. *"No começo tinha aquele papo de 'que tal se você cantar só samba?'. Eu adorava samba, mas queria também poder cantar música romântica. As pessoas não admitiam, no Brasil, que uma cantora negra, sambista, pudesse cantar romântico."*[204]

Em 1979, uma declaração do produtor da Marrom, Roberto Santana, ao jornal O Globo, deixava bem claro que as amarras para as cantoras vinham, em boa parte, das gravadoras, que eram o poder institucionalizado do mercado fonográfico. Na época, Roberto estava dirigindo o show *Gostoso veneno* e prometia mostrar uma Alcione mais versátil em cena, o que contrariava as diretrizes da companhia: *"Nem sei se a gravadora (Polygram) vai gostar do que vou dizer, mas ela não é só sambista. Fez sucesso como sambista, mas canta qualquer repertório. Então, meio contra a política de mercado da empresa, resolvemos botar tudo a que ela tem direito no palco. Vai tocar piston, dançar, cantar músicas dos seus contemporâneos, desde o Gonzaguinha até o Chico Buarque, encerrando com 'Sampa', do Caetano Veloso."*[205]

Ao refletir sobre o assunto, Alcione conclui que esse preconceito não atingia apenas as cantoras, mas os artistas negros de forma geral. *"No Brasil tinha um preconceito muito grande com uma mulher negra*

---

203. MARTINELLI, Andrea. "Feminismo precisa ser cuidadoso para não 'perder sentido', diz Patricia Hill Collins". *HuffPost Brasil*, São Paulo, 27 out. 2019.

204. ADNET, Mario. "Marrom mergulha na fonte de Clara Nunes". *O Globo*, Rio de Janeiro, 20 ago. 1999. Segundo Caderno, p. 3.

205. CHRYSÓSTOMO, Antonio. "Mereço estar onde estou. Trabalhei muito". *O Globo*, Rio de Janeiro, 10 out. 1979, p. 37.

ser romântica, ou mesmo um homem negro. Achavam que o cantor negro só podia cantar samba e fazer um batuque. (...) Como uma pessoa pode dizer que Emílio Santiago não pode ser romântico? Não tem como. Mas tinha esse estigma também de não quererem que Emílio cantasse música romântica, tanto que fizeram 'Aquarela brasileira' 1, 2, 3... Emílio pode cantar tudo, ele é essencialmente romântico"[206], disse, em entrevista de 2011 à *Carta Capital*.

Vem daí a enorme gratidão que Alcione tem por Maria Bethânia. Em 1978, quando gravou seu disco *Álibi*, a baiana convidou Gal Costa para dividir com ela um samba ("Sonho meu"), e a Marrom para uma canção romântica ("O meu amor"). O mais esperado, segundo os padrões estéticos da época, seria o contrário: Gal na romântica, e Alcione no samba. Muita gente estranhou: uma sambista vai cantar essa música sensual de Chico Buarque? Bethânia apostou na versatilidade de Alcione, que foi lá, arrasou e nunca mais deixou de falar de amor.

A música brasileira é repleta de exemplos de cantoras negras que não quiseram se dedicar ao samba e tiveram poucas oportunidades no mercado. O tema chegou a render um livro, *Solistas dissonantes: História (oral) de cantoras negras*, de Ricardo Santhiago, com depoimentos de 13 lindas vozes que enfrentaram essa situação: Alaíde Costa, Áurea Martins, Zezé Motta, Leila Maria, Virgínia Rosa, Adyel Silva, Arícia Mess, Eliana Pittman, Graça Cunha, Ivete Souza, Izzy Gordon, Misty e Rosa Marya Colin. O livro mostra que existe uma barreira maior para as cantoras negras que querem trafegar por searas musicais que não tenham ligação com a nossa herança africana. A pesquisa, toda baseada nos relatos das cantoras, traz frases reveladoras:

— "*Fui, sim, vítima de racismo na bossa nova, tenho absoluta certeza. Não só por parte de produtores e empresários, que achavam que uma negra só devia cantar sambas e rebolar, como pelos próprios artistas, que nunca mais me procuraram*", disse Alaíde Costa;

---

206. SANCHES, Pedro Alexandre. "Alcione 1: não deixe o jazz morrer, não deixe o blues acabar". *Carta Capital*, São Paulo, 2 ago. 2011.

— "*Sempre rejeitei o rótulo de sambista. Não porque tivesse algo contra o samba, mas porque sabia que a gravadora queria que eu gravasse samba por ser negra*", contou Zezé Motta;

— "*Mas eu nem sei cantar samba*", respondeu Leila Maria, ao recusar o convite da gravadora Odeon para ser a "nova Clara Nunes"[207].

A trajetória do nosso ABCDE é recheada de casos de machismo vividos pelas cantoras, mas o fato é que os caminhos delas foram atravessados também pelo racismo e pelo elitismo, já que cantavam samba, o gênero que a negritude brasileira criou. É difícil definir onde começa um e termina o outro, porque os preconceitos se somam e se transformam em obstáculos de proporções gigantescas. Alcione, Beth, Clara, Dona Ivone e Elza não encontraram a estrada livre em suas carreiras, lidando com entraves específicos pelo fato de serem sambistas, e tiveram que lutar muito para alcançar o sucesso. Mas, a partir do momento em que foram entronizadas como deusas do mais brasileiro dos gêneros, receberam muitas homenagens e foram cortejadas pelo samba e pelos sambistas. Tiveram de volta tudo que deram para ele. Ao longo de tantos anos de trajetórias, muitas foram as reverências que exaltaram seus nomes.

A Marquês de Sapucaí, aquele que pode ser considerado o maior palco do samba no Brasil, assistiu a lindas homenagens às cinco filhas ilustres. Clara Nunes foi a única que não pôde ver os emocionantes tributos que lhe prestaram, por ter morrido muito cedo. Mas foi cantada na Avenida logo após sua morte, no carnaval de 1984, quando a Portela desfilou com "Contos de areia", enredo que falava de três grandes ícones portelenses, Paulo da Portela, Natal e Clara. A azul e branco de Madureira se sagrou campeã do desfile de domingo: "*É cheiro de mato, é terra molhada / É Clara Guerreira, lá vem trovoada / Epa-hei, Iansã / Epa-hei.*" Em 2019, a escola fez um enredo todo dedicado à Mineira, desenvolvido pela carnavalesca Rosa Magalhães: "*Axé... sou eu / Mestiça, morena de*

---

207. Resenhas do livro *Solistas dissonantes: História (oral) de cantoras negras*, de Ricardo Santiago (São Paulo: Letra e Voz, 2009), disponíveis em: https://www.gazetadopovo.com.br/caderno-g/cantora-e-negra-sambista-nao-bzqi2e42w6ghjhyin72rayedq/ e em: *Caderno Espaço Feminino*, Uberlândia: Universidade Federal de Uberlândia, v. 23, n. 1/2, 2010, pp. 361-364.

Angola, sou eu / No palco, no meio da rua, sou eu / Mineira, faceira, sereia a cantar, deixa serenar."

Alcione foi enredo da Unidos da Ponte em 1994. A escola de São João de Meriti abriu os desfiles do Grupo Especial com uma bonita homenagem, com referências ao Maranhão e à Mangueira do Amanhã. A bateria e o samba foram os destaques: "*Canta, Marrom, reflete ao mundo inteiro quem tu és / Porque hoje a minha Ponte / Colorida e deslumbrante / Coloca esta Avenida aos teus pés.*"

Dona Ivone Lara viveu uma situação para corações fortes: 65 anos depois de acompanhar de perto a fundação do Império Serrano, teve a alegria de ser homenageada pela agremiação na Sapucaí. O desfile foi emocionante, considerado na época o melhor do ano, embora a Serrinha tenha ficado apenas com o vice-campeonato da Série A. O samba tinha assinatura forte, de Arlindo Cruz, Tico do Império e Arlindinho: "*Com a liberdade num lindo alvorecer / Sonha, nossa terna mãe baiana / Seu sorriso negro não dá pra esquecer / E hoje nosso Império aclama / Dona Ivone / Lara ia laiá / Laiá laiá laiá laiá.*"

Recheada de emoção também foi a passagem de Elza Soares pela Avenida, no carnaval 2020, como enredo de sua escola do coração, a Mocidade Independente de Padre Miguel. O samba foi considerado um dos melhores do ano, e a escola ficou em terceiro lugar: "*Laroiê ê mojubá... Liberdade / Abre os caminhos pra Elza passar / Salve a Mocidade / Essa nega tem poder, é luz que clareia / É samba que corre na veia.*" Elza Soares foi a vencedora do prêmio de Personalidade do Estandarte de Ouro. No esquenta, antes de a escola entrar na Avenida, foi cantado o samba que ela eternizou, homenageando a verde e branco: "*Lá vem a bateria da Mocidade Independente / Não existe mais quente / Não existe mais quente / É o festival do povo / É a alegria da cidade / Salve a Mocidade / Salve a Mocidade.*"

Beth Carvalho também teve passagem marcante pela Avenida. A Unidos do Cabuçu transformou a Madrinha em enredo e ganhou o título do Grupo 1-B em 1984. Era a inauguração da Passarela do Samba e, como o segundo grupo abria o carnaval, a escola se intitulou "a primeira campeã do Sambódromo". O samba foi composto por dois autores de "Andança", Edmundo Souto e Paulinho Tapajós, em parceria com Luiz Carlos da Vila e Iba Nunes: "*Gritou com toda força pra moçada / Agora tá na hora da virada / Porque o seu sonho mais profundo / É o dia que o samba venha dominar o mundo.*"

O nome do enredo era "Beth Carvalho, a enamorada do samba", referência a uma música que Martinho da Vila tinha feito em sua homenagem, chamada "A enamorada do sambão". E não foi só Beth que inspirou compositores a escreverem versos para ela. Alcione recebeu de Roberto Corrêa e Sylvio Son a música-apresentação "Eu sou a Marrom". Itamar Assumpção compôs "Elza Soares", e Neguinho do Samba fez "Samba de Elza". Clara, além de "Guerreira", "Mineira" e "Um ser de luz", ganhou tributos como "Clara" (Francis Hime/Geraldo Carneiro), "Clara Claridade" (Agepê/Romildo/Nei Alberto) e "Clara Nunes" (Aluisio Machado/Ovídio Bessa), esta última gravada por Martinho. O craque da Vila é um especialista em tributos e também escreveu uma canção para celebrar Dona Ivone Lara. A Dama do Samba ainda foi cantada em músicas de Nei Lopes e de Mauro Diniz. Outra obra marcante sobre ela é de autoria de Arlindo Cruz e Sombrinha, "Canto de rainha", canção que inspirou o título deste livro.

As divas também foram homenageadas no cinema e no teatro. *Clara estrela* e *My name is now* são documentários que mostram as trajetórias de Clara Nunes e Elza Soares. Em 2020, estreou *O samba é primo do jazz*, sobre a Marrom, e estavam em produção filmes documentais sobre Beth Carvalho e Dona Ivone Lara. No teatro, os musicais *Deixa clarear*, *Andança* e *Um sorriso negro* contaram as histórias de Clara, Beth e Dona Ivone. Um musical sobre Alcione foi anunciado como última peça da trilogia que reverenciou Cartola e Ivone. E Elza Soares teve dois espetáculos biográficos: *Crioula* e o elogiadíssimo musical *Elza*.

Tantas homenagens em músicas, peças, filmes ou enredos na Sapucaí apenas demonstram a importância dessas cinco cantoras para a cultura brasileira. Foi difícil para elas chegar lá, mas, quando tiveram acesso ao mercado fonográfico, mostraram a enorme contribuição que podiam oferecer para a nossa música. O machismo insinuou que o meio artístico não era coisa de mulher, o racismo tentou aprisionar as negras no samba, o elitismo ameaçou dizer que elas tinham menos valor por cantar um ritmo que vem do povo. Nossas rainhas precisaram subir mais de 1.800 colinas rumo às paradas de sucesso, mas conseguiram, seja sambando miudinho ou dando pernada. Nos sertões da cultura nacional, a cantora de samba é, antes de tudo, uma fortaleza. Elas sobreviveram. E hoje não se pode mais contar a história da música popular sem exaltar estas cinco letras: ABCDE.

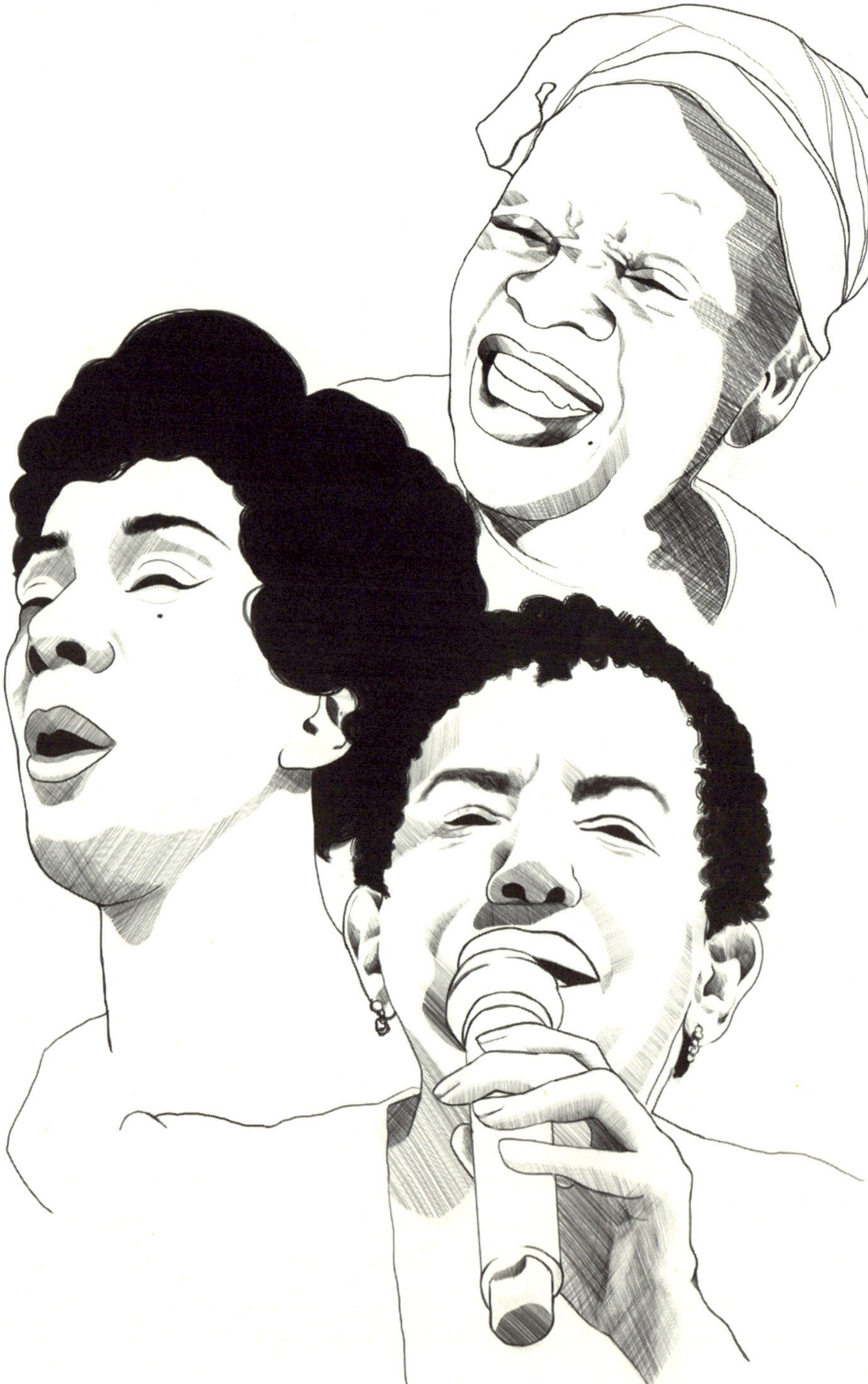

10. OUTRAS RAINHAS

Esse mergulho profundo nas histórias de Alcione, Beth, Clara, Dona Ivone e Elza gera percepções aparentemente antagônicas: a convicção de que cada uma trilhou um caminho único; e a sensação de que elas passaram pelas mesmas dificuldades. Não há incoerência. As cinco artistas construíram carreiras com características muito particulares, a partir das próprias vivências, marcadas por suas escolhas artísticas. Coexistiram no cenário musical nacional por um breve período (menos de dez anos, de meados da década de 70 até a morte precoce de Clara Nunes), e cada uma tinha seu espaço colorido com tintas próprias. Ao mesmo tempo, encontramos inúmeras similaridades nos relatos, já que todas se depararam com a visão que a coletividade tinha do lugar a ser ocupado pelas mulheres. Em uma sociedade sexista, o homem tem a primazia da mobilidade: pode ser o que quiser, onde quiser, quando quiser, pode arriscar, se reinventar, se transformar. À mulher, resta o lugar da fixidez, aprisionada em conceitos pré-definidos sobre até onde ela está autorizada a ir. Por isso é interessante observá-las em conjunto. Uma biografia isolada poderia passar a impressão de que uma delas sofrera qualquer dificuldade num caso fortuito ou por sua "própria responsabilidade" (é típico do olhar castrador culpar a vítima pela violência que sofre); quando olhamos para todas elas, fica evidente que a questão é estrutural.

Esse panorama ganha uma riqueza ainda maior de detalhes se abrirmos o foco para outras cantoras de samba, também com carreiras únicas e de personalidades marcantes, mas que se encontram com as demais nas singularidades de ser mulher dentro de um gênero musical, de uma profissão e de uma sociedade extremamente machistas. O ABCDE deste livro poderia percorrer o alfabeto inteiro, com centenas de exemplos de cantoras que abrilhantaram o universo do samba. Mas certamente teria nuances singulares ao adicionar uma nova letra, o L de Leci.

Leci Brandão é uma artista de importância fundamental na história do samba, pioneira em muitos aspectos, referência para as gerações seguintes e com uma trajetória dedicada à luta pelas minorias. Foi a primeira mulher a entrar para a Ala de Compositores da Mangueira, rompeu com gravadoras que queriam lhe impor repertório e sempre cantou músicas relacionadas à negritude e às religiões afro-brasileiras. O foco no discurso de enfrentamento foi tão grande (lhe custando até oportunidades profissionais) que, a partir de 2010, passou a dedicar a maior parte de seu tempo à carreira política, com uma sequência de mandatos de deputada estadual por São Paulo — Leci conta que, quando foi eleita pela primeira vez, reviu o conteúdo de todos os seus CDs e LPs para nortear a atuação na Assembleia Legislativa. Se a função de um artista é dar voz a seu público, Leci Brandão talvez tenha sido a sambista que mais cantou sua gente. Não por acaso, sempre tem recepção calorosa nos palcos onde pisa, em identificação imediata com a plateia, que segue sem pestanejar seus comandos para bater "na palma da mão".

Nascida em 1944, Leci é filha de dois funcionários públicos, Antônio e Lecy. O pai trabalhava no setor administrativo do Hospital Souza Aguiar, no Centro do Rio, e a mãe era zeladora de uma escola. Se os pequenos salários não permitiam uma vida confortável, ao menos traziam a segurança de que não iria faltar comida. Criada nos anos 40 e 50, menina de classe baixa, nunca passou pela cabeça da família que ela poderia seguir a carreira artística. "*Pobre vive do jeito que dá. Se eu fosse de uma classe alta, de uma família de posses, ao perceberem que eu gostava de cantar e ouvir música, eles teriam me colocado para aprender algum instrumento. Tenho até hoje essa 'inveja boa' de quem toca violão, cavaquinho, piano. Eu não toco nenhum instrumento de harmonia*",[208] conta Leci. Seus instrumentos são os de percussão (tantã e pandeiro), que caíram nas graças da menina porque ela frequentava com a mãe um terreiro de umbanda e ficava de olhos vidrados nos ogãs.

---

208. Entrevista ao autor.

Os pais não reprimiam seu lado musical — a menina cantarolava à vontade em casa e adorava colocar discos na vitrola. A família materna era ligada à Mangueira (mãe, avó e madrinha foram pastoras), e o pai sempre ouviu muito rádio. Apesar da condescendência, seu Antônio foi rígido ao achar, na adolescência, que a música estava tomando o tempo dos estudos da filha. Certa vez, quando a moça ficou em recuperação em latim, ele quebrou todos os LPs de Ray Charles dela.

Mas Leci continuou apaixonada por música, cantando na escola e na faculdade, começando a compor as primeiras letras e melodias. Observava os assuntos do cotidiano e transformava em canção. Incentivada pelos colegas, impressionados com sua facilidade de compor e soltar a voz, se inscreveu em festivais estudantis e no concurso de calouros do *Programa do Chacrinha*, conseguindo ir "para o trono" (não foi eliminada pela famosa buzina). Em 1968, se destacou como compositora na *Grande chance*, de Flávio Cavalcanti, com a música "Minha mensagem". Ali, percebeu um dos primeiros olhares que duvidavam de sua capacidade: *"Mas essa letra é sua?"*, perguntou o apresentador, desconfiado. O olhar de espanto não era só por ser uma mulher compositora, mas também por ser negra, pobre e vinda do subúrbio.

O fato de ser mulher fez diferença mesmo quando Leci decidiu entrar na Ala de Compositores da Mangueira, até então formada apenas por homens. Quando chegou à verde e rosa, Leci já havia desfilado duas vezes pela Portela, a convite de Natal (ela é nascida em Madureira). Na época, as compositoras eram raras nas escolas de samba. Dona Ivone Lara já tinha fama, mas não fazia propriamente parte da ala no Império Serrano. No Salgueiro, começavam a surgir as figuras de Dona Haydée e Nininha Rossi. Gisa Nogueira iniciava sua trajetória na Portela ao lado do irmão, João Nogueira. Mas a presença feminina na composição de samba-enredo ainda era incomum.

Quando Leci Brandão foi apresentada à Ala de Compositores da Mangueira, em 1971, já tinha conquistado o segundo lugar no Festival de Música da Universidade Gama Filho, com "Cadê Mariza?". Mesmo assim, se deparou com a necessidade de fazer um "estágio" antes de ser admitida, frequentando os ensaios e compondo sambas de terreiro. Ela topou e escreveu uma carta à ala, dizendo que aquela era uma universidade do samba e que estava disposta a aprender. Algum tempo depois, Leci foi aceita, e já no carnaval de 1972 desfilou pela primeira vez na escola, ao lado dos poetas. O acontecimento gerou bastante repercussão para Leci Brandão, que para sempre ficaria com o título de "primeira mulher a entrar na Ala de Compositores da Mangueira".

Mas ainda haveria uma prova de fogo. Logo depois do desfile de 1972, na Candelária, os componentes da Mangueira voltaram para o morro e se reuniram na barraca do Cazuza, onde a turma costumava beber. Nelson Sargento, já poeta experimentado da verde e rosa, desafiou a novata. "*Ele me disse: 'Garota, sapateia aí e faz um partido sobre esse fim de carnaval que tu tá vendo agora'. Eu fiz, sapateei e tirei versos. Estava diplomada como compositora da Estação Primeira de Mangueira.*"[209]

Antes de Leci chegar à verde e rosa, já havia uma compositora por lá. Vera Lúcia da Silva, a Verinha, era moradora do morro e fazia sambas para a escola (mais tarde, seria coautora dos sambas-enredo dos Carnavais de 1987, 1993 e 1995). Mas nunca tinha sido efetivamente integrada à ala de compositores, numa situação semelhante à de Ivone Lara no Império Serrano. Ela podia até escrever suas poesias, concorrer nas disputas, levar as músicas para a quadra. Mas fazer parte do "grupo" já era demais... Só depois de Leci entrar na ala, Verinha ganhou sua carteirinha oficial.

Leci foi aceita, mas isso não significa que ela teve tranquilidade em sua trajetória como compositora da Estação Primeira. Logo em uma de suas primeiras disputas, na escolha do samba-enredo para o carnaval de 1975, enxergou preconceito em sua eliminação: "*Eu fui discriminada por ser mulher e também por não ser do morro. Eu concorria em pé de igualdade com os homens, meu samba era dado como vencedor, cantado por todo mundo. Chegou na hora, foi aquela história: 'Essa menina chegou ontem pra cá. Tá muito cedo, não vai ganhar.' Não ganhei mesmo.*"[210]

---

209. RÊGO, José Carlos. "Nos terreiros, o samba veste saias". *O Globo*, Rio de Janeiro, 19 jan. 1977, p. 35.

210. "A música popular entendida de dona Lecy Brandão". Entrevista concedida a José Fernando Bastos, Antônio Chrysóstomo e Maurício Domingues. *Lampião da Esquina*, Rio de Janeiro, nov. 1978, pp. 10-11.

Depois, por várias vezes foi classificada para a final de samba-enredo, em alguns anos como favorita, como em 1980 (o enredo era "Coisas nossas"), em 1985 (Chiquinha Gonzaga) e em 1987 (Carlos Drummond de Andrade). Mas era sempre eliminada. Nesses casos, ela atribui as derrotas aos seus posicionamentos engajados: "*Minhas letras sempre tinham um viés político, que não agradava.*"[211] O fato é que se passaram mais de quarenta anos desde a primeira vez em que Leci Brandão chegou à final (1974) até sua última participação na disputa (2016). E ela nunca saiu vencedora do concurso de samba-enredo da Mangueira.

Ser integrada à verde e rosa foi difícil, mas ajudou a carreira de Leci. Aparecendo na mídia como a nova poeta mangueirense, logo foi convidada para o elenco fixo das Noitadas de Samba do Teatro Opinião — seu repertório politizado caía como uma luva naquele contexto. Em seguida, ao lado de Alcione e Dona Ivone Lara, participou do show *Unidos do Pujol*. Começou a ser observada pelas gravadoras e, em 1975, assinou contrato com a Discos Marcus Pereira para gravar seu LP de estreia.

A primeira parte da discografia de Leci Brandão, com cinco LPs entre 1975 e 1980, trouxe um repertório formado majoritariamente por músicas da própria cantora, que começava a construir sua obra. É importante registrar a primazia de Leci, já que àquela altura não existia cantora de samba com um repertório autoral tão sólido, pois Dona Ivone Lara só lançaria seu primeiro disco em 1978. Leci também abriu espaço para canções de outros autores e fez questão de incluir compositoras nessa lista, entre elas Sueli Costa, Rosinha de Valença e a primeira gravação da iniciante Sandra de Sá. Outro ponto a se destacar é a quantidade significativa de músicas que falam do universo feminino: "Maria Bela, Maria Feia", "Pra Vilma Nascimento", "Cadê Mariza?", "Dona Bêja", "Marias", "Decepção de uma porta-bandeira", "Morenando", "Margot", entre outras. Mas as visões sobre a mulher nem sempre foram bem recebidas, como foi o caso da canção "Ser mulher (Amélia de verdade)":

---

211. Entrevista ao autor.

> "*Ser mulher é muito mais*
> *Que batom ou bom perfume*
> *Ser mulher é não chorar*
> *Lamuriar ou ter queixume (...)*
> *Ser mulher é aceitar*
> *O chopinho do marido*
> *Que atrasou para o jantar*
> *Pois encontrou um velho amigo*
> *Ser mulher é enfeitar*
> *Sempre o seu lar feito uma rosa*
> *Ser mulher é ser risonha*
> *Se ele chega todo prosa (...)*
> *Ser mulher, amigo meu*
> *Pra quem não leu é ser de fato*
> *Aquela que ele escolheu*
> *Pra esquentar sempre o seu prato*"

A revista *Nova*, que trazia uma visão libertária da mulher naquele final de anos 70, esculhambou a letra, que romantizava a concepção antiga da esposa: "aceita o chopinho do marido", "esquenta sempre o seu prato" e "enfeita o lar feito uma rosa". Leci foi duramente criticada pelas feministas. "*Eu não sabia que naquele tempo não se podia falar isso. Minhas referências eram minha mãe, minhas tias, as mulheres que eu conhecia e com quem convivia. Eu sempre compus as músicas baseada na minha realidade, no que eu via em volta*", explica Leci, que não inclui mais "Ser mulher (Amélia de verdade)" em seus shows: "*Atualmente eu tenho outra visão, não canto mais. Na época aquilo fazia sentido para mim, mas hoje estamos em outro contexto.*"[212]

Não foram as músicas feministas, no entanto, as que mais causaram alvoroço na carreira de Leci Brandão. Logo em seus primeiros passos no mercado fonográfico, a cantora enfileirou várias canções com a temática — às vezes implícita, às vezes bastante direta — da homossexualidade,

---

212. Entrevista ao autor.

numa época em que vigorava a ditadura militar, que tinha o conservadorismo nos costumes como um de seus princípios. O primeiro grande sucesso nessa linha foi "Ombro amigo", faixa de abertura do LP de 1977, *Coisas do meu pessoal*, que abordava amores escondidos (concretizados apenas em boates) e agressões. A música fez parte da trilha sonora da novela *Espelho mágico*.

"Você vive se escondendo
Sempre respondendo com certo temor
Eu sei que as pessoas lhe agridem
E até mesmo proíbem sua forma de amor
E você tem que ir pra boate
Pra bater um papo ou desabafar
E quando a saudade lhe bate
Surge um ombro amigo pra você chorar
Num dia sem tal covardia
Você poderá com seu amor sair
Agora ainda não é hora
De você, amigo, poder assumir"

No disco anterior, *Questão de gosto*, Leci já tinha registrado na canção "As pessoas e eles" o olhar repressor da sociedade em relação ao amor dos "incompreendidos".

"As pessoas olham pra eles com ar de reprovação
As pessoas não percebem que eles
Também têm o porquê e a razão
As pessoas não entendem por que eles se assumiram
Simplesmente porque eles descobriram
Uma verdade que elas proíbem (...)
Enquanto eles, os perseguidos, incompreendidos
Num sorriso e num gesto
Não ligaram pro resto e o amor chegou"

Já o samba "Essa tal criatura" abria e dava título ao LP de 1980, insinuando, com sensualidade, uma noite de sexo entre duas mulheres. A música ficou conhecida em todo o país ao chegar à final do festival "MPB 80".

"Tire essa bota, pisa na terra
Rasga essa roupa, mostra teu corpo
Limpa esse rosto, com a poeira
Suja essa cara, sinta o meu gosto
Morda uma fruta madura, lamba esse dedo melado
Transa na mais linda loucura, deixa a vergonha de lado (...)
Ama na maior liberdade... Abra, escancara esse peito
Clama! Só é linda a verdade, nua sem ser preconceito (...)
Faça da vergonha, loucura... Abra, escancara a verdade
Ama essa tal criatura que envergonhou a cidade"

No mesmo álbum, a letra de "Chantagem" trata da delicada questão da pessoa que é ameaçada de ter seu segredo revelado.

"Pensar que vou me incomodar
Só por dizer que vai contar
Ou resolver que vai me entregar
Eu sei de mim e sei demais
Saiba que as coisas anormais
Estão presentes no seu modo de pensar
Satisfação só quero dar
Às criaturas que eu achar
Que me merecem do meu jeito
E se você é de chantagem
Saia depressa dessa aragem
Já não lhe devo mais respeito"

O discurso de Leci era claro através de suas músicas, voltadas para o que se chamava à época de *gay people*. Mas o que deu mais visibilidade à situação foi uma entrevista concedida ao *Lampião da Esquina*, jornal voltado para o público homossexual que circulou entre 1978 e 1981. O periódico era comandado por grandes cabeças da luta LGBT, como Aguinaldo Silva, Peter Fry e João Silvério Trevisan. A reportagem com Leci saiu em novembro de 1978 e foi a segunda matéria com mais destaque na capa, com o título "Entrevista: Lecy (sic) Brandão e a MPE (Música Popular Entendida)"[213] — "entendida" era uma gíria para designar os gays.

A entrevista, em formato de pergunta e resposta, usando a grafia aportuguesada "guei", ocupou duas páginas, com as seguintes falas da cantora em destaque: "*O sistema descobriu uma coisa: guei agora vende, dá bom lucro*" e "*Quero continuar cantando todas as minhas preferências*". O texto começa citando as canções engajadas de Leci e parece se surpreender com a disponibilidade da artista em responder sobre o tema: "*Mas será que ela não se incomoda mesmo de falar e ser indagada, livremente, sobre um assunto ainda polêmico, participar de um debate tão novo enquanto discussão aberta? (...) Entrevistada por José Fernando Bastos, Antônio Chrysóstomo e pelo fotógrafo Maurício Domingues, ela acabou por entregar tudo, sem meias palavras. Nas duas páginas seguintes, o leitor poderá sentir o peso da sinceridade dessa artista que não hesita em conversar abertamente sobre sua tríplice — e nem sempre fácil — condição de mulher, negra e homossexual.*"

A conversa de Leci com os jornalistas é riquíssima ao desnudar a questão da homossexualidade associada a uma cantora de samba no fim dos anos 70. Como esse tema não foi tratado nos perfis anteriores, vale aprofundá-lo agora com trechos da entrevista:

ANTÔNIO CHRYSÓSTOMO — *Num LP você gravou "Ombro amigo", em outro "As pessoas e eles", suas músicas dedicadas ao povo guei, seus problemas, etc. Falar de homossexual vende jornal e discos, populariza artistas. Com você, o que aconteceu?*

---

213. "A música popular entendida de dona Lecy Brandão". Entrevista concedida a José Fernando Bastos, Antônio Chrysóstomo e Maurício Domingues. *Lampião da Esquina*, Rio de Janeiro, nov. 1978, pp. 10-11.

LECI BRANDÃO — *Eu não sei se vende ou populariza. No momento em que fiz essas músicas, o registro era todo de sensibilidade, pureza, honestidade. As pessoas do meio em que eu vivo atualmente, pessoas gueis, me dizem muita coisa, para mim são pessoas importantíssimas. Compus pensando nesses amigos.*

CHRYSÓSTOMO — *Deu certo, não foi?*

LECI — *Minha gravadora morreu de medo do disco ser aberto, primeira faixa, lado A, com "Ombro amigo". Alegaram que tinha de abrir com um samba. No fundo tinham mesmo era medo da música, abertamente dedicada ao povo guei. Só que aconteceu exatamente o contrário: ninguém pixou (sic), proibiu. Lancei o disco numa festança no Café Concerto Rival, cheio de gente da Mangueira, baianas tradicionais ao lado de travestis, pessoal do morro confraternizando com homossexuais da Zona Sul do Rio. Então, como deu certo, todo mundo diz: "A Leci apelou". (...) Eu não pensei: "Agora eu vou atingir as bichas". Foi uma coisa de amor, numa noite em que eu fiquei numa boate até o final e saí dali deprimida e no dia seguinte pintaram a letra e a música na minha cabeça.*

CHRYSÓSTOMO — *O seu relacionamento com o homossexual, entendido, povo guei, como se queira chamar, é platônico ou participante?*

LECI — *Platônico e participante.*

CHRYSÓSTOMO — *Em que sentido?*

LECI — *Quer ver? Por exemplo, o fato de eu ser homossexual é uma coisa que não me incomoda, não me apavora, porque eu não devo nada a ninguém. As coisas todas que eu fiz foi com muito sacrifício, tudo que eu consegui veio através de uma batalha de muito tempo. Tenho dignidade, nunca fui venal, nunca paguei a ninguém para tocar os meus discos nas rádios. Esse é o meu lado participante. Se sou peito aberto com os outros, porque não vou ser comigo mesma? E platônica eu sou, porque desde o momento em que conheci o lado guei, conheci pessoas maravilhosas, que me amam como eu sou, não por causa de fama, essas bobagens. A gente* *conversa, a gente é franco um com o outro, não precisa estar deturpando ou armando jogadas, nada disso. É por isso que eu transo o meu povo homossexual. (...)*

CHRYSÓSTOMO — *Sem problemas?*

LECI — *A gente já é marginalizado, de cara, pela sociedade. Então a gente se une, se junta, dá as mãos. E um ama o outro, sem medo nem preconceitos. É um negócio maravilhoso, que eu estou curtindo de cabeça, realmente. É o mais produtivo mergulho que eu já dei em mim mesma e na vida! (...)*

CHRYSÓSTOMO — *Apesar de já levar certa vantagem, por ser famosa, você é negra, homossexual e mulher. Todos nós sabemos que negro, homossexual e mulher são algumas das espécies mais discriminadas. Você não tem medo de se expor, de enfrentar a barra dos preconceitos? (...)*

LECI — *Eu teria medo dos outros se não fosse nada disso e estivesse fazendo um trabalho supérfluo, alguma coisa simulada, se estivesse mentindo para vender disco. Mas como eu estou fazendo verdade dessas três condições, acho que fica tudo bem. Assumo minha cor e minha condição feminina porque nasci assim e nunca usei isso como argumento, como "me ajuda que sou preta, mulher e fraca" para pedir favor aos outros. Que nada! Por ser preta e mulher é que trabalho muito, desde pequena. Agora assumo também a minha condição de gostar de outra mulher. Isso pintou na minha vida porque tinha que pintar. Ninguém obrigou, induziu, nada disso. Como eu estou fazendo tudo de verdade, de cabeça, não tenho medo do preconceito das pessoas. (...)*[214]

A entrevista mostra Leci de peito aberto, sem medo de se expor. Uma mulher muito à frente de seu tempo, desbravadora. Foi tão marcante que, dois anos mais tarde, quando o *Lampião* lançou uma edição-coletânea com as melhores entrevistas da história do jornal, a de Leci Brandão foi

---

214. "A música popular entendida de dona Lecy Brandão". Entrevista concedida a José Fernando Bastos, Antônio Chrysóstomo e Maurício Domingues. *Lampião da Esquina*, Rio de Janeiro, nov. 1978, pp. 10-11.

incluída, ao lado das conversas com Ney Matogrosso, Fernando Gabeira, Anselmo Vasconcelos, Abdias Nascimento, Darlene Glória, Antônio Calmon e Clodovil. O anúncio trazia a seguinte inscrição: "*As mais explosivas entrevistas sobre política sexual já feitas no Brasil.*" Leci era a única personalidade que falava da homossexualidade feminina.

Mais de quatro décadas depois, a cantora vê com bons olhos os frutos da reportagem: "*A entrevista para o* Lampião da Esquina *não me trouxe problemas, pelo contrário. Mais gente começou a me acompanhar. Ali eu abri o leque da minha carreira para outro público. Hoje em dia eles são senhores e senhoras, que me respeitam desde aquela época por eu ter feito esse tipo de trabalho e ter dado essas entrevistas.*"[215]

A verdade é que a reportagem colocou Leci Brandão numa posição em que poucas artistas se arriscavam estar. Parte da nova geração de cantoras surgida na época era homossexual. Muitas circulavam com seus pares pela noite, sem disfarces. Mas quase ninguém falava publicamente sobre o tema. Mais um pioneirismo (entre tantos) da trajetória de Leci, que com sua atitude ajudou muita gente naquele período difícil, ao servir de exemplo de mulher de sucesso e bem resolvida.

Mas a exposição não teve apenas consequências boas. A reportagem foi encaminhada por algumas pessoas à direção da Ala dos Compositores da Mangueira, como se fosse algo que "manchasse" a imagem da escola. "*O* Lampião *era um jornal discriminado. Então pegaram a entrevista e levaram para a Ala de Compositores: 'Como é que uma compositora da Mangueira faz uma matéria nesse jornal?' O pessoal da ala disse o seguinte: 'Leci é uma compositora que chegou aqui e já se destacou pelo trabalho artístico dela. Ela é apadrinhada por Cartola, Dona Zica e Dona Neuma. O que vocês estão pretendendo ao trazer isso aqui? Leci é nossa compositora e a gente vai continuar adorando ela da mesma forma'*"[216], relembra a cantora.

---

215. Entrevista ao autor.

216. Documentário *Lampião da Esquina*. Direção de Lígia Perez. Rio de Janeiro: Canal Brasil, 2016. (81 min.)

Dois anos depois, novos problemas. Não exatamente pela entrevista, mas por sua postura política de forma geral — em relação à sexualidade, mas incluindo também as lutas pela valorização da negritude e contra a injustiça social. Depois do disco de 1980, *Essa tal criatura*, a gravadora Polygram quis mexer no repertório da cantora, amenizando o tom engajado das letras. Leci não aceitou. *"Achavam que eu tinha um trabalho muito pesado em termos de letra, era contestadora, era muito preconceito sendo questionado. Falaram que eu tinha que fazer um outro som, que era para eu ir pra casa e pensar em fazer outro tipo de música. (...) Cheguei em casa, peguei a máquina de escrever, um papel e fiz uma cartinha dizendo que não queria mais continuar. Pedi rescisão de uma multinacional, ninguém fazia isso e eu fiz."*[217]

Leci perdeu a cabeça, mas não perdeu o juízo. Desde o começo da carreira, tinha o propósito de dar voz a sua gente. Foi assim, aliás, que se destacou na juventude, falando de seu cotidiano e trazendo um olhar singular para suas letras. Cantar "as coisas do seu pessoal" era seu diferencial artístico. Para defender esse legado, ficou cinco anos sem gravar, voltando ao mercado fonográfico apenas em 1985. Foi um período duro na vida da artista, que chegou a pensar em abandonar tudo. Tanto que, na contracapa do novo LP, que levou seu nome, agradeceu aos fãs, *"que durante os últimos cinco anos não permitiram que eu encerrasse a carreira"*. Nesse trabalho, ela finalmente pôde gravar parte do repertório que a gravadora anterior rejeitou. Em "Assumindo", novamente a questão gay apareceu de forma direta:

> "*Vocês estão incomodando uma meia dúzia*
> *Vocês estão atrapalhando esse meio campo*
> *Somente porque vocês não são desse meio termo*
> *E eles estão pretendendo dar a meia trava*
> *Mas no meio-dia do sol ou sob a meia-lua*
> *Vocês já andam de mãos dadas no meio da rua*
> *Você vive se escondendo*"

---

217. SOUSA, Fernanda Kalianny Martins. *A filha da dona Lecy: estudo da trajetória de Leci Brandão*. Tese de Mestrado – USP: São Paulo, 2016, p. 98.

Em "Deixa, deixa", a temática de "se assumir" também estava presente:

"Deixa ele transar tudo de onde vier (...)
Deixa ele curtir, deixa ele sambar e sapatear (...)
Deixa ele assumir, deixa costurar, deixa ele bordar
É melhor do que ele sacar de uma arma pra nos matar"

Outra canção gravada em 1985 que havia sido recusada na gravadora anterior se tornou um dos maiores sucessos da carreira da cantora: "Zé do Caroço". A letra continha uma forte mensagem de crítica social.

"E na hora que a televisão brasileira
Distrai toda gente com a sua novela
É que o Zé põe a boca no mundo
É que faz um discurso profundo
Ele quer ver o bem da favela"

O LP ainda trouxe uma canção que tocou muito nas rádios, "Isso é Fundo de Quintal", hino do movimento que tomava o Brasil na metade dos anos 80, o pagode. Outra música marcante é "Saudação ao Rei das Ervas", iniciando a tradição de Leci de gravar cantigas, pontos e saudações a entidades das religiões afro-brasileiras.

Esse disco é uma espécie de "carta de princípios" da carreira de Leci Brandão. Ela começou cantando sua gente, fez sucesso e apareceu para o público levando esse tipo de mensagem. Em seguida, o mercado tentou dar um freio em sua veia política, que se manifestava em canções sobre a negritude, sobre o feminino e sobre a sexualidade. Até a Mangueira, de alguma forma, tentou tirá-la desse caminho, dificultando que alcançasse a glória maior para um compositor de escola de samba: ganhar uma disputa de samba-enredo e levar sua obra para a Avenida.

Mas Leci não se curvou. Perdia uma disputa na Mangueira e voltava no ano seguinte, fazendo o mesmo tipo de discurso. Resiliência que teve também ao rescindir seu contrato, após ser pressionada pela gravadora, ficando cinco anos fora do mercado. Não arredou pé. Não cedeu. Manteve sua posição. Lutava pelas mulheres, pelos negros, pelos gays, pela liberdade religiosa, pelos pobres. E continua assim até hoje. Em todos os discos, está lá a sua marca. Por isso é tão respeitada no meio musical, querida pelos seus pares e tem conexão direta com seu público.

A ligação de Leci com o povão — "o seu pessoal — é tão forte que a sambista se destaca mesmo num palco recheado de estrelas, como o do *Show de Verão da Mangueira*, que a verde e rosa realiza anualmente para arrecadar verba para o desfile. Às vésperas do carnaval de 2019, aos 74 anos de idade, continuava mobilizando o povo como fazia aos 30. Numa noite que contou com os "míticos" Chico Buarque e Maria Bethânia, foram para Leci os aplausos mais calorosos do público. *"Mesmo com as chamativas presenças de Chico Buarque e Maria Bethânia, foi Leci Brandão o maior destaque do elenco do show beneficente. (…) E o carinho de Chico com Leci, visível no coletivo número final, sublinhou a apoteose particular da artista"*[218], escreveu Mauro Ferreira em seu blog no G1.

Atualmente, Leci segue suas batalhas, mas em outra arena, a Assembleia Legislativa de São Paulo. Como parlamentar, ela é membro da Comissão de Defesa dos Direitos das Mulheres. Para quem achava que ser mulher no samba era difícil, a deputada compara com a sua nova realidade. *"O espaço para nós na política é ainda mais reduzido. Aqui no Parlamento, num universo de 94 deputados estaduais, não temos nem vinte mulheres. Minha batalha neste momento é pela inserção das mulheres negras no poder"*[219], diz Leci, que não desiste nunca da luta.

Ao falar em luta, é impossível não se lembrar de outro ícone entre as cantoras de samba, que reivindica lugar de destaque em qualquer alfabeto que se proponha a homenagear o canto das rainhas: Clementina de Jesus. Quelé nasceu em 1901, em Valença, no interior do estado do Rio, descendente de avós escravizados por parte de pai e de mãe. Chegou à capital

---

218. FERREIRA, Mauro. "Leci Brandão puxa enredo político de show para Mangueira que reuniu Chico Buarque e Maria Bethania no Rio". *O Globo*. Rio de Janeiro, Blog do Mauro Ferreira, 20 fev. 2019. Disponível em: https://g1.globo.com/pop-arte/musica/blog/mauro-ferreira/post/2019/02/20/leci-brandao-puxa-enredo-politico-de-show-para-mangueira-que-reuniu-chico-buarque-e-maria-bethania-no-rio.ghtml.

219. Entrevista ao autor.

fluminense em 1908, vinda com a família em busca da sonhada "vida melhor". Trabalhou um bom tempo como empregada doméstica, sempre com salários baixos e dificuldade para se sustentar. Só iniciou a carreira artística depois dos 60 anos: em dezembro de 1964, subiu pela primeira vez num palco para cantar profissionalmente, no espetáculo O *menestrel*, criado por Hermínio Bello de Carvalho.

Mas como é possível uma mulher com aquela voz, com aquele talento e com aquela presença cênica ter demorado tanto (mais de seis décadas) a entrar para a vida artística? A esta altura, depois de conhecer tantas histórias semelhantes, já se imagina que nem passou pela cabeça da menina nascida no início do século 20 que ela poderia se aventurar na arte do canto. Mas vale trazer alguns detalhes da vida de Clementina para ilustrar sua trajetória particular.

Clementina de Jesus sempre teve uma intensa vivência musical. As letras e, especialmente, as melodias faziam parte do seu dia a dia. Sua aptidão artística se destacou desde cedo. No início dos anos 20, foi uma das diretoras do bloco Quem Fala de Nós Come Mosca, que está na origem da Portela. A azul e branco, aliás, foi a primeira escola de samba de Clementina — só nos anos 40 ela chegaria à Mangueira, agremiação à qual sua imagem ficou associada. Na Portela, conheceu Paulo da Portela, Heitor dos Prazeres, Dona Ester, João da Gente e muitos outros bambas. E isso não era novidade para ela, que chegou a frequentar os famosos encontros na casa de Tia Ciata, na praça Onze, convivendo com Pixinguinha, Donga e João da Baiana. Não foi por falta de bons contatos que a moça não virou artista.

Clementina também fez parte da Unidos do Riachuelo, escola que ficava perto de sua casa, no bairro do Sampaio. Lá, já se destacava como cantora, com uma função de liderança, ao ser "ensaiadora de pastoras". Heitor dos Prazeres tinha um grupo de moças e a convidava para ensaiá-las. Sua habilidade vocal também foi notada em rituais religiosos. A dona do terreiro de candomblé próximo à casa de Clementina a ouviu cantar e a chamou para puxar os pontos de trabalho. O talento de Quelé não passava despercebido.

Quando começou a frequentar o morro de Mangueira, levada por seu marido, Albino Pé Grande, surpreendeu os moradores ao mostrar dotes de partideira, cantando samba e improvisando versos. Uma de suas companhias preferidas era Dona Menina, esposa de Carlos Cachaça, que também gostava de um partido-alto. As duas se desafiavam, e o improviso corria solto. Para quem assistia, era uma surpresa, porque versar era atividade predominantemente masculina. Dona Neuma, uma das damas mangueirenses, não escondia o espanto ao relatar a ousadia das duas sambistas. "*A Clementina com a Menina fazendo os versos... O que uma dizia, a outra rebatia dizendo os outros versos. Era uma coisa incrível mesmo. Para mim, só homem fazia aquilo, mas elas davam conta do recado direitinho.*"[220]

Clementina se destacava tanto na Mangueira que foi levada para cantar na inauguração do Zicartola, em 1963, junto com as pastoras da verde e rosa. E ali sua história começou a mudar. O produtor Hermínio Bello de Carvalho a viu cantando e lembrou-se de já ter ouvido aquela voz na festa de Nossa Senhora da Glória, na Taberna da Glória. Hermínio ficou encantado, mas não teve coragem de se aproximar. Só no ano seguinte se uniria de vez a Clementina, registrando seu repertório num gravador caseiro e, em seguida, a convidando para estrelar *O menestrel*, num encontro que marcaria a trajetória dos dois.

Da década de 20 à década de 60, foram mais de quarenta anos em que Clementina esteve ao lado da nata musical carioca, circulando entre os maiores bambas do samba, os inventores do gênero, pessoas que já desfrutavam de prestígio artístico na cidade. Era reconhecida por seu canto, chamando atenção por onde passava e exibindo talento inegável. Mas as portas da indústria da música nunca se abriram. Uma fala dela própria, na época em que estreou nos palcos, ajuda a entender a conjuntura: "*Me lembro, aliás, de uma vez, no Sampaio, um rapaz que hoje é cantor em São Paulo, e que naquele tempo era meu vizinho, me disse: 'Ah, Dona Clementina, a senhora com essa voz, é uma pena a senhora não aproveitar!' Mas não liguei. Sei lá. Não achava ninguém que me procurasse, eu é que não ia me oferecer, te juro que não pensava em aparecer em lugar nenhum. E*

---

220. CASTRO, Felipe (et al). *Quelé, a voz da cor: Biografia de Clementina de Jesus*. Rio de Janeiro: Civilização Brasileira, 2017, p. 65.

assim se foram 62 anos. Minha queda não era pra isso. Sei é que me aplaudiam, na Avenida, quando eu saía de baiana pela Mangueira. Os vizinhos também sempre gostaram de me ver cantar, e houve uma que lamentou minha mudança, dizendo que quando eu cantava era a alegria (...) Eu sabia que minha voz era bonita, e sempre tive confiança na minha voz, mas me emocionei. Não esperava. Depois veio o encontro com o Hermínio e deu no que deu: acabei no teatro, mas nem me passou pela cabeça virar cantora profissional, gravar disco, ganhar nome, eu não. De repente, os jornais começaram a dar alguma coisa de mim. Veja só. Fiquei meio invocada: meu Deus, que negócio é isso? Sabe que, primeiro, eu pensei até que era gozação? É que eu tenho 62 anos. (...) Disseram que eu canto com a alma, e isso eu acho que canto mesmo, pois dou tudo de mim. Se o sucesso vai mudar? Ah, não me muda não. Tenho 62 anos de vida, serei sempre a personagem que está aqui. Só não vou fazer mais salgadinhos e doces pra fora, coisa que só fazia pra ajudar nas despesas."[221]

Essa fala apresenta tantas dimensões da vida de Clementina que é preciso sublinhar algumas delas: a senhora de 62 anos que trabalha como doméstica e ainda tem que vender salgadinhos para complementar a renda; a moça cuja voz é exaltada por outro cantor e mesmo assim não cogita seguir a profissão — porque a vida nunca lhe mostrou que aquele caminho era possível; a mulher que, mesmo depois de fazer um show de sucesso em teatro, não achava que poderia virar cantora profissional; a artista que, elogiada pelos jornais, acha que está sendo zombada — porque é assim que se acostumou a ser tratada.

Quelé ainda cita o relevante papel de Hermínio Bello de Carvalho, figura importantíssima na história da música brasileira, que dirigiu as primeiras apresentações de Clementina e produziu seus primeiros discos. Depois de criar o espetáculo *O menestrel*, em que ela estreou, idealizou o *Rosa de Ouro*, que foi o grande estouro da cantora, e intermediou com a Odeon a gravação de seu primeiro LP solo. Ou seja, foi peça fundamental

---

[221]. CASTRO, Felipe (et al). *Quelé, a voz da cor: Biografia de Clementina de Jesus*. Rio de Janeiro: Civilização Brasileira, 2017, p. 77-78.

na trajetória dela, sendo comumente chamado de "descobridor de Clementina" nos registros históricos.

Aqui voltamos a uma questão já tratada no capítulo sobre Clara Nunes, quando falamos da relação com Adelzon Alves e Paulo César Pinheiro: o fato de, numa sociedade patriarcal, a mulher precisar de uma figura masculina que a "legitime"; que sirva de ponte, de motor para sua ascensão; que seja o "avalista" de seu talento; que abra o caminho, já que não é possível chegar lá sozinha.

Jogar luz sobre esse aspecto não minimiza a importância de Hermínio; ao contrário, ele foi uma figura ímpar na história de Clementina, assim como teve participação singular nas trajetórias de Paulinho da Viola, Elizeth Cardoso e até na de Ismael Silva. O que está em discussão aqui é a alcunha de "descobridor", fartamente utilizada nos livros e na imprensa. O próprio Hermínio diz que não suporta ser citado dessa forma: *"Sempre que vou dar uma entrevista, uma pergunta é fatal: 'Como você descobriu Clementina?' Eu não descobri, apenas coloquei um olhar mais atento ao que fazia aquela senhora portentosa, aquele gênio musical. Nunca descobri nada na vida, só achei."*[222]

Mas nove entre dez reportagens sobre Quelé enxergam em Hermínio a figura do "descobridor", reforçando essa versão no olhar coletivo. Além da questão do gênero (o homem que legitima a mulher), o caso ainda pode ser visto sob outros ângulos, como os de raça e de classe social: um homem branco de classe alta abrindo caminho para uma mulher negra pobre.

Alguns autores têm questionado esse tipo de referência, como se essa visão reforçasse os pilares da sociedade patriarcal, racista e classista. Jurema Werneck, em seu já citado *O samba segundo as ialodês*, aborda a questão sob o ponto de vista racial, afirmando que o controle do acesso a ambientes inalcançáveis aos negros é um retrato da hegemonia branca, que se eterniza ao permitir apenas a algumas pessoas ultrapassar certas barreiras: *"(Essa situação) retrata um dos principais mecanismos de manutenção da hegemonia racial branca, revelando o seu controle sobre*

---

[222]. CASTRO, Felipe (et al). *Quelé, a voz da cor: Biografia de Clementina de Jesus*. Rio de Janeiro: Civilização Brasileira, 2017, p. 78.

os diferentes mecanismos capazes de alterar as condições de vida da população negra, cujo acesso será facilitado ou restringido, como forma de preservar seu poder de mando. Revelando também as formas como este segmento racial administra as pressões das camadas inferiorizadas a partir de perspectivas que separaram as injustiças e sua reparação de suas causas estruturais. Ao individualizar seus efeitos e soluções, permitem também a separação entre a condição hegemônica da branquitude e a violência que esta hegemonia requisita e produz."[223]

O fato é que, mesmo que não tenha sido o "descobridor", Hermínio teve participação decisiva na trajetória de Clementina. Ela explodiu no espetáculo criado por ele em 1965, o "Rosa de Ouro", e pelas duas décadas seguintes se consolidou como um dos maiores nomes da nossa música, respeitada por artistas de todos os estilos. Num momento em que perdíamos os pioneiros do samba (entre 1973 e 1974, nos despedimos de Pixinguinha, Donga e João da Baiana), Quelé era uma das últimas pontes com a gênese do gênero, destilando em seu canto áspero, terroso e impactante uma força que nos remetia à ancestralidade. Ela trazia consigo o repertório e a musicalidade aprendidos com sua mãe e sua avó, nos colocando em contato com a tradição africana das batucadas em toda a sua riqueza rítmica.

Apesar de tardio, o surgimento da figura de Clementina no cenário musical foi tão marcante que influenciou toda uma geração. Numa época em que a bossa nova brilhava com suas vozes sussurradas, o trovão vocal de Quelé estremeceu as bases do samba. Beth Carvalho conta que sua vida mudou depois de ouvi-la: *"Quando eu vi a Clementina no 'Rosa de Ouro', cantando com aquelas mãos para o alto, eu decidi que seria sambista. Fui mais de 15 vezes assisti-la no Teatro Jovem, em Botafogo. Eu fiquei muito impressionada."*[224] Martinho da Vila foi outro atingido pelo impacto daquela figura encantadora: *"Eu senti um troço quando vi Clementina de Jesus cantar partido-alto no teatro, e vi que a plateia reagiu bem. Achei que a coisa podia ser levada a sério e resolvi fazer o partido-alto da mesma*

---

223. WERNECK, Jurema. *O samba segundo as ialodês: mulheres negras e a cultura midiática*. Tese (Doutorado em Comunicação) – UFRJ: Rio de Janeiro, 2007, p. 177.

224. *Recordar é TV*. Rio de Janeiro, TVE Brasil, 4 mai. 2019. Programa de TV.

maneira. Só assim é que consegui emplacar o negócio."[225] Dois anos depois de ver Quelé, Martinho inscrevia o partido-alto "Menina moça" no Festival da TV Record, música que abriu caminho para sua carreira.

Em seu livro *Mito e espiritualidade — Mulheres negras*, Helena Theodoro faz uma análise definitiva sobre a importância de Clementina de Jesus no cenário artístico brasileiro: *"Clementina foi a primeira grande cantora negra que pôde manter íntegra a sua pureza, ajudando, por isso, a caracterizar uma forma brasileira de linguagem musical. Seu campo é fonte inesgotável para a configuração de um retrato vivo e real de nossa música — sambas de roda, cantigas de reizado, incelenças, jongos, caxambus, corimas, vissungos..."*[226]

Clementina impactou muita gente, mas quando ela surgiu, em meados dos anos 60, o samba já tinha sua rainha: Elizeth Cardoso, referência maior para quase todas as intérpretes em início de carreira na época (entre elas, Clara Nunes, Beth Carvalho e Alcione). Elizeth foi a ponte perfeita entre a tradição das cantoras do rádio (sendo uma das últimas representantes da Era de Ouro da música brasileira) com os movimentos "modernizadores" do cancioneiro nacional: a bossa nova, no fim dos anos 50; e a geração de compositores universitários que, a partir dos festivais dos anos 60, começou a valorizar nossas raízes, como o samba e os ritmos nordestinos. Elizeth esteve presente de alguma forma em todos esses marcos da MPB.

A Divina (apelido dado por Haroldo Costa) teve uma trajetória de resistência, com as dificuldades típicas de uma menina nascida em classe baixa, fruto da mistura de negros e brancos à la brasileira, trabalhando desde os 10 anos para ajudar em casa — ela abandonou os estudos no terceiro ano primário. Nessa busca pelo sustento, passou por vários empregos, como babá, balconista, pedicure, telefonista, cabeleireira e empacotadeira. Mas nenhum desses ofícios foi tão árduo quanto as barreiras que enfrentou ao tentar virar artista, nos anos 30 do século passado.

---

225. CASTRO, Felipe (et al). *Quelé, a voz da cor: Biografia de Clementina de Jesus*. Rio de Janeiro: Civilização Brasileira, 2017, p. 257.

226. THEODORO, Helena. *Mito e espiritualidade: mulheres negras*. Rio de Janeiro: Pallas Editora, 1996, p. 120.

Nascida em 1920, Elizeth vem de uma família extremamente musical e apaixonada por carnaval. Já aos 5 anos estava em cima de um palco, numa festinha realizada na casa de dança Kananga do Japão, no Centro do Rio, onde seu tio trabalhara. A menina, exibida, ganhou um concurso de charleston e, ao receber o prêmio, pediu ao pianista que a acompanhasse numa música que gostaria de cantar, "Zizinha". Esse episódio entrou para a história de Elizeth, que costumava repetir o "causo" em entrevistas. Mas pouca gente atentou para a letra da canção entoada pela criança. Leiam com atenção os versos de "Zizinha".

> "(...) *O meu tormento não tem fim*
> *Nunca pensei sofrer assim*
> *Velhos e mocinhos pedem-me beijinhos*
> *Dizendo, enfim, pra mim:*
>
> *'Zizinha, Zizinha, Zizinha, Zizinha*
> *Ó vem, comigo vem, minha santinha*
> *Também quero tirar uma casquinha'*
>
> *Noutro dia num bondinho*
> *Um coronel já bem velhinho*
> *Deu-me um beliscão, pegou-me na mão*
> *Cem coisas fez enfim*
>
> *E quando olhei admirada*
> *Até parece caçoada*
> *Ainda suspirou, os olhos revirou (...)*"

Esta marchinha fez muito sucesso no carnaval de 1926. Na época, era apenas uma canção bem-humorada, mas hoje seria claramente considerada uma apologia ao assédio — inadequada na voz de uma menina de 5 anos. Elizeth podia soltar a voz em "Zizinha", mas músicas de amor, como as de Vicente Celestino, apenas homens cantavam. Era o que dizia seu tio, ao ouvi-la entoando versos como "*Santa / Sublime amor dos sonhos* meus / Canta / Eu quero ouvir dos lábios teus / Que és minha só / Minha serás eternamente". Isso faz lembrar a infância de sua contemporânea, Ivone Lara, que escutava dos parentes: *"Menina, não fala essas coisas de amor, de paixão, esqueça isso!"* Apesar desse tipo de reprimenda, Elizeth tinha relação intensa com a música, circundada por pai, mãe, tios e primos, todos envolvidos em festejos e cantorias.

    O problema foi quando a menina virou moça, a adolescência chegou e o canto deixou de ser brincadeira de criança. Aquilo não caiu bem para os princípios do pai, seu Jaime. Até porque Elizeth era namoradeira, exibida, carismática, popular — adjetivos que os pais não gostavam de ver associados a "suas princesinhas". No aniversário de 16 anos da Divina, em meio a convidados importantes do cenário musical que eram amigos da família, a moça se arriscou a cantar "Duas lágrimas" (Benedito Lacerda/ Herivelto Martins). Jacob do Bandolim ficou impressionado com o talento da jovem: *"Você é uma cantora extraordinária"*, disse ele, anunciando, em seguida, que iria levá-la para se apresentar na Rádio Guanabara. Foi o gatilho para seu Jaime mudar a chave do pai que incentivava a filha a cantar para o repressor que não queria que ela se envolvesse num meio tão mal falado. *"A minha filha o senhor não vai levar para lugar nenhum!"*, disse ele. Uma tia de Elizeth veio defendê-la, a conversa virou uma tremenda discussão, e a futura cantora saiu do entrevero com uma certeza: ia ter que superar barreiras não só fora de casa, mas dentro também.

    Elizeth acabou indo para a rádio, mas acompanhada do pai, que costumava andar com um revólver .38 na cintura para assustar os interessados na filha. Na Rádio Guanabara, começou a participar de atrações musicais, a ganhar cachê e a fazer seu nome no meio artístico. Mas seu Jaime marcava duro. Certa noite, se surpreendeu ao descobrir que ela estava dançando numa gafieira, programa que Elizeth adorava fazer às escondidas. Jaime foi buscá-la pessoalmente: *"Desce, sua negrinha saliente, que vou fechar essa gafieira agora mesmo!"*[227] Ele também negou quando a filha foi convidada para ser porta-estandarte do bloco

---

227. CABRAL, Sérgio. *Elisete Cardoso: Uma vida*. São Paulo: Lazuli Editora; Companhia Editora Nacional, 2016, p. 58

Turunas de Monte Alegre, no carnaval de 1937. Novamente acabou cedendo, depois da intercessão da tia de Elizeth, sob a condição de ir ao lado dela no desfile, com um pedaço de pau na mão, para espantar os mais assanhados.

Quando decidiu seguir a carreira artística, a Divina sofreu forte oposição na família. E teve que se virar para ganhar dinheiro. Cantava onde era chamada, de rádios menores a cabarés, de circos a cinemas. No Dancing Avenida, que ficava no Centro do Rio, usando seus dotes como dançarina, acabou trabalhando como *taxi-girl*, moça que fica à disposição dos frequentadores para dançar algumas músicas. Ela tinha um cartão que era perfurado a cada canção em que acompanhava um cliente. Ao fim da noite, ganhava o valor proporcional às músicas bailadas. O emprego, podemos imaginar, fazia parte do rol de atividades "malvistas" pelas famílias tradicionais.

O preconceito não se manifestava só em casa, mas também a fez perder oportunidades profissionais. Algum tempo depois de começar na função de *taxi-girl*, Elizeth passou a cantora do Dancing Avenida, apresentando-se quase todas as noites, com sambas de Dorival Caymmi, Ataulfo Alves e Wilson Batista. O périplo por uma brecha nas rádios a levou a São Paulo, onde participou de programas na Rádio Cruzeiro do Sul. Seu talento era inegável, e a carioca fez sucesso com os ouvintes. Mas o diretor da emissora tinha um argumento na ponta da língua para negar sua contratação para o elenco fixo da casa: *"Não posso permitir que uma cantora de cabaré venha conviver com as moças da nossa Rádio Cruzeiro do Sul."*[228]

Os anos 40 foram difíceis para Elizeth, mas a década de 50 trouxe boas notícias: o sucesso de sua gravação de "Canção de amor" (Chocolate/Elano de Paula). A partir dali, a carreira da Divina foi crescendo aos poucos, com discos regulares, integrada ao mercado fonográfico e ampliando sua base de fãs. Em 1958, foi protagonista de um momento icônico da música brasileira, ao gravar o LP *Canção do amor demais*. O disco é

---

228. CABRAL, Sérgio. *Elisete Cardoso: Uma vida*. São Paulo: Lazuli Editora; Companhia Editora Nacional, 2016, p. 79.

considerado o precursor de um tipo diferente de samba, a bossa nova. No álbum, o canto de Elizeth não se alinha ao estilo falado e minimalista que consagraria o novo gênero, e as letras das músicas ainda remetem ao samba-canção. Mas, como em todo período de transição, há elementos novos fundidos aos antigos. E as novidades não são desprezíveis: o LP apresenta a batida perfeita do violão de João Gilberto e o repertório é todo formado por composições da dupla Tom Jobim-Vinicius de Moraes. Meses depois, o lançamento da versão de João para "Chega de saudade" abalou definitivamente as estruturas do meio musical e inaugurou a bossa nova. *Canção do amor demais*, na voz de Elizeth, foi a primeira semente do movimento e se tornou um marco da cultura nacional.

Elizeth Cardoso ainda protagonizou outros momentos singulares, ao ser, por exemplo, a primeira cantora popular a interpretar Villa-Lobos no Theatro Municipal do Rio e de São Paulo, em 1964. E teve importância fundamental no samba ao gravar o clássico disco *Elizeth sobe o morro*, no ano seguinte, inspirada no espetáculo *Rosa de Ouro*, dando visibilidade à obra de compositores como Jair do Cavaquinho, Elton Medeiros, Paulinho da Viola e Cartola.

Mesmo já consagrada como a Divina, a Enluarada, a Mulata Maior e a Magnífica — apelidos que ganhou ao longo da carreira —, recebeu críticas ao gravar o samba "Eu bebo sim" (Luís Antônio/João do Violão), em 1973. A cantora não economizava na interpretação exagerada do refrão, como se estivesse embriagada: *"Eu bebo sim / E estou vivendo / Tem gente que não bebe / E tá morrendo."* A canção fez sucesso e causou polêmica em igual medida. Ao mesmo tempo em que estourava nas paradas, era condenada por parte da sociedade — como uma mulher podia parecer bêbada e incentivar o álcool daquele jeito? O apresentador Flávio Cavalcanti chegou a quebrar o disco ao vivo e o jogou no lixo, num número comum em seu programa, dizendo que Elizeth estimulava o alcoolismo. Com mais de 50 anos de idade, a Divina continuava transgressora — e "Eu bebo sim" até hoje é tocada em festas pelo Brasil.

Na metade da década de 60, quando Elizeth Cardoso atingiu seu auge, surgia uma cantora, assim como a Divina, também intimamente ligada à bossa nova e importantíssima na valorização dos compositores de samba nos anos 60: Nara Leão. Logo em seu LP de estreia, em 1964 (antes, portanto, de *Elizeth sobe o morro*), Nara buscou pérolas de Cartola, Nelson Cavaquinho, Elton Medeiros e Zé Kéti para compor seu repertório. É interessante comparar essas duas histórias porque, ao contrário da rígida família da Divina, os pais de Nara eram altamente liberais no comportamento. Mas isso não significa que a moça não tenha encontrado barreiras em seu caminho.

Nascida em 1942, Nara é fruto de uma família tão alheia aos tradicionais valores da classe média que em sua casa não se festejavam datas como Natal e *réveillon*. Os aniversários também tinham pouca importância. Almoço e jantar com todos juntos à mesa? Não era necessário, cada um comia em seu quarto, à hora que quisesse. O advogado Jairo e a professora Altina ensinaram a filha a trabalhar desde cedo. Diploma e formação universitária não eram essenciais, o fundamental era ganhar seu próprio dinheiro e ter autonomia para não depender de marido. Dentro desse pensamento libertário, Nara foi emancipada aos 16 anos.

A relação com a música também foi favorecida por esse pensamento "prafrentex" dos pais. Nara começou a ter aulas de violão cedo, aos 12 anos, com o violonista Patrício Teixeira, que havia tocado com Pixinguinha e sido professor de Aurora Miranda e Linda Batista. Para se ter uma ideia da ousadia da família de Nara, o amigo e primeiro namorado dela, Roberto Menescal, era cinco anos mais velho, mas os pais dele não queriam que aprendesse violão. O rapaz, então, ia para a casa de Nara aproveitar as aulas que ela recebia de Patrício.

A liberdade da menina era tão grande dentro do apartamento da avenida Atlântica que ela começou a receber amigos, todos com igual interesse em música. As "violonadas" varavam a noite, e não incomodavam seu Jairo e Dona Altina, porque o imóvel era grande, e o quarto deles ficava longe da sala. Aos 15 anos, Nara era a anfitriã perfeita, e a fama das rodas de violão correu a Zona Sul carioca. Em determinada época, frequentavam sua casa nomes como Menescal, Ronaldo Bôscoli, Carlos Lyra, Chico Feitosa, Luís Carlos Vinhas, Oscar Castro Neves, Silvinha Telles, Baden Powell, Luiz Eça, Lúcio Alves e, eventualmente, até Vinicius de Moraes, Tom Jobim e João Gilberto. Como a reunião daquela turma foi um dos caldos de cultura da bossa nova, Nara era chamada de "musa" do movimento, antes mesmo de ter uma carreira.

Essa turma bossa-novista ficou em choque quando chegou às lojas o já citado primeiro LP de Nara, que embora trouxesse canções de Vinicius de Moraes e Carlos Lyra, acabou ficando mais célebre pelo repertório dos compositores ligados às escolas de samba. Nara sabia muito bem o que queria, e essa foi uma estratégia para se dissociar do movimento. A cantora também já tinha consciência sobre seu papel como mulher na sociedade, e seu trabalho deveria refletir isso. Foi por isso que recusou de imediato uma das primeiras músicas de Cartola que recebeu, "Amor proibido". O motivo eram os versos que retratavam uma extrema submissão feminina: "Fácil demais / Fui presa / Servi de pasto / Em tua mesa". Ela preferiu gravar a esfuziante "O sol nascerá".

A compreensão do nível de independência que Nara tinha em relação à família — e do comportamento avançado dos pais — é importante para que fique claro que nem só as mulheres que vinham de famílias rígidas (como Elizeth Cardoso) sofriam com a sociedade machista. O pai de Nara, por exemplo, ao saber que a filha pisaria pela primeira vez num palco como cantora profissional, em 1963, no espetáculo *Trailer*, na boate Au Bon Gourmet, não ficou nada satisfeito e chegou a soltar a seguinte frase: *"Ah, quer dizer que vai virar vagabunda?"*[229], disse o "liberal" Jairo.

Fora de casa, Nara encontrou um mundo hostil às suas pretensões de carreira. Uma das primeiras tentativas da moça de entrar no universo da música foi se oferecendo para participar do grupo do pianista Bené Nunes, que tocava aos sábados no Clube Leblon. Nara pediu para ser *crooner*, mas sua entrada no conjunto foi negada, já que aquela não era uma função adequada para uma "moça de boa família, educada e de fino trato" como ela.

Outra situação emblemática foi contada na abertura do espetáculo *Opinião*, em que Nara, João do Vale e Zé Kéti viviam a si mesmos em cena. A situação encenada no palco foi mais tarde confirmada por ela

---

229. CASTRO, Ruy. *Chega de saudade: a história e as histórias da bossa nova*. São Paulo: Companhia das Letras, 1990, p. 343.

como verídica. Em seu primeiro teste numa gravadora, a Columbia, Nara cantou "Insensatez", de Tom Jobim. A resposta do executivo da gravadora ao seu desempenho, reproduzida na cena, foi a seguinte: *"Coração, coração, minha filha. Você não é má, minha filha. Mas você, tão bonitinha, tão gostosinha, se você caprichar, joga sua voz pro nariz, que fica sensual. Isso é que interessa, filha. Voz de cama, entende? Eu te ajudo, te promovo. Vai pra minha casa, põe a voz no nariz e vamos dar um treino."*[230]

O *Opinião*, aliás, tem outra história curiosa que ilustra a situação das mulheres na época. Menos de dois meses depois da estreia, em 1964, Nara teve que abandonar o espetáculo por problemas de saúde. A escolhida para substituí-la era uma jovem talentosa da Bahia, chamada Maria Bethânia. Mas a família dela, de Santo Amaro da Purificação, não permitiu que viajasse sozinha pro Rio de Janeiro. A única possibilidade de ela ir, concordaram os familiares, seria acompanhada do irmão, o compositor iniciante Caetano Veloso. Mais um exemplo da dificuldade de mobilidade das mulheres — mas, nesse caso, a música brasileira agradece, porque ali começou a carreira dos dois baianos.

O show projetou o nome de Nara Leão no meio artístico, mas nada perto do que seria o estouro da música "A banda", composição de Chico Buarque que venceu o Festival da Record em 1966. Com a canção, Nara entrou para o rol das grandes cantoras da MPB. Daí em diante, continuou gravando sambas de nomes como Padeirinho, Paulinho da Viola, Nelson Sargento e Noca da Portela. Mas construiu uma carreira diversificada, fazendo um LP só com músicas de Roberto Carlos e Erasmo Carlos, outro com versões de *standards* americanos e um contendo apenas canções infantis. Uma artista que provou ter capacidade para cantar de tudo, mas com especial importância na história do samba: seja a batucada feita pelos compositores do morro nos terreiros ou a batida reproduzida na sala de seu apartamento, que recebeu o nome de bossa nova.

Quando "A banda" explodiu nas paradas de sucesso, Nara Leão e Chico Buarque ficaram conhecidos nacionalmente. Ali do lado, acom-

---

230. CABRAL, Sérgio. *Nara Leão: Uma biografia*. São Paulo: Lazuli Editora; Companhia Editora Nacional, 2008, p. 49.

panhando tudo de perto, mas ainda fora do meio musical, estava outra excepcional cantora de samba, que só iniciaria sua carreira na década seguinte: a irmã de Chico, Cristina Buarque. Cristina foi importante para o gênero por ter uma alma de pesquisadora, que sempre norteou seus caminhos artísticos e suas escolhas de repertório. Para ela, o grande prazer é descobrir novas composições, abrir o baú de autores atuais ou da antiga e encontrar preciosidades. *"Não acho graça em cantar músicas conhecidas"*,[231] explica. No dia em que conheceu os integrantes da Velha Guarda da Portela, em meados dos anos 70, já levou seu gravador para registrar as pérolas dos compositores de Oswaldo Cruz. Aproveitou muitas delas em seus LPs e deu outras tantas para colegas cantores gravarem, ou seja, não deixou o samba deles cair no esquecimento.

Quando gravou seu primeiro registro fonográfico, em 1974, ainda não conhecia pessoalmente os bambas cariocas. Morava em São Paulo, mas já gostava de pesquisar a produção dos compositores de samba. É por isso que no LP *Cristina* apareciam Cartola (antes das famosas gravações de Beth Carvalho), Manacéa (em seu primeiro sucesso nacional, "Quantas lágrimas") e duas canções da quase desconhecida Ivone Lara — além de resgates das obras de Noel Rosa e Ismael Silva. Cristina seguiu nessa toada por toda a carreira, gravando discos clássicos, como *Prato e faca*, e se tornando referência para jovens sambistas que queriam conhecer a história do gênero.

Filha dos intelectuais Sérgio Buarque de Holanda e Maria Amélia Alvim, irmã dos cantores Chico Buarque, Ana de Hollanda e Miúcha, pode-se supor que Cristina teve tranquilidade familiar quando resolveu seguir o caminho da música. Mas, como temos observado ao longo deste livro, a vida não costuma ser fácil para as mulheres que se aproximam da carreira artística — nem entre aquelas criadas em famílias "modernas". Cristina conta que seus pais faziam questão que os filhos tivessem uma formação universitária; o estudo sempre foi prioridade dentro de casa. É por isso que Chico, que já escrevia prosa e verso desde a adolescência, chegou a cursar dois anos da faculdade de arquitetura. Quando lançou seu primei-

---

231. Entrevista ao autor.

ro compacto, fazendo sucesso com "Pedro Pedreiro", ainda era estudante universitário; só quando começou a ganhar dinheiro com a música é que teve coragem de largar a faculdade. Largar não, trancar! A mãe, Memélia, contrariada com a desistência do filho, foi até a USP trancar a matrícula do curso, com a esperança de que Chico pudesse voltar para se formar arquiteto. Com Cristina Buarque não foi diferente, e lá foi ela cursar fonoaudiologia para satisfazer as exigências da família. Mas, antes disso, a música já havia batido à sua porta.

Em 1967, Chico lançou seu segundo LP. Nele, estava a canção "Com açúcar, com afeto", a primeira que o compositor fez com o eu-lírico feminino, o que se tornou uma marca em sua obra. Como nunca havia escrito uma música em que falava na voz feminina, ele achou que deveria convidar uma mulher para cantar. Na contracapa do disco, escreveu sobre a opção: "*Insisti ainda em colocar no disco o 'Com açúcar, com afeto', que eu não poderia cantar por motivos óbvios.*"

O que na época pareceram motivos óbvios, mais tarde não faziam sentido nem para o próprio cantor. Em entrevista à revista *Playboy*, em 1979, Chico assumiu que foi por machismo que não quis cantar a música: "*Realmente foi uma bobagem colocar uma mulher para cantar essa música. (...) Eu fui evoluindo. Quando precisei explicar na capa de um LP por que não cantava 'Com açúcar, com afeto', eu era um sujeito machista, no sentido de não assumir, de ter medo de ser chamado de bicha. Hoje não tenho mais esse medo, se me chamarem de bicha não tem a menor importância.*"[232]

O fato é que Chico, à época, queria uma mulher para gravar a canção. E a primeira escolhida foi justamente sua irmã, Cristina, que já ensaiava com ele em casa desde o início de sua carreira. Ela tinha apenas 16 anos e faria sua estreia no meio musical. Mas o convite nascido em família foi abatido ali mesmo: Memélia não permitiu que a filha gravasse com Chico. A prioridade eram os estudos, a música não podia tirar o foco da menina. O irmão, então, teve que escolher outra cantora para a tarefa, convidando

---

232. Entrevista com Chico Buarque, Revista *Playboy*, fev. 1979. Disponível em: http://www.chicobuarque.com.br/texto/mestre.asp?pg=entrevistas/entre_playboy_79.htm. Acesso em: 20/09/2020.

Jane Morais, conhecida dos festivais da canção. "Com açúcar, com afeto" retratava justamente a cultura machista daqueles tempos, mostrando o lugar da opressão em que vivia a mulher, submetida pelo marido a satisfazer seus caprichos: *"Com açúcar, com afeto / Fiz seu doce predileto / Pra você parar em casa / Qual o quê / Com seu terno mais bonito / Você sai, não acredito / Quando diz que não se atrasa (...) / E ao lhe ver assim cansado / Maltrapilho e maltratado / Como vou me aborrecer? / Qual o quê / Logo vou esquentar seu prato / Dou um beijo em seu retrato / E abro os meus braços pra você."*

A frustração de Cristina por não ter conseguido gravar durou pouco. No mesmo ano, Paulo Vanzolini fez um LP que serviria de brinde de fim de ano para a agência de publicidade de Marcus Pereira, chamado *Onze sambas e uma capoeira*. Frequentador da casa dos Buarque de Holanda e amigo da família, ele já via Cristina cantando nas reuniões familiares e a convidou para registrar a faixa "Chorava no meio da rua". A mãe novamente torceu o nariz, mas Vanzolini convenceu Memélia: ele era de casa, e o disco seria apenas um presente de Natal, ou seja, não teria muita exposição. A questão é que o álbum ficou tão bom que Marcus Pereira resolveu lançá-lo comercialmente em seguida. E a primeira vez de Cristina Buarque em estúdio acabou se tornando sua estreia profissional.

Em 1968, com esse precedente aberto, Chico Buarque novamente insistiu para que a irmã participasse de seu novo álbum, o terceiro da carreira. Dessa vez, não teve jeito, Memélia aceitou. E os irmãos fizeram um lindo dueto em "Sem fantasia".

Quando veio o primeiro disco solo, em 1974, Cristina se surpreendeu com o ambiente 100% masculino do mercado fonográfico. *"Os músicos eram todos homens, os assistentes, os técnicos, até o cara que fazia a capa do disco. No máximo você via uma mulher na limpeza ou servindo cafezinho. Só muito tempo depois foram chegar as mulheres instrumentistas"*, relembra. Ao mergulhar de vez na carreira de cantora, enfrentou outra dificuldade comum às mulheres: a necessidade de dividir o tempo entre trabalho, marido e filhos — Cristina teve cinco. Ela conta que lançava discos e não viajava para fazer shows ou divulgação, porque era complicado conciliar com a vida de mãe. Não por acaso, só em meados dos anos 80, já separada e com os filhos crescidos, Cristina começou a percorrer o país em apresentações do LP que gravou com Mauro Duarte.

Nos anos 90, fez um show chamado *Eles por elas*, com sambas escritos por compositores homens para serem cantados por mulheres. No palco, estavam Cristina, Ignez Perdigão, Mariana Bernardes e Luciane Menezes, acompanhadas do grupo Dobrando a Esquina. No repertório, havia inúmeras letras do chamado "cancioneiro de pancadaria", que foram gravadas por nomes como Aracy de Almeida, Isaurinha Garcia e Carmen Miranda, entre outras. Cristina admite que, atualmente, não poderia mais fazer um show como aquele, porque o espírito brincalhão da apresentação não combina com a forma como esse tipo de letra passou a ser enxergado. Mas discorda daqueles que amaldiçoam essas músicas e querem bani-las dos shows. *"Isso é uma bobagem. Nenhum homem vai passar a dar pancada na mulher porque tem uma música que fala sobre esse assunto. Vou deixar de cantar uma música boa por causa disso? É uma censura. Essas letras são o retrato de uma época, de como as pessoas pensavam, de como agiam. Claro que ninguém é a favor de uma mulher apanhar. Mas acontece. Então por que não pode estar numa música? Esses sambas são crônicas da vida cotidiana, contavam coisas que aconteciam com as pessoas. Eu não gosto de violência, mas nem por isso vou deixar de ver um filme que tenha violência"*, explica Cristina.

O *Eles por elas* acabou não tendo sobrevida. Cristina até tentou lançar um CD com o repertório do show, mas o projeto não foi em frente. Na década seguinte, porém, outro projeto formado apenas por mulheres teve vida longa e marcou época, a Orquestra Lunar. Criada em 2005, a banda reunia musicistas de diferentes formações para reviver o suingue das orquestras dançantes. Entre as integrantes, estavam Vika Barcellos, Sheila Zagury, Manoela Marinho, Luciana Requião, Georgia Câmara, Samantha Rennó, Kátia Nascimento, Monica Ávila e Sueli Faria. No microfone principal, a linda voz e a experiência de Áurea Martins.

Áurea, assim como Elizeth Cardoso, é cria dos *dancings*. Mas, diferentemente da Divina, que logo seguiu carreira fonográfica, se fixou por um bom tempo nas casas noturnas, ficando conhecida como cantora da noite. Seu começo foi ao lado de Alcione, Djavan, Emílio Santiago e tantos outros que tentavam a sorte no circuito noturno de Copacabana no final dos anos 60.

Quando pequena, teve contato com a música em família: a avó tocava banjo, os tios eram músicos profissionais, e a mãe cantava o dia inteiro dentro de casa. Seu sonho era tocar piano, mas o instrumento não era uma realidade para aquele lar humilde da Zona Oeste carioca. Ela então apostou no canto, sempre incentivada pela mãe. Foi Alzira quem levou a pequena Áurea, de apenas 7 anos, para cantar num parque de diversões no centro de Campo Grande, sua estreia em público. A menina deu os primeiros versos de "Aquela mulher" (Cícero Nunes), sucesso do repertório de Nelson Gonçalves, e começou a se urinar de nervoso. Mas foi até o fim da canção. Quando terminou, chorando, saiu carregada nos braços pela mãe.

A experiência não foi traumática a ponto de afastá-la das notas musicais: teve aulas de canto, participou como solista do coral da igreja e foi *crooner* de pequenos conjuntos locais, tudo com aprovação da família. Mas quando decidiu atravessar a cidade em direção ao Centro do Rio para participar de programas de calouros na TV e nas rádios, foi desaconselhada pela mãe. Essa atitude é uma constante nas histórias vistas aqui: os pais aplaudem o talento das filhas quando elas estão sob seus domínios, mas não aprovam sua partida para o meio artístico estruturado, ambiente pouco propício para "moças direitas". Essa foi uma realidade para muitas das mulheres no século 20, como Alcione, Elza Soares, Cristina Buarque, Nara Leão, Elizeth Cardoso e tantas outras.

Mas Áurea foi à luta e alavancou a carreira ao participar de *A grande chance*, apresentado por Flávio Cavalcanti na TV Tupi. Em 1969, Áurea foi a vencedora do programa, mas quase tomou uma rasteira nos bastidores, por motivos não muito bem esclarecidos. Durante as eliminatórias, a atração tinha sete jurados fixos, todos homens. Na grande final, no Theatro Municipal do Rio, eram 37 jurados, também com esmagadora maioria masculina. Entre eles, duas mulheres sobressaíam, Maysa e Bibi Ferreira.

Áurea se destacou na apresentação, mas a vitória no concurso seria entregue estranhamente ao cantor e produtor musical Jorge Teles, que era afilhado artístico de um dos jurados, Sérgio Bittencourt. A mutreta foi desmascarada por uma das integrantes do júri. O cantor Antonio Carlos Mascarenhas, um dos finalistas na ocasião, descreveu a situação no filme *A dama da noite — Áurea Martins*: "*Quando a cantora Maysa descobriu que Áurea Martins não estava no primeiro lugar, fez um escândalo na coxia do teatro e ameaçou chamar a imprensa. Os votos foram recontados e o candidato protegido acabou em quarto lugar. (...) Áurea foi parar no primeiro lugar.*"[233]

Em 1973, já com alguma experiência como *crooner*, Áurea tinha criado suas defesas para se livrar dos inconvenientes da noite — como toda mulher, desenvolveu técnicas para se proteger em circunstâncias hostis. Certa noite, foi abordada por um homem depois de seu show na boate Number One, numa situação que lembrou o primeiro encontro de Elza Soares com Lupicínio Rodrigues. O desconhecido a interpelou e perguntou: "*Você sabe com quem está falando?*" Ela olhou desconfiada e mandou de volta: "*Não sei, não quero saber e tenho raiva de quem sabe.*" Ele sorriu e disse: "*Tome este cartão, nós vamos contratá-la. Vá na Rede Globo de Televisão para assinar o contrato.*"[234] Era José Bonifácio de Oliveira Sobrinho, o Boni, que assistia à apresentação ao lado de Walter Clark — os dois eram os diretores mais poderosos da emissora. Apesar do fora que levou de Áurea, Boni cumpriu sua promessa e a admitiu em dezembro daquele ano para o *casting* musical da Globo.

Nesses meados dos anos 70, Áurea recebeu o convite da gravadora do grupo Globo, a Som Livre, para gravar um LP. Os planos da companhia previam um visual "ligado à negritude", com turbante na cabeça, roupa colorida e um repertório voltado para o samba. A Som Livre observava o sucesso do gênero no mercado fonográfico e também queria fazer suas apostas, como a Polygram fez com Alcione. Mas Áurea recusou. Não desejava ser enquadrada como sambista, queria continuar cantando seu repertório eclético.

---

233. Vídeo *A dama da noite – Áurea Martins* (Parte 1). Documentário de Luciana Requião, 2010. 1 vídeo (11 min.). Disponível em: <https://www.youtube.com/watch?v=E8D4HaJPJDc>. Acesso em: 26/4/2020.

234. NEVES, Lúcia. *Áurea Martins: a invisibilidade visível*. Rio de Janeiro: Folha Seca, 2017, p. 91.

Só nos anos 90 a cantora se aproximou mais do samba, através de um contato com Nelson Sargento no *Show de Verão da Mangueira*. Essa relação foi fundamental para os passos seguintes de sua carreira, já que, no fim dos anos 90, a noite da Lapa se transformou no que, em alguma medida, foi a noite de Copacabana nos anos 60, com diversas casas noturnas e muitas oportunidades de trabalho para cantores e músicos. Áurea virou uma referência para a chamada "Geração Lapa", rapaziada que começou a carreira cantando samba em casas como Carioca da Gema, Semente e Rio Scenarium. Nesse contexto, ela pôde continuar sua carreira de *crooner* com sucesso, mas agora bem próxima do samba. Foi a partir dessa convivência que surgiu o convite para participar da Orquestra Lunar.

A banda foi criada para uma noite especial no Clube dos Democráticos em homenagem ao Dia Internacional da Mulher. O resultado foi tão bom que as dez integrantes resolveram continuar em atividade, lançando seu primeiro CD em 2007, apenas com canções de compositoras mulheres. Em paralelo, Áurea seguiu carreira solo, gravando álbuns como o premiado *Até sangrar*, em que interpretou clássicos do samba-canção. Por esse trabalho, ganhou o troféu de Melhor Cantora de MPB do Prêmio da Música Brasileira de 2009, a segunda vez que uma mulher negra venceu nessa categoria — a primeira havia sido Elizeth Cardoso, em 1990.

Em 2020, pouco antes de completar 80 anos, Áurea levantou uma questão pouco discutida sobre o universo das cantoras, embora seja algo que aflija boa parte delas: o efeito do tempo na voz e no desempenho em cima do palco. As artistas que têm longas carreiras, e que mantêm repertório ativo durante décadas, são cobradas por seu público para que cantem da mesma forma a vida inteira, eternizando as canções no tom da gravação original — e assim reavivando memórias afetivas e corações nostálgicos. Impossível. As cordas vocais são como qualquer parte do corpo, envelhecem, enrugam, se modificam com o passar dos anos. Mas a crueldade da cobrança por uma juventude utópica e por uma aparência perfeita parece ainda mais incisiva com as mulheres. Áurea Martins teve a inteligência de enxergar isso e postou o seguinte texto em uma rede social: "*Estou chegando a 80 anos. Não esperem de mim a mesma vivacidade de 20 ou 30 anos atrás. Aliás, é totalmente impossível não se colher as mar-*

cas do tempo. Pra um ser humano chegar a 80 ou 90, ou mesmo 60, ele já vivenciou coisas que até mesmo Deus duvida. Portanto, não me cobrem nada além do que posso fazer. Não tenho o mesmo frescor na pele como tinha há décadas, não tenho o mesmo fôlego para cantar no mesmo tom de outrora, não faço mais noite — foram 50 anos ininterruptos — nos bares esfumaçados."[235] A voz não é a mesma, mas, como Áurea provou ao abordar tema tão espinhoso, a maturidade pode trazer uma sabedoria incomparável.

Se uma "cantora da noite" não é tão valorizada quanto as demais, como apontou Áurea Martins ao longo de sua trajetória, outro tipo de cantora também tem que suar para ver seu talento reconhecido: a puxadora de samba-enredo. E, nesse quesito, o nome de Eliana de Lima é digno de "dez, nota dez". Ela fez carreira cantando em agremiações do carnaval de São Paulo, num momento em que os desfiles da cidade começavam a aparecer para o Brasil. Boa parte dos clássicos paulistanos do samba-enredo nessa época ficou conhecida em sua voz, como "Babalotim — A história dos afoxés" (Leandro de Itaquera, 1989) e "Águas cristalinas" (Peruche, 1985). No fim dos anos 80, também apostou em sua carreira solo, emplacando hits como "Volta pra ela" (Luiz Carlos/Waldir Luz/Antônio Carlos de Carvalho) e "Desejo de amar (underêrê)" (Gabu/Marinheiro).

O começo de carreira de Eliana mostra como o exemplo é importante para estimular as novas gerações a almejarem determinados postos. Em 1979, quando ela pisou pela primeira vez numa quadra de escola, aos 18 anos, viu em cima do palco a cantora Silvia puxando o samba da Cabeções da Vila Prudente. Eliana ficou encantada e, na semana seguinte, quando voltou à quadra, perguntou se poderia cantar também. Foi olhada com desconfiança, mas, depois que pegou o microfone, nunca mais largou.

Àquela altura, não eram abundantes as mulheres puxadoras de samba, mas também não era algo inexistente. Silvia, por exemplo, já cantava o samba da Vila Prudente no disco oficial dos sambas-enredo paulistas (no carnaval de 1979, era a única mulher entre dez homens). No carnaval carioca, os LPs eventualmente traziam cantoras puxando sambas:

---

235. MARTINS, Áurea. Publicação no Facebook, 14/01/2020. Disponível em: <https://www.facebook.com/photo.php?fbid=2420543978256133>. Acesso em: 20/06/2020.

em 1973, Graciete no Império Serrano e Ivete Garcia no Jacarezinho; em 1974, Beth Carvalho na Mangueira; em 1976, Dinalva no Salgueiro. Na Avenida, também ocorreram casos de puxadoras comandando as escolas nos desfiles, como as já citadas Elza Soares, Carmem Silvana e Clara Nunes; além de Marlene no Império Serrano (1972 e 1973) e Georgete na Mocidade (1977). Mas nenhuma delas teve uma carreira de puxadora de samba-enredo como Eliana de Lima.

A verdade é que as mulheres que se arriscaram a cantar nas escolas de samba enfrentaram sempre um olhar desconfiado: "*Os diretores musicais se dizem preocupados com a tonalidade do samba-enredo na voz de uma cantora, porque as mulheres tendem a cantar em tons mais altos. Mas isso é uma bobagem, porque a maioria das pessoas que desfilam em escola de samba são mulheres*",[236] diz Eliana de Lima, reforçando que não há nenhum argumento musical minimamente razoável que indique que a voz feminina é menos adequada para puxar uma canção em cortejo coletivo. Ela enfrentou esse preconceito durante boa parte da carreira e conseguiu comprovar com seu desempenho que o tom de uma mulher não é melhor, nem pior — apenas diferente.

Em 1988, em fase gloriosa como puxadora da Unidos do Peruche, Eliana recebeu a notícia de que iria cantar o samba da escola na Avenida com Jamelão, o grande intérprete mangueirense. A dobradinha entrou para a história do carnaval paulistano, em performance marcante. Mas Eliana não pôde cantar na tonalidade mais confortável para sua voz e diminuiu um tom para se adequar ao canto de Jamelão.

Pode-se supor que Eliana tenha apenas sido gentil com Jamelão, àquela altura já considerado o maior cantor de samba-enredo da história do carnaval, uma estrela que vinha da Sapucaí para abrilhantar o Anhembi. Mas não é verdade. A prática nas escolas de samba é que as mulheres adequem suas vozes para cantar na tonalidade masculina. Isso ocorre mesmo quando são puxadoras principais ou já têm alto reconhecimento profissional. Em 1995, a Acadêmicos de Santa Cruz convidou Leci Brandão, já uma grande estrela da música, para cantar seu samba na Avenida,

---

236. Entrevista ao autor.

em desfile no segundo grupo do carnaval carioca. Ela veio no carro de som acompanhada de quatro cantores de apoio, como é natural em todas as escolas. Na transmissão da TV Manchete, o comentarista Fernando Pamplona observou o "truque" que Leci tinha usado para que o canto ficasse confortável durante os sessenta minutos de desfile: "*Eu ontem estava conversando com a Leci e perguntei como ela ia aguentar o assunto. Ela disse que tinha cantado uma hora e meia e não tinha sentido o esforço. Mas o truque que ela usou foi cantar um tom abaixo do tom natural dela. Isso porque ela é acompanhada de quatro cantores, então, ficando um tom abaixo, entra no tom masculino do naipe que a acompanha. Esperteza de cantora e esperteza da mulher inteligente que ela é.*"[237]

A "esperteza" de Leci na verdade era a única forma de uma mulher conseguir penetrar nesse espaço tão dominado pelos homens. É curioso observar como o meio do carnaval coloca barreiras à presença feminina no microfone. Para muitos, elas não conseguiriam "aguentar o esforço" de cantar uma hora e meia seguida, o que é um argumento raso — nos trios elétricos baianos, apenas para citar um exemplo também carnavalesco, as cantoras arrastam multidões por até sete horas seguidas. O chamado "tom feminino" também é citado como um empecilho para o desempenho das mulheres, embora especialistas em música digam que não há incompatibilidade entre as cantoras e um desfile de escola de samba. O problema é que, na maior parte das experiências feitas até agora, optou-se por colocar uma mulher em um carro de som com cantores de apoio homens — e foi ela quem teve que se adaptar a eles. Não há registro de agremiação que tenha levado para a Avenida um conjunto formado apenas por cantoras para defender seu samba-enredo, ou que tenha encontrado cantores homens de apoio com voz adequada para encarar o desfile no mesmo tom da puxadora principal.

O espantoso é constatar que a situação vivida por Eliana de Lima nos anos 80 e por Leci nos anos 90 ainda é realidade décadas depois. Grazzi Brasil, única intérprete oficial no grupo principal dos carnavais

---

237. Vídeo. Desfile Acadêmicos de Santa Cruz. TV Manchete, 1995, 1 vídeo (63 min.). Disponível em: https://www.youtube.com/watch?v=TSj79fYVzTY. Acesso em: 10/09/2020.

do Rio e de São Paulo na virada dos anos 2010 para 2020, sempre teve que se sujeitar aos tons masculinos, mesmo quando foi a intérprete única do Vai-Vai, em 2019: *"Cantei no Anhembi dois tons abaixo de como eu gravei o samba no CD. Quando eu puxava no meu tom, o resto do carro de som não aguentava"*[238], conta ela. O pior é que a escola acabou rebaixada naquele carnaval, e Grazzi foi massacrada pelo "tribunal das redes sociais", como se tivesse sido a responsável pelo mau resultado — embora a agremiação não tenha perdido nenhum ponto em quesitos ligados ao desempenho dela, como Samba-Enredo e Harmonia.

No carnaval do Rio, a estreia de Grazzi Brasil foi em grande estilo, com o segundo lugar da Paraíso do Tuiuti em 2018 e a enorme repercussão de sua gravação do samba-enredo "Meu Deus, meu Deus, está extinta a escravidão?" (Moacyr Luz/Cláudio Russo/Aníbal/Jurandir/Zezé). Apesar do sucesso, a puxadora nunca foi convidada para cantar sozinha na Marquês de Sapucaí, sendo sempre obrigada a dividir o microfone principal com um ou mais cantores homens, em suas passagens por Tuiuti e São Clemente.

Nesse sentido, o carnaval de São Paulo parece mais acolhedor para as mulheres do que o do Rio. Quando Eliana de Lima precisou se afastar da Peruche para ter sua filha, no desfile de 1991, a agremiação promoveu outra puxadora ao posto, Bernadete, a Tulipa Negra, que também marcou seu nome no Anhembi. Olhando para o futuro, Eliana cita um nome que desponta com potencial para se tornar uma grande intérprete de samba-enredo: a menina Cacá Nascimento, cantora da Mangueira do Amanhã.

A importância de Eliana de Lima para o carnaval de São Paulo vai além dos sucessos dos sambas-enredo que cantou. Nos anos 80, era comum que os puxadores das escolas não ganhassem salário; o sustento vinha através dos shows ou da carreira paralela. Mas como ela começou a ter reconhecimento fora do mundo do carnaval, valorizou seu passe e pôde exigir cachê para cantar. Sua transferência da Peruche para a Leandro de Itaquera, em 1989, foi um marco: para trocar de escola,

---

238. Entrevista ao autor.

Eliana ganhou um Monza — carro símbolo de status à época. A partir dali, os puxadores mudaram de patamar e puderam cobrar por seu trabalho no carnaval.

Mas nem tudo foram flores e Monzas na trajetória de Eliana. Certa vez, numa discussão com o presidente de uma escola de samba, acabou sendo trancada na sala da bateria, acuada entre dezenas de homens. A cantora não se intimidou e partiu para a briga com o presidente. A sorte é que os ritmistas ficaram do seu lado, porque sempre foi querida pela bateria. Mas a tentativa de intimidação por meio da força física, dos gritos e da pressão psicológica foi fato corriqueiro em sua trajetória no carnaval paulistano, que durou até 2003.

Por falar em ambientes predominantemente masculinos, impossível não lembrar do Cacique de Ramos. A roda na quadra do bloco carioca era formada por um grupo de rapazes que recebeu a visita iluminada de Beth Carvalho, a mulher que veio apresentá-los ao mundo. Zeca, Arlindo, Aragão, Sombrinha, Almir, Bira, Ubirany, Sereno e cia. formavam um "Clube do Bolinha" do batuque, até que chegou uma partideira para versar com eles de igual pra igual: Jovelina Pérola Negra.

Jovelina Faria Belfort nasceu numa casa de cômodos em Botafogo, em 1944, mas ainda pequena se mudou para a Baixada Fluminense, onde viveu até os 40 anos. Foi babá, lavadeira, doméstica e vendedora de linguiça para se sustentar. De voz forte e áspera, sempre gostou de cantar, mas nunca pensou naquilo como uma possibilidade de profissão: *"Na minha família ninguém cantava e eu não achava que tinha uma boa voz. Quem dizia que eu cantava bem não me dava força para tentar uma carreira."*[239] Festeira, adorava frequentar os pagodes, mas quando se casou foi impedida pelo marido de continuar indo pro samba. Só quando se separou pôde voltar para as rodas, e logo começou a dar canjas pela Baixada e pela Zona Norte do Rio.

Era integrante da ala das baianas do Império Serrano, mas as grandes oportunidades surgiram em áreas portelenses. A primeira delas foi

---

239. Entrevista à revista *Raça Brasil*. Disponível em: <https://www.sambadomonte.com.br/2011/11/entrevista-discografia-de-jovelina.html>. Acesso em: 09/06/2020.

quando Paulinho da Viola a viu cantando na quadra da azul e branco e resolveu indicá-la para participar do programa *Som Brasil*, apresentado por Lima Duarte. Depois, ao soltar a voz no Pagode da Tia Doca, a pastora da escola de Madureira encantou o produtor Milton Manhães. Ele estava produzindo o disco *Raça brasileira*, que lançaria novos nomes do pagode, mas o ambiente no Cacique era tão masculino que precisou ir buscar fora de Ramos uma cantora para compor o *casting*.

Jovelina foi um dos destaques do álbum, cantando três grandes sucessos: "Feirinha da Pavuna" (de sua autoria), "Pomba rolou" (Carlinhos Caxambi/Adilson Gavião) e "Bagaço da laranja" (Zeca Pagodinho/Arlindo Cruz/Jovelina Pérola Negra), este último em dueto com Zeca. Além de se lançar como cantora, já mostrava seu trabalho como compositora. Jovelina tinha uma habilidade pouquíssimo autorizada às mulheres: era excelente versadora, ágil e inteligente, participando das rodas de improviso sem deixar cair a qualidade. Como forma de se impor naquele ambiente refratário à presença feminina, usava e abusava dos palavrões e não titubeava em introduzir temas "picantes" nos versos. Os companheiros de roda sempre exaltam seu estilo: era engraçadíssima e provocava os homens com versos "pornôs".

Com todo esse talento associado à boa receptividade do público ao *Raça brasileira*, foi natural que a gravadora RGE quisesse fazer um LP solo com Pérola Negra. "*O disco (*Raça brasileira*) estourou de tal maneira que a gravadora entrou em desespero. Com o sucesso, chamou cada um de nós para gravar um disco solo. O Zeca foi. Eu fiquei com medo do fracasso e não fui. Só gravei um ano depois porque o Dagmar da Fonseca me disse: 'Você já assinou contrato, tem que ir, senão paga multa'. Tive que ir. Eu vivia na maior dureza num barraco em Belford Roxo e tinha dois filhos pequenos para criar*"[240], contou ela. Os reveses da vida podem ser tão duros para figuras como Jovelina, uma mulher negra da periferia, que mesmo sendo convidada para uma oportunidade como aquela, sua primeira reação foi recusar, apesar de estar em dificuldades financeiras.

---

240. Entrevista à revista *Raça Brasil*. Disponível em: <https://www.sambadomonte.com.br/2011/11/entrevista-discografia-de-jovelina.html>. Acesso em: 09/06/2020.

Depois de alguma insistência da gravadora e do produtor Milton Manhães, ela topou entrar em estúdio para gravar *Pérola Negra*. Logo seus temores se mostraram infundados, já que o LP estourou, chegando a disco de ouro em poucos meses, com sucessos como "O dia se zangou" (Mauro Diniz/Ratinho), "Menina você bebeu" (Arlindo Cruz/Beto Sem Braço/Acyr Marques) e "É isso que eu mereço" (Jovelina Pérola Negra/Zeca Sereno), uma das três composições próprias de Jovelina.

A capa desse disco foi objeto de análise de Jurema Werneck, que pesquisou a relação entre as mulheres negras e a cultura midiática.[241] A foto do LP foi a primeira imagem da cantora apresentada ao grande público, já que era sua estreia em trabalho solo; portanto, a partir dali é que estaria sendo criada a figura da cantora na memória coletiva. Surpreendentemente, Jovelina aparece em close, de semblante sério, sem maquiagem e sem retoques, com um lenço branco na cabeça. Para Werneck, a imagem se vale do estereótipo da figura da empregada doméstica, reforçando a associação das mulheres negras com o trabalho doméstico — uma profissão que a sambista até já havia exercido, mas no passado. Vale lembrar que, vinte anos antes, o mercado fonográfico havia explorado a imagem de Clementina de Jesus como a "empregada que virou cantora". Com Jovelina, o tratamento gráfico indicava a mesma concepção, já que a foto da capa do seu disco não se parece em nada com as capas das demais cantoras que chegavam ao mercado naquele momento. Para se ter uma ideia de como aquela imagem não fazia sentido na indústria fonográfica (a não ser que se quisesse reforçar o tal estereótipo), em todos os discos seguintes, já com a carreira consolidada, Jovelina apareceu com maquiagem pesada, brincos e colares — como era comum entre as cantoras. Em nenhum deles ela usa lenço na cabeça.

Jovelina formou com Clementina de Jesus e Dona Ivone Lara uma "tríade" de grandes damas do samba que começaram a carreira tardiamente. Seu LP de estreia foi lançado quando tinha 42 anos (para efeito

---

241. WERNECK, Jurema. *O samba segundo as ialodês: mulheres negras e a cultura midiática*. Tese (Doutorado em Comunicação) – UFRJ: Rio de Janeiro, 2007.

de comparação, com essa idade Clara Nunes já tinha morrido). Ivone estreou em disco aos 56, e Clementina somente aos 65. No imaginário do público, elas ocuparam espaço semelhante, por terem surgido já como "senhoras". O que pouca gente questiona é qual mecanismo da indústria musical impediu que elas tivessem acesso ao mercado na mesma idade que as demais cantoras, em geral na casa dos 20 anos, no máximo aos 30. Para ilustrar essa discussão, é importante lembrar que as três são negras de pele retinta. E isso não parece ser uma coincidência.

Mesmo demorando a ser absorvida pelo show business, Jovelina tinha tanto talento que em pouco tempo passou a ser chamada de "Rainha do pagode". Morreu cedo, de infarto, aos 54 anos, e não teve tempo de produzir uma obra tão grande. Mas se consolidou como o grande nome feminino do pagode dos anos 80. Esse foi um movimento masculino, mas algumas pagodeiras conseguiram furar a bolha. Outra dessas exceções foi Elaine Machado, também lançada no *Raça brasileira*, ao lado de Pérola Negra.

Moradora do morro da Casa Branca, na Tijuca, Elaine Machado tinha um irmão mais velho que já participava de programas de calouros naquele início dos anos 60. Mas quando, aos 14 anos, ela foi convidada a tentar a sorte num deles, o pai vetou: "*Ele disse que era coisa de vagabunda. Quando foi a menina que quis cantar, a reação em casa foi diferente...*"[242] Para ir ao programa do Chacrinha, ela teve que sair de casa escondida.

Elaine conheceu o pai de suas filhas por intermédio da música: ele lançava discos em um pequeno selo e a convidou para cantar. Ela gravou algumas canções no estúdio, e o casal acabou ficando junto. Mas, em seguida, o que os aproximou se tornou o maior motivo de dor de cabeça da relação, quando ele quis que Elaine deixasse de cantar. "*Ele foi ficando com ciúmes. Uma vez fui gravar no estúdio, e os músicos eram todos homens, claro. Eu tinha que interagir com os músicos, pra fazer meu trabalho. Mas ele deu um ataque de ciúmes. Brigava muito comigo. Numa*

---

242. Entrevista ao autor.

dessas, rasgou minhas coisas todas, meus documentos, minhas fotos. Aí eu parei de cantar", relembra Elaine Machado.

Ela só voltou a soltar a voz quando se separou, com as quatro filhas para criar. As meninas ficavam sozinhas em casa, enquanto a mãe cantava em rodas de samba e em feijoadas de hotel, ou então eram levadas para fazer coro nas apresentações. Em um pagode em Vila Isabel, nos anos 70, conheceu o compositor Beto Sem Braço, que naquela época estava na escola de Martinho (só anos mais tarde ele iria para o Império Serrano). Foi aí que Sem Braço a levou para o Cacique de Ramos, lugar que mudou a carreira de Elaine.

Quando chegou ao bloco, as rodas eram masculinas. Em sua lembrança, não havia mulheres cantando — Beth Carvalho, que já estava enturmada, ia mais para ouvir as pérolas feitas pelos compositores. "*Era difícil uma mulher ter vez. Mas o Beto Sem Braço mandava eu entrar na roda. Ele dizia: 'Deixa a minha cantora chegar'. Ele tinha que abrir espaço pra mim. Acho que uma mulher sozinha não conseguiria.*" E lá ia Elaine cantar as novas composições de Sem Braço. Sua voz se destacou tanto que, quando o produtor Milton Manhães resolveu fazer o pau de sebo *Raça brasileira* para lançar novos nomes do pagode, escolheu-a para estar entre os cinco estreantes. Ela abria o disco, cantando a faixa-título, e ainda interpretava "Pingueira" (G. Martins/Mathias de Freitas/Elaine Machado).

Elaine conta que era muito assediada. Por ser uma das poucas mulheres a frequentar o Cacique, recebia inúmeras cantadas, mas procurava evitar romances. "*Eu dava fora, xingava, tinha que me defender. Como eu não aceitava as paqueras, me chamavam de 'sapatão'. Diziam: 'Agora o Beto Sem Braço tá colado com essa sapatão!' Só porque eu não dava mole pra eles*", relembra a cantora.

Elaine Machado começou a carreira tardiamente: quando saiu o disco *Raça brasileira*, já estava com 38 anos. Alguns fatores contribuíram para isso, como a falta de apoio familiar, a necessidade de cuidar das filhas e, depois, a "proibição" imposta pelo marido. Essa não é uma novidade na trajetória das cantoras, como vimos em vários perfis deste livro. Outra estrela da música que se reconhece nessa situação é Dorina:

"*Demorei bastante para me dedicar à carreira. Eu esperei meus filhos terem uma idade em que pudessem ficar sozinhos em casa, e só então eu fui para a noite*"[243], conta. Os filhos, responsabilidade atribuída à mãe numa sociedade patriarcal, são um dos fatores mais constantes de retardamento na chegada das mulheres ao mercado musical. Só aos 32 anos Dorina conseguiu lançar seu primeiro CD, *Eu canto samba*, com o qual foi premiada como Revelação na categoria Samba do Prêmio Sharp (que mais tarde virou o Prêmio da Música Brasileira). "*Foi difícil entrar no meio. Tem muita cantada: 'Eu assino contrato se você for jantar comigo.' E os caras que mandam são todos homens... Você não via uma mulher como gerente musical de gravadora.*"

Dorina é contemporânea de Zeca Pagodinho no Irajá. Passaram parte da adolescência e do início da vida adulta no mesmo grupo de amigos. Mas ela não percorreu as mesmas andanças trilhadas por Zeca e sua turma na Zona Norte. Desde cedo, Dorina percebeu a diferença entre ser uma moça e um rapaz nas ruas. "*Um dia, eu fui assistir a um show em Niterói, me perdi na volta e acabei saltando do ônibus em Vaz Lobo, às 2h da manhã. Passou um carro com o Zeca e o primo dele, Beto Gago, me chamando pra ir ao Pagode do Urubu Cheiroso, em Irajá. Acabei chegando em casa às 6h da manhã e minha mãe quase me matou*", conta ela, exemplificando que as possibilidades de circulação eram muito diferentes para homens e mulheres.

Dorina também ressalta a questão da segurança, já que as mulheres sempre se sentiram mais vulneráveis nas ruas do Rio de Janeiro. "*Eles podiam viver essa vida da madrugada, ir aos lugares e tudo bem, não era tão perigoso. Mas mulher não podia fazer isso. Eu ia a um pagode aqui e outro ali, mas não emendava a madrugada. Zeca me sacaneava dizendo que eu não subia morro. Eu até subia, mas cantava e ia embora, não podia andar por lá a qualquer hora. Eles podiam. Recentemente surgiu o movimento de 'lugar de mulher é onde ela quiser', mas a gente ainda não assumiu realmente o lugar da boemia, que sempre foi do homem. Eles tiveram isso naturalmente.*"

---

243. Entrevista ao autor.

Pensando nessas questões, Dorina lançou, em 2018, o Encontro Nacional de Mulheres na Roda de Samba. São várias rodas femininas simultâneas acontecendo em diversas cidades do país, homenageando uma personalidade que tenha marcado a trajetória delas. Beth Carvalho foi a homenageada no primeiro ano do evento, que mobilizou 15 cidades. Em 2019, ano de Leci Brandão, foram 28 cidades, além de rodas na Itália, na Argentina e em Portugal. Em 2020, a escolhida foi Elza Soares. "*As rodas foram maravilhosas. É preciso dar visibilidade às mulheres que estão produzindo samba pelo país. Tem muita gente boa por aí, mas ninguém bota elas pra trabalhar. É difícil vender show de cantoras, as instrumentistas não são chamadas pra tocar. Então a gente tem que lutar pelo nosso espaço*", conta Dorina, que também criou outro projeto feminino, o bloco Mulheres de Zeca, ao lado de nomes como Nilze Carvalho, Dayse do Banjo, Bia Aparecida, Renata Jambeiro, Janaína Moreno e Tia Surica.

Por falar em Surica, a pastora herdeira de Tia Vicentina na Velha Guarda da Portela e na tradicional feijoada merece citação especial nessa trajetória das cantoras de samba. Afinal, ela conseguiu transcender seu papel como pastora, que é sempre de voz em conjunto, no canto coletivo, para ganhar o espaço principal da cena, se tornando solista. Lançou seu primeiro CD solo em 2003 e, dez anos depois, gravou o DVD *Tia Surica — Poderio de Oswaldo Cruz*.

As mulheres abordadas neste capítulo foram pioneiras. De Leci Brandão a Jovelina, passando por Clementina e Elizeth, todas enfrentaram as questões da sociedade machista com suas próprias armas, derrubando as barreiras que apareciam no caminho, caindo mas não esmorecendo, e construindo trajetórias de destaque nesse ambiente que impõe dificuldades extras à presença feminina. Mas as gerações vão se sucedendo, e as questões mudam. No próximo capítulo, vamos falar das mulheres nascidas a partir de 1965, que só chegam ao mercado do meio dos anos 80 em diante. As questões enfrentadas certamente são diferentes, já que o mundo se transformou e o patriarcado estrutural adquiriu novas facetas. O que parece mais marcante nas cantoras contemporâneas é o fato de essa luta não ser mais tão solitária. Cada uma, claro, constrói sua jornada particular. Mas seja pelo fato de muitas outras terem vindo antes, seja pela realidade de o mundo estar conectado, unindo os que passam por situações parecidas, a troca de experiências entre elas se tornou mais constante. Isso fortaleceu nossas rainhas do canto. O caminho foi pavimentado por aquelas que vieram primeiro. E as novas gerações têm ocupado esse espaço de forma brilhante.

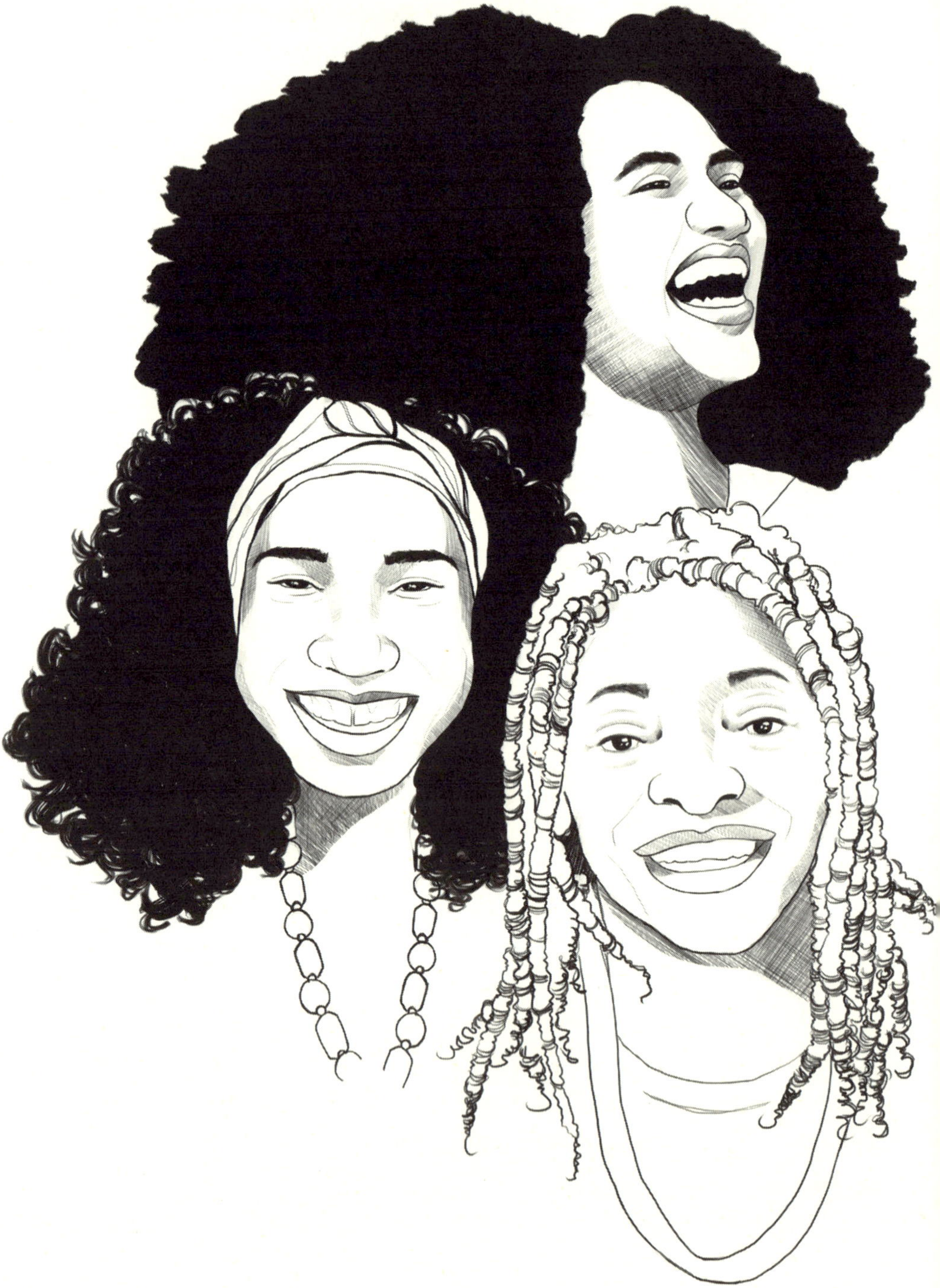

11. NOVAS RAINHAS

Ano de 2020. O mundo enfrenta a pandemia da Covid-19, o isolamento social é uma realidade e os artistas se reinventam nas estratégias de contato com o público. No cenário musical brasileiro, uma cantora se destaca em sua forma de lidar com o problema, criando uma proximidade ainda maior com seus fãs: Teresa Cristina produz lives diárias em seu Instagram, que se tornam ponto de encontro dos artistas (apareceram por lá de Xuxa a Anitta) e são acompanhadas por milhares de seguidores madrugadas adentro. O sucesso da iniciativa foi celebrado em matérias de sites e jornais, que apontaram Teresa como a "rainha da quarentena".

Em suas apresentações, a cantora relembrava músicas clássicas, contava histórias de sambistas, conversava com os fãs, promovia "namoros virtuais" e recebia convidados. Participaram das lives nomes como Alcione, Nilze Carvalho, Dorina, Simone, Roberta Sá, Marcelle Motta, Gal Costa, Maria Gadú, Áurea Martins, Mart'nália, Daniela Mercury, Marisa Monte, Mariene de Castro, Marina Lima, Márcia Castro, Grazzi Brasil, Zélia Duncan, Preta Gil, Céu, Eliana Printes, Alice Caymmi, Joanna, Clara Buarque, Bebel Gilberto, Mônica Salmaso, Rita Benneditto, Maíra Freitas, Rosa Passos, Paula Morelenbaum, Anastácia, Juliana Diniz, Simone Mazzer, Marina Íris, Silvia Borba, Letrux, Margareth Menezes e muitas outras. A novidade, além da tecnologia, foi a relação afetuosa estabelecida entre tantas mulheres talentosas, retrato de um tempo em que elas procuram se ver não mais como concorrentes (como o mundo machista as fazia crer), mas como aliadas. Não à toa, um dos conceitos mais representativos dessa época é o de "sororidade", que define o vínculo de apoio entre mulheres que compartilham ideais parecidos.

Esse é apenas um aspecto da nova forma como as mulheres se enxergam no mundo. A década de 2010 foi marcante para os novos caminhos que tomou o movimento feminista — não só ele, mas também ativismos como o racial e o LGBTQIA+. A cultura digital nascida no século 21 transformou profundamente a sociedade e teve impactos extremos na forma de organização de grupos com interesses afins. Com o mundo conectado e o celular se tornando uma extensão de nossos corpos, as interações sociais mudaram abruptamente, criando novos modelos de participação dos indivíduos na coletividade. Isso teve consequências nas formas como os movimentos sociais passaram a se constituir, gerando o que ficou conhecido como "net-ativismo".

As mulheres, por exemplo, puderam se organizar em rede, identificando demandas que, a princípio, poderiam parecer individuais, mas que rapidamente se mostraram coletivas; ganhando força em suas ações pela participação de um número cada vez maior de pessoas; e gerando mobilizações rápidas e assertivas que, mesmo iniciadas no mundo virtual, tiveram impacto na vida real. Um dos emblemas desse período é a criação de hashtags, que as ajudaram a se expressar sobre determinados assuntos, mostrando a força da coletividade e incentivando a exposição pública de temas que em outros tempos ficariam restritos aos círculos íntimos. Alguns exemplos de símbolos na luta contra o machismo foram #nãoénão, #primeiroassédio, #nãomereçoserestuprada, #meuamigosecreto, #metoo e #mexeucomumamexeucomtodas. A nova geração já chegou consciente de seus direitos, sabedora dos problemas da sociedade sexista e disposta a lutar contra qualquer tipo de discriminação. A mudança foi rápida e profunda, no que ficou conhecido como Primavera Feminista.

O assunto é amplo, complexo e demandaria muitas páginas para ser examinado — e uma extensa bibliografia sobre o tema já está sendo produzida. O importante, em nosso contexto, é a percepção de que esse movimento gerou uma série de modificações no comportamento feminino — e no masculino também. As cantoras irmanadas e demonstrando afeto genuíno nas lives de Teresa Cristina são um retrato desse período, num passo importante que as mulheres deram para se livrar das amarras da sociedade patriarcal.

Apenas para efeito de comparação, volto quarenta anos no tempo para relembrar outro momento emblemático que promoveu uma reunião de cantoras, o especial da TV Globo *Mulher 80*. O programa juntou a nata da MPB feminina brasileira (exceto as sambistas, como vimos): Elis, Fafá, Gal, Joanna, Bethânia, Marina, Rita, Simone, Zezé e o Quarteto em Cy. A equipe que conduzia o programa era representativa da época: numa atração sobre o universo feminino, o comando era todo masculino. Os textos foram escritos por Euclydes Marinho e Luiz Carlos Maciel, a direção ficou a cargo de Daniel Filho e a produção musical coube a Guto Graça Mello. Além disso, entre os autores das canções da trilha, havia quinze compositores homens, e apenas quatro mulheres. O programa entrou para a história por reunir tantos talentos da música ao mesmo tempo. Mas, nos bastidores, ficou marcado por pequenas intrigas entre as participantes, que não tiveram uma convivência tão amistosa fora das câmeras.

Daniel Filho teve que criar estratégias para conseguir juntá-las. Era importante reforçar que nenhuma delas seria "a estrela" da atração, todas estariam em pé de igualdade em cena. Além disso, a música que cantariam em conjunto não viria do repertório de uma das participantes, mas seria uma canção necessariamente "neutra", para que não houvesse melindres. *"Caso contrário, o mal-estar se instalaria e a guerra de egos poderia colocar tudo a perder. Elas poderiam até cantar juntas, desde que não fosse um sucesso retumbante de uma 'rival'. Coisa de diva"*,[244] registra a biografia de Elis Regina, "Nada será como antes". A canção escolhida foi *Cantoras do rádio* (João de Barro/Alberto Ribeiro/Lamartine Babo), do repertório de Carmen Miranda.

As estrelas só se reuniriam para um único número juntas, e as demais gravações seriam produzidas individualmente. Mesmo assim, houve uma saia justa durante o encontro para a cena musical coletiva, como contou Daniel Filho no DVD do programa: *"Procurando cobrir a parte de solo da orquestra, pedi que elas fizessem uma roda e depois um 'passa-passa', uma dando a mão para a outra. Mas eu não sabia que duas delas não se cumpri-*

---

244. MARIA, Julio. *Elis Regina: Nada será como antes*. São Paulo: Editora Master Books, 2015, p. 351.

mentavam. Quando passa uma pela outra, as duas tiram a mão..."[245], revelou Daniel, ressaltando que excluiu o momento "não me toque" da edição final do programa. Comparar o *Mulher 80* com os atuais encontros das cantoras de samba dá uma dimensão do quanto se avançou nos últimos quarenta anos.

Teresa Cristina, mesmo antes das "lives da quarentena", já experimentava movimentos nessa direção. Em suas redes sociais, fazia postagens semanais com as hashtags #elogieumamulherhoje e #elogieumamulherpreta, com o objetivo de dar visibilidade a novas artistas ou mesmo enaltecer colegas já conhecidas do público. Criou uma playlist só com músicas de cantoras em suas plataformas digitais. Também montou um show, *Sorriso negro*, em que levava para a cena uma banda formada por mulheres. Sinais de uma nova era. "*Me incomodava a visão de que mulheres tinham que ser inimigas. Eu não posso ser inimiga de uma igual. E nós passamos por muitas coisas parecidas, temos dificuldades que nos aproximam*"[246], diz Teresa, que se tornou a grande representante desse novo tempo, brilhando com seu talento nos palcos e com suas ideias fora dele.

Essa conscientização é resultado de um processo de amadurecimento das questões que concernem à igualdade de gênero. No caso de Teresa, que iniciou a carreira no fim dos anos 90, houve outras fases até chegar às atuais convicções. Ela conta, por exemplo, que sua decisão de não emprestar a voz a músicas com cunho machista esbarra em lembranças da juventude, quando cantou sambas com versos como "*Se essa mulher fosse minha / Eu tirava do samba já, já / Dava uma surra nela / Que ela gritava 'chega'*" (Haroldo Torres/Geraldo Gomes). Teresa relembra: "*Eu já cantei essa música! Porque o samba hipnotiza a gente, tem melodias belíssimas que nos envolvem. Esse é um samba de roda, elétrico, eu já dancei, bati palma. Quando você junta a batucada com o clima da roda de samba, às vezes não percebe o que a letra está dizendo. Mas hoje isso não tem mais lugar. As histórias de agressão a mulheres não são metáforas, elas estão acontecendo à nossa volta. Não dá pra cantar isso como se fosse normal.*"

---

245. DVD *Mulher 80*. TV Globo/Biscoito Fino, 2008.

246. Entrevista ao autor.

Quando fez shows de voz e violão cantando a obra de Cartola, Teresa Cristina percebeu como o público prestava mais atenção às letras, evidenciadas pelo formato sem a tradicional batucada. Na seleção de repertório para o CD *Teresa canta Cartola*, ela deixou de fora "Feriado na roça", que relata um feminicídio: "*Daí a duas ou três horas já passadas / Chegou ela acompanhada com um rapaz de uns trinta anos /(…) Naquela hora minha vista ficou escura / Minha mão foi à cintura e dois tiros disparei / E me encontraram com uma arma fumegando / Seu doutor, rindo e chorando / Se morreram os dois, não sei.*"

Já o sucesso "Mil réis" (Candeia/Noca da Portela) despertou reações surpreendentes em seus shows. A música foi composta com o eu-lírico feminino, posto que o desejo dos compositores era que Clara Nunes interpretasse a canção. Mas Clara acabou não gravando, e Candeia a levou para seu disco *Axé*, trocando os versos para a voz masculina. A música ficou conhecida assim: "*Não mereço perder tantos anos na vida / Tentarei te esquecer, perdida / Perdida porque não honraste um homem / Manchaste o meu nome e tudo quanto te ofertei.*" Teresa ouviu a versão original descrita por Noca e passou a cantá-la em seus shows. A letra diz: "*Não mereço perder tantos anos da vida / Tentarei te esquecer, sentida / Sentida porque tu não foste homem / Manchaste o meu nome e tudo quanto te ofertei.*" Não foram poucas vezes em que a cantora observou protestos velados nas rodas ao verso "*Sentida porque tu não foste homem*": caras feias, semblantes nervosos, músicos parando de tocar.

Esse olhar repressor não é novidade para Teresa. Quem a viu toda desinibida nas lives do Instagram não imagina que, no começo da carreira, era criticada por cantar no palco de olhos fechados. A timidez em cena gerou belíssimo fruto composto por ela, a música "Cantar": "*Cantar / Desnudar-se diante da vida / Cantar é vestir-se com a voz que se tem (…) / No canto / Vou jogando a minha vida pra você / Por isso, fecho os olhos pra não ver.*" A artista demorou a entender a razão de seu acanhamento diante do público. E foi buscar na infância uma sensação comum na vida de mulheres, negros, gays e todos os que convivem com as amarras sociais: a angústia de se sentir oprimido. "Só depois dos 40 anos eu fui entender isso. Era um sufocamento. Eu entrei no colégio e só tirava nota alta, gabaritava as provas. Tinha uns 6 *anos de idade. Era considerada CDF e gostava da turma da bagunça, mas eles não me aturavam porque eu tirava nota boa. Eu era a única negra e sofri muitos ataques racistas na sala de aula. Aí fui me retraindo, entrando pra dentro de mim. Eu não era tímida; eu fui ficando tímida. Você passa a achar que o que você faz, o que você sabe, não é suficiente para as pessoas gostarem de você."*

O fato de Teresa Cristina ter voltado ao período escolar para buscar as lembranças da opressão não é um caso isolado. Em geral, é no colégio que ocorrem as primeiras manifestações de machismo, racismo e homofobia, asfixiando as vítimas desde cedo. A filósofa Djamila Ribeiro inicia um de seus livros fundamentais, *Quem tem medo do feminismo negro?*, justamente com um forte relato pessoal sobre seus tempos de escola. É a partir daí que as crianças tentam criar mecanismos que as protejam desse ataque externo que, ao mesmo tempo em que é bem reconhecível, tem origem incerta. No caso de Teresa, o ambiente tóxico a tornou uma criança introvertida.

Esse movimento de se voltar para dentro também foi o responsável pelo lado compositora de Teresa Cristina ter ficado adormecido. A artista, que começou a compor antes de virar cantora, já tem mais de vinte anos de carreira, mas ainda não realizou projeto que acalenta desde o início: gravar um álbum só com canções próprias. *"Eu ia escrevendo e guardando. Agi assim ao longo dos anos. As mulheres fazem muito isso... Mas eu preciso me mostrar, mostrar as coisas que eu faço. A gente comete erros no passado, mas muda."*

A dificuldade de uma mulher dar vazão ao seu lado compositora tem raízes num tipo de ambiente que custa a lhe dar a palavra. As cantoras que apareceram neste livro (as exceções são Dona Ivone Lara e Leci Brandão), mesmo com todo o reconhecimento público e o prestígio artístico, sempre gravaram muito mais autores homens do que mulheres. Elas podem ter brilhado com suas vozes, mas o discurso era predominantemente masculino. O livro *Estudos feministas e de gênero: articulações e perspectivas* traz artigo da pesquisadora Lia Scholze sobre o tema: *"As mulheres historicamente têm ocupado um papel de invisibilidade social que procura esconder seu potencial criativo, sua capacidade produtiva e seu protagonismo nas grandes mudanças da história da humanidade. Suas histórias são silenciadas ou usurpadas, mantidas em segundo plano para não empanar o brilho dos heróis mascu-*

linos. Tanto na literatura, no teatro, na música, nas ciências, tem sido recorrente este esforço de não dar voz às mulheres. A expectativa é de que, ao narrarem sobre si, essas mulheres reflitam sobre suas potencialidades, suas histórias de superação e vitória, criando os meios para que elas possam promover as mudanças a partir do modo como posicionam a si e aos outros, fortalecendo formas positivas de autoconfiança, autorrespeito e autoestima."[247]

Essa parece ser a explicação para que o impulso de escrever seja tão sufocado em nossas rainhas do canto, como aparece nos relatos de várias delas. Daí a importância de as mulheres se tornarem compositoras, para que contem as próprias histórias, a partir de suas perspectivas, com seu olhar particular. A boa notícia é que a nova geração quebra esse paradigma, apresentando um contingente enorme de cantoras/compositoras.

Ainda sobre esse tema, Teresa Cristina relembra o Estandarte de Ouro de Melhor Samba-Enredo da Série A que ganhou em 2015. O Estandarte é o maior prêmio do carnaval carioca, organizado pelo jornal *O Globo* desde 1972, elegendo os melhores em diversas categorias. Teresa levou o troféu ao assinar o samba da Renascer de Jacarepaguá ("Candeia, manifesto ao povo em forma de arte") ao lado dos parceiros Moacyr Luz e Claudio Russo. Antes dela, apenas uma mulher havia ganhado o "Oscar do carnaval" nessa categoria: Dona Gertrudes, da Unidos de Lucas, autora de "Lua viajante" (com Zeca Melodia e Dagoberto), vencedor do Estandarte em 1982. Como os dois sambas foram de agremiações do segundo grupo, até o carnaval de 2020, em 49 edições do prêmio, nunca uma mulher levou o troféu no desfile principal, um exemplo claro da ausência de compositoras nas escolas de samba, o que espanta Teresa: *"Dona Ivone Lara compôs 'Os cinco bailes da história do Rio' em 1965, há mais de cinco décadas. Ela só não ganhou o Estandarte de Ouro porque o prêmio não existia naquela época. Mas será que nesse tempo todo nenhuma mulher olhou aquela figura espetacular da Dona Ivone, cantando e compondo, e pensou: 'Eu quero ser isso aí também'? Ninguém se espelhou nela dentro de uma escola para fazer samba-enredo? Claro*

---

247. SCHOLZE, Lia. In: STEVENS, Cristina; OLIVEIRA, Susane Rodrigues de; ZANELLO, Valeska. *Estudos feministas e de gênero: Articulações e perspectivas*. Florianópolis: Editora Mulheres, 2014, pp. 570-571.

que sim! Mas toda compositora começa com a primeira música. E aí não é ouvida pelos outros, ninguém chama pra cantar... Ela desiste."

Teresa teve um exemplo desses dentro da própria casa. Sua mãe, Hilda, sempre sonhou ser cantora e soltava a voz em família, fazendo "duetos" com os artistas que ouvia no rádio. Mas nunca conseguiu cantar profissionalmente. Talvez por isso tenha encarado com tanta alegria a decisão da filha de buscar a carreira musical. Logo no começo da trajetória de Teresa, no Bar Semente, na Lapa, Hilda se animava e subia ao palco para pequenas canjas. As participações se intensificaram, e ela chegou a cantar uma faixa no DVD que Teresa lançou em 2010, *Melhor assim*. Em 2020, a portelense criou encontros semanais transmitidos pelo Youtube, as "Jovens lives de domingo", para cantar junto com a mãe. Hilda ainda tem outro troféu na carreira: emplacou como compositora uma música num disco de Beth Carvalho, "Novo endereço" (Tia Hilda Macedo/Fernando Cerole).

As inspirações às vezes são caseiras, mas às vezes surgem de onde menos se espera. Quando Teresa Cristina ouviu a canção "Beijo sem", escrita por Adriana Calcanhotto, sentiu algo diferente. A música traz uma melodia à moda antiga, mas o discurso da mulher que vai à Lapa decotada e bebe todas, sem culpa, soou como novidade nos ouvidos da sambista. *"Era o tipo de música que eu queria. Aquilo não existia, um samba tão feminino... Eu sentia falta disso"*, conta ela. Para gravar a canção, ela convidou Marisa Monte, num dueto memorável.

"Eu não sou mais quem você
Deixou, amor
Vou à Lapa, decotada
Viro todas, beijo bem
Madrugada, sou da lira
Manhãzinha, de ninguém
Noite alta é meu dia
E a orgia é meu bem"

A canção de Adriana Calcanhotto, gravada por Teresa em 2010, era o prenúncio de uma década que assistiria a uma avalanche de sambas compostos a partir do ponto de vista da mulher, a reboque da nova geração de cantoras/compositoras, introjetando no repertório do gênero uma feminilidade nunca vista. Calcanhotto teve importância nesse sentido, já que suas músicas gravadas em 2011 no CD *O micróbio do samba* serviram de inspiração para muitas artistas. Roberta Sá é uma delas. A potiguar foi se aproximando do samba ao longo da carreira, até se tornar uma das mais elogiadas vozes do gênero e formar uma grande legião de fãs.

Ao ouvir o álbum de Calcanhotto, Roberta mudou sua concepção sobre o papel do feminino diante da música. "*Ali ficou claro pra mim que a voz da mulher precisava traduzir seus desejos. As letras são femininas, empoderadas, nós somos as protagonistas. E isso se refletiu no meu trabalho. Vou dar um exemplo. No meu segundo disco, gravei uma música que eu adoro, chamada 'Interessa?' Ela dizia assim: 'Quem é que não desejava / Ter um maridinho assim? / A sorte não é pra todas / Talvez seja só pra mim.' Havia uma concepção de mulher ali. Anos depois, num álbum mais recente, a canção 'Me erra' traz um verso que diz que eu sou 'rainha da minha bateria'. Já é totalmente diferente. Tem uma distância grande aí, entre a mulher que quer o 'maridinho' e aquela que é a 'rainha'. Eu levei muito tempo pra dizer que sou rainha da minha bateria*"[248], diz ela.

Nesse período de conscientização, Roberta Sá relata que passou por inúmeras situações constrangedoras, das mais leves às mais desagradáveis: "*Tem músico que te chama de 'florzinha' na passagem de som, como se quisesse te diminuir. Tem produtor que te coloca num lugar menor, como se você não soubesse o que está fazendo. A gente aprende a se livrar dos assédios, a viver se esquivando. Era normal eu ter que pedir para um homem tirar a mão da minha perna, quando na verdade ele não tinha que estar colocando a mão na minha perna.*"

O risco de ser assediada a qualquer momento, nos lugares mais variados possíveis, faz com que as mulheres tomem atitudes que as coloquem num lugar mais protegido. No caso de Roberta, isso se refletiu até em sua persona artística: "*Quando eu comecei a cantar, me vestia de maneira comportada, porque tinha medo de expor minha sensualidade no palco. Era como*

---

248. Entrevista ao autor.

se eu não pudesse ser a mulher que eu sou. Essa repressão vem da maneira como nós somos criadas e do que aprendemos sobre como uma mulher deve agir. Mas na verdade a mulher tem que se comportar do jeito que ela quiser; ainda mais uma artista, que tem que ser contestadora, livre, tem que estar no palco inteira e plena."

Esses bloqueios também atingiram o lado compositora de Roberta Sá. Apesar de procurar incluir músicas suas nos discos, nunca foi fácil para ela se assumir como compositora. E, quando isso aconteceu, se sentia mais segura fazendo as melodias, mesmo tendo facilidade com as palavras — ela é formada em Jornalismo. Este é outro ponto em comum nas histórias das mulheres, que eram mais bem aceitas na construção melódica do que nos versos, que é onde o discurso se faz mais presente. *"Seria um caminho natural fazer letras e melodias, mas eu me reprimi. Eu acreditava que não era capaz de compor, talvez até por não ver tantos exemplos de mulheres compositoras. Isso é histórico na nossa música: nunca atribuíram a Dona Ivone Lara o mesmo valor que Cartola; ou a Chiquinha Gonzaga o mesmo valor de Villa-Lobos. E eu era muito carrasca de mim mesma na juventude, me cobrava demais. A gente se exige muito e isso me custou algumas coisas. Eu também sempre reprimi meu lado instrumentista, demorei a pegar um instrumento. Só recentemente comecei a tocar ukulele"*, conta.

Outra usuária constante do instrumento português-havaiano é Marisa Monte, que pode não ser exatamente uma sambista, mas tem fortíssima relação com o gênero: é filha de Carlos Monte, ex-diretor da Portela; lançou um CD inteiro de sambas, *Universo ao meu redor*; produziu disco e filme sobre a Velha Guarda da Portela; e tem no repertório canções de Cartola, Paulinho da Viola e Candeia, entre outros sambistas. Marisa traz um olhar aparentemente "de fora" sobre o samba, mas que na verdade é totalmente "de dentro". Sua formação musical é tão ligada ao gênero que ela decidiu aprender a tocar cavaquinho por ver Dona Ivone Lara e Beth Carvalho se apresentando com o instrumento — mais uma mostra de como a representatividade é importante na construção de uma carreira. Mais tarde, como as cordas de aço do cavaco machucavam seus dedos, trocou pelo ukulele, que é mais suave.

A história musical na família de Marisa vem de longe. Sua bisavó, Sofia, tinha uma linda voz para a ópera. O marido comprava partituras e levava para ela, que só mostrava seu talento em casa. "*Ela cantava em família. Apesar de cantar lindamente, jamais poderia ser uma cantora profissional como eu sou. Olha que loucura: se eu tivesse nascido há 60, 80 ou 100 anos atrás, toda a minha vocação teria sido direcionada para uma função completamente diferente. A minha bisavó ser cantora era coisa de mulher indigna, desonrada, de baixíssimo nível.*"[249]

Marisa Monte começou sua carreira fonográfica em 1989, com o LP *MM*, que trouxe faixas como "Preciso me encontrar" (Candeia) e o samba-enredo do Império Serrano no carnaval de 1976, "Lenda das sereias, rainha do mar" (Dinoel/Vicente Mattos/Arlindo Velloso). O disco, que logo a tornou uma das maiores estrelas da música brasileira, foi gravado ao vivo para um especial de TV e lançado pela EMI. Uma das lembranças de Marisa ao chegar à gravadora era a reverência e o carinho dos funcionários com duas cantoras, Elizeth Cardoso e Clara Nunes. Apesar da exaltação das figuras femininas, no dia a dia de trabalho a novata encontrou uma maioria esmagadora de homens: "*Eu venho de uma família com muitas mulheres, e quando comecei minha vida profissional entrei num meio 95% masculino. A função que a mulher tinha na música era só a de intérprete. Mas o restante eram todos homens: instrumentistas, produtores, funcionários das gravadoras. Não tem motivo para uma mulher não poder ser técnica de luz ou de som, por exemplo. Você só achava instrumentistas na música clássica, em orquestras, tocando violino; mas na música popular, não.*"

Marisa levanta uma questão interessante acerca da presença feminina na música erudita em comparação com a música popular. Embora as mulheres também tenham sofrido preconceito nas orquestras (duas das maiores Filarmônicas do mundo, Berlim e Viena, demoraram muito a aceitar as instrumentistas em seus quadros), o mercado clássico sempre foi mais receptivo a elas do que o samba, por exemplo. Nos anos 80 e 90, já se viam no palco inúmeras violinistas, violoncelistas e contrabaixistas, mas eram raras as pandeiristas, cuiqueiras ou cavaquinistas. Uma das explicações possíveis é o fato de o meio de acesso às orquestras ser mais formal, através de concursos e seleções públicas, muitas vezes utilizando biombos para que

---

249. Entrevista ao autor.

não se enxergue o candidato, apenas se ouça o som. Já na música popular, a arregimentação sempre foi informal, deixando as mulheres à mercê de convites de gravadoras e produtores — homens, claro.

Como acontece com a maioria das mulheres, Marisa Monte começou a carreira pela voz, mas não se contentou com isso. Aos poucos, expandiu seus tentáculos criativos em outras direções. Já no segundo disco, incluiu cinco músicas próprias, entre elas os sucessos "Beija eu", "Ainda lembro" e "Eu sei". Em seguida, passou a compor para outros intérpretes, até fazer um disco em que assinava todas as canções, o primeiro dos Tribalistas. Também começou a produzir seus próprios álbuns e a assumir a produção de CDs de colegas. Ali, percebeu algum estranhamento por ser uma mulher numa função historicamente ocupada por homens. "*Como cantora e compositora, nunca senti problemas por ser mulher. Mas quando comecei a fazer produções que não eram as dos meus discos, em trabalhos de Carlinhos Brown, Velha Guarda da Portela, Tribalistas e Argemiro Patrocínio, percebi um olhar diferente. É algo sutil, nunca falaram nada diretamente para mim. Mas não havia outras produtoras mulheres. As pessoas estranham.*"

Quem também tem recentes trabalhos como produtora é Nilze Carvalho. Ela assumiu a função em álbuns de Renata Jambeiro e do grupo Moça Prosa. É interessante nos debruçar sobre sua trajetória, que tem características muito diferentes das demais. Nilze já tocava cavaquinho aos 5 anos de idade, e dos 11 aos 14 gravou com seu bandolim uma série de quatro discos chamada *Choro de menina*. Ou seja, sua carreira começa pelo instrumento, como solista, e ainda criança. Só depois ela parte para o canto, como vocalista do Sururu na Roda e em carreira solo. Esse trajeto incomum fez Nilze ter experiências distintas na relação com o machismo e o racismo. "*Não tenho histórias de preconceito para contar. Não vivi isso, nem como mulher nem como negra. Nas ruas é claro que já senti discriminação, mas no meio artístico, no meu trabalho, isso nunca aconteceu. Talvez por eu ter começado muito pequena, tendo sempre o meu pai do lado... Com criança o tipo de cobrança é outro*"[250], conta Nilze.

---

250. Entrevista ao autor.

O relato faz sentido se pensarmos que, quando começou na música, Nilze não era uma "mulher"; era uma "criança", o que muda esse olhar externo sobre as questões de gênero. Mais do que isso, ela era uma virtuose do cavaquinho e do bandolim, um prodígio do chorinho. Desde o começo foi vista de forma diferente. "*Eu poderia ter sofrido muito, porque era uma época em que as mulheres não tinham entrada. O samba era o mundo dos homens. Mas eu comecei pequena, fazendo choro, que era uma música de adulto. É um caso diferenciado*", conta Nilze, que mais tarde, quando tocou na banda de Nei Lopes, era a única mulher.

Quem também não enfrentou grandes percalços pelo fato de ser mulher no samba foi Mart'nália. Assim como Nilze, ela começou como instrumentista, para só depois virar cantora. Seu caso é sui generis por ter iniciado tocando percussão, área ainda mais associada aos homens. "*Quando comecei, eu nem pensava nisso. Tocava na bateria da Vila Isabel, vinha de uma família de músicos. Depois, quando eu vi que demoraram a surgir outras percussionistas, aí é que eu me dei conta de que não havia mais mulheres tocando*", conta Mart'nália, que cresceu com figuras femininas fortes à sua volta: "*Eu via Leci e Jovelina nas rodas. Elas chegavam e cantavam, não precisavam pedir licença nem cantar mais alto que ninguém. Rosinha de Valença tocou muito tempo com meu pai. E ele incentivou os filhos mais velhos (eu, Analimar e Martinho Antônio) a ter carteirinha da Ordem dos Músicos. Sempre tive essas referências dentro de casa.*"[251]

As referências próximas ajudam a explicar a visão de Mart'nália sobre a figura feminina. Quando ela nasceu, em 1965, o cantor da família não era o pai, e sim a mãe. Martinho da Vila era apenas o compositor que escrevia as músicas para a esposa, Anália Mendonça, cantar. Em 1968, Martinho criou um show chamado *Nem todo crioulo é doido*, no qual Anália era uma das estrelas. Ela também fez parte do disco que surgiu a partir do show, *Nem todo crioulo é doido — Martinho da Vila e seus amigos do partido-alto*, que é anterior ao primeiro LP solo do bamba da Vila Isabel. Nesse álbum, Anália canta duas faixas, "Só Deus" (Jorginho/Walter Rosa) e "Berço do samba" (Silas de Oliveira/Edgard Cardoso). No encarte, Martinho apresenta a es-

---

251. Entrevista ao autor.

treante dizendo que ela tem uma "voz diferente e ainda vai ser a maior cantora do Brasil".

Os papéis da cantora e do compositor estavam tão definidos no âmbito doméstico que, quando Martinho foi chamado pela RCA para uma reunião, achou que queriam apenas conhecer as músicas que ele havia escrito. Ao receber a proposta para gravá-las em um LP, respondeu: "*Eu não sou cantor, cantor é o Jair Rodrigues, o Jamelão. A cantora da casa é a Anália...*"[252] O fato é que Martinho acabou gravando seu primeiro disco, em 1969, que foi um estouro e mudou a forma como o samba era visto na indústria fonográfica. Já a carreira de Anália não foi adiante. "*Ela cantava bem, tinha uma voz forte, fez muito sucesso no Teatro Opinião com a minha música 'Tom maior', mas não chegou a gravar*"[253], explica Martinho. Como naquela época o mercado ainda era fechado para a figura da "cantora de samba" (Clara Nunes só estouraria anos depois), pergunto ao gênio da Vila se o fato de ser mulher pode ter atrapalhado a carreira de Anália: "*É bem possível, porque os produtores prometiam muito, falavam que iam colocar ela nas gravadoras, mas depois não concretizavam.*"

Dona de um timbre inconfundível, elogiado pelos grandes nomes da nossa música, Mart'nália reconhece no grave de sua voz uma herança da mãe, Anália. Mas conta que a forma de sambar foi inspirada por outra deusa. A cantora lembra que, quando via as passistas sambando na quadra da Vila Isabel, não se reconhecia, porque não tinha aquele jeito exuberante, o bailado com a postura ereta. Foi então que assistiu a Dona Ivone Lara dançando no palco, com seu samba miudinho, pé arrastando no chão, passos curtos. Só aí se sentiu à vontade para exibir seu samba no pé, menos clássico, mais malandreado, mostrando que mulher pode sambar de qualquer jeito.

À vontade Mart'nália também sempre esteve com sua sexualidade. Mas nunca fez disso uma bandeira, sem levar o tema para a música. Segundo ela, isso vem da forma como a homossexualidade foi tratada em casa. "*Nunca misturei minha carreira com a sexualidade, porque nunca

---

252. SUKMAN, Hugo. *Martinho da Vila: discobiografia*. Rio de Janeiro: Casa da Palavra, 2013, p. 25.

253. Entrevista ao autor.

passei por nada que me levasse a fazer isso. Hoje em dia tudo está mais aberto, e o samba nunca foi muito preocupado com essas questões. O povo quer saber se a mulher canta, se a voz é boa, se a música é legal. Acho que isso vem também da minha família, de sempre ter sido aceita como eu sou", conta.

A relação tranquila de Mart'nália com assuntos de gênero, corpo e sexualidade teve uma demonstração pública no Rock in Rio de 2015, quando participou de uma homenagem a Cássia Eller, no Palco Sunset. Relembrando uma cena memorável da roqueira, que mostrou os seios durante o Rock in Rio 2001, o tributo a Cássia foi encerrado com as mulheres tirando a blusa no palco, entre elas Zélia Duncan, Lan Lan e Mart'nália. A sambista foi a mais empolgada: enquanto as demais apenas levantaram a camisa, Mart'nália tirou a sua e ficou de torso nu até o fim da apresentação. Mais do que uma ação performática, a atitude ilustrou a forma como a sambista lida com essas questões, sem neuras, despreocupadamente, se manifestando mais pelo exemplo do que pelo discurso.

A atriz e escritora Cristina Flores faz interessante reflexão sobre o assunto no livro *Explosão feminista*. Ela protagonizou uma performance com os seios à mostra que gerou grande repercussão e avaliou como essa exposição do busto é uma posição política para as mulheres: *"Um corpo não pode ser resumido ao serviço que presta. Mamilos não são só de chupar. O corpo da mulher não é só pra servir. Deveria poder existir em silêncio, fora dos desejos. (...) (O torso feminino nu) é o prenúncio de uma época de maior respeito com os direitos da mulher em última análise. Esse corpo não quer nada. Como quando um homem tira a blusa, ele não quer necessariamente nada com isso. Homem não precisa de motivo (para tirar a blusa).*"[254] A segunda metade da década de 2010, não por acaso, assistiu a uma explosão de seios nus femininos, seja no carnaval de rua ou em outras manifestações, como a Marcha das Vadias e os "toplessaços".

Apesar de os dias de hoje enxergarem avanços na relação das mulheres com o corpo e com a forma de se vestir, essa preocupação esteve presente

---

254. HOLLANDA, Heloisa Buarque de. *Explosão feminista: Arte, cultura, política e universidade*. São Paulo: Companhia das Letras, 2018, p. 165.

no início da carreira da maioria das cantoras de samba. Fabiana Cozza, uma das intérpretes de maior destaque no cenário musical dos últimos anos, começou a carreira em rodas de samba da Vila Madalena, em São Paulo, a única mulher em uma banda formada apenas por homens. Para "sobreviver" ali e ter seu talento musical reconhecido, percebeu que teria que adotar algumas estratégias de comportamento: usar roupas discretas e não namorar ninguém no local de trabalho. *"Recusei muitos namoros naquele ambiente, porque sabia que o machismo era imenso. Eu podia estar apaixonadíssima, mas ninguém sabia, muito menos a pessoa. Sempre fui uma mulher vaidosa, mas entendi que, para não ser considerada vulgar, tinha roupas que eu podia vestir, e outras não. Eu não usava saia curta, por exemplo. É uma coisa da qual eu não me orgulho, e só hoje eu consigo entender as razões disso."*[255]

Em seu dia a dia nas rodas, Fabiana Cozza notava algo que está entranhado na cultura machista: o olhar sexualizado do homem para a mulher. Para evitá-lo, reprimia seu comportamento corporal em cena e fora dele, passando a ser "respeitada" pelos companheiros e pelo público: *"Eu percebia que aquelas passistas maravilhosas, com todo o malabarismo poético de sua dança, eram objeto de desejo perverso dos homens. Mesmo sobre as mulheres que estavam cobertas eram ditas coisas horríveis. Por isso resolvi ser discreta. A nossa cultura tem esse olhar masculino erótico. Na rua, muitos homens olham para a bunda, e não para os olhos da mulher. Quem começa pela MPB ainda tem um status maior. Mas no samba é diferente, porque ele carrega todo o preconceito social e racial que faz com as mulheres sejam vistas de forma sexualizada."*

A decisão de seguir o caminho da música não foi bem recebida na casa de Fabiana. Ela cresceu com raízes profundas no samba, já que seu pai, Oswaldo dos Santos, foi cantor e compositor da escola paulistana Camisa Verde e Branco. Mas a primeira reação familiar foi negativa a seu desejo profissional. O pai não gostava da ideia de ver a filha cantando na noite, naquele ambiente "rodeada de homens". E também não acreditava que ela poderia se sustentar, já que ele, um bamba dos melhores, vivia de sua for-

---

255. Entrevista ao autor.

mação em Economia e Ciências Contábeis, e não do samba. Já a mãe nem cogitava a possibilidade de a filha se tornar sambista — já tinha sofrido muito com o marido boêmio, virando as madrugadas, e não queria que Fabiana fosse pelo mesmo caminho.

A menina até tentou acatar os conselhos familiares, se formando em Jornalismo e fazendo mestrado em Fonoaudiologia na mesma PUC-SP onde os pais estudaram. Só aos 24 anos resolveu se dedicar integralmente à música. *"Quando eu disse ao meu pai que ia largar o jornalismo para cantar, ele me contou tudo que sofreu no samba. E tudo que ele viu as mulheres passarem também. Na vida do meu pai, o samba nunca pôs comida na mesa. Ele era um exemplo de que a música não dava sustento, porque poderia ter sido um grande sambista, mas viveu de outras profissões. Ele ficava preocupado de ter me dado a condição de possuir um diploma, e eu estar deixando aquilo de lado."*

Seu CD de estreia, *O samba é meu dom*, veio em 2004; o reconhecimento chegou quando venceu por duas vezes o Prêmio da Música Brasileira, em 2012 e 2018. Em paralelo ao trabalho de cantora, dedicou-se também ao teatro, fazendo parte de espetáculos que homenagearam Clara Nunes e Clementina de Jesus. Em 2018, surgiu uma das grandes oportunidades da carreira: representar Dona Ivone Lara num musical que estava gerando bastante expectativa nos fãs da Dama do Samba. Mas, quando a escalação do elenco foi divulgada, houve contestações nas redes sociais, alegando que Dona Ivone, cantora de pele negra escura, não poderia ser interpretada por alguém de pele negra clara. Por trás da reação estava o conceito de colorismo, que indica que quanto mais escuro o tom de pele de uma pessoa, mais discriminação ela sofre durante a vida.

O debate sobre a adequação de Fabiana Cozza ao personagem extrapolou o mundo do teatro e da música, transformando-se num assunto discutido em diversos campos da sociedade. O jornal *O Globo* trouxe os argumentos de vozes que se opunham à escolha da atriz. A arquiteta e ativista Stephanie Ribeiro disse que a situação lembrou *"quando a Zoë Saldaña interpretou a Nina Simone. É a lógica racista de não escolher uma pessoa negra de pele mais escura. Isso reforça o embranquecimento de pessoas negras (nas artes) historicamente. (…) Existe um público que busca representatividade e* *que já está no seu limite."*²⁵⁶ Para a dramaturga Maria Shu, também ouvida na reportagem, *"escalar uma artista de pele clara reforça um imaginário de que Dona Ivone seria uma mulher de pele clara, o que não é verdade. Isso também fere a História, porque foi por ter a pele mais escura que Dona Ivone sofreu mais preconceito e demorou tanto para gravar seu primeiro disco, por exemplo."* Shu citou ainda Machado de Assis, Chiquinha Gonzaga e Bispo do Rosário, que tiveram atores de peles mais claras interpretando seus papéis na dramaturgia: *"Isso é muito prejudicial para a construção do imaginário e para a representatividade dos negros. As atrizes de pele escura já têm menos oportunidades e, quando surge um papel para elas, são sempre preteridas em favor de um padrão de negritude que privilegia a pele mais clara, um tipo de negro mais palatável."*²⁵⁷

A repercussão foi tão grande que Fabiana Cozza renunciou ao papel, abrindo mão de uma grande oportunidade profissional. Na carta em que anunciou a decisão, a cantora escreveu: *"Renuncio por ter dormido negra numa terça-feira, e numa quarta, após o anúncio do meu nome como protagonista do musical, acordar 'branca' aos olhos de tantos irmãos. (…) Quero que este episódio sirva para nos unir em torno de uma mesa, cara a cara, para pensarmos juntos espaços de representatividade para todos nós."* Várias personalidades anunciaram seu apoio a Fabiana. A família de Dona Ivone Lara disse que a própria imperiana, que morrera poucos meses antes, aprovava a escolha da paulistana para o papel, já que elas tinham convivido e feito shows juntas nos últimos anos. Outras cantoras negras saíram em defesa da colega. Leci Brandão escreveu que *"às vezes, no afã de expormos as faces cruéis e inadmissíveis do racismo que estruturou o nosso país, nos esquecemos sobre quem estamos falando, e isso é muito ruim. A nossa sensibilidade, uns para com os outros, não deve ser deixada de lado em nome de um academicismo mecânico, tão criticado por nós, justamente, por tentar legitimar discriminações de todo tipo por séculos."* Teresa Cristina também manifestou

---

256. SÁ, Fátima; REIS, Luiz Felipe. "Musical joga luz sobre o racismo na arte". *O Globo*, Rio de Janeiro, 4 jun. 2018. Segundo Caderno, p. 1.

257. SÁ, Fátima; REIS, Luiz Felipe. "Musical joga luz sobre o racismo na arte". *O Globo*, Rio de Janeiro, 4 jun. 2018. Segundo Caderno, p. 1.

seu apoio: "*Todo meu carinho e solidariedade à grandiosa Fabiana Cozza. Cantora negra de voz ímpar, doce e singular.*"

Um ano e meio após o acontecido, quando deu entrevista para este livro, Fabiana já tinha digerido o assunto, conseguindo observá-lo com algum distanciamento temporal. Antes de entrar na questão central do colorismo, pergunto se ela viu algum traço de discriminação de gênero, ou seja, se a situação alcançaria a mesma repercussão e os ataques teriam sido tão agressivos se fosse um homem negro de pele clara interpretando um personagem negro de pele escura. "*É possível que exista esse traço, sim. As mulheres são atravessadas por isso, estão sempre na fogueira. A gente não saiu ainda do lugar da fogueira. Somos os alvos imediatos numa sociedade estruturada a partir do machismo. O alvo é sempre o lado de lá, o elo mais 'fraco', que é a mulher.*"

Sobre a pressão para que não fizesse o papel, Fabiana Cozza amadureceu uma visão diferente da que demonstrou à época da renúncia. Ela diz que se decepcionou com a falta de consequências práticas do debate, que acabou restrito ao caso pontual do musical de Dona Ivone. "*Num primeiro momento, achei que meu recuo pudesse abrir uma discussão democrática, inteligente, articulada. Mas as coisas arrefeceram imediatamente, nada mais se falou, não se propuseram rodas de conversa, nada disso. Hoje eu vejo que aquele foi um ataque surgido na internet, focado na tonalidade da pele, mas desconsiderando as lutas travadas pelo Movimento Negro nos últimos quarenta anos. Essa luta sempre foi de inclusão, e por isso hoje os afrodescendentes somos 56% da população brasileira. Desconsiderar isso é um recuo nessa luta, um equívoco que nos fragiliza e dá munição para o outro lado.*"

Apesar de toda a celeuma, Fabiana Cozza não ficou longe de Dona Ivone Lara. Ela deixou o musical no teatro, mas em 2019 lançou um disco belíssimo, *Canto da noite na boca do vento*, apenas com canções da Dama do Samba. Do público, veio um carinho enorme, embalando a cantora com delicadeza depois de situação tão traumática.

O disco seguinte de Fabiana Cozza foi uma nova reafirmação de coragem. *Dos Santos*, lançado em 2020, é um álbum voltado inteiramente para as religiões de matriz africana, com cânticos, pontos, louvores e orações dedicados às entidades. Esse trabalho nos relembra que há inúmeros outros sistemas de opressão atuando sobre as cantoras, e um deles merece abordagem mais profunda em sua interseção com o feminino: a intolerância religiosa. Uma cantora que experimentou essa ação deletéria ao longo de toda a sua trajetória foi Mariene de Castro. Ela começou sua carreira no meio dos anos 90, na Bahia, como *backing vocal* de Carlinhos Brown, Márcia Freire e Timbalada. Depois, se destacou com o show *Santo de casa*, que ficou anos em cartaz em Salvador. Nessa caminhada, percebeu que o público e a mídia sempre a comparavam com Clara Nunes. A baiana não entendia muito bem o paralelo com a mineira — embora Mariene a admirasse, Clara não estava tão presente em sua herança sonora familiar, que era formada por nomes como Alcione, Elis Regina e Luiz Gonzaga. Só com o tempo entendeu o ponto que as unia: a divulgação da cultura do candomblé em suas obras, seja nas letras das músicas, nas danças ou mesmo no comportamento. Ambas se consolidaram como importantes figuras do axé religioso.

O primeiro álbum de Mariene de Castro, lançado em 2004, era encerrado com três faixas dedicadas às entidades: "Cantigas de São Cosme e São Damião", "Samba no terreiro" e "Pontos de caboclo". Outras canções do CD também traziam referências a orixás, como a belíssima "Raiz" (Roberto Mendes/J. Velloso) e "Prece de pescador (Canto a Iemanjá)" (Roque Ferreira/J. Velloso). No show *Santo de casa*, o toque percussivo e o clima de terreiro predominavam. Os giros sempre foram uma marca característica de sua presença de palco. E, durante sete anos, seu figurino era inteiramente branco, em respeito a Oxaguiã (Oxalá jovem), o orixá de sua mãe espiritual, Mãe Carmen do Gantois, responsável por sua iniciação religiosa.

Essa relação com a fé e a associação com Clara Nunes fizeram Mariene ser escolhida, em 2013, para o projeto do Canal Brasil que celebrava os trinta anos de morte da Guerreira. O resultado foi o impecável CD e DVD ao vivo *Ser de luz — Uma homenagem a Clara Nunes*, que tornou a baiana nacionalmente conhecida.

A ligação com o candomblé, portanto, teve grande importância na consolidação do nome de Mariene como uma das principais representantes do samba nesse século 21. Mas, ao mesmo tempo, foi responsável por fechar várias portas. Com o nome já marcado entre as "rainhas do canto", ela ainda sente que sua trajetória demanda um esforço constante. *"Tenho vinte anos de carreira e vivo numa luta intensa, tendo que me provar o tempo todo. Não sei se é por ser sambista. Ou por ser negra. Ou se é por ser sambista, negra e mulher. Por ser mãe, por ser nordestina... Ou será que é por ser filha de orixá? Sim, esse é o maior desafio. Porque existem outras mulheres negras cantoras. Mas se posicionar diante de uma religião de negros, que ainda hoje é extremamente deturpada, que assiste a esse desejo intolerante de ser exterminada da nossa história, acho que é a grande questão."*[258]

Mariene conta que já ouviu diversas vezes o conselho de que deveria cantar menos para os orixás e reduzir a presença do candomblé em seus shows, porque isso segmenta demais seu trabalho: *"Eu canto a história de minha gente, de um Brasil que o tempo todo tentaram apagar. O que acontece é que, com isso, eu não toco em todas as rádios, não apareço em todas as emissoras de televisão, não me insiro em qualquer metiê, porque eu sou 'aquela que canta música pra Exu'. Eu continuo à margem, como os negros continuam à margem ainda hoje. Eu sou representante desse povo que não pode vestir branco porque é apedrejado, que não pode botar uma conta no pescoço, que tem que esconder suas guias. A intolerância religiosa cresce absurdamente e se reflete no meu trabalho. Eu nunca fui convidada para cantar em alguns lugares e eu tenho certeza de que isso está ligado a minha escolha de repertório."*

O difícil é entender essa realidade em 2020, quase cinquenta anos depois do estouro de Clara Nunes, cujo repertório ficou marcado pelo culto às entidades das religiões de matriz africana, ligação que era reforçada por suas declarações em entrevistas e através de roupas e adornos que usava. *"A gente regrediu muito de lá pra cá. Quando Clara surgiu linda, vestida de branco e cantando pros orixás, parecia uma alforria para todos nós, era uma libertação. Ela foi um marco, tanto que ficou gravada de forma única na memória do povo brasileiro. Mas, hoje, nos vemos novamente amordaçados. É um retrocesso. Não sei se Clara conseguiria ter tanta força hoje quanto teve naquela época. E uma coisa é preciso destacar: a única mulher que teve sucesso no Brasil cantando pros orixás era branca"*, pontua Mariene.

---

258. Entrevista ao autor.

Aqui vale um parêntese para falar sobre Clara, já que vários personagens entrevistados para este livro citaram a Mineira como branca. Por outro lado, movimentos de reafirmação da negritude a incluem entre os negros que foram "embranquecidos": em 2007, ela foi uma das estrelas da campanha das secretarias municipal e estadual de São Paulo que visava resgatar as imagens de afrodescendentes ilustres branqueados pela história. Na bibliografia musical, essa incongruência também se faz notar. Lobão escreve em seu *Guia politicamente incorreto dos anos 80 pelo rock*: "*Clara, uma espécie de Michael Jackson na antimatéria, se transformou num fenômeno que acabaria por se repetir com outras cantoras no decorrer dos anos: a magia de uma cantora branca de classe média ir se empretecendo, se africanizando gradativamente. Enquanto Michael clareava, Clara escurecia*"[259]. Já Jurema Werneck cita em *O samba segundo as ialodês*[260] o nome de Clara Nunes em uma relação das mulheres negras de destaque na cultura brasileira.

Independentemente de qual ponto de vista pareça mais próximo da realidade, o fato de Clara ser "branca" ou uma "negra embranquecida" só corrobora a perspectiva de Mariene de Castro, de que é mais difícil para uma cantora inegavelmente identificada como negra superar a barreira da intolerância religiosa. E para uma mulher, também há mais dificuldades por conta da questão de gênero? "*Acho que a figura de Zeca Pagodinho responde isso. Zeca faz sucesso cantando as coisas de santo, mas é a voz de um homem*", opina Mariene.

Apesar dos obstáculos no caminho, Mariene de Castro já teve lindos momentos na carreira, como a participação na cerimônia de encerramento das Olimpíadas do Rio, em 2016, protagonizando o aguardado apagamento da pira olímpica no Maracanã. Ela vestiu o dourado de Oxum e se banhou nas águas enquanto cantava "Pelo tempo que durar" (Marisa Monte/Adriana Calcanhotto), numa das cenas mais impactantes do evento.

Uma vitória para uma mulher que venceu na carreira mesmo com uma jornada — nem dupla, nem tripla — quádrupla! Mariene é mãe de quatro

---

259. LOBÃO. *Guia politicamente incorreto dos anos 80 pelo rock*. Rio de Janeiro: Leya, 2017. p. 144.

260. WERNECK, Jurema. *O samba segundo as ialodês: mulheres negras e a cultura midiática*. Tese (Doutorado em Comunicação) – UFRJ: Rio de Janeiro, 2007, p. 65.

filhos e tem uma trajetória singular nessa relação entre carreira e maternidade. Se para muitas mulheres as gestações e os compromissos familiares são um entrave para se manterem ativas profissionalmente, Mariene de Castro diz que sua experiência foi mais saudável, embora não necessariamente tranquila: "*Eu fui mãe nova, solteira, e meus filhos nunca atrapalharam minha carreira. Sempre viajei, trabalhei, amamentei todos eles até os 2 anos e resolvia tudo sozinha. E tinha que fazer bem feito, porque precisava dar conta das minhas escolhas. Claro que é uma gincana, não digo que é fácil, eu sofria, mas a vida é isso: fazer o que a gente gosta com prazer. Caso contrário, você vira uma mulher frustrada porque não deu atenção à carreira, ou carente porque não viu seus filhos crescerem.*"

Nessa "gincana" de Mariene, um momento marcante foi quando teve que deixar a Bahia e ir para o Rio de Janeiro, em 2012, depois de ser vítima de violência doméstica — uma questão ainda recorrente nos lares brasileiros. Na Cidade Maravilhosa, contou com a ajuda de amigos como Beth Carvalho e Arlindo Cruz, que a hospedaram em suas casas. A baiana conta que, nessa época, ouviu uma frase marcante de Beth Carvalho: "*Eu tinha assinado contrato com a Universal Music. E Beth brincava comigo, dizendo: 'Como pode uma mulher com tanto filho ser contratada por uma multinacional?' No tempo dela era diferente. Elas tinham menos liberdade, porque as gravadoras limitavam a vida dos artistas. Eu sempre tive uma carreira independente, então pude quebrar esses padrões históricos.*"

Analisando os dois períodos, é possível traçar um paralelo entre essas diferentes realidades. Havia uma centralidade das gravadoras na indústria da música nos anos 70 e 80. Boa parte da renda dos cantores vinha da venda de discos, e para se estabelecer nesse mercado era indispensável ser contratado por uma companhia, o que fazia com que os artistas muitas vezes se submetessem a suas exigências. Atualmente, o jogo mudou: as gravadoras perderam sua força, a maior receita dos artistas vem dos shows (os discos são irrelevantes financeiramente) e o cenário independente é a realidade para a maior parte dos músicos.

O ABCDE deste livro é um exemplo de como era o padrão da constituição familiar das cantoras: Alcione e Clara não tiveram filhos; Beth, que demonstrou sua surpresa com as quatro crianças de Mariene de Castro, teve apenas uma, mas nunca foi casada; e Dona Ivone só começou a carreira depois da morte do marido, com os filhos já criados. A exceção é Elza Soares, a única que conciliou carreira com casamento e filhos, mas só ela sabe a enxurrada de críticas que recebeu por seu romance com Garrincha e sua relação com as crianças — o olhar externo é sempre cruel com as escolhas de uma mulher.

A conclusão empírica a que chegamos com os exemplos das sambistas pode ser observada nas pesquisas da socióloga Bila Sorj, coordenadora do Núcleo de Estudos de Sexualidade e Gênero do IFCS/UFRJ. Ela investigou o impacto da desigualdade de gênero no mercado de trabalho brasileiro, mostrando que, mesmo com as transformações ocorridas nas últimas décadas, ainda persistem diferenças muito visíveis, especialmente na correlação entre atividade profissional e configuração familiar: *"Tentei discutir como, apesar de tantas mudanças estruturais, a inserção das mulheres no mercado de trabalho continuou muito mais afetada pelo tipo de família a qual elas pertencem do que os homens (basta ver a taxa de participação e a qualidade dos empregos, o salário, a jornada de trabalho e a formalização). O achado que melhor expressa o peso diferencial da família para homens e mulheres é que as mulheres que moram sozinhas e não formaram família são as que ganham mais, enquanto os homens com melhor remuneração são, ao contrário, casados e com filhos dependentes."*[261]

Esse olhar comparativo entre as gerações de cantoras é um bom mote para chegarmos às atuais detentoras de toda essa herança: a novíssima geração do samba, que se consolidou na carreira musical durante a década de 2010. Um dos maiores destaques dessa cena contemporânea é Marina Íris, que num intervalo de cinco anos conseguiu lançar quatro discos (três solos e um em grupo, entre 2014 e 2019), todos elogiadíssimos. Marina é o símbolo de uma turma que já entra na carreira com uma nova concepção do papel da mulher, resultado da já citada Primavera Feminista — diferentemente da geração anterior, que foi amadurecendo essa transformação enquanto já estava em cena. Alguns sinais claros dessa mudança estão ex-

---

261. HOLLANDA, Heloisa Buarque de. *Explosão feminista: Arte, cultura, política e universidade.* São Paulo: Companhia das Letras, 2018, p. 436.

postos no histórico profissional de Marina Íris: seu primeiro disco já traz músicas autorais; várias mulheres são suas parceiras de composição; fez parte de um coletivo que reunia cinco mulheres negras; e sua obra está atravessada desde o início por questões como a negritude, o feminino e a sexualidade. É um cenário novo que surgiu no samba nos últimos anos, absorvendo a revolução de costumes e transformando isso em música de qualidade. *"Minha geração reivindica outro lugar para as mulheres no samba. O papel da diva, da cantora que interpreta as músicas, já foi garantido pelas gerações anteriores. Hoje temos mais mulheres instrumentistas, compositoras falando sob a perspectiva feminina, parcerias entre autoras mulheres. É uma mudança estrutural"*[262], diz Marina, que formou o coletivo ÉPreta ao lado de Marcelle Motta, Maria Menezes, Nina Rosa e Simone Costa.

Outra diferença fundamental desse samba renovado é que ele viceja nas rodas de samba da cidade, num momento em que elas têm sido importantíssimas para o fortalecimento do gênero. Nestes ambientes coletivos, foi custoso para a mulher se impor, até que surgiram as rodas exclusivamente femininas. *"Inicialmente, eu achei ruim essa formação só de mulheres, por temer a criação de um novo gueto. Mas depois vi a importância de existir um lugar onde elas estivessem livres da figura masculina opressora. Porque numa roda, se tem uma mulher e um homem no cavaquinho e no violão, o cantor vai sempre pedir o tom para o homem. Então é bom que as instrumentistas e cantoras fiquem à vontade num ambiente só delas, onde possam exercer a cumplicidade, para depois ir para a roda mista. O ruim é quando a roda feminina vira fetiche: já vi gente dizendo que era 'a roda mais cheirosa da cidade'... Esse lugar não é legal."*

Marina Íris conseguiu um feito raro nas rodas de samba, ao estourar uma música lançada por ela, "Pra matar preconceito" (Manu da Cuíca/Raul Di Caprio). *"Era difícil a mulher levar uma música para a roda e ela entrar no repertório, sendo cantada em outros pagodes. Essa canção conseguiu isso. Mas ainda há um caminho grande pela frente. Existe um lugar cristalizado para as mulheres no samba. Por exemplo, a característica de ter uma 'boa divisão' no cantar é sempre associada aos homens, nunca a nós. As mulhe-*

---

262. Entrevista ao autor.

res são exaltadas pela emoção, pelo timbre ou pela potência vocal. Mas a divisão, como está ligada à malandragem, só é atribuída aos homens: Zeca Pagodinho, João Nogueira, Roberto Silva, veja os exemplos. Eu gostaria de ser reconhecida pela divisão, fico experimentando as possibilidades. E há grandes cantoras com essa qualidade, como a Leci Brandão e a Gisa Nogueira. Mas isso nunca é falado", aponta Marina.

Contemporânea de Marina Íris e autora da citada "Pra matar preconceito", Manu da Cuíca não é cantora, mas traz duas experiências que nos ajudam a entender a ressignificação do papel da mulher no samba: é instrumentista e compositora. Ela conta que, ao receber a melodia da música, composta por Raul Di Caprio, começou a quebrar a cabeça para escrever a letra. Seu processo criativo a levava por vários caminhos, em geral ligados às referências tradicionais do samba, como o universo do bar, do pagode, ambientes masculinos. Até que ela percebeu que não estava dizendo as coisas que gostaria de falar, porque achava que não iam dar samba — tão acostumada que estava ao padrão temático em vigor. Resolveu, então, deixar a caneta mais livre, e se aventurou a escrever sobre lugares incômodos para as mulheres, em especial as mulheres negras. Nascia "Pra matar preconceito", que estourou na voz de Marina Íris.

> "Na rua me chamam de gostosa
> E um gringo acha que nasci pra dar
> No postal mais vendido em qualquer loja
> Tô lá eu de costas contra o mar
> Falam que meu cabelo é ruim
> É bombril, toin-oin-oin, é pixaim
> O olhar tipo 'porta de serviço'
> É um míssil invisível contra mim
> Sou crioula, neguinha, mulata e muito mais, camará!
> Minha história é suada igual dança no ilê
> Ninguém vai me dizer o meu lugar"

Essa canção surgiu num momento em que florescia uma geração de novas e brilhantes poetas. Elas trazem letras fortemente marcadas por experiências pessoais, remexem sem pudores nas questões de gênero, defendem a liberdade e estão sempre em busca dessa dicção própria. Manu da Cuíca representa essa conjuntura, felizmente direcionando seu talento para o samba. "Pra matar preconceito" foi um momento chave em sua trajetória como compositora. Ela percebeu que havia assuntos quicando em sua frente, saídos de sua realidade, e que, sim, poderiam dar samba. Ao explorar estes caminhos, se tornou uma das letristas mais celebradas da nova geração. *"Eu tinha vontade de falar sobre aqueles assuntos, mas não tinha coragem. Achava que eles eram mais adequados a outros gêneros, como o rap, por exemplo, do que ao samba. O sucesso dessa música me deu a convicção de que precisamos falar sobre todos os assuntos, e não apenas sobre aquele universo temático consagrado no samba."*[263]

Com essa mudança de perspectiva, Manu se deu conta de que, até aquele momento, sua inspiração como autora estava sempre mediada por um "eu-lírico masculino", a partir de um filtro desse "compositor homem", que era uma espécie de intermediário entre ela e o verso. Ou seja, sua criação estava à sombra da imagem clássica do sambista, o malandro boêmio, arquétipo do bamba que povoa nossas mentes. Até quando escrevia uma letra sob o ponto de vista da mulher, as referências passavam por esse sambista clássico, que sempre foi o protagonista das narrativas encontradas no gênero. Foram dez anos compondo sob essa opressão inconsciente, até que "Pra matar preconceito" a libertou. *"Quando eu consegui exorcizar essa figura masculina que me 'autorizava' a escrever, passei a me enxergar como uma compositora mulher de fato, que pode falar de todos os assuntos que lhe tocam"*, explica.

Em sua vivência nas rodas de samba, o desafio de compor sempre correu em paralelo à atuação de Manu como instrumentista. Começou como pandeirista, navegou pelo tantã e pelo surdo, mas foi na cuíca que encontrou o prazer e o sobrenome artístico. A entrada nos pagodes através dos instrumentos de percussão[264] gerou ainda mais olhares enviesados, já que

---

263. Entrevista ao autor.

264. Há uma divergência em relação à classificação da cuíca como instrumento percussivo. Muitos a consideram uma percussão, enquanto outros discordam, alegando que ela não é "percutida", ou seja, tocada com as mãos ou baquetas.

eles são associados à masculinidade. "*Se você não está no espaço tradicional da cantora, não é recebida com normalidade, porque isso significaria que você compartilha os mesmos códigos daquele ambiente, o que gera um incômodo em muitos homens. Então eles te colocam em dois outros lugares: o da tutela ou o do exotismo. O exotismo é quando te 'elogiam' dizendo que você toca muito mais do que acontece na realidade, apenas para justificar sua presença ali. Como se só uma mulher muito especial, que tocasse acima da média, pudesse estar naquele espaço. Ou seja, eu nunca posso ser simplesmente normal, tocar mais ou menos, igual aos outros. E o outro lugar é o da tutela, quando o cara quer te ensinar, te apadrinhar, com um cuidado extra. E nós não queremos nem elogios nem cuidados, nem tutela nem exotismo, só queremos estar no lugar da normalidade, tocando ali como todo mundo.*"

Esse lugar da exceção, e não da normalidade, tem reflexo direto na atuação das instrumentistas, como conta Manu da Cuíca. "*Estamos sempre sob o olhar da dúvida. Se você erra uma batida do pandeiro, nunca vai ser simplesmente porque você errou, mas porque você não sabe tocar. A mulher tem que provar o tempo todo que sabe fazer, que é capaz de estar ali. Nunca é uma experiência tranquila. Eu sempre me forcei a ter uma pegada mais forte no pandeiro, por exemplo. Porque se eu tocasse de forma normal, iam dizer que eu não tinha a força necessária para o instrumento por ser mulher. Então eu ficava na pressão o tempo inteiro, o que é extremamente difícil e desgastante. E esteticamente acabava cometendo exageros. Quando tinha um breque, eu me obrigava a fazer algo super elaborado. Se eu fizesse um breque feijão com arroz, iam achar que era café com leite… A gente tem que mostrar sempre por que está ali.*"

Compositora com voz própria e tocadora de percussão, parecia que Manu da Cuíca já havia explorado todos os territórios hostis à figura feminina, mas ela ainda passaria por outra experiência marcante nesse sentido. Em 2019 e 2020, ela foi a compositora dos sambas da Mangueira, "História pra ninar gente grande" (Manu da Cuíca/Danilo Firmino/Deivid Domenico/Luiz Carlos Máximo/Marcio Bola/Ronie Oliveira/Silvio Moreira Filho/Tomaz Miranda) e "A verdade vos fará livre" (Manu da Cuíca/Luiz Carlos Máximo), que tiveram repercussão além da Sapucaí. O começo da jornada carnavalesca de Manu foi na Canários das Laranjeiras, que disputava os grupos de baixo. Em sua primeira participação, ela chegou à final da disputa, com uma obra que compôs com amigos como Nina Rosa e Buchecha, entre outros. Depois da derrota na quadra, foram beber num bar e acabaram sendo consolados pelos integrantes da escola. Mas a abordagem era diferente para as mulheres Manu e Nina, em relação ao homem Buchecha. "*Eles chegavam e diziam pra Nina: 'Não fica triste, você cantou muito bem.' Pra mim: 'Não fica chateada, vocês estavam muito animados.' E pro Buchecha: 'Perder faz parte, mas seu samba era muito bom.' Só para o homem as pessoas falavam sobre a qualidade da obra! Não passa pela cabeça das pessoas uma mulher compositora de samba-enredo. Ou seja, naquela noite, eu perdi a disputa na quadra e depois senti que perdi a própria autoria do samba. É doloroso*", conta Manu, que nas duas vezes em que venceu na Mangueira teve como parceiro Luiz Carlos Máximo, seu marido, compositor que tinha no currículo obras elogiadas feitas para a Portela. "*Máximo já era um autor campeão, um nome reconhecido, com uma estrutura para as disputas de samba. Tenho certeza de que minha dificuldade de entrada no carnaval foi menor por ter sido mediada por um homem que já era conhecido no meio*", diz Manu.

Apesar dos inegáveis avanços encontrados pela geração de Manu da Cuíca, os números de mulheres ainda são ínfimos no universo da música brasileira, segundo dados da UBC (União Brasileira de Compositores), entidade que trata dos direitos autorais repassados a compositores, intérpretes, músicos acompanhantes e produtores. O relatório de 2019 revela que apenas dez mulheres estão na lista dos cem maiores arrecadadores da instituição. Do total de recursos distribuídos pelo órgão, somente 9% foram para artistas mulheres, contra 91% para os homens. Mesmo na função de intérprete, espaço onde elas têm presença consistente, os números ainda são discrepantes: as cantoras só responderam por 17% do total. Nas outras áreas, a disparidade é assustadora. As compositoras ficaram com 8% de participação, contra 92% de autores homens. E apenas 8% do total de fonogramas registrados entre 2016 e 2018 tiveram a presença de mulheres instrumentistas. Já entre os produtores, a sub-representação é ainda maior: em 2019, as mulheres arrecadaram míseros 7% do total distribuído.

O cenário está muito longe do ideal, mas ao menos se pode perceber uma mudança no perfil da "geração 2010", que já chegou ao cenário musical empoderada. Dentro do samba, fica clara a diferença na forma como elas se enxergam como artistas. Um dos exemplos é a proliferação de rodas de samba e de grupos femininos adeptos da batucada. Já houve experiências nesse sentido antes de 2010: Roda de Saia, Fora de Série, Som Mulheres e a já citada Orquestra Lunar são exemplos de bandas de mulheres que fizeram carreira. Mas nos últimos dez anos isso se tornou uma espécie de movimento, com a criação de rodas e grupos por todo o país, como Samba Que Elas Querem, Sambadas, As Brasileirinhas, Samba de Moça Só, Samba de Dandara, Empoderadas do Samba, Entre Elas, Samba na Roda da Saia, Samba da Elis, Chora Quarteto, Flor do Samba, Sambazinga, Filhas do Samba, Grupo Teresa, Sambatom, Saiasamba, Batuque Beauvoir e tantos outros.

Nesse cenário, um dos grupos de maior destaque é o Moça Prosa, surgido em 2012 na Pedra do Sal, local central na formação do samba no Rio de Janeiro. O motivo do encontro das integrantes do grupo já era um indicativo de novos tempos no samba: uma oficina de instrumentos de percussão para mulheres. "*Começamos a nos olhar com uma perspectiva que nunca tivemos, por estarmos ali, em grupo. Nossas referências anteriores eram cantoras em carreira solo ou instrumentistas que participavam de bandas masculinas. Aquele encontro de mulheres era novo. Aí começamos a tomar decisões que faziam sentido pra gente, como não cantar músicas que nos ofendiam, como 'Leviana', 'Faixa amarela' e 'Nossa Senhora do Short Curtinho'. Também começamos a trocar informações, por exemplo, sobre cantores ou músicos que tinham histórico de agressões a mulheres, para nos protegermos. E montamos estratégias para chegar com segurança à Pedra do Sal, que era um lugar abandonado. O homem não tem tanta preocupação de andar sozinho na rua, mas pra gente era perigoso. Então combinávamos de ir e voltar sempre juntas*"[265], conta a cantora Fabíola Machado, que forma o grupo com Ana Priscila, Dani Andrade, Jack Rocha, Karina Isabelle, Luana Rodrigues e Tainá Brito.

Nesta trajetória, elas já passaram por situações problemáticas, como lidar com homens que tiraram os instrumentos das mãos delas. Mas, aos

---

265. Entrevista ao autor.

poucos, a receptividade foi aumentando. O público que frequenta a roda de samba também mudou: no início, era majoritariamente masculino, formado por homens que ouviam falar de uma roda de mulheres e achavam que era um bom lugar para a paquera; atualmente, a maioria é feminina, incluindo uma parcela expressiva de lésbicas. "*O ambiente é diferente, as mulheres ficam mais à vontade. Numa roda da antiga, a sambista ficava receosa de dançar perto do palco, porque o músico achava que ela estava lá para paquerar. Ou, pior, a namorada do músico achava isso e vinha tirar satisfação. Na nossa roda não tem isso, as pessoas se sentem protegidas, pertencem àquele lugar*", compara Fabíola.

As próprias instrumentistas mulheres ganharam outro patamar na última década, já sendo requisitadas com mais frequência para compor bandas e participar de gravações. A violonista de sete cordas Samara Líbano, por exemplo, virou uma referência no instrumento. Um cenário muito diferente da posição que as mulheres ocupavam até pouco tempo atrás. "*Muitos grupos colocavam mulheres tocando como se fossem um enfeite, de roupa apertada, às vezes tendo que ir sambar e rebolar no centro do palco. Era outro contexto. Mas isso mudou. Nossa luta não é contra os homens. É pela mudança. Se pudéssemos escolher, não estaríamos tocando só entre mulheres. Mas foi a forma que encontramos de não nos sentirmos diminuídas, de podermos trabalhar com alegria, mostrar nossa música. No futuro, a gente quer homens e mulheres tocando juntos, trabalhando juntos e ganhando o mesmo cachê*", define Fabíola Machado.

Esse desejo expresso pela vocalista do Moça Prosa atravessou a história do samba. Desde as primeiras sambistas, no início do século passado, a busca foi sempre por condições de igualdade para se entregar livremente à arte da batucada. A luta faz sentido até hoje, mas as conquistas dão uma noção de tudo que foi transformado nesse período. O EP que o Moça Prosa gravou nesse ano de 2020 ilustra esses avanços. O álbum é produzido por uma mulher, Nilze Carvalho, e tem cantoras e instrumentistas na linha de frente, dando voz a músicas escritas por elas mesmas, tratando de temas que refletem essa realidade, a partir das suas narrativas. Isso era inimaginável no tempo das pioneiras do samba ou mesmo na época do nosso ABCDE. Começou a se tornar possível nas gerações mais recentes e hoje é fato consumado, na medida em que casos como o do Moça Prosa deixam de ser exceção e encontram similares em outros recantos do país.

A evolução dos últimos anos não significa que a batalha está ganha — longe disso, até porque toda tentativa de desmonte dos sistemas de opressão convive com avanços e recuos. A história das mulheres fantásticas que passaram por este livro nos deixa divididos: ao mesmo tempo em que nos regozijamos com seus talentos artísticos, sofremos com as barreiras que foram impostas a elas. Mas olhá-las em conjunto sob essa perspectiva deixa claro como estamos num terreno mais fértil para que as mulheres possam cantar, tocar, sambar, compor, pisando no terreiro com força ou de mansinho, do jeito que elas quiserem. *"Se o caminho é meu, deixa eu caminhar, deixa eu"*, cantava Dona Ivone Lara. Agora, elas não precisam mais pedir licença pra seguir nessa estrada. O caminho é todo delas. Um caminho sem volta. Que assim seja.

★ ★ ★

As histórias de muitas mulheres foram retratadas neste livro, a começar pelas pioneiras Tia Ciata, Chiquinha Gonzaga, Aracy Cortes, Marília Batista, Carmen Miranda, Aracy de Almeida, Maysa e Dolores Duran. Depois, nos aprofundamos nas trajetórias de nossas cinco protagonistas: Alcione, Beth Carvalho, Clara Nunes, Dona Ivone Lara e Elza Soares. Em seguida vieram figuras absolutamente fundamentais, como Leci Brandão, Clementina de Jesus, Elizeth Cardoso, Nara Leão, Cristina Buarque, Áurea Martins, Eliana de Lima, Jovelina Pérola Negra, Elaine Machado e Dorina. Neste capítulo que agora se encerra, encontramos as representantes estreladas das gerações mais recentes: Teresa Cristina, Roberta Sá, Marisa Monte, Nilze Carvalho, Mart'nália, Fabiana Cozza, Mariene de Castro, Marina Íris, Manu da Cuíca, Fabíola Machado e o grupo Moça Prosa.

Mais de três dezenas de mulheres incríveis, mas que não dão conta de explicar sozinhas toda a força das rainhas do canto. Centenas (talvez milhares) de outras artistas fantásticas ajudaram a construir, passo a passo, a luta para se firmarem num gênero que sempre lhes impôs condições desfavoráveis, e também marcaram seus nomes no panteão das grandes sambistas brasileiras. Por isso, presto aqui minha reverência a outras cantoras de samba (ou que tenham se dedicado ao gênero em algum momento de suas carreiras) que não foram mencionadas neste livro ou foram citadas apenas rapidamente: Ademilde Fonseca, Adriana Calcanhotto, Adryana Ribeiro, Alaíde Costa, Alê Maria, Aline Calixto, Ana Clara, Ana Costa, Ana Maria Brandão, Ana Proença, Anália Mendonça, Analimar Ventapane, Andréia Caffé, Ângela Maria, Aninha Portal, Aparecida, As Gatas (Dinorah, Eurídice, Francineth, Nara, Nilza, Zélia e Zenilda), Áurea Maria, Aurora Miranda, Beatriz Rabello, Bernadete, Bia Aparecida, Branka, Camila Costa, Carmem Silvana, Carmen Costa, Carmen Queiroz, Carol Sant'anna, Cassiana Pérola Negra, Célia, Claudete Macedo, Cris Pereira, Cristina Monteiro, Dandara Alves, Dandara Ventapane, Dalva de Oliveira, Dayse do Banjo, Débora Cruz, Deli Monteiro, Dinalva, Dirce Batista, Djanira do Jongo, Dona Edith do Prato, Dona Inah, Dona Lindaura, Dora Lopes, Dora Vergueiro, Dóris Monteiro, Eliana Pittman, Eliane Faria, Elisa Addor, Elisa Fernandes, Emilinha Borba, Flavia Saolli, Gabby Moura, Gabriela Pasche, Georgete, Geovana, Gilda de Barros, Gisa Nogueira, Gloria Bomfim, Glorinha Caldas, Graça Braga, Graciete, Grazzi Brasil, Helena de Lima, Ilessi, Iolanda Osório, Ione Papas, Iracema Monteiro, Ircéa Pagodinho, Isaurinha Garcia, Ivete Garcia, Jack Rocha, Janaína Moreno, Janaína Reis, Jane Carla, Janine Mathias, Joyce Cândido, Juçara Marçal, Juliana Diniz, Juliana Zanardi, Jurema, Jurema Pessanha, Karinah, Karynna Spinelli, Késia Estácio, Khrystal, Larissa Luz, Lazir Sinval, Leni Caldeira, Leny Andrade, Linda Batista, Lindaura de Rocha Miranda, Lolita França, Lu Carvalho, Lu Oliveira, Luana Carvalho, Luciane Dom, Luciane Menezes, Luiza Dionizio, Luiza Maura, Maíra da Rosa, Maíra Freitas, Marcelle Motta, Márcia Moura, Margarete Mendes, Maria Creuza, Maria Helena Embaixatriz, Maria Helena Montier, Maria Martha, Maria Menezes, Maria Rita, Mariana Aydar, Mariana Baltar, Mariana Bernardes, Marilda Santanna, Marisa Barroso, Mariúza, Marlene, Marly A Onça Que Canta, Marilu, Milena, Milena Castro, Mônica Salmaso, Natália Lepri, Neide Santana, Nina Rosa, Nina Wirtti, Nora Ney, Núbia Lafayette, Odete Amaral, Otília Amorim, Paula Lima, Railídia Carvalho, Renata Jambeiro, Renata Lu, Roberta Nistra, Sabrina, Sandra Portella, Sapoti da Mangueira, Silvia, Silvia Borba, Simone Costa, Sonia Lemos, Sylvia

Nazareth, Tacira da Portela, Tânia Malheiros, Teresa Lopes, Tereza Gama, Thais Macedo, Thalma de Freitas, Tânia Machado, Tia Balbina, Tia Doca, Tia Eunice, Tia Iara, Tia Lourdes, Tia Surica, Tia Vicentina, Vânia Carvalho, Vera de Jesus, Vika Barcellos, Vó Maria, Vó Suzana, Yeda Maranhão, Zélia Duncan, Zenith da Mangueira, Zezé Gonzaga, Zezé Motta e Zilda do Zé, entre tantas e tantas outras. Aplausos pra todas as rainhas do canto!

EPÍLOGO: UM HOMEM ESCREVENDO SOBRE MULHERES

"*Como é pra você ver um homem escrevendo sobre mulheres?*" Essa foi a pergunta que fiz a todas as cantoras que entrevistei para este livro. Depois de questioná-las sobre suas trajetórias, sobre como o feminino foi tratado pelo samba ao longo do tempo, sobre fatos de suas vidas, me coloquei em xeque diante das figuras mais importantes desta narrativa, as personagens cujas histórias eu quis contar. E de onde surgiu essa pergunta? De uma inquietação por estar estudando os caminhos trilhados por tantas mulheres e me perceber jogando meu olhar (masculino) sobre elas. Esse tipo de reflexão, que não era comum anos atrás, entrou na ordem do dia, numa contemporaneidade que reflete o tempo inteiro sobre representatividade, lugar de fala, invisibilização, reparação histórica, pertencimento, etc. Esses conceitos enriqueceram as discussões do início do século 21, jogando luz sobre distorções que em outros tempos eram naturalizadas.

Ouvi muitas respostas dessas mulheres fortes e encantadoras. Leci Brandão disse que vê de forma positiva, "*a partir do momento em que você enxergou a importância desse assunto e tem carinho pelas cantoras, não tendo objetivo oportunista nem comercial*". Marina Íris falou que é bom que eu faça o livro, e que em seguida a gente lute para que "*o mercado absorva outras pessoas falando sobre o assunto. É como o lugar preferencial no ônibus. Preferencial não quer dizer exclusivo. Caso contrário, você só vai poder escrever sobre homens brancos. Vamos aproveitar o espaço que você tem. E que o mercado se abra para todas as vozes*". Marisa Monte refletiu sobre empatia: "A gente pode ter solidariedade a uma causa se acha ela justa, mesmo sem estar dentro dela, sem sentir na própria pele." Nilze Carvalho foi além: "Às vezes, uma pessoa de fora enxerga coisas que quem está dentro não vê. De *dentro ficamos presos a nossos sentimentos, e um olhar externo pode trazer uma visão plural."*

Manu da Cuíca explorou o conceito de lugar de fala em sua resposta: "*Lugar de fala não é para tirar a fala, é para ampliar as possibilidades de fala. É importante a gente não calar as vivências. Quem ler o seu livro deve saber que ele está carregado do seu olhar sobre o mundo.*" Roberta Sá trouxe uma visão doce: "*É lindo ver um homem com um olhar generoso sobre as mulheres, ao colocá-las em seu devido lugar de importância. A cultura brasileira tem que ser valorizada e estudada por todos nós.*" Fabíola Machado disse que "*as histórias precisam ser contadas. Sinto necessidade de também ver mulheres nesse lugar. Se essa história é bem contada por um homem, OK. Mas as mulheres precisam achar o caminho de criar as próprias narrativas*".

Teresa Cristina ressaltou que o importante é o autor se desconstruir para entrar nesse universo: "*Precisamos trazer o outro lado para o nosso lado. Senão as mulheres vão ficar falando das mulheres, e os homens vão ficar falando dos homens... O importante é não propagar o machismo estrutural que nos afeta tanto. O homem tem que conseguir se descontruir a ponto de falar desse assunto.*" Mariene de Castro expôs sua admiração por esse olhar que "*se preocupa com as mulheres e dedica seu tempo e sua energia a elas. Principalmente às mulheres negras, oprimidas. É um olhar sensível. Não te vejo nesse momento como um 'homem branco'. Temos que pensar quem está falando através de você*". Fabiana Cozza me respondeu a partir de seu lugar de pesquisadora acadêmica: "*Temos que ter o cuidado de dizer: 'Olha, eu vim até aqui.' E a partir daí outros vão avançar, refletir, contestar. Essa obra inspira mais gente a pensar sobre o assunto. É um caminho, um processo.*"

Ao ouvir tantas mulheres comentando meu desejo de escrever este livro, voltei no tempo. *Canto de rainhas* nasceu de minha paixão pelo samba e de uma relação afetiva de décadas com as vozes aqui retratadas. O foco fechado em zoom nas histórias de vida é uma forma particular de olhar o mundo. Sempre me interessei por personagens, por "causos", e nos dois livros que escrevi sobre escolas de samba (*Explode, coração —*

Histórias do Salgueiro e *Cartas para Noel — Histórias da Vila Isabel*[266]) optei por abordar mais os sambistas do que as instituições. Da mesma forma, quando surgiu o convite para escrever *Zeca Pagodinho — Deixa o samba me levar*[267], a proposta inicial era falar de seus discos, mas o produto final contou as inúmeras desventuras desse personagem apaixonante que é o Zeca.

Quando essas cinco cantoras se materializaram em minha cabeça, e seus nomes se embaralharam na minha frente formando um ABCDE sedutor, fiquei obcecado por escrever suas trajetórias. A ideia inicial era traçar um rico painel da história do samba na segunda metade do século 20, a partir das vivências pessoais de cada uma. Dona Ivone Lara sempre me encantou de forma especial: eu a via quase como uma divindade e me emocionei todas as vezes em que estive com ela — sem exceção. Pude homenageá-la num evento que criei no jornal *Extra* chamado "Carnaval Histórico", em 2014, numa noite que derramou sorrisos e lágrimas em igual proporção. Clara Nunes é uma grande referência para mim, portelense que sou, uma daquelas figuras inatingíveis, mítica, vista apenas em vídeos e fotos, vivificada por toda a devoção que ainda carrega quase quatro décadas depois de sua morte. Com Alcione, foram muitas entrevistas nesses meus vinte anos de jornalismo, em lançamentos de discos e shows, sempre impressionado com seu vozeirão e o fascínio que exerce sobre o público. É a cantora mais próxima do carnaval, presente em todos os momentos importantes de sua Mangueira, o que sempre admirei. Elza acompanhei mais de longe, entrevistei poucas vezes como repórter, mas vi muitas vezes sua força em cena e tive a felicidade de reuni-la no palco com Martinho da Vila e Jair Rodrigues para cantar sambas-enredo, também no evento "Carnaval Histórico", na edição de 2013 — sempre associei a voz dela ao samba, apesar de Elza ter percorrido muitos outros caminhos. E, finalmente, Beth Carvalho, a que mais entrevistei, em shows, na Sapucaí, em sua casa, em rodas de samba. Ela escreveu o prefácio de meu livro sobre Zeca Pagodinho, e tive o privilégio de fazer as últimas entre-

---

266. Escrito em parceria com Rafael Galdo.

267. Escrito em parceria com Jane Barboza.

vistas que deu em vida, para um documentário sobre sua trajetória, em três longos encontros no hospital, no mês de sua morte. Beth certamente ainda estará em muitos outros projetos meus no futuro.

Alcione, Beth, Clara, Dona Ivone e Elza. Cinco referências únicas em minha vida pessoal e em minha carreira. Propus o projeto à editora Agir, que topou. Mas, ao começar a trabalhar na pesquisa, cheguei à conclusão de que não poderia simplesmente fazer cinco minibiografias delas. Havia uma particularidade que as unia: foram mulheres que chegaram lá, apesar de todas as dificuldades. Mas como é ser mulher no samba? Pronto, o livro ganhava um outro caminho, precisava responder a uma nova pergunta. E, quando o escopo se ampliou, as histórias de mais mulheres passaram a ser essenciais para se compreender esse universo, tanto as que vieram antes quanto as que chegaram depois. Como não falar também de Leci, de Clementina, de Elizeth, de Teresa Cristina, da novíssima geração de meninas empoderadas?

Quando o objetivo da obra se desenhou mais claramente, surgiu o questionamento: como um livro que fala de mulheres, com essa abordagem sobre o feminino, pode ser escrito por um homem? Durante todo o processo, que levou quase dois anos de sua idealização até chegar às mãos dos leitores, várias interrogações se fizeram presentes. Tenho autoridade para falar sobre o que as cantoras de samba passaram? Estou tomando o lugar de uma escritora, que poderia produzir um livro melhor do que o meu, analisando a questão sob um ponto de vista mais próximo ao das personagens? Como homem branco, tenho licença para discorrer sobre o samba, uma das maiores contribuições da cultura negra para nosso país? Divido as inquietações que perpassaram meu processo criativo, porque provavelmente algumas destas interrogações ainda estão escondidas nas páginas dos capítulos anteriores.

Para algumas pessoas com quem conversei, as dúvidas não tinham razão de ser: cada um tem o direito de escrever sobre o que quiser, desde que faça uma pesquisa profunda, que entreviste as pessoas certas e que procure retratar as histórias de maneira objetiva. É um ponto de vista. O dilema pode parecer simples ou inexistente, mas questionar o meu lugar como "dono do discurso" foi importante para que a estruturação deste trabalho fosse cercada de cuidados. Mesmo que eu me achasse apto a escrever *Canto de rainhas*, cogitar a possibilidade de estar errado dobrou meu estágio de atenção, ligou a luz de alerta, piscou o sinal amarelo. E estar atento pode fazer diferença quando a proposta é tentar não repetir padrões estabelecidos.

Essa pulga não ficou adormecida, solitária, atrás da minha orelha. Procurei dividir com muita gente a questão e me cercar de olhares que poderiam me ajudar nessa empreitada. Em primeiro lugar, contei com duas profissionais de alto nível que tiveram participação decisiva nesse projeto: a editora Janaína Senna e a pesquisadora Priscila Serejo. Foi com Janaína que discuti a estrutura do livro, a abordagem dessas trajetórias e o enfoque dado às questões sexistas. E Priscila fez uma pesquisa gigantesca nos arquivos da cidade em busca de material sobre as estrelas do samba, com um olhar feminino que a fez identificar muitas declarações que podiam servir ao propósito deste trabalho. Além delas, fui cercado por uma equipe 100% feminina: as revisões são de Júlia Ribeiro e Mariana Gonçalves, o projeto gráfico é de Leticia Antonio, a produção editorial é de Adriana Torres, Mariana Bard e Laiane Flores, todas sob a direção de Daniele Cajueiro. Para as ilustrações, vibramos com os lindos traços de Vanessa Ferreira, a @pretailustra, que retratou nossas cantoras.

Em seguida, tomei a decisão de fazer aquela pergunta para todas as minhas entrevistadas: *"Como você enxerga a história de vocês, cantoras, sendo contada por um homem?"* A ideia era compartilhar esse desconforto com minhas biografadas — elas, que repartiram comigo tantas angústias, expondo momentos íntimos de suas histórias, ao final do papo podiam mudar de perspectiva e discorrer um pouco sobre o desassossego do entrevistador. As respostas foram gentis, até pelo clima amistoso dos encontros, mas me indicaram os rumos a seguir. Ouvi, ainda, outras pessoas que trago como referência na pesquisa da cultura popular, como a mestra Helena Theodoro. Em conversa informal, ela me deu um conselho precioso: *"Estude o que significa o feminino na cultura negra."* As reflexões dessas mulheres foram muito úteis no processo. A frase de Fabiana Cozza, por exemplo, me deu a certeza de que eu só poderia chegar até determinado ponto — e que o caminho esteja aberto para que novas autoras aprofundem a questão. E faço coro com Marina Íris e Fabíola Machado ao desejar que outras vozes possam falar sobre o tema, com suas vivências únicas e insubstituíveis.

Por falar em vivência, destaco a importância de ter estado pessoalmente com meus objetos de pesquisa. Em alguns casos, como os de Clara, Elizeth e Clementina, infelizmente não foi possível. Mas conversar frente a frente com Elza, Alcione, Beth, Leci, Cristina, Fabiana, Teresa e tantas outras ajudou a sentir suas energias vitais, a acumular mais elementos para que seus olhares pudessem estar refletidos nestas páginas.

Além das mais de duas dezenas de mulheres entrevistadas para este livro, também procurei absorver o conhecimento das mais de quarenta autoras presentes na bibliografia. A ideia era exercitar ao máximo o "lugar de escuta". Este livro é recheado de referências, citações, frases entre aspas e notas de pé de página. Não foi à toa. Procurei, sempre que possível, colocar as vivências nas vozes das próprias mulheres, sejam as personagens ou as intelectuais que pensaram sobre o assunto. Até o diálogo fictício do capítulo 1, usando exclusivamente citações das cantoras, serviu a esse propósito. Era importante que o leitor tivesse acesso às palavras delas, que poderiam traduzir melhor seus pontos de vista particulares.

A discussão esteve na ordem do dia enquanto este trabalho era produzido, fervilhando nos debates sobre outras obras relevantes. Enquanto eu escrevia sobre as cantoras, Laurentino Gomes lançava seu best-seller *Escravidão*. O questionamento surgiu para ele da seguinte forma: um homem branco pode escrever sobre esse tema? Na introdução do livro, seu texto cita uma tese da diplomata Irene Vida Gala, africanista e estudiosa das questões de gênero, que disse haver diferentes olhares sobre a história das relações do Brasil com a África. Haveria os "olhares negros", os "olhares brancos" e um terceiro grupo, os "olhares atentos". Em entrevista para a divulgação da obra, Laurentino disse: "*Quem tem que falar sobre escravidão são os brancos. Os negros já falam sobre ela e a sentem na pele há muito tempo.*" Por analogia, podemos dizer que quem tem que falar e pensar sobre o machismo são os homens; as mulheres já sentem na pele e falam sobre ele há tempos.

Quem vai na mesma linha é a historiadora e antropóloga Lilia Moritz Schwarcz, em depoimento registrado no livro *Explosão feminista*, um dos grandes estudos recentes sobre o assunto. Lilia faz interessante reflexão sobre o aumento na multiplicidade de falas: "*Estamos experimentando um novo clamor por direitos, direitos civis, que são direitos à diferença na igualdade, e à igualdade na diferença. E, com isso, estamos ampliando os lugares de fala. Ou seja temos mais negros, mulheres negras, mulheres indígenas, mulheres trans, mulheres asiáticas, homens asiáticos... Estamos multiplicando esses lugares de saber e de fala. E isso é da maior importância. Essa é uma forma poderosa de se combater os conhecimentos muito eurocentrados. Mas essa não é uma batalha ganha, é uma batalha que apenas se inicia. Por outro lado, penso que os locais de fala também não podem ser locais de monopólio. A discriminação racial, por exemplo, é sim um problema dos negros, das populações afrodescendentes, porque são elas que sofrem mais; mas não deve ser um problema exclusivamente dos negros, porque senão questões como o racismo não entram na agenda nacional. A mesma questão vale para as mulheres; se o tema das mulheres for exclusivamente um tema do espaço feminino, também não vai ganhar uma projeção de cunho amplo, nacional; os homens também precisam falar disso.*"[268]

Nesse sentido, me chamou a atenção o trabalho do "HeForShe" ("ElesPorElas"), movimento global da Organização das Nações Unidas que busca mobilizar homens na luta pela igualdade. A campanha é liderada pela ONU Mulheres e tem a seguinte filosofia: "*Igualdade de gênero não é uma questão que envolve apenas mulheres: é uma questão de direitos humanos. 'HeForShe' é um convite para que homens e pessoas de todos os gêneros se demonstrem solidários às mulheres para, assim, formar uma frente ambiciosa, visível e unida em direção à igualdade de gênero. Os homens do movimento 'HeForShe' não estão à margem. Eles trabalham com as mulheres e uns com os outros para construir negócios, criar famílias e contribuir com suas comunidades.* Esse movimento, que existe desde 2014, defende que a luta pelo fim do sexismo passa pelos homens. O "HeForShe" nos ajuda a entender nosso papel masculino nesse contexto: o de parceiros das mulheres na destruição das barreiras culturais que subjugam o sexo feminino e o impedem

---

268. HOLLANDA, Heloisa Buarque de. *Explosão feminista: Arte, cultura, política e universidade*. São Paulo: Companhia das Letras, 2018, p. 206.

de atingir todo o seu potencial. Assim como o machismo é estrutural, seu combate também deve ser — e envolve todos os atores que dele fazem parte.

Eu ainda era adolescente numa das primeiras vezes em que senti empatia por uma mulher na questão da desigualdade de gênero. Uma amiga me contava o pavor que era andar de trem ou de ônibus na hora do rush, involuntariamente obrigada a ter contato físico com muitos homens (não existiam os vagões femininos). Ela também falava das estratégias que usava quando pegava um táxi, para reduzir as possibilidades de ser assediada: conversar o mínimo possível, sentar no banco exatamente atrás do motorista para não ser observada pelo espelho retrovisor, fingir uma conversa no celular com um "namorado" (inexistente) dando detalhes da corrida, etc. Eu não tinha consciência do que era aquilo, mas fiquei surpreso, porque nunca tinha sentido qualquer desconforto desse tipo ao entrar num trem, num ônibus ou num táxi. Da mesma forma, ela citou o elevador como outro lugar amedrontador, sem falar nas ruas à noite. Ali, tive a primeira mostra de como era diferente ser mulher no mundo — as questões são outras, os perigos são maiores, o preconceito é latente. Estes são exemplos banais de uma vida de classe média, que nem entram na lista dos maiores problemas enfrentados por elas: o machismo estrutural é responsável pelos altos índices de feminicídio, pela violência sexual, pela desigualdade salarial no mercado de trabalho, pela opressão psicológica, pela redução de oportunidades, por assédios e abusos cotidianos, etc. O existir feminino guarda barreiras que eu provavelmente nunca enxergarei totalmente.

Desconfio que essa empatia tenha surgido a partir do meu lugar de homem gay, nascido e criado no subúrbio carioca, que também se viu desde cedo sujeito a opressões. São experiências totalmente diversas das vividas pelas mulheres, mas ambas resultado de um machismo estrutural que rejeita tudo que é diferente. Ao olhar para o lado e perceber outro grupo social travando a mesma batalha contra um "inimigo invisível", a identificação foi natural. Como diz o samba-enredo da Mangueira de 2019, "na luta é que a gente se encontra".

Ao mesmo tempo, também é diferente a vivência dos negros em sua luta cotidiana contra o racismo; o dia a dia de umbandistas e candomblecistas afetados pela intolerância religiosa; a vida dos imigrantes em embate contra a xenofobia; e tantas outras formas de discriminação existentes. Mas, cada um com suas peculiaridades, estão todos sujeitos, em maior ou menor grau, a um processo de asfixia paulatino e diário, que os coloca juntos nesse lugar marginal. O preconceito estrutural na sociedade tem entranhas muito difíceis de se combater, porque os pequenos abusos são naturalizados, com consequências nefastas na construção do coletivo e na história pessoal de cada indivíduo. Reagir contra essa realidade é dever de cada um que acredita que é possível viver numa sociedade menos estilhaçada. Como dizem as máximas repetidas atualmente, "não basta não ser machista, é preciso ser antimachista" ou "você não precisa ser mulher para lutar contra o machismo".

Oswald de Andrade já havia escrito há quase um século em seu "Manifesto antropófago" que "só me interessa o que não é meu". E Emicida atualizou a discussão no excelente documentário "AmarElo", sinalizando o erro que é enxergar essas causas como lutas separadas: "Não tem como você lutar por liberdade pela metade. (...) Se a gente quer isso pra nós, a gente quer isso pra todo mundo."

Nas entrevistas para esta pesquisa, me flagrei diversas vezes perplexo com os relatos que ouvi, das cantoras que apanhavam dos maridos às que eram subjugadas em família, das que eram preteridas no trabalho às que se protegiam para não serem "malfaladas" na noite, escolhendo cuidadosamente o tipo de roupa que iam usar. Como não vivenciei essa realidade, por ser homem, procurei utilizar esse "espanto" a favor do livro, impressionado com os detalhes das narrativas, o que me estimulava a procurar novas evidências de machismo em cada uma das trajetórias. Aliás, esse é um exercício recorrente da prática jornalística: repórteres sempre escrevem sobre outras vidas. Às vezes, elas estão próximas à nossa realidade; muitas vezes, estão distantes. Mas as narrações invariavelmente partem da figura do "outro". O exercício da alteridade é uma pedra fundamental do jornalismo. A resposta de Nilze Carvalho à pergunta inicial vai nessa direção: muitas vezes um olhar externo pode contribuir com novos ângulos sobre a questão.

Certa vez, uma pesquisadora me disse que o nome do escritor em letras grandes na capa de um livro não serve apenas para satisfazer o ego do autor. Ele está ali também para informar ao leitor sob que ponto de vista aquela história está sendo contada. Essa é uma das chaves para responder ao questionamento que me perseguiu durante esse livro: minha assinatura na capa deste *Canto de rainhas* é a confissão de que a trajetória dessas divas foi escrita a partir das únicas lentes de que disponho: as minhas.

A construção deste livro procurou usar o "olhar atento" citado por Irene Vida Gala em *Escravidão* para tentar identificar quando minha visão masculina interferiu na interpretação dos fatos aqui relatados. Também procurei exercer a empatia para me colocar nos sapatos das homenageadas — *"Antes de julgar a minha vida, calce os meus sapatos"*, bradou Maria Bethânia em show recente. Como nossos pés não comportam todos os sapatos do mundo, peço de antemão desculpas pelos momentos em que meu olhar masculino-sexista, criado em sociedade patriarcal e curtido no machismo estrutural, não me deixou enxergar possíveis falhas.

O objetivo deste *Canto de rainhas* é servir apenas de ponto de partida para que surjam novos olhares sobre essas trajetórias, para estimular debates e incentivar outras reflexões. Foi a forma que encontrei de tentar me juntar à luta, é minha tentativa de contribuição à causa. Certa vez, ouvi a filósofa Djamila Ribeiro dizendo esta linda frase num debate: *"Os orixás são tão diferentes, mas estão todos dançando juntos no mesmo xirê."* Aqui, assumindo minhas diferenças, procuro abrir a roda e entrar nesse xirê que celebra a igualdade. O enfrentamento das opressões estruturais tem que vir de todas as partes, especialmente de quem está em lugar de privilégio. Quanto mais vozes se levantarem contra elas, mais estaremos travando o bom combate de forma coletiva.

Este livro tem origem na minha admiração genuína por essas artistas, que encantaram o Brasil com sua arte. Elas são a trilha sonora das nossas vidas, e contar suas histórias da forma mais abrangente possível é uma obrigação para quem milita na cultura popular. Ao mirar as barreiras enfrentadas por elas ao se estabelecerem em um mundo tão machista, essa admiração só cresceu. Porque, aí, percebemos que elas não são apenas artistas fantásticas do mundo da música, mas mulheres que lutaram contra padrões pré-estabelecidos. Para elas, foi muito mais difícil chegar lá. Mas elas chegaram. São pioneiras, desbravadoras, vencedoras.

Elas usaram a voz para embalar nossas alegrias, mas antes foram as vozes de todas as mulheres desse país, demonstrando como era possível enfrentar as dificuldades criadas por um mundo dominado pelas figuras masculinas. Através do exemplo, mostraram o caminho das pedras, pavimentaram a estrada das que vieram depois. O canto dessas sereias do samba foi também um canto de libertação para tantas meninas que sonharam ir além do que aprenderam que era "lugar de mulher". As estrelas Alcione, Beth, Clara, Dona Ivone e Elza merecem nossa reverência pelo que fizeram como artistas, é claro. Afinal, suas canções alimentaram nossas almas por décadas. Mas não se pode esquecer o quanto as cidadãs Alcione Nazareth, Elizabeth Leal, Clara Francisca, Yvonne da Costa e Elza Gomes da Conceição contribuíram no avanço do Brasil em direção à igualdade de gênero. Só nos resta repetir para essas mulheres, pessoas físicas, o gesto que sempre estendemos às cantoras que elas se tornaram: o aplauso efusivo. Rainhas, obrigado por seu canto! Obrigado por tanto!

AGRADECIMENTOS

Um livro como este só se faz com a ajuda de muita gente: colegas que cruzaram meu caminho com informações preciosas; companheiros de longa data que auxiliaram com contatos e sugestões; assessores de imprensa que mediaram entrevistas; amigos que apoiaram essa caminhada. A todos vocês, deixo aqui meu sincero agradecimento.

Alejandro Aldana me acompanhou durante todo o processo e transformou o difícil período da criação em algo mais leve, sempre com um sorriso no rosto e me inspirando com as melodias de seu violino. Firmino e Sônia são o colo que me acalma e reenergiza. Márcio, Cláudia, Clara, Mariana e Alice são o incentivo constante e imprescindível.

Flávia Oliveira foi uma das primeiras pessoas com quem falei sobre este livro e se mostrou um porto seguro deste então. É família, é abraço, é conforto, é axé.

Teresa Cristina é uma das rainhas desta história. Sou um súdito feliz, me deliciando com seu canto há mais de vinte anos. Lutamos as mesmas lutas. Além de tudo, é Portela e Vasco — muita qualidade numa mulher só!

Janaína Senna, Priscila Serejo, Daniele Cajueiro e toda a editora Agir: obrigado pela acolhida!

Luciana Barros e Luiz André Alzer foram leitores atentos e apoio fundamental em todos os meus trabalhos, e neste não seria diferente.

Milton Cunha emprestou seu olhar generoso a este livro. Este espaço é pequeno para o tanto que gostaria de agradecê-lo nestes últimos anos. Saravá!

Aydano André Motta me convidou para escrever meu primeiro livro, e é presença constante nas minhas jornadas da vida e da escrita.

Alfredo Del-Penho me deu o auxílio que tanto precisei nas questões musicais (dez, nota dez!).

Alan Diniz e Renata Izaal foram conselheiros com quem contei em meio às incertezas.

A todos os entrevistados listados na próxima página, agradeço o tempo e a disponibilidade para dividirem comigo parte de suas memórias. Vocês são a história da música brasileira!

A profissionais competentíssimos que, antes de mim, se debruçaram sobre as vidas das cantoras brasileiras, contribuindo para a memória da cultura popular. Meu agradecimento aos biógrafos Edinha Diniz, Janaina Marquesini, Katia Santos, Lucia Neves, Luana Costa, Mila Burns, Raquel Munhoz, Regina Echeverria, Felipe Castro, Júlio Maria, Lucas Nobile, Roberto Moura, Ruy Castro, Sérgio Cabral, Tom Cardoso, Vagner Fernandes e Zeca Camargo.

Há muitas outras pessoas que de alguma forma colaboraram com este trabalho. Deixo aqui meu obrigado a Afonso Carvalho, Alexandre Rosa, Alexandre Valentim, Ana Basbaum, Analu Germano, Anna Julia Werneck, Belinha Almendra, Carina Gomes, Carla Nascimento, Carlos Fernando Marão, Cláudia Lamego, Elmo José dos Santos, Eulália Figueiredo, Gustavo Gasparani, Jane Barboza, Joaquim Ferreira dos Santos, Leandro Vieira, Leo Ribeiro, Lucas Nobile, Luís Carlos Magalhães, Lyzianne Carneiro, Marcelo de Mello, Marcia Alvarez, Marcos César, Mário Canivello, Mauro Ferreira, Patrícia de Paula, Pedro Bronz, Pedro Loureiro, Pedro Paulo Malta, Priscilla Luiz e Rachel Valença.

Fale com o autor: www.instagram.com/leonardobruno_oficial

LISTA DE ENTREVISTADOS

A
Adelzon Alves
Alcione
Áurea Martins

B
Beth Carvalho

C
Cristina Buarque

D
Dorina

E
Elaine Machado
Elba Ramalho
Eliana de Lima
Elza Soares

F
Fabiana Cozza
Fabiola Machado

G
Grazzi Brasil

J
Jorge Aragão

L
Leci Brandão
Luiz Antonio Simas
Lula Carvalho

M
Manu da Cuíca
Maria Bethânia
Mariene de Castro
Marina Íris
Marisa Monte
Martinho da Vila
Mart'nália

N
Nei Lopes
Nilze Carvalho

P
Paulo César Pinheiro

R
Roberta Sá
Roberto Menescal

T
Teresa Cristina

V
Vânia Carvalho

BIBLIOGRAFIA

ADICHIE, Chimamanda Ngozi. *Sejamos todos feministas*. São Paulo: Companhia das Letras, 2015.

ALBUQUERQUE, Célio (Org.). *1973: O ano que reinventou a MPB*. Rio de Janeiro: Sonora Editora, 2013.

ALMIRANTE. *No tempo de Noel Rosa*. Rio de Janeiro: Sonora Editora, 2013.

ANDRADE, Mário de. *Macunaíma*. Barueri: Editora Novo Século, 2017.

BARBOZA, Jane; BRUNO, Leonardo. *Zeca Pagodinho: Deixa o samba me levar*. Rio de Janeiro: Sonora Editora, 2014.

BARBOZA, Marília Trindade; CACHAÇA, Carlos; FILHO, Arthur de Oliveira. *Fala, Mangueira*. Rio de Janeiro: José Olympio, 1980.

BARBOZA, Marília Trindade; FILHO, Arthur de Oliveira. *Cartola, os tempos idos*. Rio de Janeiro: Gryphus, 2008.

BEAUVOIR, Simone de. *O segundo sexo*. São Paulo: Difusão Europeia do Livro, 1970.

BRUNO, Leonardo; GALDO, Rafael. *Cartas para Noel: Histórias da Vila Isabel*. Rio de Janeiro: Verso Brasil Editora, 2015.

BRUNO, Leonardo. *Explode, coração: Histórias do Salgueiro*. Rio de Janeiro: Verso Brasil Editora, 2013.

BURNS, Mila. *Nasci pra sonhar e cantar – Dona Ivone Lara: A mulher no samba*. Rio de Janeiro: Record, 2009.

CABRAL, Sérgio. *Antonio Carlos Jobim: Uma biografia*. São Paulo: LazuliEditora; Companhia Editora Nacional, 2008.

CABRAL, Sérgio. *As escolas de samba do Rio de Janeiro*. São Paulo: Lazuli Editora; Companhia Editora Nacional, 2011.

CABRAL, Sérgio. *Elisete Cardoso: Uma vida*. São Paulo: Lazuli Editora; Companhia Editora Nacional, 2016.

CABRAL, Sérgio. *Nara Leão: Uma biografia*. São Paulo: Lazuli Editora; Companhia Editora Nacional, 2008.

CAMARGO, Zeca. *Elza*. Rio de Janeiro: LeYa, 2018.

CARDOSO, Tom. *Ninguém pode com Nara Leão: Uma biografia*. Rio de Janeiro: Editora Planeta, 2021.

CARNEIRO, Sueli. "Enegrecer o feminismo: A situação da mulher negra na América Latina a partir de uma perspectiva de gênero". In: *Racismos Contemporâneos*. Rio de Janeiro: Takano, 2001.

CARVALHO, Hermínio Bello de. *Mudando de conversa*. São Paulo: Martins Fontes Editora, 1986.

CARVALHO, Hermínio Bello de. *Taberna da Glória e outras glórias: Mil vidas entre os heróis da música brasileira*. Rio de Janeiro: Edições de Janeiro, 2015.

CASTRO, Felipe (et al). *Quelé, a voz da cor: Biografia de Clementina de Jesus*. Rio de Janeiro: Civilização Brasileira, 2017.

CASTRO, Ruy. *A noite do meu bem: A história e as histórias do samba-canção*. São Paulo: Companhia das Letras, 2015.

CASTRO, Ruy. *Chega de saudade: A história e as histórias da bossa nova*. São Paulo: Companhia das Letras, 1990.

CASTRO, Ruy. *Estrela solitária: Um brasileiro chamado Garrincha*. São Paulo: Companhia das Letras, 1995.

CAVALCANTI, Maria Clara Martins. "As mulheres e o samba na narrativa histórica: reflexões em torno da questão de gênero na exposição 'O Rio de samba: resistência e reinvenção' do Museu de Arte do Rio (MAR)". In: VILELA, M. A. F. (Org.). Anais do 30º Simpósio Nacional de História – História e o futuro da educação no Brasil. Recife: Associação Nacional de História – ANPUH-Brasil, 2019.

COUTINHO, Jorge; BAYER, Leonides. *Noitada de samba: foco de resistência*. Rio de Janeiro: Arquimedes, 2009.

DAVIS, Angela. *Mulheres, raça e classe*. São Paulo: Boitempo, 2016.

DEALTRY, Giovanna. *O livro do disco: Clara Nunes – Guerreira*. Rio de Janeiro: Cobogó, 2018.

DINIZ, André. *Almanaque do samba: a história do samba, o que ouvir, o que ler, onde curtir*. Rio de Janeiro: Zahar, 2012.

DINIZ, Edinha. *Chiquinha Gonzaga: Uma história de vida*. Rio de Janeiro: Zahar, 2009.

DUNCAN, Zélia. *Álbum de retratos: Dona Ivone Lara*. Rio de Janeiro: Memória Visual, Edições Folha Seca, 2007.

ECHEVERRIA, Regina. *Furacão Elis*. Rio de Janeiro: Nórdica, 1985.

FAOUR, Rodrigo. *História sexual da MPB: A evolução do amor e do sexo na canção brasileira*. Rio de Janeiro: Record, 2006.

FERNANDES, Vagner. *Clara Nunes: Guerreira da utopia*. Rio de Janeiro: Agir, 2019.

FERREIRA, Mauro. *Cantadas: A sedução da voz feminina em 25 anos de jornalismo musical*. Rio de Janeiro: OrganoGrama Livros, 2013.

FORIN JUNIOR, Renato; PASCOLATI, Sonia. "Sereias brasileiras: O *logos* feminino na canção popular". *Contexto*: Revista Semestral do Programa de Pós-graduação em Letras, Vitória, UFES, n. 31, pp. 350-367, 2017(1).

GOMES, Antonio Henrique de Castilho. *As transformações do samba-enredo carioca: Entre a crise e a polêmica*. 2006. 137f. Dissertação (Mestrado em Letras) – Departamento de Letras, Pontifícia Universidade Católica do Rio de Janeiro, Rio de Janeiro.

GOMES, Laurentino. *Escravidão: Do primeiro leilão de cativos em Portugal até a morte de Zumbi dos Palmares – Volume 1*. Rio de Janeiro: Globo Livros, 2019.

GOMES, Rodrigo Cantos Savelli. "'Pelo telefone mandaram avisar que se questione essa tal história onde mulher não tá': A atuação de mulheres musicistas na constituição do samba da Pequena África do Rio de Janeiro no início do século XX". *Per Musi*, Belo Horizonte, n.28, p.176-191, 2013.

GOMES, Rodrigo Cantos Savelli. *Samba no feminino: Transformações das relações de gênero no samba carioca nas três primeiras décadas do século XX*. 2011.157f. Dissertação (Mestrado em Música) – Programa de Pós-Graduação em Música, Universidade do Estado de Santa Catarina, Florianópolis, 2011.

GOMES, Rodrigo Cantos Savelli. *Tias baianas que lavam, cozinham, dançam, cantam, tocam e compõem: Um exame das relações de gênero no samba da Pequena África do Rio de Janeiro na primeira metade do século XX*. In: Anais do I Simpósio Brasileiro de Pós-Graduandos em Música – XV Colóquio do Programa de Pós-Graduação em Música da UNIRIO. Rio de Janeiro, n. 1, p. 971-979, 2010. Disponível em: <http://www.seer.unirio.br/index.php/simpom/article/view/2789/2098>.

GOMES, Tiago de Melo. "Para além da casa de Tia Ciata: Outras experiências no universo cultural carioca (1830-1930)". *Revista Afro-Ásia*. Salvador, nº 29/30, p 175-198, 2003.

HOLLANDA, Heloisa Buarque de. *Explosão feminista: Arte, cultura, política e universidade*. São Paulo: Companhia das Letras, 2018.

HOOKS, bell. *O feminismo é para todo mundo: Políticas arrebatadoras*. Rio de Janeiro: Rosa dos Tempos, 2019.

LOBÃO. *Guia politicamente incorreto dos anos 80 pelo rock*. Rio de Janeiro: Leya, 2017.

LOPES, Nei. *Afro-Brasil reluzente*. Rio de Janeiro: Nova Fronteira, 2019.

LOPES, Nei; SIMAS, Luiz Antonio. *Dicionário da história social do samba*. Rio de Janeiro: Civilização Brasileira, 2017.

LOPES, Nei. *Partido alto: Samba de bamba*. Rio de Janeiro: Pallas, 2005.

LYRA, Elizabeth Rizzi. *Música, retórica e leitura: a mulher na MPB e a constituição do* ethos *feminino*. 2018. 150f. Tese (Doutorado em Língua Portuguesa) – Programa de Estudos Pós-Graduados em Língua Portuguesa, Pontifícia Universidade Católica de São Paulo, São Paulo, 2018.

MACEDO, Gisele. *A força feminina do samba*. Rio de Janeiro: Centro Cultural Cartola, 2007.

MARIA, Julio. *Elis Regina: Nada será como antes*. São Paulo: Editora Master Books, 2015.

MARTINS, Kelly. *Do violão ao pandeiro: A construção midiática de Beth Carvalho como Madrinha do Samba*. Trabalho apresentado no GP Comunicação e Culturas Urbanas do XI Encontro dos Grupos de Pesquisa em Comunicação, evento componente do XXXIV Congresso Brasileiro de Ciências da Comunicação, Recife, set. 2011.

MONTE, Therezinha. *Alma de cabrocha: Uma autobiografia cheia de samba*. Rio de Janeiro: Folio Digital, 2018.

MONTEIRO, Denilson. *Chacrinha, a biografia*. Rio de Janeiro: Casa da Palavra, 2014.

MONTEIRO, Denilson. *Divino Cartola: Uma vida em verde e rosa*. Rio de Janeiro: Casa da Palavra, 2012.

MOTTA, Nelson. *101 canções que tocaram o Brasil*. Rio de Janeiro: Estação Brasil, 2016.

MOURA, Roberto. *Tia Ciata e a Pequena África no Rio de Janeiro*. Rio de Janeiro: Secretaria Municipal de Cultura, 1995.

MURGEL, Ana Carolina Arruda de Toledo. "Mulheres compositoras no Brasil dos séculos XIX e XX". In: *Revista do Centro de Pesquisa e Formação do Sesc*, Sesc São Paulo, n. 3, p 57-72, 2016.

NAGLE, Leda. *Com certeza: Leda Nagle, melhores momentos*. Rio de Janeiro: Agir, 2009.

NEVES, Lúcia. *Áurea Martins: A invisibilidade visível*. Rio de Janeiro: Folha Seca, 2017.

NETO, Lira. *Uma história do samba: Volume 1 (As origens)*. São Paulo: Companhia das Letras, 2017.

NOBILE, Lucas. *Dona Ivone Lara: A primeira-dama do samba*. Rio de Janeiro: Sonora Editora, 2015.

OLIVEIRA, Vitor Hugo de. *Aracy de Almeida: Samba e malandragem no Brasil dos anos 1930 e 1940*. 2018. 81f. Dissertação (Mestrado em Tecnologias, Comunicação e Educação) – Universidade Federal de Uberlândia, Uberlândia, 2018.

PEREIRA, Bárbara. *Pé, cadeira e cadência: trajetórias e memórias de passistas de escolas de samba do Rio de Janeiro. Meu samba, minha vida, minhas regras*. 2019. 210f. Tese (Doutorado em Memória Social) – Programa de Pós-Graduação em Memória Social, Universidade Federal do Rio de Janeiro, Rio de Janeiro, 2019.

PEREIRA, Carlos Alberto Messeder. *Cacique de Ramos: uma história que deu samba*. Rio de Janeiro: E-Papers Serviços Editoriais, 2003.

PEREIRA, Cristiane dos Santos. *Coisas do meu pessoal: Samba e enredos de raça e gênero na trajetória de Leci Brandão*. 2010. 136f. Dissertação

(Mestrado em História) – Programa de Pós-Graduação em História, Universidade de Brasília, Brasília, 2010.

PIMENTEL, João. *Jorge Aragão: O enredo de um samba*. Rio de Janeiro: Sonora Editora, 2016.

RECHETNICOU, Mirian Marques. *A, B, C, D do samba: Construção da identidade vocal no samba – Papel das cantoras Alcione, Beth Carvalho, Clara Nunes e Dona Ivone Lara*. 2018. 92f. Dissertação (Mestrado em Música) – Programa de Pós-Graduação Música em Contexto, Universidade de Brasília, Brasília, 2018.

RIBEIRO, Djamila. *Quem tem medo do feminismo negro?*. São Paulo: Companhia das Letras, 2018.

SANDRONI, Carlos. *Feitiço decente: transformações do samba no Rio de Janeiro (1917-1933)*. Rio de Janeiro: Zahar, 2001.

SANTA CRUZ, Maria Áurea. *A musa sem máscara: A imagem da mulher na música popular brasileira*. Rio de Janeiro: Rosa dos Tempos, 1992.

SANTOS, Katia. *Ivone Lara – A dona da melodia*. Rio de Janeiro: Garamond; Fundação Biblioteca Nacional, 2010.

SCOTT, Joan. *Gênero: Uma categoria útil de análise histórica*. In: *Educação & Realidade*. Porto Alegre, vol. 20, n.2, p. 71-99, jul/dez 1995.

SEVERIANO, Jairo; HOMEM DE MELLO, Zuza. *A canção no tempo: 85 anos de músicas brasileiras. Vol. 1: 1901-1957*. São Paulo: Editora 34, 2002.

SILVEIRA, Leandro Manhães. *Nas trilhas de sambistas e 'povos de santo': memórias, cultura e territórios negros no Rio de Janeiro (1905-1950)*. 2012. 184f. Dissertação (Mestrado emHistória Social) – Programa de Pós-Graduação em História, Universidade Federal Fluminense, Niterói, 2012,p. 140.

SOBRINHO, José Bonifácio de Oliveira. *O livro do Boni*. Rio de Janeiro: Casa da Palavra, 2011.

SOUSA, Fernanda Kalianny Martins. *A filha da dona Lecy: Estudo da trajetória de Leci Brandão"*. 2016. 180f. Dissertação (Mestrado em Antropologia Social) – Programa de Pós-Graduação em Antropologia Social, Universidade de São Paulo, São Paulo, 2016.

SOUZA, Tárik de. *MPBambas – Volume 1: Histórias e memórias da canção brasileira*. São Paulo: Kuarup, 2017.

SOUZA, Tárik de. *Tem mais samba: Das raízes à eletrônica*. São Paulo: Editora 34, 2003.

STEVENS, Cristina; OLIVEIRA, Susane Rodrigues de; ZANELLO, Valeska. *Estudos feministas e de gênero: Articulações e perspectivas*. Florianópolis: Editora Mulheres, 2014.

SUKMAN, Hugo. *Martinho da Vila: Discobiografia*. Rio de Janeiro: Casa da Palavra, 2013.

THEODORO, Helena. *Mito e espiritualidade: Mulheres negras*. Rio de Janeiro: Pallas Editora, 1996.

TIBURI, Márcia. *Feminismo em comum: Para todas, todes e todos*. Rio de Janeiro. Rosa dos Tempos, 2019.

VALENÇA, Rachel; VALENÇA, Suetônio. *Serra, Serrinha, Serrano – O império do samba*. Rio de Janeiro: Record, 2017.

VALLE, Karina de França Silva; NAVARRO, Maria José de Oliveira; ARAUJO, Paulo Roberto Monteiro de. "O fazer artístico feminino: Carmen Miranda, sua vida, seu palco". In: *Historiæ*, Rio Grande, v. 8, n. 2, p 187-200, 2017.

VELLOSO, Mônica Pimenta. "As tias baianas tomam conta do pedaço: espaço e identidade cultural no Rio de Janeiro". In: *Estudos Históricos*, Rio de Janeiro, v. 3, n. 6, p.207-228, 1990.

VIANNA, Luiz Fernando. *João Nogueira: Discobiografia*. Rio de Janeiro: Casa da Palavra, 2012.

WERNECK, Jurema. "Macacas de auditório? Mulheres negras, racismo e participação na música popular brasileira". In: *Prêmio Mulheres negras contam sua história.*Brasília: Presidência da República, Secretaria de Políticas para as Mulheres, 2013.

WERNECK, Jurema. *O samba segundo as ialodês: Mulheres negras e a cultura midiática*. 2007. 310f. Tese (Doutorado em Comunicação). – Programa de Pós-Graduação em Comunicação e Cultura, Universidade Federal do Rio de Janeiro, Rio de Janeiro, 2007.

ÍNDICE ONOMÁSTICO

A

Abdias Nascimento, 308
Abílio Martins, 203, 206, 260
Acyr Marques, 137, 138, 338
Adelzon Alves, 84, 158, 160, 162, 168, 176, 178, 213, 214, 215, 219, 220, 221, 223, 315
Ademar Casé, 41
Ademilde Fonseca, 38
Adhemar Gonzaga, 45
Adilson Gavião, 337
Adoniran Barbosa, 141
Adriana Calcanhotto, 232, 352, 366, 377
Adriana Ribeiro, 227
Adyel Silva, 291
Agepê, 294
Agnaldo Timóteo, 73
Aguinaldo Silva, 305
Aizita Nascimento, 74
Alaíde Costa, 291, 377
Alberto Lonato, 182, 220
Alberto Ribeiro, 347
Alberto Sordi, 78
Albino Pé Grande, 312
Alcina Maria, 154
Alcione, 9, 10, 11, 13, 14, 17-25, 27, 49, 51, 52, 60, 61, 62, 63, 65-105, 132, 133, 165, 168, 174, 182, 186, 187, 216, 221, 272, 277, 283-287, 290-294, 297, 301, 317, 328-330, 345, 364, 367, 376, 381-384, 389

Alcir Portella, 123
Alê Siqueira, 267
Alexandre Pires, 96, 105
Alfredo Costa, 199, 200
Alice Caymmi, 345
Alice Coutinho, 272
Almir Guineto, 89, 93, 107, 124, 125, 126, 136, 137, 138, 142, 144, 226, 227
Almira Castilho, 39
Almirante, 29, 30
Altamiro Carrilho, 181
Altay Veloso, 103, 104
Altemar Dutra, 71
Aluisio Machado, 225, 228, 294
Amália Rodrigues, 68
Amélia, 32
Ana Carolina Arruda de Toledo Murgel, 40
Ana de Hollanda, 325
Ana Priscila, 374
Análía Mendonça, 357, 377
Analu Germano, 284, 392
Anastácia, 90, 345
André Filho, 43
André Lara, 229
André Midani, 79
Andrucha Waddington, 159
Anescarzinho do Salgueiro, 139
Ângela Maria, 24, 44, 71, 92, 164, 165, 377
Angela RoRo, 48
Angélica, 171
Anilza Leone, 109

Anísio Silva, 69
Anitta, 170, 172, 345
Anselmo Vasconcelos, 308
Antônio Abujamra, 258
Antônio Caetano, 36
Antônio Calmon, 308
Antônio Carlos, 227
Antônio Carlos de Carvalho, 332
Antonio Carlos Mascarenhas, 330
Antonio Henrique de Castilho Gomes, 281
Antônio Maria, 46, 164
Antônio Oliveira, 207
Antônio Rufino, 36
Antonio Valente, 134
Aprígio Gonzaga, 53
Araci Costa, 200
Aracy Cortes, 38, 171, 376
Aracy de Almeida, 20, 38, 45, 46, 167, 197, 240, 328
Aretha Franklin, 105
Argemiro Patrocínio, 134, 136, 356
Ari do Cavaco, 265
Arícia Mess, 291
Aristóteles, 279
Arlindinho, 228, 293
Arlindo Cruz, 89, 107, 125, 127, 134, 136-138, 142, 144, 145, 226, 227, 230, 232, 264, 293, 294, 337, 338, 367
Arlindo Velloso, 355
Armando Fernandes, 163
Arthur Oliveira Filho, 35
Arthur Verocai, 110
Ary Barroso, 42, 46, 116, 163, 240, 241, 242, 249
Assis Valente, 38, 46, 141
Atanásia, 35
Ataulfo Alves, 156, 167, 252, 320
Ataulfo Alves Jr, 227
Augusto César Vanucci, 84, 222

Augusto de Campos, 263
Áurea Martins, 10, 76, 103, 291, 328, 330-332, 345, 376
Aurino Araújo, 153, 154, 158, 159
Aurora Miranda, 41, 322, 377

B

Babaú, 83, 252
Babi de Oliveira, 39
Baby Consuelo, 48
Baden Powell, 111, 322
Baianinho, 161, 162, 228
Baiano, 38
Batista da Mangueira, 259
Bebel Gilberto, 345
Bebeto de São João, 261
Bebiana, 31
Belo, 96
Bené Nunes, 323
Benedito Lacerda, 121, 319
Benito Di Paula, 76
Bete Mendes, 28
Beth Carvalho, 10, 11, 13, 17-25, 27, 49, 51, 59, 63, 79, 87, 91, 96, 107-147, 150, 165, 168, 169, 172, 173, 174, 175, 182, 186, 216, 221, 227, 230, 261, 277, 284, 286, 287, 293, 294, 316, 317, 325, 333, 336, 340, 342, 352, 354, 367, 376, 381
Beto Sem Braço, 125, 126, 137, 225, 264, 338, 340
Bia Aparecida, 342, 377
Bibi Ferreira, 181, 329
Bide, 277
Bidu Reis, 39
Bidubi, 137
Bila Sorj, 368
Bira, 132, 336
Bira Presidente, 124, 126
Bispo do Rosário, 362

Bo Derek, 86
Boni, 84, 330
Branco Mello, 264
Bruno Castro, 229, 231
Buchecha, 379
Burt Bacharach, 75

C

Caçulinha, 181
Caetano Veloso, 136, 140, 141, 221, 223, 230, 232, 262, 263, 266, 268, 287, 290, 324
Caio Prado, 272
Campolino, 225, 228
Candeia, 22, 86, 88, 89, 126, 134, 162, 173, 174, 176, 179, 182, 219, 221, 260, 349, 351, 354, 355
Carlinhos Brown, 356, 364
Carlinhos Caxambi, 337
Carlinhos Pandeiro de Ouro, 265
Carlos Cachaça, 83, 88, 162
Carlos Colla, 93
Carlos Elias, 111, 114
Carlos Imperial, 154, 156
Carlos Lyra, 322, 323
Carlos Monte, 354
Carlos Rennó, 268
Carlos Rocha, 93, 98
Carlos Sandroni, 281
Carmem Costa, 255
Carmem do Ximbuca, 31
Carmem Silvana, 260, 333, 337
Carmen Costa, 38, 377
Carmen Miranda, 14, 38, 39, 43, 116, 160, 162, 328, 347, 376
Cartola, 44, 83, 85, 88, 103, 119, 120, 126, 128, 130, 133, 134, 136, 139, 146, 162, 176, 218, 224, 227, 294, 308, 321, 322, 323, 325, 349, 354

Casquinha, 134, 136, 139, 182, 214, 215, 220
Cássia Eller, 359
Cazuza, 263, 264, 300
Celly Campello, 41
Celso Sim, 271
César Camargo Mariano, 115, 264
César Costa Filho, 284
Cesária Évora, 228
Céu, 345
Chacrinha, 158, 159, 171, 299, 339
Charles Aznavour, 103
Chico Anysio, 86
Chico Buarque, 18, 23, 79, 84, 111, 123, 141, 156, 175, 182, 229, 266, 267, 268, 290, 291, 311, 324, 325, 327
Chico da Silva, 84
Chico Feitosa, 322
Chico Roque, 93, 96, 98, 99
Chiquinha Gonzaga, 10, 14, 27, 28, 29, 301, 354, 362, 376
Chiquita, 128
Cícero Nunes, 329
Ciraninho, 144
Ciro de Souza, 41, 240, 252
Clara Buarque, 345
Clara Nunes, 10, 13, 17, 25, 48, 51, 57, 58, 63, 74, 79, 84, 90, 91, 96, 113, 120, 149-189, 191, 213, 215, 216, 221, 222, 224, 229, 253, 277, 283, 284, 286, 287, 292, 294, 297, 315, 317, 333, 339, 349, 355, 358, 361, 364, 365, 366, 376, 381
Claudia Leitte, 171
Claudio Russo, 335, 351
Clementina de Jesus, 10, 34, 36, 112, 113, 171, 179, 311, 312, 316, 317, 338
Clodovil, 308
Cole Porter, 268
Criolo, 232
Cristina Buarque, 10, 14, 215-216

Cristina Flores, 359
Cyro de Souza, 44
Cyro Monteiro, 44, 209, 249

D

Dagmar da Portela, 37
Dagoberto, 351
Dalila, 74
Dalva de Oliveira, 24, 38, 69, 111, 197, 377
Dani Andrade, 374
Daniel Filho, 347
Daniel Santos, 120
Daniela Mercury, 141, 345
Danilo Casaletti, 116
Danilo Caymmi, 111, 227
Darcy da Mangueira, 86, 114, 156, 259
Darlene Glória, 308
Dauro do Salgueiro, 228
David Corrêa, 261
David Nasser, 256
Dayse do Banjo, 144, 342, 377
Dedé da Portela, 88, 89, 126
Délcio Carvalho, 19, 164, 212, 215, 219, 220, 223, 224, 226, 227, 229, 231, 232
Délcio Luiz, 96
Denise Barros, 263
Dias da Cruz, 44
Dida, 88, 89, 125, 126
Dilma Rousseff, 140
Dilu Melo, 39
Dinalva, 333, 377
Dino Sete Cordas, 125
Dinoel, 355
Diogo Nogueira, 103, 232
Dionísio Bento da Silva, 197
Dircinha Batista, 38
DJ Marlboro, 287
Djamila Ribeiro, 9, 350, 388

Djavan, 76, 103, 227, 229, 328
Dolores Duran, 47, 48, 103, 153, 164, 216, 376
Dominguinhos do Estácio, 124
Dona Ester, 22, 35, 36, 312
Dona Felipa, 18, 60, 61, 67, 68, 69, 77
Dona Gertrudes, 351
Dona Ivone Lara, 9, 10, 13, 17, 25, 48, 51, 53, 55, 63, 82, 128, 134, 136, 144, 164, 166, 186, 191-233, 277, 284, 287, 293, 294, 299, 301, 338, 350, 351, 354, 358, 361, 362, 363, 376, 381
Dona Maria da Ressurreição, 109
Dona Martinha, 35
Dona Menina, 313
Dona Neném, 35
Dona Neuma, 88, 308, 313
Dona Zica, 88, 133, 136, 308
Donga, 30, 32, 195, 197, 277, 312, 316
Dora Lopes, 39, 377
Dorina, 10, 340, 341, 342, 345, 376
Dorival Caymmi, 19, 38, 141, 163, 227, 229, 320
Dorival Silva (Chocolate), 320
Douglas Germano, 271, 272

E

Edgard Cardoso, 357
Edith Veiga, 74
Edmundo Souto, 110, 111, 112, 294
Eduardo Araújo, 153, 154
Eduardo Gudin, 141, 218
Elaine Machado, 10, 137, 339, 340, 376
Elano de Paula, 320
Elba Ramalho, 142, 229, 232
Élcio do Pagode, 137
Élcio Soares, 176
Eliana de Lima, 10, 332, 333, 334, 335, 376

Eliana Pittman, 291, 377
Eliana Printes, 345
Elias da Silva, 141
Elis Regina, 79, 114, 115, 116, 117, 164, 165, 171, 286, 287, 347, 364
Elizabeth, 48
Elizeth Cardoso, 10, 24, 59, 117, 120, 132, 164, 167, 171, 209, 216, 227, 315, 317, 321, 323, 328, 329, 331, 355, 376
Ella Fitzgerald, 93, 260
Ellen de Lima, 245
Elton Medeiros, 130, 131, 133, 164, 228, 321, 322
Elza Lara, 53
Elza Soares, 10, 13, 17-25, 27, 49, 51, 55, 56, 63, 120, 164, 167, 168, 169, 186, 216, 235-275, 277, 284, 285, 287, 288, 289, 290, 293, 294, 329, 330, 333, 342, 368, 376
Emerentina Bento da Silva, 53, 193
Emilinha Borba, 24, 38, 164, 171, 197, 377
Emílio Santiago, 76, 103, 122, 291, 328
Ênio Santos Ribeiro, 162
Erasmo Carlos, 324
Esguleba, 231
Euclydes Marinho, 347
Eumir Deodato, 287
Evaldo Gouveia, 155, 180

F

Fabiana Cozza, 11, 360, 361, 362, 363, 376, 380, 383
Fábio de Mello, 208
Fabíola Machado, 11, 374, 375, 376, 380, 384
Fabrício da Silva, 162
Fafá de Belém, 84, 92, 286
Fátima Guedes, 48
Felipe Roseno, 271
Felisberto Martins, 249, 274

Fernando Brant, 74, 111
Fernando Faro, 228
Fernando Gabeira, 308
Fernando Pamplona, 208, 334
Fernando Pereira, 41
Ferrugem, 104
Fidel Castro, 140
Flávio Augusto, 93, 98
Flávio Cavalcanti, 74, 110, 299, 321, 329
Flávio Moreira, 214, 215
Francineth, 209, 216, 377
Francis Hime, 103, 175, 294
Francisco Alves, 42, 45, 167, 197
Franco, 93
Fred Zero Quatro, 287
Frejat, 263

G

G. Martins, 340
Gabriel Moura, 272
Gabriela Duarte, 28
Gabu, 198, 332
Gal Costa, 92, 164, 165, 171, 216, 266, 286, 287, 291, 345
Galvão Bueno, 270
Garoto da Portela, 114
Garrincha, 169, 253, 254, 255, 256, 257, 258, 261, 262, 265, 273, 368
Garrinchinha, 257, 261, 264
Gasolina, 74
Georgete, 333, 377
Georgia Câmara, 328
Geovana, 161, 377
Geraldo Babão, 209
Geraldo Filme, 141
Geraldo Pereira, 43, 44
Geraldo Vandré, 79, 111
Geraldo Vespar, 181
Germano, 30

Getúlio Vargas, 20, 140, 194
Gilberto Gil, 80, 141, 221, 223, 227, 230, 266, 268, 287
Gilper, 136
Gina Lollobrigida, 78
Gisa Nogueira, 114, 161, 162, 172, 299, 370, 377
Glaucus Xavier, 263
Glorinha Gadelha, 182
Gonzaguinha, 91, 290
Graça Cunha, 291
Gracia do Salgueiro, 119, 132
Graciete, 333, 377
Gracinda, 31
Grande Otelo, 109, 243
Grazzi Brasil, 334, 335, 345, 377
Gretchen, 171
Guilherme de Brito, 117, 118, 126, 136, 163
Guilherme Kastrup, 270
Guilherme Pereira, 90
Guilherme Pereira do Rosário, 140
Guto Graça Mello, 347

H
Hal David, 75
Haroldo Barbosa, 279
Haroldo Lobo, 279
Heber de Bôscoli, 20
Heitor dos Prazeres, 42, 197, 312
Heitor Villa-Lobos, 192, 194, 321, 354
Helena Theodoro, 317, 383
Hélio Delmiro, 176
Henrique Batista, 41
Herivelto Martins, 74, 319
Hermínio Bello de Carvalho, 160, 223, 312, 313, 314
Hianto de Almeida, 249
Hilário Jovino, 30

Hugo Chávez, 140
Hugo Suckman, 94

I
Iara Sales, 20
Iba Nunes, 294
Iberê Cavalcanti, 219
Ignez Perdigão, 328
Irandir Peres da Costa, 73, 74
Irene Vida Gala, 384, 388
Isaura Garcia, 38
Ismael Silva, 42, 44, 277, 315, 325
Isolda, 48, 98
Itamar Assumpção, 294
Ivan Lins, 136, 140
Ivete Garcia, 333, 377
Ivete Sangalo, 171
Ivete Souza, 291
Ivor Lancellotti, 90, 182
Iza, 105
Izaltina, 38
Izzy Gordon, 291

J
J. Ribamar, 103
J. Velloso, 364
Jack Rocha, 374, 377
Jacob do Bandolim, 197, 319
Jacqueline Lyra, 142
Jadir Ambrósio, 153
Jaguar, 131
Jair Amorim, 155, 180
Jair do Cavaquinho, 139, 228, 321
Jair Rodrigues, 78, 79, 142, 158, 283, 358, 381
Jairo Severiano, 41
Jamelão, 83, 247, 333, 358
Jamil Haddad, 186
Janaína Moreno, 342, 377

Jane Morais, 327
Janis Joplin, 76
Jean Gabriel Albicocco, 79
Jean-Jacques Rousseau, 279
Joacyr Sant'Anna, 222
Joanna, 92, 286, 345, 347
João Bigodinho, 89
João Bosco, 136, 181, 184
João Carlos Dias Nazareth, 66
João da Baiana, 32, 34, 277, 312, 316
João da Gente, 312
João da Mata, 30
João da Silva Lara, 53, 193
João de Barro, 347
João do Vale, 89, 323
João do Violão, 321
João dos Passos, 256
João Figueiredo, 85
João Francisco, 109
João Gilberto, 109, 249, 252, 321, 322
João Goulart, 140
João Nogueira, 19, 85, 88, 89, 90, 91, 103, 114, 161, 162, 182, 184, 186, 187, 188, 213, 221, 229, 299, 370
João Poppe, 129
João Roberto Kelly, 155, 256, 257
João Sérgio, 267
João Silvério Trevisan, 305
Jocafi, 227
Johnny Alf, 73
Jorge Aragão, 21, 22, 88, 89, 103, 107, 122, 123, 125, 126, 132, 136, 137, 142, 173, 223, 225, 230, 261, 263
Jorge Ben, 223, 287
Jorge Neguinho, 137
Jorge Teles, 329
Jorginho, 357
José do Nascimento Filho, 36
José Louzeiro, 237, 265

José Mayer, 226
José Miguel Wisnik, 267
José Murilo de Carvalho, 29
José Sarney, 70
Josias, 182
Jota Efegê, 29
Jotabê, 89, 122, 261
Joubert de Carvalho, 38
Jovelina Pérola Negra, 10, 14, 93, 107, 125, 137, 336, 337, 338, 376
Jovi Joviniano, 272
Joyce, 48
Juliana Diniz, 345, 377
Juliano Almeida, 270
Julinho Peralva, 98
Júlio Barroso, 287
Jurandir da Mangueira, 228
Jurema Werneck, 9, 99, 248, 315, 338, 366

K

Karina Isabelle, 374
Kátia Nascimento, 328
Kiko Dinucci, 270, 272
Kiko Horta, 231

L

Lafayette, 73
Laila Garin, 159
Lamartine Babo, 20, 211, 347
Lan Lan, 359
Lana Bittencourt, 92
Lanny Gordin, 287
Laudelina de Campos Mello, 246
Laurentino Gomes, 384
Leandro Fregonesi, 144, 145
Leandro Lehart, 96
Leci Brandão, 10, 14, 23, 86, 96, 103, 232, 298, 299, 300, 301, 302, 306-308, 310, 311, 333, 342, 350, 362, 372, 376, 379

Leda Nagle, 174, 204
Leila Maria, 291, 292
Lélia Gonzalez, 246
Lenine, 103, 232
Leonel Brizola, 20, 139
Letrux, 345
Lia Scholze, 350
Liceu Vieira Dias, 89
Lilia Moritz Schwarcz, 384
Lima Duarte, 337
Liminha, 287
Lina Pesce, 39
Linda Batista, 322, 377
Lindaura de Rocha Miranda, 128, 377
Lira Neto, 29, 30
Lobão, 140, 264, 366
Louis Armstrong, 254
Lourival de Freitas, 186
Luana Carvalho, 144, 377
Luana Rodrigues, 374
Lucas Nobile, 232, 392
Luciana Requião, 328
Luciane Menezes, 328, 377
Luciano Mello, 271
Lucília Villa-Lobos, 194
Lúcio Alves, 249, 322
Ludmilla, 171, 172
Luís Antônio, 321
Luís Carlos Prestes, 140
Luís Carlos Vinhas, 322
Luiz Antônio, 259
Luiz Antônio Simas, 216, 282
Luiz Carlos, 126, 142, 332
Luiz Carlos da Vila, 107, 125, 134, 136, 138, 264, 294
Luiz Carlos Maciel, 347
Luiz Carlos Máximo, 372, 373
Luiz Eça, 322
Luiz Gonzaga, 91, 161, 181, 364
Luiz Grande, 228, 265
Luiz Jacinto da Silva, 73, 74
Luiz Melodia, 267, 268
Lula, 140
Lupicínio Rodrigues, 111, 249, 251, 274, 330
Luverci Ernesto, 136

M

Macedo Neto, 249
Maceió do Cavaco, 182
Machado de Assis, 28, 362
Mãe Carmen do Gantois, 364
Mãe Rita, 35
Maiara e Maraísa, 171
Maíra Freitas, 345, 377
Malía, 104
Malu Galli, 28
Manacéa, 136, 220, 325
Mané do Cavaco, 125
Mané Serrador, 21, 150, 151
Mano Décio da Viola, 114, 199, 203, 206, 210, 220, 225, 259
Manoel da Conceição, 125
Manoela Marinho, 328
Manu da Cuíca, 11, 369, 370-373, 376, 380
Manuel Bandeira, 29
Manuel Ferreira, 210, 225, 259
Marcelle Motta, 345, 369, 377
Marcelo Cabral, 270
Marcelo Yuka, 268
Márcia Castro, 345
Márcia Freire, 364
Márcia Tiburi, 32
Marcos Paiva, 93
Marcos Suzano, 267
Marcus Pereira, 120, 301, 327
Margareth Menezes, 345
Maria Adamastor, 31
Maria Amélia Alvim, 325

Maria Áurea Santa Cruz, 45
Maria Bethânia, 79, 84, 91, 103, 104, 141, 145, 164, 165, 171, 216, 222-224, 232, 286, 291, 311, 324, 388
Maria Coador, 35
Maria de Lurdes da Silva, 54
Maria Gadú, 345
Maria Menezes, 369, 377
Maria Nair, 59, 109
Maria Rainha, 35
Maria Romana, 36
Maria Rosita Salgado Góes, 161
Maria Shu, 362
Mariana Bernardes, 328, 377
Mariene de Castro, 11, 345, 364, 366, 367, 376, 380
Marília Batista, 10, 38, 40, 41, 376
Marília Gabriela, 135, 177, 181, 224, 237
Marília Trindade Barboza, 35
Marina Íris, 11, 345, 368, 369, 370, 376, 379, 384
Marina Lima, 286, 345
Marinheiro, 252, 332
Marinho Jumbeba, 31
Mário de Andrade, 29
Mário Lago, 279
Mário Moraes, 41
Mário Reis, 167, 197
Mário Rossi, 252
Marisa Monte, 11, 217, 345, 352, 354, 355, 356, 366, 376, 379
Marlene, 20, 38, 164, 165, 171, 175, 333, 337
Marquinho PQD, 144, 145
Mart'nália, 11, 345, 357, 358, 359, 376
Martinha, 171
Martinho da Vila, 79, 103, 114, 126, 136, 156, 158, 160, 167, 168, 173, 174, 211, 221, 227, 229, 232, 253, 263, 283, 287, 294, 316, 357, 381

Mathias de Freitas, 340
Maurício Izidoro, 141
Maurício Sherman, 74
Maurício Tapajós, 179
Mauro de Almeida, 30
Mauro Diniz, 125, 137, 231, 294, 338
Mauro Duarte, 90, 162, 164, 177, 183, 184, 187, 328
Mauro Ferreira, 169, 237, 311, 392
Max Cavalera, 287
Maysa, 47, 48, 165, 216, 329, 330, 376
Mazinho Xerife, 142
Mercedes Baptista, 162, 243
Mestre André, 235
Mestre Darcy do Jongo, 184
Mestre Fuleiro, 198, 209, 213, 222
Michael Sullivan, 93, 97, 99
Miele, 88
Miguel Pancrácio, 162
Mila Burns, 201, 392
Miltinho, 259, 260
Milton Banana, 252, 253, 254
Milton Manhães, 337, 338, 340
Milton Miranda, 168, 220
Milton Nascimento, 74, 111, 211
Mister Wu, 186
Misty, 291
Miúcha, 116, 325
Moacyr Luz, 23, 282, 335, 351
Monarco, 126, 228, 232
Monica Ávila, 328
Mônica Pimenta Velloso, 280
Mônica Salmaso, 345, 377
Moreira da Silva, 43, 44, 244, 249
MV Bill, 102, 103

N
Naiara Azevedo, 170
Nair Marques, 253, 254, 255, 256

Nana do Cacique, 136
Nara Leão, 10, 59, 138, 139, 164, 171, 322, 324, 329, 376
Nássara, 44
Natal, 37, 91, 128, 177, 292, 299
Nédia Montel, 74
Neguinho da Beija-Flor, 289
Neguinho do Samba, 294
Nei Alberto, 294
Nei Lopes, 31, 36, 80, 86, 100, 103, 126, 136, 137, 179, 182, 216, 224, 232, 294, 357
Nélia Paula, 109
Nelson Cavaquinho, 83, 103, 114, 115, 116, 117, 118, 119, 120, 126, 130, 133, 136, 139, 143, 144, 146, 162, 163, 176, 322
Nelson Gonçalves, 329
Nelson Lins e Barros, 111
Nelson Motta, 165, 166
Nelson Rufino, 141
Nelson Sargento, 88, 126, 228, 229, 300, 324, 331
Neném do Buzunga, 36
Neoci, 88, 125, 126, 132, 173, 226
Netinho de Paula, 227
Neuma, 128
Ney Matogrosso, 308
Nigel Kennedy, 266
Nilcemar Nogueira, 136
Niltinho Tristeza, 228
Nilze Carvalho, 11, 342, 345, 356, 375, 376, 379, 387
Nina Rodrigues, 218
Nina Rosa, 369, 373, 377
Nininha Rossi, 299
Niquinho, 154
Nise da Silveira, 192, 196
Noca da Portela, 136, 324, 349
Noel Rosa, 30, 40, 41, 42, 45, 46, 156, 161, 227, 325

Noel Rosa de Oliveira, 139, 197
Nonato Buzar, 86, 89
Nora Ney, 24, 377
Norival Reis, 261
Norma Bengell, 216
Nozinho, 37
Núbia Lafayette, 24, 73, 92, 377

O

Odete Amaral, 38, 377
Orlando Silva, 69
Oscar Castro Neves, 322
Osmar Navarro, 154
Osvaldo Sargentelli, 211
Oswaldo dos Santos, 360
Othon Russo, 154
Ovídio Bessa, 294

P

Padeirinho, 139, 324
Pai Edu, 162
Palmira, 136
Patricia Hill Collins, 9, 289
Patrício Teixeira, 322
Paula do Salgueiro, 128
Paula Morelenbaum, 345
Paulão 7 Cordas, 231
Paulinho da Viola, 120, 136, 160, 179, 182, 183, 196, 211, 221, 315, 321, 324, 337, 354
Paulinho Mocidade, 226, 227
Paulinho Rezende, 81, 82, 83, 98, 100, 101
Paulinho Tapajós, 84, 110, 111, 112, 134, 294
Paulo César Pinheiro, 90, 91, 111, 114, 158, 164, 176, 177, 178, 179, 180, 182, 183, 184, 187, 188, 227, 315
Paulo da Portela, 36, 91, 126, 292, 312
Paulo Gracindo, 164
Paulo Massadas, 93, 97, 99

Paulo Sérgio Valle, 96, 98, 111
Paulo Vanzolini, 141, 327
Pedrinho da Flor, 125, 137, 264
Pedro Caetano, 44
Pedro Francisco Monteiro Júnior, 36
Pedro Loureiro, 270, 271, 272, 392
Pedro Russo, 141
Perciliana, 32
Perla, 92
Peter Fry, 305
Peter Thomas, 73
Pixinguinha, 32, 38, 163, 177, 197, 218, 261, 312, 316, 322
Prateado, 96
Preta Gil, 345
Pretinho da Serrinha, 231
Príncipe Charles, 168

R

Rachel de Queiroz, 180
Rachel Valença, 36, 392
Rafael dos Santos, 144, 145
Rafael Mike, 271
Ratinho, 338
Raul Di Caprio, 369, 370
Ray Charles, 299
Regina Duarte, 28
Reginaldo Bessa, 79, 80, 92
Renata Fronzi, 111
Renata Jambeiro, 342, 356, 377
Renato Batista, 41
Riachão, 141
Ribeiro Cunha, 43
Ricardo Cravo Albin, 84
Ricardo Galeno, 255
Ricardo Santhiago, 291
Rildo Hora, 125, 226
Rita Benneditto, 345
Rita Cadillac, 171

Rita Lee, 48, 92, 286
Rixxa, 89
Roberta Sá, 232, 345, 353, 354, 376, 380
Roberto Carlos, 73, 137, 211, 324
Roberto Corrêa, 92, 294
Roberto Martins, 252
Roberto Mendes, 364
Roberto Menescal, 79, 80, 82, 84, 110, 111, 117, 283, 322
Roberto Moura, 29, 30, 392
Roberto Ribeiro, 73, 169, 212, 213, 216, 221, 260, 261
Roberto Santana, 290
Roberto Silva, 209, 370
Rodrigo Amarante, 289
Rodrigo Campos, 270
Rodrigo Faour, 44, 92
Romano Mussolini, 78
Romildo, 168, 294
Romildo Bastos, 164, 176, 261
Rômulo Fróes, 272
Ronald Golias, 250
Ronaldo Bôscoli, 84, 88, 110, 129, 131, 132, 133, 250, 322
Ronaldo Monteiro, 284
Roque Ferreira, 141, 364
Rosa Magalhães, 292
Rosa Marya Colin, 291
Rosa Passos, 345
Rosamaria Murtinho, 28
Roseana Sarney, 70
Rosemary, 92, 165
Rosinha de Valença, 48, 88, 222, 223, 301, 357
Ruy Castro, 39, 255, 265, 392

S

Samantha Rennó, 328
Samara Líbano, 375

Sandra de Sá, 226, 301
Sandy, 171
Sarah Vaughan, 93
Sereno, 89, 124, 125, 126, 264, 336
Serginho Meriti, 145
Sérgio Bittencourt, 329
Sérgio Buarque de Holanda, 325
Sérgio Cabral, 113, 115, 133, 208, 221, 223, 392
Sérgio Caetano, 98, 99
Sérgio Reis, 158
Serguei, 76
Seu Jorge, 268, 272
Sheila Zagury, 328
Sidney da Conceição, 214, 215
Silas de Oliveira, 199, 207, 208, 210, 212, 220, 222, 259, 260, 357
Silvana Mangano, 78
Silvia, 332, 377
Silvia Borba, 345, 377
Silvinha Telles, 322
Silvino Neto, 155
Silvio Almeida, 34
Sílvio Caldas, 20, 109
Simone, 92, 165, 168, 169, 261, 286, 345, 347
Simone Costa, 369, 377
Simone de Beauvoir, 246, 279
Simone Mazzer, 345
Sinhô, 30, 44
Sivuca, 182
Sombra, 122
Sombrinha, 89, 122, 125, 126, 138, 141, 142, 144, 226, 263, 264, 294, 336
Sonia Lemos, 111, 216, 377
Stepan Nercessian, 159
Stephanie Ribeiro, 361
Sueli Carneiro, 246, 247
Sueli Costa, 48, 301

Sueli Faria, 328
Suetônio Valença, 36
Sylvinha Telles, 249, 251
Sylvio Son, 92, 294

T
Tainá Brito, 374
Tânia Alves, 92
Tânia Maria, 79
Tatau, 227
Tati Quebra-Barraco, 172
Teresa Cristina, 11, 14, 345, 346, 348, 349, 350, 351, 352, 362, 376, 380, 382, 391
Theo de Barros, 79
Thomaz Green Morton, 186
Tia Ciata, 10, 27, 28, 29, 30, 31, 107, 128, 281, 312, 376
Tia Doca, 136, 337, 378
Tia Eulália, 36
Tia Fé, 35
Tia Surica, 342, 378
Tia Tomásia, 35
Tia Vicentina, 342, 378
Tião Macalé, 242
Tibério Gaspar, 111
Tico do Império, 293
Tio Hélio, 82, 198, 222, 225
Tito Madi, 155
Tom Jobim, 111, 116, 117, 153, 156, 163, 287, 321, 322, 324
Toni Garrido, 227
Tônia Carrero, 84
Toninho Nascimento, 164, 176, 261
Toquinho, 136, 141, 163, 164

U
Ubirany, 124, 125, 126, 132, 336
Ugo Tognazzi, 78
Ulisses Cappelletti, 268

V

Vadico, 161-162
Vagalume, 29
Vagner Fernandes, 58, 174
Valdelino Rosa, 209
Valesca Popozuda, 171
Vanessa da Mata, 232
Vanessa Soares, 265
Vânia Carvalho, 127, 378
Vanusa, 48
Venâncio, 84
Venino José da Silva, 53, 193
Vera Lúcia da Silva, 300
Vicente Celestino, 318
Vicente Mattos, 355
Vika Barcellos, 328, 378
Vinicius de Moraes, 103, 111, 153, 163, 321, 322, 323
Virgínia Rodrigues, 266
Virgínia Rosa, 291
Vítor Martins, 136
Vovó Maria Joana, 36, 184
Vovó Maria Joana Rezadeira, 162
Vovó Teresa, 197, 198, 199

W

Waldemir Paiva, 157
Waldir 59, 260
Waldir Azevedo, 181
Waldir Luz, 332
Walt Disney, 279
Walter Lacet, 90
Walter Rosa, 357
Wanda Sá, 41
Wanderléa, 164, 165, 171
Wanessa Camargo, 171
Wilson Batista, 44, 279, 320
Wilson das Neves, 125, 259
Wilson Diabo, 218
Wilson Moreira, 86, 126, 136, 179, 182, 214, 215, 224
Wynton Marsalis, 266
Xangô da Mangueira, 83, 163

X

Xuxa, 171, 272, 345

Z

Zaíra de Oliveira, 194
Zé da Zilda, 44
Zé Dantas, 161
Zé do Maranhão, 89, 120
Zé Keti, 139, 322, 323
Zé Lobo, 137
Zé Luiz, 137
Zeca Camargo, 237, 392
Zeca Melodia, 351
Zeca Pagodinho, 10, 21, 22, 89, 93, 107, 125, 137, 138, 144, 226, 227, 230, 283, 287, 337, 341, 366, 370, 381
Zeca Sereno, 338
Zélia Duncan, 345, 359, 378
Zezé Motta, 286, 291, 292, 378
Zezé Polessa, 269
Zica, 119, 128
Zica Bérgami, 39
Zizi Possi, 92
Zuza Homem de Mello, 41

Direção editorial
Daniele Cajueiro

Editora responsável
Janaína Senna

Produção editorial
Adriana Torres
Mariana Bard
Laiane Flores

Pesquisa de conteúdo
Priscila Serejo

Revisão
Júlia Ribeiro
Mariana Gonçalves

Projeto gráfico de miolo e capa
Leticia Antonio

Diagramação
DTPhoenix Editorial

Este livro foi impresso em 2021
para a Agir.